LE CHEVALIER

DE

MAISON-ROUGE

Coulommiers. — Imprimerie PAUL BRODARD.

LE CHEVALIER
DE
MAISON-ROUGE

PAR
ALEXANDRE DUMAS

ÉDITION ILLUTTRÉE PAR E. LAMPSONIUS

PARIS
CALMANN LÉVY, ÉDITEUR
ANCIENNE MAISON MICHEL LÉVY FRÈRES
3, RUE AUBER, 3

1896
Droits de reproduction et de traduction réservés.

LE CHEVALIER DE MAISON-ROUGE

PAR
ALEXANDRE DUMAS

CHAPITRE PREMIER.
LES ENROLES VOLONTAIRES.

'était pendant la soirée du 10 mars 1793.

Dix heures venaient de tinter à Notre-Dame, et chaque heure, se détachant l'une après l'autre comme un oiseau nocturne élancé d'un nid de bronze, s'était envolée triste, monotone et vibrante.

La nuit était descendue sur Paris, non pas bruyante, orageuse et entrecoupée d'éclairs, mais froide et brumeuse.

Paris lui-même n'était point ce Paris que nous connaissons; éblouissant le soir de mille feux qui se reflètent dans sa fange dorée, le Paris aux promeneurs affairés, aux chuchotements joyeux, aux faubourgs bachiques, pépinière de querelles audacieuses, de crimes hardis, fournaise aux mille rugissements, mais une cité honteuse, timide, affairée, dont les rares habitants couraient pour traverser d'une rue à l'autre, et se précipitaient dans leurs allées ou sous leurs portes cochères, comme des bêtes fauves traquées par les chasseurs s'engloutissent dans leurs terriers.

C'était enfin, comme nous l'avons dit, le Paris du 10 mars 1793.

Quelques mots sur la situation extrême qui avait amené ce changement dans l'aspect de la capitale, puis nous entamerons les événements dont le récit fera l'objet de cette histoire.

La France, par la mort du roi Louis XVI, avait rompu avec toute l'Europe. Aux trois ennemis qu'elle avait d'abord combattus, c'est-à-dire à la Prusse, à l'Empire, au Piémont, s'étaient jointes l'Angleterre, la Hollande et l'Espagne. La Suède et le Danemark seuls conservaient leur vieille neutralité, occupés qu'ils étaient du reste à regarder Catherine II déchirant la Pologne.

La situation était effrayante. La France, moins dédaignée comme puissance physique, mais aussi moins estimée comme puissance morale depuis les massacres de septembre et l'exécution du 21 janvier, était littéralement bloquée comme une simple ville par l'Europe entière. L'Angleterre était sur nos côtes, l'Espagne sur les Pyrénées, le Piémont et l'Autriche sur les Alpes, la Hollande et la Prusse dans le nord des Pays-Bas, et sur un seul point, du Haut-Rhin à l'Escaut, deux cent cinquante mille combattants marchaient contre la République.

Partout nos généraux étaient repoussés. Miaczinski avait été obligé d'abandonner Aix-la-Chapelle et de se retirer sur Liége. Steingel et Neuilly étaient rejetés dans le Limbourg; Miranda, qui assiégeait Maëstrich, s'était replié sur Tongres. Valence et Dampierre, réduits à battre en retraite, s'étaient laissé enlever une partie de leur matériel. Plus de dix mille déserteurs avaient déjà abandonné l'armée et s'étaient répandus dans l'intérieur. Enfin, la Convention, n'ayant plus d'espoir qu'en Dumouriez, lui avait envoyé courrier sur courrier pour lui ordonner de quitter les bords du Biebbos, où il préparait un débarquement en Hollande, pour venir prendre le commandement de l'armée de la Meuse.

Sensible au cœur comme un corps animé, la France ressentait à Paris, c'est-à-dire à son cœur même, chacun des coups que l'invasion, la révolte ou la trahison lui portaient aux points les plus éloignés. Chaque victoire était une émeute de joie, chaque défaite un soulèvement de terreur. On comprend donc facilement quel tumulte avaient produit les nouvelles des échecs successifs que nous venions d'éprouver.

La veille, 9 mars, il y avait eu à la Convention une séance des plus orageuses; tous les officiers avaient reçu l'ordre de rejoindre leurs régiments à la même heure, et Danton, cet audacieux proposeur des choses impossibles qui s'accomplissaient cependant, Danton, montant à la tribune, s'était écrié : « Les soldats manquent, dites-vous! offrons à Paris une occasion de sauver la France; demandons-lui trente mille hommes; envoyons-les à Dumouriez, et non-seulement la France est sauvée, mais la Belgique est assurée, mais la Hollande est conquise. »

La proposition avait été accueillie par des cris d'enthousiasme. Des registres avaient été ouverts dans toutes les sections, invitées à se réunir dans la soirée. Les spectacles avaient été fermés pour empêcher toute distraction, et le drapeau noir avait été arboré à l'Hôtel de Ville en signe de détresse.

Avant minuit, trente-cinq mille noms étaient inscrits sur ces registres.

Seulement, il était arrivé ce soir-là ce qui déjà était arrivé aux journées de septembre : dans chaque section, en s'inscrivant, les enrôlés volontaires avaient demandé qu'avant leur départ les *traîtres* fussent punis.

Les *traîtres*, c'étaient, en réalité, les contre-révolutionnaires, les conspirateurs cachés qui menaçaient au dedans la Révolution menacée au dehors. Mais, comme on le comprend bien, le mot prenait toute l'extension que voulaient lui donner les partis extrêmes qui déchiraient la France à cette époque. Les traîtres, c'étaient les plus faibles. Or, les Girondins étaient les plus faibles. Les Montagnards décidèrent que ce serait les Girondins qui seraient les traîtres.

Le lendemain, ce lendemain était le 10 mars, tous les députés montagnards étaient présents à la séance. Les Jacobins armés venaient de remplir les tribunes, après en avoir chassé les femmes, lorsque le maire se présente avec le conseil de la Commune, confirme le rapport des commissaires de la Convention sur le dévouement des citoyens, mais répète le vœu, émis unanimement la veille, d'un tribunal extraordinaire destiné à juger les traîtres.

Aussitôt on demande à grands cris un rapport du comité. Le comité se réunit aussitôt, et, dix minutes après, Robert Lindet vient dire qu'un tribunal sera nommé, composé de neuf juges, indépendants de toutes formes, acquérant la conviction par tous moyens, divisé en deux sections toujours permanentes, et poursuivant, à la requête de la Convention ou directement, ceux qui tenteraient d'égarer le peuple.

Comme on le voit, l'extension était grande. Les Girondins comprirent que c'était leur arrêt. Ils se levèrent en masse.

« Plutôt mourir, s'écrient-ils, que de consentir à l'établissement de cette inquisition vénitienne! »

En réponse à cette apostrophe, les Montagnards demandent le vote à haute voix.

« Oui, s'écrie Féraud, oui, votons pour faire connaître au monde les hommes qui veulent assassiner l'innocence au nom de la loi. »

On vote en effet, et, contre toute apparence, la majorité déclare : 1° qu'il y aura des jurés ; 2° que ces jurés seront pris en nombre égal dans les départements ; 3° qu'ils seront nommés par la Convention.

Au moment où ces trois propositions furent admises, de grands cris se firent entendre. La Convention était habituée aux visites de la populace. Elle fit demander ce qu'on lui voulait; on lui répondit que c'était une députation des enrôlés volontaires qui avaient dîné à la Halle au blé et qui demandaient à défiler devant elle.

Aussitôt les portes furent ouvertes, et six cents hommes, armés de sabres, de pistolets et de piques, apparurent à moitié ivres, et défilèrent au milieu des applaudissements en demandant à grands cris la mort des traîtres.

— Oui, leur répondit Collot-d'Herbois, oui, mes amis, malgré les intrigues, nous vous sauverons, vous et la liberté!

Et ces mots furent suivis d'un regard jeté aux Girondins, qui leur fit comprendre qu'ils n'étaient point encore hors de danger.

En effet, la séance de la Convention terminée, les Montagnards se répandent dans les autres clubs, courent aux Cordeliers et aux Jacobins, proposent de mettre les traîtres hors la loi et de les égorger cette nuit même.

La femme de Louvet demeurait rue Saint-Honoré, près des Jacobins. Elle entend des vociférations, descend, entre au club, entend la proposition et remonte en toute hâte prévenir son mari. Louvet s'arme, court de porte en porte pour prévenir ses amis, les trouve tous absents, apprend du domestique de l'un d'eux qu'ils sont chez Péthion, s'y rend à l'instant même, les voit délibérant tranquillement sur un décret qu'ils doivent présenter le lendemain, et qu'abusés par une majorité de hasard ils se flattent de faire passer. Il leur raconte ce qui se passe, leur communique ses craintes, leur dit ce qu'on trame contre eux aux Jacobins et aux Cordeliers, et se résume en les invitant à prendre de leur côté quelque mesure énergique.

Alors Péthion se lève, calme et impassible comme d'habitude, va à la fenêtre, l'ouvre, regarde le ciel, étend le bras au dehors, et, retirant sa main ruisselante :

— Il pleut, dit-il, il n'y aura rien cette nuit.

Par cette fenêtre entr'ouverte pénétrèrent les dernières vibrations de l'horloge qui sonnait dix heures.

Voilà donc ce qui s'était passé à Paris la veille et le jour même ; voilà ce qui s'y passait pendant cette soirée du 10 mars, et ce qui faisait que, dans cette obscurité humide et dans ce silence menaçant, les maisons destinées à abriter les vivants, devenues muettes et sombres, ressemblaient à des sépulcres peuplés seulement de morts.

En effet, de longues patrouilles de gardes nationaux recueillis et précédés d'éclaireurs, la baïonnette en avant ; des troupes de citoyens des sections armés au hasard et serrés les uns contre les autres ; des gendarmes interrogeant chaque recoin de porte ou chaque allée entr'ouverte : tels étaient les seuls habitants de la ville qui se hasardaient dans les rues, tant on comprenait d'instinct qu'il se tramait quelque chose d'inconnu et de terrible.

Une pluie fine et glacée, cette même pluie qui avait rassuré Péthion, était venue augmenter encore la mauvaise humeur et le malaise de ces surveillants, dont chaque rencontre ressemblait à des préparatifs de combat, et qui, après s'être reconnus avec défiance, échangeaient le mot d'ordre lentement et de mauvaise grâce. Puis on eût dit, à les voir se retourner les uns et les autres après leur séparation, qu'ils craignaient mutuellement d'être surpris par derrière.

Or, ce soir-là même où Paris était en proie à l'une de ces paniques si souvent renouvelées, qu'il eût dû cependant y être quelque peu habitué, ce soir où il était sourdement question de massacrer les tièdes révolutionnaires qui, après avoir voté, avec restriction pour la plupart, la mort du roi, reculaient aujourd'hui devant la mort de la reine, prisonnière au Temple avec ses enfants et sa belle-sœur, une femme enveloppée d'une mante d'indienne lilas, à pois noirs, la tête couverte ou plutôt ensevelie par le capuchon de cette mante, se glissait le long des maisons de la rue Saint-Honoré, se cachant dans quelque enfoncement de porte, dans quelque angle de muraille, à chaque fois qu'une patrouille apparaissait; demeurant immobile comme une statue, retenant son haleine jusqu'à ce que la patrouille eût passé, et alors reprenant sa course rapide et inquiète jusqu'à ce que quelque danger du même genre vînt de nouveau la forcer au silence et à l'immobilité.

Elle avait déjà parcouru ainsi et impunément, grâce aux précautions qu'elle prenait, une partie de la rue Saint-Honoré, lorsqu'au coin de la rue de Grenelle elle tomba tout à coup, non pas dans une patrouille, mais dans une petite troupe de ces braves enrôlés volontaires qui avaient dîné à la Halle au blé, et dont le patriotisme était exalté encore par les nombreux toasts qu'ils avaient portés à leurs futures victoires.

La pauvre femme jeta un cri et essaya de fuir par la rue du Coq.

— Eh! là, là, citoyenne, cria le chef des enrôlés, car déjà, tant le besoin d'être commandé est naturel à l'homme, ces dignes patriotes s'étaient nommé des chefs. Eh! là, là, où vas-tu?

La fugitive ne répondit point, et continua de courir.

— En joue! dit le chef; c'est un homme déguisé! un aristocrate qui se sauve!

Et le bruit de deux ou trois fusils retombant irrégulièrement sur des mains un peu trop vacillantes pour être bien sûres, annonça à la pauvre femme le mouvement fatal qui s'exécutait.

— Non, non! s'écria-t-elle en s'arrêtant court et en revenant sur ses pas; non, citoyen, tu te trompes: je ne suis pas un homme.

— Alors, avance à l'ordre, dit le chef, et réponds catégoriquement. Où vas-tu comme cela, charmante belle de nuit?

— Mais, citoyen, je ne vais nulle part... je rentre.

— Ah! tu rentres?

— Oui.

— C'est rentrer un peu tard pour une honnête femme, citoyenne.

— Je viens de chez une parente qui est malade.

— Pauvre petite chatte, dit le chef en faisant de la main un geste devant lequel recula vivement la femme effrayée; et où est notre carte?

— Ma carte? Comment cela, citoyen? Que veux-tu dire, et que me demandes-tu là?

— N'as-tu pas lu le décret de la Commune?

— Non.

— Tu l'as entendu crier, alors?

— Mais non. Que dit donc ce décret, mon Dieu?

— D'abord, on ne dit plus mon Dieu, on dit l'Être Suprême.

— Pardon; je me suis trompée. C'est une ancienne habitude.

— Mauvaise habitude, habitude d'aristocrate.

— Je tâcherai de me corriger, citoyen. Mais tu disais...

— Je disais que le décret de la Commune défend, passé dix heures du soir, de sortir sans carte de civisme. As-tu ta carte de civisme?

— Hélas! non.

— Tu l'as oubliée chez ta parente?

— J'ignorais qu'il fallût sortir avec cette carte.

— Alors, entrons au premier poste, là tu l'expliqueras gentiment avec le capitaine, et, s'il est content de toi, il te fera reconduire à ton domicile par deux hommes, sinon, il te gardera jusqu'à plus ample information. Par file à gauche, pas accéléré, en avant, marche!

Au cri de terreur que poussa la prisonnière, le chef des enrôlés volontaires comprit que la pauvre femme redoutait fort cette mesure.

— Oh! oh! dit-il, je suis sûr que nous tenons quelque gibier distingué. Allons, allons, en route, ma petite ci-devant.

Et le chef saisit le bras de la prévenue, le mit sous le sien, et l'entraîna, malgré ses cris et ses larmes, vers le poste du Palais-Égalité.

On était déjà à la hauteur de la barrière des Sergents, quand tout à coup un jeune homme de haute taille, enveloppé d'un manteau, tourna le coin de la rue des Petits-Champs, juste au moment où la prisonnière essayait, par ses supplications, d'obtenir qu'on lui rendît la liberté. Mais, sans l'écouter, le chef des volontaires l'entraîna brutalement. La femme poussa un cri, moitié d'effroi, moitié de douleur.

Le jeune homme vit cette lutte, il entendit ce cri, et, bondissant d'un côté à l'autre de la rue, il se trouva en face de la petite troupe.

— Qu'y a-t-il, et que fait-on à cette femme? demanda-t-il à celui qui paraissait être le chef.

— Avant de me questionner, mêle-toi de ce qui te regarde.

— Quelle est cette femme, citoyens, et que lui voulez-vous? répéta le jeune homme d'un ton plus impératif encore que la première fois.

— Mais qui es-tu, toi-même, pour nous interroger?

Le jeune homme écarta son manteau, et l'on vit briller une épaulette sur un costume militaire.

— Je suis officier, dit-il, comme vous pouvez le voir.

— Officier... dans quoi?

— Dans la garde civique.

— Eh bien! qu'est-ce que ça nous fait, à nous? répondit un homme de la troupe. Est-ce que nous connaissons ça, les officiers de la garde civique!

— Quoi qu'il dit? demanda un autre avec un accent traînant et ironique particulier à l'homme du peuple, ou plutôt de la populace parisienne qui commence à se fâcher.

— Il dit, répliqua le jeune homme, que, si l'épaulette ne fait pas respecter l'officier, le sabre fera respecter l'épaulette.

Et en même temps, faisant un pas en arrière, le défenseur inconnu de la jeune femme dégagea des plis de son manteau et fit briller, à la lueur d'un réverbère, un large et solide sabre d'infanterie. Puis, d'un mouvement rapide et qui annonçait une certaine habitude des luttes armées, saisissant le chef des enrôlés volontaires par le collet de sa carmagnole et lui posant la pointe du sabre sur la gorge:

— Maintenant, lui dit-il, causons comme deux bons amis.

— Mais, citoyen... dit le chef des enrôlés en essayant de se dégager.

— Ah! je te préviens qu'au moindre mouvement que tu fais, au moindre mouvement que font tes hommes, je te passe mon sabre au travers du corps.

Pendant ce temps, deux hommes de la troupe continuaient de retenir la femme.

— Tu m'as demandé qui j'étais, continua le jeune homme, tu n'en avais pas le droit, car tu ne commandes pas une patrouille régulière. Cependant, je vais te le dire: je me nomme Maurice Lindey; j'ai commandé une batterie de canonniers au 10 août. Je suis lieutenant de la garde nationale et secrétaire de la section des Frères et Amis. Cela te suffit-il?

— Ah! citoyen lieutenant, répondit le chef toujours menacé par la lame dont il sentait la pointe peser de plus en plus, c'est bien autre chose. Si tu

es réellement ce que tu dis, c'est-à-dire un bon patriote...
— Là, je savais bien que nous nous entendrions au bout de quelques paroles, dit l'officier. Maintenant, réponds à ton tour : pourquoi cette femme criait-elle, et que lui faisiez-vous?
— Nous la conduisions au corps de garde.
— Et pourquoi la conduisiez-vous au corps de garde?
— Parce qu'elle n'a point de carte de civisme, et que le dernier décret de la Commune ordonne d'arrêter quiconque se hasardera dans les rues de Paris, passé dix heures, sans carte de civisme. Oublies-tu que la patrie est en danger, et que le drapeau noir flotte sur l'Hôtel de Ville?
— Le drapeau noir flotte sur l'Hôtel de Ville et la patrie est en danger, parce que deux cent mille esclaves marchent contre la France, reprit l'officier, et non parce qu'une femme court les rues de Paris passé dix heures. Mais n'importe, citoyens, il y a un décret de la Commune : vous êtes dans votre droit, et, si vous m'eussiez répondu cela tout de suite, l'explication aurait été plus courte et moins orageuse. C'est bien d'être patriote, mais ce n'est pas mal d'être poli, et le premier officier que les citoyens doivent respecter, c'est celui, ce me semble, qu'ils ont nommé eux-mêmes. Maintenant, emmenez cette femme si vous voulez, vous êtes libres.
— Oh! citoyen, s'écria à son tour, en saisissant le bras de Maurice, la femme qui avait suivi tout le débat avec une profonde anxiété. Oh! citoyen! ne m'abandonnez pas à la merci de ces hommes grossiers et à moitié ivres.
— Soit, dit Maurice; prenez mon bras, et je vous conduirai avec eux jusqu'au poste.
— Au poste! répéta la femme avec effroi, au poste! Et pourquoi me conduire au poste, puisque je n'ai fait de mal à personne?
— On vous conduit au poste, dit Maurice, non point parce que vous avez fait du mal, non point parce qu'on suppose que vous en pouvez faire, mais parce qu'un décret de la Commune défend de sortir sans une carte, et que vous n'en avez pas.
— Mais, monsieur, j'ignorais...
— Citoyenne, vous trouverez au poste de braves gens qui apprécieront vos raisons, et de qui vous n'avez rien à craindre.
— Monsieur, dit la jeune femme en serrant le bras de l'officier, ce n'est plus l'insulte que je crains, c'est la mort : si l'on me conduit au poste, je suis perdue

CHAPITRE II.

L'INCONNUE.

l y avait dans cette voix un tel accent de crainte et de distinction mêlée ensemble, que Maurice tressaillit. Comme une commotion électrique, cette voix vibrante avait pénétré jusqu'à son cœur.

Il se retourna vers les enrôlés volontaires, qui se consultaient entre eux. Humiliés d'avoir été tenus en échec par un seul homme, ils se consultaient entre eux avec l'intention bien visible de regagner le terrain perdu; ils étaient huit contre un : trois avaient des fusils, les autres des pistolets et des piques. Maurice n'avait que son sabre; la lutte ne pouvait pas être égale.

La femme elle-même comprit cela, car elle laissa retomber sa tête sur sa poitrine en poussant un soupir.

Quant à Maurice, le sourcil froncé, la lèvre dédaigneusement relevée, le sabre hors du fourreau, il restait irrésolu entre ses sentiments d'homme qui lui ordonnaient de défendre cette femme, et ses devoirs de citoyen qui lui conseillaient de la livrer.

Tout à coup, au coin de la rue des Bons-Enfants, on vit briller l'éclair de plusieurs canons de fusil, et l'on entendit la marche mesurée d'une patrouille qui, apercevant un rassemblement, fit halte à dix pas à peu près du groupe, et, par la voix de son caporal, cria qui vive?

— Ami! cria Maurice. Ami! Avance ici, Lorin.

Celui auquel cette injonction était adressée se remit en marche, et, prenant la tête, s'approcha vivement suivi de huit hommes.

— Eh! c'est toi, Maurice, dit le caporal, ah! libertin! que fais-tu dans les rues à cette heure?

— Tu le vois, je sors de la section des Frères et Amis.

— Oui, pour te rendre dans celle des sœurs et amies; nous connaissons cela.

> Apprenez, ma belle
> Qu'à minuit sonnant,
> Une main fidèle,
> Une main d'amant
> Ira doucement,
> Se glissant dans l'ombre,
> Tirer les verrous
> Qui dès la nuit sombre
> Sont poussés sur vous.

Hein! n'est-ce pas cela?

— Non, mon ami, tu te trompes, j'allais rentrer directement chez moi lorsque j'ai trouvé la citoyenne qui se débattait aux mains des citoyens volontaires; je suis accouru, et j'ai demandé pourquoi on la voulait arrêter.

— Je te reconnais bien là, dit Lorin.

> Des chevaliers français tel est le caractère.

Puis, se tournant vers les enrôlés :

— Et pourquoi arrêtiez-vous cette femme? demanda le poétique caporal.

— Nous l'avons déjà dit au lieutenant, répondit le chef de la petite troupe, parce qu'elle n'avait point de carte de sûreté.

— Bah! bah! dit Lorin, voilà un beau crime.

— Tu ne connais donc pas l'arrêté de la Commune? demanda le chef des volontaires.

— Si fait! si fait! mais il est un autre arrêté qui annule celui-là.

— Lequel?

— Le voici :

> Sur le Pinde et sur le Parnasse,
> Il est décrété par l'Amour
> Que la Beauté, la Jeunesse et la Grâce,
> Pourront à toute heure du jour
> Circuler sans billet de passe.

Hé! que dis-tu de cet arrêté, citoyen? il est galant, ce me semble.

— Oui, mais il ne me paraît pas péremptoire. D'abord, il ne figure pas dans le *Moniteur*; puis, nous ne sommes ni sur le Pinde ni sur le Parnasse; ensuite, il ne fait pas jour; enfin, la citoyenne n'est peut-être ni jeune, ni belle, ni gracieuse.

— Je parie le contraire, dit Lorin. Voyons, citoyenne, prouve-moi que j'ai raison, baisse ta coiffe et que tout le monde puisse juger si tu es dans les conditions du décret.

— Ah! monsieur, dit la jeune femme en se pressant contre Maurice, après m'avoir protégée contre vos ennemis, protégez-moi contre vos amis, je vous en supplie.

— Voyez-vous, voyez-vous, dit le chef des enrôlés, elle se cache. M'est avis que c'est quelque espionne des aristocrates, quelque drôlesse, quelque coureuse de nuit.

— Oh! monsieur, dit la jeune femme en faisant faire un pas en avant à Maurice et en découvrant un visage ravissant de jeunesse, de beauté et de distinction, que la clarté du réverbère éclaira. Oh! regardez-moi, ai-je l'air d'être ce qu'ils disent?

Maurice demeura ébloui. Jamais il n'avait rien rêvé de pareil à ce qu'il venait de voir. Nous disons à ce qu'il venait de voir, car l'inconnue avait voilé de nouveau son visage presque aussi rapidement qu'elle l'avait découvert.

— Lorin, dit tout bas Maurice, réclame la prisonnière pour la conduire à ton poste, tu en as le droit, comme chef de patrouille.

— Bon! dit le jeune caporal, je comprends à demi-mot.

Puis, se retournant vers l'inconnue :

— Allons, allons, la belle, continua-t-il, puisque vous ne voulez pas nous donner la preuve que vous êtes dans les conditions du décret, il faut nous suivre.

— Comment vous suivre? dit le chef des enrôlés volontaires.

— Sans doute, nous allons conduire la citoyenne au poste de l'Hôtel de Ville, où nous sommes de garde, et là nous prendrons des informations sur elle.

— Pas du tout, pas du tout, dit le chef de la première troupe. Elle est à nous, et nous la gardons.

— Ah! citoyens, citoyens, dit Lorin, nous allons nous fâcher.

— Fâchez-vous ou ne vous fâchez pas, morbleu! cela nous est bien égal. Nous sommes de vrais soldats de la République, et, tandis que vous patrouillez dans les rues, nous allons verser notre sang à la frontière.

— Prenez garde de le répandre en route, citoyens, et c'est ce qui pourra bien vous arriver, si vous n'êtes pas plus polis que vous ne l'êtes.

— La politesse est une vertu d'aristocrate, et nous sommes des sans-culotte, nous, repartirent les enrôlés.

— Allons donc, dit Lorin, ne parlez pas de ces choses-là devant madame. Elle est peut-être Anglaise. Ne vous fâchez point de la supposition, mon bel oiseau de nuit, ajouta-t-il en se retournant galamment vers l'inconnue :

> Un poëte l'a dit, et nous, échos indignes,
> Nous allons après lui tout bas le répétant :
> L'Angleterre est un nid de cygnes
> Au milieu d'un immense étang.

— Ah! tu te trahis, dit le chef des enrôlés; ah! tu avoues que tu es une créature de Pitt, un stipendié de l'Angleterre, un...

— Silence, dit Lorin, tu n'entends rien à la poésie, mon ami, aussi je vais te parler en prose. Ecoute, nous sommes des gardes nationaux doux et patients, mais tous enfants de Paris, ce qui veut dire que, lorsqu'on nous échauffe les oreilles, nous frappons dru.

— Madame, dit Maurice, vous voyez ce qui se passe et vous devinez ce qui va se passer : dans cinq minutes dix ou onze hommes vont s'égorger pour vous. La cause qu'ont embrassée ceux qui veulent vous défendre mérite-t-elle le sang qu'elle va faire couler?

— Monsieur, répondit l'inconnue en joignant les mains, je ne puis vous dire qu'une chose, une seule, c'est que, si vous me laissez arrêter, il en résultera pour moi et pour d'autres encore des malheurs si grands, que, plutôt de m'abandonner, je vous supplierai de me percer le cœur avec l'arme que vous tenez dans la main et de jeter mon cadavre dans la Seine.

— C'est bien, madame, répondit Maurice, je prends tout sur moi.

— Et, laissant retomber les mains de la belle inconnue qu'il tenait dans les siennes :

— Citoyens, dit-il aux gardes nationaux, comme votre officier, comme patriote, comme Français, je vous ordonne de protéger cette femme. Et toi, Lorin, si toute cette canaille dit un mot, à la baïonnette !

— Apprêtez, armes ! dit Lorin.

— Ah ! mon Dieu ! mon Dieu ! s'écria l'inconnue en enveloppant sa tête de son capuchon et en s'appuyant contre une borne. Oh ! mon Dieu ! protégez-le.

Les enrôlés volontaires essayèrent de se mettre en défense. L'un d'eux tira même un coup de pistolet dont la balle traversa le chapeau de Maurice.

— Croisez baïonnettes, dit Lorin. Ram plan, plan, plan, plan, plan, plan.

Il y eut alors dans les ténèbres un moment de lutte et de confusion pendant lequel on entendit une ou deux détonations d'armes à feu, puis des imprécations, des cris, des blasphèmes; mais personne ne vint, car, ainsi que nous l'avons dit, il était sourdement question de massacre, et l'on crut que c'était le massacre qui commençait. Deux ou trois fenêtres seulement s'ouvrirent pour se refermer aussitôt.

Moins nombreux et moins bien armés, les enrôlés volontaires furent en un instant hors de combat. Deux étaient blessés grièvement, quatre autres étaient collés contre la muraille avec chacun une baïonnette sur la poitrine.

— Là, dit Lorin, j'espère, maintenant, que vous allez être doux comme des agneaux. Quant à toi, citoyen Maurice, je te charge de conduire cette femme au poste de l'Hôtel de Ville. Tu comprends que tu en réponds.

— Oui, dit Maurice.

Puis tout bas :

— Et le mot d'ordre? ajouta-t-il.

— Ah ! diable, fit Lorin en se grattant l'oreille, le mot d'ordre... C'est que...

— Ne crains-tu pas que j'en fasse un mauvais usage?

— Ah ! ma foi, dit Lorin, fais-en l'usage que tu voudras ; cela te regarde.

— Tu dis donc? reprit Maurice.

— Je dis que je vais te le donner tout à l'heure ; mais laisse-nous d'abord nous débarrasser de ces gaillards-là. Puis, avant de te quitter, je ne serai pas fâché de te dire encore quelques mots de bon conseil.

— Soit, je t'attendrai.

Et Lorin revint vers ses gardes nationaux, qui tenaient toujours en respect les enrôlés volontaires.

— Là, maintenant, en avez-vous assez? dit-il.

— Oui, chien de Girondin! répondit le chef.

— Tu te trompes, mon ami, répondit Lorin avec calme, et nous sommes meilleurs sans-culotte que toi, attendu que nous appartenons au club des Thermopyles, dont on ne contestera pas le patriotisme, j'espère. Laissez aller les citoyens, continua Lorin ; ils ne contestent pas.

— Il n'en est pas moins vrai que si cette femme est une suspecte...

— Si elle était une suspecte, elle se serait sauvée pendant la bataille au lieu d'attendre, comme tu le vois, que la bataille fût finie.

— Hum ! fit un des enrôlés, c'est assez vrai ce que dit le citoyen Thermopyle.

— D'ailleurs nous le saurons, puisque mon ami va la conduire au poste, tandis que nous allons aller boire, nous, à la santé de la nation.

— Nous allons aller boire? dit le chef.

— Certainement, j'ai très-soif, moi, et je connais un joli cabaret au coin de la rue Thomas-du-Louvre !

— Eh mais ! que ne disais-tu cela tout de suite, citoyen? Nous sommes fâchés d'avoir douté de ton patriotisme, et comme preuve au nom de la nation et de la loi, embrassons-nous.

— Embrassons-nous, dit Lorin.

Et les enrôlés et les gardes nationaux s'embrassèrent avec enthousiasme. En ce temps-là on pratiquait aussi volontiers l'accolade que la décollation.

— Allons, amis, s'écrièrent alors les deux troupes réunies, au coin de la rue Thomas-du-Louvre.

— Et nous donc! dirent les blessés d'une voix plaintive; est-ce que l'on va nous abandonner ici?

— Ah ! bien oui, abandonner ! dit Lorin ; abandonner les braves qui sont tombés en combattant pour la patrie, contre des patriotes, c'est vrai, par erreur, c'est encore vrai : on va vous envoyer des civières. En attendant, chantez la *Marseillaise*, cela vous distraira.

Allez, enfants de la patrie,
Le jour de gloire est arrivé.

Puis, s'approchant de Maurice, qui se tenait avec

son inconnue au coin de la rue du Coq, tandis que les gardes nationaux et les volontaires remontaient bras dessus, bras dessous vers la place du Palais-Egalité :

— Maurice, lui dit-il, je t'ai promis un conseil, le voici. Viens avec nous plutôt que de te compromettre en protégeant la citoyenne qui me fait l'effet d'être charmante, il est vrai, mais qui n'en est que plus suspecte ; car les femmes charmantes qui courent les rues de Paris à minuit...

— Monsieur, dit la femme, ne me jugez pas sur les apparences, je vous en supplie.

— D'abord, vous dites monsieur, ce qui est une grande faute, entends-tu, citoyenne. Allons, voilà que je dis vous, moi.

— Eh bien ! oui, oui, citoyen, laisse ton ami accomplir sa bonne action.

— Comment cela ?

— En me reconduisant jusque chez moi, en me protégeant tout le long de la route.

— Maurice ! Maurice ! dit Lorin, songe à ce que tu vas faire ; tu te compromets horriblement.

— Je le sais bien, répondit le jeune homme ; mais que veux-tu, si je l'abandonne, pauvre femme, elle sera arrêtée à chaque pas par les patrouilles.

— Oh ! oui, oui, tandis qu'avec vous, monsieur... tandis qu'avec toi, citoyen, je veux dire, je suis sauvée.

— Tu l'entends, sauvée ! dit Lorin. Elle court donc de grands dangers ?

— Voyons, mon cher Lorin, dit Maurice, soyons justes. C'est une bonne compatriote ou c'est une aristocrate. Si c'est une aristocrate, nous avons eu tort de la protéger ; si c'est une bonne patriote, c'est de notre devoir de la préserver.

— Pardon, pardon, cher ami, j'en suis fâché pour Aristote, mais ta logique est stupide. Te voilà comme celui qui dit :

> Iris m'a volé ma raison
> Et me demande la sagesse.

— Voyons, Lorin, dit Maurice, trêve à Dorat, à Parny, à Gentil-Bernard, je t'en supplie. Parlons sérieusement : veux-tu ou ne veux-tu pas me donner le mot de passe ?

— C'est-à-dire, Maurice, que tu me mets dans cette nécessité de sacrifier mon devoir à mon ami, ou mon ami à mon devoir. Or, j'ai bien peur, Maurice, que le devoir ne soit sacrifié.

— Décide-toi donc à l'un ou à l'autre, mon ami. Mais, au nom du ciel, décide-toi tout de suite.

— Tu n'en abuseras pas ?

— Je te le promets.

— Ce n'est pas assez ; jure!

— Et sur quoi ?

— Jure sur l'autel de la patrie.

Lorin ôta son chapeau, le présenta à Maurice du côté de la cocarde, et Maurice, trouvant la chose toute simple, fit sans rire le serment demandé sur l'autel improvisé.

— Et maintenant, dit Lorin, voici le mot d'ordre : Gaule et Lutèce..... Peut-être y en a-t-il qui te diront comme à moi Gaule et Lucrèce ; mais bah ! laisse passer tout de même, c'est toujours romain.

— Citoyenne, dit Maurice, maintenant je suis à vos ordres. Merci, Lorin.

— Bon voyage, dit celui-ci en se recoiffant avec l'autel de la patrie ; et, fidèle à ses goûts anacréontiques, il s'éloigna en murmurant.

> Enfin, ma chère Éléonore,
> Tu l'as connu, ce péché si charmant
> Que tu craignais, même en le désirant.
> En le goûtant, tu le craignais encore.
> Eh bien ! dis-moi, qu'a-t-il donc d'effrayant ?

— Où allez-vous, citoyenne.

CHAPITRE III.

LA RUE DES FOSSES-SAINT-VICTOR.

aurice, en se trouvant seul avec la jeune femme, fut un instant embarrassé. La crainte d'être dupe, l'attrait de cette merveilleuse beauté, un vague remords qui égratignait sa conscience pure de républicain exalté, le retinrent au moment où il allait donner son bras à la jeune femme. — Où allez-vous, citoyenne? lui dit-il.

— Hélas! monsieur, bien loin, lui répondit-elle.

— Mais enfin...

— Du côté du Jardin des Plantes.

— C'est bien; allons.

— Ah! mon Dieu! monsieur, dit l'inconnue, je vois bien que je vous gêne; mais, sans le malheur qui m'est arrivé, et si je croyais ne courir qu'un danger ordinaire, croyez bien que je n'abuserais pas ainsi de votre générosité.

— Mais enfin, madame, dit Maurice, qui, dans le tête-à-tête, oubliait le langage imposé par le vocabulaire de la République et en revenait à son langage d'homme, comment se fait-il, en conscience, que vous soyez à cette heure dans les rues de Paris? voyez si, excepté nous, nous y voyons une seule personne.

— Monsieur, je vous l'ai dit; j'avais été faire une visite au faubourg du Roule. Partie à midi sans rien savoir de ce qui se passe, je revenais sans en rien savoir encore : tout mon temps s'est écoulé dans une maison un peu retirée.

— Oui, murmura Maurice, dans quelque maison de ci-devant, dans quelque repaire d'aristocrate. Avouez, citoyenne, que, tout en me demandant tout haut mon appui, vous riez tout bas de ce que je vous le donne.

— Moi! s'écria-t-elle, et comment cela?

— Sans doute, vous voyez un républicain vous servir de guide. Eh bien! ce républicain trahit sa cause, voilà tout.

— Mais, citoyen, dit vivement l'inconnue, vous êtes dans l'erreur, et j'aime autant que vous la République.

— Alors, citoyenne, si vous êtes bonne patriote, vous n'avez rien à cacher. D'où veniez-vous?

— Oh! monsieur, de grâce! dit l'inconnue.

Il y avait dans ce *monsieur* une telle expression de pudeur si profonde et si douce, que Maurice crut être fixé sur le sentiment qu'il renfermait.

— Certes, dit-il, cette femme revient d'un rendez-vous d'amour.

Et, sans qu'il comprît pourquoi, il sentit à cette pensée son cœur se serrer.

De ce moment il garda le silence.

Cependant les deux promeneurs nocturnes étaient arrivés à la rue de la Verrerie, après avoir été rencontrés par trois ou quatre patrouilles, qui, au reste, grâce au mot de passe, les avaient laissés circuler librement, lorsqu'à une dernière l'officier parut faire quelque difficulté.

Maurice alors crut devoir ajouter au mot de passe son nom et sa demeure.

— Bien, dit l'officier, voilà pour toi, mais la citoyenne...

— Après, la citoyenne?

— Qui est-elle?

— C'est... la sœur de ma femme.

L'officier les laissa passer.

— Vous êtes donc marié, monsieur? murmura l'inconnue.

— Non, madame; pourquoi cela?

— Parce qu'alors, dit-elle en riant, vous eussiez eu plus court de dire que j'étais votre femme.

— Madame, dit à son tour Maurice, le nom de femme est un titre sacré et qui ne doit pas se donner légèrement. Je n'ai point l'honneur de vous connaître.

Ce fut à son tour que l'inconnue sentit son cœur se serrer, et elle garda le silence.

En ce moment ils traversèrent le pont Marie.

La jeune femme marchait plus vite à mesure que l'on approchait du but de la course.

On traversa le pont de la Tournelle.

— Nous voilà, je crois, dans votre quartier, dit Maurice en posant le pied sur le quai Saint-Bernard.

— Oui, citoyen, dit l'inconnue; mais c'est justement où j'ai le plus besoin de votre secours.

— En vérité, madame, vous me défendez d'être indiscret, et en même temps vous faites tout ce que vous pouvez pour exciter ma curiosité. Ce n'est pas généreux. Voyons, un peu de confiance; je l'ai bien méritée, je crois. Ne me ferez-vous point l'honneur de me dire à qui je parle?

— Vous parlez, monsieur, reprit l'inconnue en souriant, à une femme que vous avez sauvée du plus grand danger qu'elle ait jamais couru, et qui vous sera reconnaissante toute sa vie.

— Je ne vous en demande pas tant, madame; soyez moins reconnaissante, et, pendant cette seconde, dites-moi votre nom.

— Impossible.

— Vous l'eussiez dit cependant au premier sectionnaire venu, si l'on vous eût conduite au poste.

— Non, jamais! s'écria l'inconnue.

— Mais alors, vous alliez en prison.

— J'étais décidée à tout.

— Mais la prison dans ce moment-ci...

— C'est l'échafaud, je le sais.

— Et vous eussiez préféré l'échafaud?

— A la trahison... Dire mon nom, c'était trahir!

— Je vous le disais bien que vous me faisiez jouer un singulier rôle pour un républicain!

— Vous jouez le rôle d'un homme généreux. Vous trouvez une pauvre femme qu'on insulte, vous ne la méprisez pas quoiqu'elle soit du peuple, et, comme elle peut être insultée de nouveau, pour la sauver du naufrage, vous la reconduisez jusqu'au misérable quartier qu'elle habite; voilà tout.

— Oui, vous avez raison; voilà pour les apparences; voilà ce que j'aurais pu croire si je ne vous avais pas vue, si vous ne m'aviez pas parlé; mais votre beauté, mais votre langage, sont d'une femme de distinction; or, c'est justement cette distinction, en opposition avec votre costume et avec ce misérable quartier, qui me prouve que votre sortie à cette heure cache quelque mystère. Vous vous taisez... allons, n'en parlons plus. Sommes-nous encore loin de chez vous, madame?

En ce moment, ils entraient dans la rue des Fossés-Saint-Victor par la rue de Seine.

— Vous voyez ce petit bâtiment noir, dit l'inconnue à Maurice en étendant la main vers une maison située au delà des murs du Jardin des Plantes. Quand nous serons là, vous me quitterez.

— Fort bien, madame. Ordonnez, je suis là pour vous obéir.

— Vous vous fâchez?

— Moi, pas le moins du monde; d'ailleurs que vous importe?

— Il m'importe beaucoup, car j'ai encore une grâce à vous demander.

— Laquelle?

— C'est un adieu bien affectueux et bien franc... un adieu d'ami!

— Un adieu d'ami! Oh! vous me faites trop d'honneur, madame. Un singulier ami que celui qui ne sait pas le nom de son amie, et à qui cette amie cache sa demeure, de peur sans doute d'avoir l'ennui de le revoir.

La jeune femme baissa la tête et ne répondit pas.

— Au reste, madame, continua Maurice, si j'ai surpris quelque secret, il ne faut pas m'en vouloir; je n'y tâchais pas.

— Me voici arrivée, monsieur, dit l'inconnue.

On était en face de la vieille rue Saint-Jacques, bordée de hautes maisons noires, percée d'allées obscures, de ruelles occupées par des usines et des tanneries, car à deux pas coule la petite rivière de Bièvre.

— Ici? dit Maurice; comment, c'est ici que vous demeurez?

— Oui.

— Impossible!

— C'est cependant ainsi. Adieu, adieu donc, mon brave chevalier; adieu, mon généreux protecteur!

— Adieu, madame, répondit Maurice avec une légère ironie; mais dites-moi, pour me tranquilliser, que vous ne courez plus aucun danger.

— Aucun.

— En ce cas, je me retire.

Et Maurice fit un froid salut en se reculant de deux pas en arrière.

L'inconnue demeura un instant immobile à la même place.

— Je ne voudrais cependant pas prendre congé de vous ainsi, dit-elle. Voyons, monsieur Maurice, votre main.

Maurice se rapprocha de l'inconnue et lui tendit la main.

Il sentit alors que la jeune femme lui glissait une bague au doigt.

— Oh! oh! citoyenne, que faites-vous donc là? Vous ne vous apercevez pas que vous perdez une de vos bagues?

— Oh! monsieur, dit-elle, ce que vous faites là est bien mal.

— Il me manquait ce vice, n'est-ce pas, madame, d'être ingrat?

— Voyons, je vous en supplie, monsieur... mon ami. Ne me quittez pas ainsi. Voyons, que demandez-vous? Que vous faut-il?

— Pour être payé, n'est-ce pas? dit le jeune homme avec amertume.

— Non, dit l'inconnue avec une expression enchanteresse, mais pour me pardonner le secret que je suis forcée de garder envers vous.

Maurice, en voyant luire dans l'obscurité ces beaux yeux presque humides de larmes, en sentant frémir cette main tiède entre les siennes, en entendant cette voix qui était presque descendue à l'accent de la prière, passa tout à coup de la colère au sentiment exalté.

— Ce qu'il me faut, s'écria-t-il, il faut que je vous revoie.

— Impossible.

— Ne fût-ce qu'une seule fois, une heure, une minute, une seconde.

— Impossible, je vous dis.

— Comment! demanda Maurice. C'est sérieusement que vous me dites que je ne vous reverrai jamais?

— Jamais! répondit l'inconnue comme un douloureux écho.

— Oh! madame, dit Maurice, décidément vous vous jouez de moi.

Et il releva sa noble tête en secouant ses longs cheveux à la manière d'un homme qui veut échapper à un pouvoir qui l'étreint malgré lui.

L'inconnue le regardait avec une expression indéfinissable. On voyait qu'elle n'avait pas entièrement échappé au sentiment qu'elle inspirait.

— Écoutez, dit-elle après un moment de silence qui n'avait été interrompu que par un soupir qu'avait inutilement cherché à étouffer Maurice. Écoutez! me jurez-vous sur l'honneur de tenir vos yeux fermés du moment où je vous le dirai jusqu'à celui où vous aurez compté soixante secondes? Mais, là... sur l'honneur.

— Et, si je le jure, que m'arrivera-t-il?

— Il arrivera que je vous prouverai ma reconnaissance, comme je vous promets de ne la prouver jamais à personne, fût-on pour moi plus que vous n'avez fait vous-même; ce qui, au reste, serait difficile.

— Mais enfin ne puis-je savoir...

— Non, fiez-vous à moi, vous verrez...

— En vérité, madame, je ne sais si vous êtes un ange ou un démon.

— Jurez-vous?

— Eh bien, oui, je le jure!

— Quelque chose qui arrive, vous ne rouvrirez pas les yeux... Quelque chose qui arrive, comprenez-vous bien, vous sentissiez-vous frappé d'un coup de poignard.

— Vous m'étourdissez, ma parole d'honneur, avec cette exigence.

— Eh! jurez donc, monsieur, vous ne risquez pas grand'chose, ce me semble.

— Eh bien! je jure, quelque chose qui m'arrive, dit Maurice en fermant les yeux.

Il s'arrêta.

— Laissez-moi vous voir encore une fois, une seule fois, dit-il, je vous en supplie.

La jeune femme rabattit son capuchon avec un sourire qui n'était pas exempt de coquetterie; et à la lueur de la lune, qui, en ce moment même, glissait entre deux nuages, il put revoir pour la seconde fois ces longs cheveux pendant en boucles d'ébène, l'arc parfait d'un double sourcil qu'on eût cru dessiné à l'encre de Chine, deux yeux fendus en amande, veloutés et languissants, un nez de la forme la plus exquise, des lèvres fraîches et brillantes comme du corail.

— Oh! vous êtes belle, bien belle, trop belle! s'écria Maurice.

— Fermez les yeux, dit l'inconnue.

Maurice obéit.

La jeune femme prit ses deux mains dans les siennes, le tourna comme elle voulut. Soudain une chaleur parfumée sembla s'approcher de son visage, et une bouche effleura sa bouche, laissant entre ses deux lèvres la bague qu'il avait refusée.

Ce fut une sensation rapide comme la pensée, brûlante comme une flamme. Maurice ressentit une sensation qui ressemblait presque à de la douleur, tant elle était inattendue et profonde, tant elle avait pénétré au fond du cœur et en avait fait frémir les fibres secrètes.

Il fit un brusque mouvement en étendant les bras devant lui.

— Votre serment, cria une voix déjà éloignée.

Maurice appuya ses mains crispées sur ses yeux pour résister à la tentation de se parjurer. Il ne compta plus, il ne pensa plus, il resta muet, immobile, chancelant.

Au bout d'un instant il entendit comme le bruit d'une porte qui se refermait à cinquante ou soixante pas de lui; puis bientôt tout rentra dans le silence.

Alors il écarta ses doigts, rouvrit les yeux, regarda autour de lui comme un homme qui s'éveille, et peut-être eût-il cru qu'il se réveillait en effet et que tout ce qui venait de lui arriver n'était qu'un songe, s'il n'eût tenu serrée entre ses lèvres la bague qui faisait de cette incroyable aventure une incontestable réalité

CHAPITRE IV.

MŒURS DU TEMPS.

Lorsque Maurice Lindey revint à lui et regarda autour de lui, il ne vit que des ruelles sombres qui s'allongeaient à sa droite et à sa gauche; il essaya de chercher, de se reconnaître, mais son esprit était troublé; la nuit était sombre, la lune, qui était sortie un instant pour éclairer le charmant visage de l'inconnue, était rentrée dans ses nuages. Le jeune homme, après un moment de cruelle incertitude, reprit le chemin de sa maison, située rue du Roule.

En arrivant dans la rue Sainte-Avoye, Maurice fut surpris de la quantité de patrouilles qui circulaient dans le quartier du Temple.

— Qu'y a-t-il donc, sergent? demanda-t-il au chef d'une patrouille fort affairée qui venait de faire perquisition dans la rue des Fontaines.

— Ce qu'il y a? dit le sergent, il y a, mon officier, qu'on a voulu enlever cette nuit la femme Capet et toute sa nichée.

— Et comment cela?

— Une patrouille de ci-devant qui s'était, je ne sais comment, procuré le mot d'ordre, s'était introduite au Temple sous le costume de chasseurs de la garde nationale, et les devait enlever. Heureusement celui qui représentait le caporal, en parlant à l'officier de garde, l'a appelé *monsieur;* il s'est vendu lui-même, l'aristocrate!

— Diable! fit Maurice. Et a-t-on arrêté les conspirateurs?

— Non : la patrouille a gagné la rue, et elle s'est dispersée.

— Et y a-t-il quelque espoir de rattraper tous ces gaillards-là?

— Oh! il n'y en a qu'un qu'il serait bien important de reprendre, le chef, un grand maigre... qui avait été introduit parmi les hommes de garde par un des municipaux de service. Nous a-t-il fait courir le scélérat! Mais il aura trouvé une porte de derrière et se sera enfui par les Madelonnettes.

Dans toute autre circonstance, Maurice fût resté toute la nuit avec les patriotes qui veillaient au salut de la République; mais, depuis une heure, l'amour de la patrie n'était plus sa seule pensée. Il continua donc son chemin, la nouvelle qu'il venait d'apprendre se fondant peu à peu dans son esprit et disparaissant derrière l'événement qui venait de lui arriver. D'ailleurs, ces prétendues tentatives d'enlèvement étaient devenues si fréquentes, les patriotes eux-mêmes savaient que dans certaines circonstances on s'en servait si bien comme d'un moyen politique, que cette nouvelle n'avait pas inspiré une grande inquiétude au jeune républicain.

En revenant chez lui, Maurice trouva son *officieux* (à cette époque on n'avait plus de domestique); Maurice, disons-nous, trouva son officieux l'attendant, et qui, en l'attendant, s'était endormi, et, en dormant, ronflait d'inquiétude.

Il le réveilla avec tous les égards que l'on doit à son semblable, lui fit tirer ses bottes, le renvoya afin de n'être point distrait de sa pensée, se mit au lit, et, comme il se faisait tard et qu'il était jeune, il s'endormit à son tour malgré la préoccupation de son esprit.

Le lendemain, il trouva une lettre sur sa table de nuit.

Cette lettre était d'une écriture fine, élégante et inconnue. Il regarda le cachet, le cachet portait pour devise ce seul mot anglais : *Nothing*, — Rien.

Il l'ouvrit, elle contenait ces mots :

« Merci!
« Reconnaissance éternelle en échange d'un éternel oubli!... »

Maurice appela son domestique; les vrais patriotes ne les sonnaient plus, la sonnette rappelant la servilité; d'ailleurs, beaucoup d'officieux mettaient, en entrant chez leurs maîtres, cette condition aux services qu'ils consentaient à leur rendre.

L'officieux de Maurice avait reçu, il y avait trente ans à peu près, sur les fonts baptismaux, le nom de Jean; mais, en 92, il s'était, de son autorité privée, débaptisé, Jean sentant l'aristocratie et le déisme, et s'appelait Scœvola.

— Scœvola, demanda Maurice, sais-tu ce que c'est que cette lettre?

— Non, citoyen.

— Qui te l'a remise?

— Le concierge.

— Qui la lui a apportée?

— Un commissionnaire sans doute, puisqu'il n'y a pas le timbre de la nation.

— Descends et prie le concierge de monter.

Le concierge monta parce que c'était Maurice qui le demandait, et que Maurice était fort aimé de tous les officieux avec lesquels il était en relation; mais le concierge déclara que, si c'était tout autre locataire, il l'eût prié de descendre.

Le concierge s'appelait Aristide.

Maurice l'interrogea. C'était un homme inconnu qui, vers les huit heures du matin, avait apporté cette lettre. Le jeune homme eut beau multiplier ses questions, les représenter sous toutes les faces, le concierge ne put lui répondre autre chose. Maurice le pria d'accepter dix francs en l'invitant, si cet homme se représentait, à le suivre sans affectation et à revenir lui dire où il était allé.

Hâtons-nous de dire qu'à la grande satisfaction d'Aristide, un peu humilié par cette proposition de suivre un de ses semblables, l'homme ne revint pas.

Maurice, resté seul, froissa la lettre avec dépit, tira la bague de son doigt, la mit avec la lettre froissée sur sa table de nuit, se retourna le nez contre le mur avec la folle prétention de s'endormir de nouveau; mais, au bout d'une heure, Maurice, revenu de cette fanfaronnade, baisait la bague et relisait la lettre : la bague était un saphir très-beau.

La lettre était, comme nous l'avons dit, un charmant petit billet qui sentait son aristocratie d'une lieue.

Comme Maurice se livrait à cet examen, sa porte s'ouvrit. Maurice remit la bague à son doigt et cacha la lettre sous son traversin. Était-ce pudeur d'un amour naissant? Était-ce vergogne d'un patriote qui ne veut pas qu'on le sache en relation avec des gens assez imprudents pour écrire un pareil billet dont le parfum seul pouvait compromettre et la main qui l'avait écrit et celle qui le décachetait.

Celui qui entrait ainsi était un jeune homme vêtu en patriote, mais en patriote de la plus suprême élégance. Sa carmagnole était de drap fin; sa culotte était de casimir et ses bas chinés étaient de fine soie. Quant à son bonnet phrygien, il eût fait honte pour sa forme élégante et sa belle couleur pourprée à celui de Paris lui-même.

Il portait en outre à sa ceinture une paire de pistolets de l'ex-fabrique royale de Versailles, et un sabre droit et court pareil à celui des élèves du Champ de Mars.

— Ah! tu dors, Brutus, dit le nouvel arrivé, et la patrie est en danger. Fi donc!

— Non Lorin, dit en riant Maurice, je ne dors pas, je rêve.

— Oui, je comprends.

— Eh bien, moi, je ne comprends pas.

— Bah!

— De qui parles-tu? Quelle est cette Eucharis?

— Eh bien! la femme.

— Quelle femme?

— La femme de la rue Saint-Honoré, la femme de la patrouille, l'inconnue pour laquelle nous avons risqué notre tête toi et moi hier soir.

— Oh! oui, dit Maurice, qui savait parfaitement

ce que voulait dire son ami, mais qui seulement faisait semblant de ne le point comprendre, la femme inconnue!

— Eh bien! qui était-ce?
— Je n'en sais rien.
— Était-elle jolie?
— Peuh! fit Maurice en allongeant dédaigneusement les lèvres.
— Une pauvre femme oubliée dans quelque rendez-vous amoureux

> .... Oui, faibles que nous sommes,
> C'est toujours cet amour qui tourmente les hommes.

— C'est possible, murmura Maurice, auquel cette idée qu'il avait eue d'abord répugnait fort à cette heure, et qui préférait voir dans sa belle inconnue une conspiratrice qu'une femme amoureuse.
— Et où demeure-t-elle?
— Je n'en sais rien.
— Allons donc! tu n'en sais rien, impossible!
— Pourquoi cela?
— Tu l'as reconduite.
— Elle m'a échappé au pont Marie...
— T'échapper à toi! s'écria Lorin avec un éclat de rire énorme. Une femme t'échapper, allons donc!

> Est-ce que la colombe échappe
> Au vautour, ce tyran des airs,
> Et la gazelle au tigre du désert
> Qui la tient déjà sous sa patte?

— Lorin, dit Maurice, ne t'habitueras-tu donc jamais à parler comme tout le monde? Tu m'agaces horriblement avec ton atroce poésie.
— Comment, à parler comme tout le monde! mais je parle mieux que tout le monde, ce me semble. Je parle comme le citoyen Demoustier, en prose et en vers. Quant à ma poésie, mon cher, je sais une Émilie qui ne la trouve pas mauvaise; mais revenons à la tienne.
— A ma poésie?
— Non, à ton Émilie.
— Est-ce que j'ai une Émilie?
— Allons, allons! ta gazelle se sera faite tigresse et t'aura montré les dents, de sorte que tu es vexé, mais amoureux.
— Moi, amoureux? dit Maurice en secouant la tête.
— Oui, toi amoureux.

> N'en fais pas un plus long mystère;
> Les coups qui partent de Cythère
> Frappent au cœur plus sûrement
> Que ceux de Jupiter tonnant.

— Lorin, dit Maurice en s'armant d'une clef forée qui était sur sa table de nuit, je te déclare que tu ne diras plus un seul vers que je ne siffle.
— Alors parlons politique. D'ailleurs, j'étais venu pour cela; sais-tu la nouvelle?

— Je sais que la veuve Capet a voulu s'évader.
— Bah! ce n'est rien que cela.
— Qu'y a-t-il donc de plus?
— Le fameux chevalier de Maison-Rouge est à Paris.
— En vérité! s'écria Maurice en se levant sur son séant.
— Lui-même en personne.
— Mais quand est-il entré?
— Hier soir.
— Comment cela?
— Déguisé en chasseur de la garde nationale. Une femme, qu'on croit être une aristocrate déguisée en femme du peuple, lui a porté des habits à la barrière; puis, un instant après, ils sont rentrés bras dessus, bras dessous. Ce n'est que quand ils ont été passés que la sentinelle a eu quelque soupçon. Il avait vu passer la femme avec un paquet; il la voyait repasser avec une espèce de militaire sous le bras. C'était louche; il a donné l'éveil; on a couru après eux. Ils ont disparu dans un hôtel de la rue Saint-Honoré dont la porte s'est ouverte comme par enchantement. L'hôtel avait une seconde sortie sur les Champs-Élysées; bonsoir, le chevalier de Maison-Rouge et sa complice se sont évanouis. L'on démolira l'hôtel et l'on guillotinera le propriétaire; mais cela n'empêchera pas le chevalier de recommencer la tentative qui a déjà échoué il y a quatre mois pour la première fois et hier pour la seconde.
— Et il n'est point arrêté? demanda Maurice.
— Ah! bien oui. Arrête Protée, mon cher, arrête donc Protée; tu sais le mal qu'a eu Aristée à en venir à bout.

> Pastor Aristæus fugiens Peneïa tempe.

— Prends garde, dit Maurice en portant sa clef à sa bouche.
— Prends garde toi-même, morbleu! car cette fois ce n'est pas moi que tu siffleras, c'est Virgile.
— C'est juste, et, tant que tu ne le traduiras point, je n'ai rien à dire. Mais revenons au chevalier de Maison-Rouge.
— Oui, convenons que c'est un fier homme.
— Le fait est que, pour entreprendre de pareilles choses, il faut un grand courage.
— Ou un grand amour.
— Crois-tu donc à cet amour du chevalier pour la reine?
— Je n'y crois pas; je le dis comme tout le monde. D'ailleurs, elle en a rendu bien d'autres amoureux, qu'y aurait-il d'étonnant à ce qu'elle l'eût séduit? elle a bien séduit Barnave, à ce qu'on dit.
— N'importe, il faut que le chevalier ait des intelligences dans le Temple même.
— C'est possible:

> L'amour brise les grilles
> Et se rit des verrous.

— Lorin !
— Ah ! c'est vrai.
— Alors, tu crois cela comme les autres.
— Pourquoi pas ?
— Parce qu'à ton compte la reine aurait eu deux cents amoureux.
— Deux cents, trois cents, quatre cents. Elle est assez belle pour cela. Je ne dis pas qu'elle les ait aimés ; mais enfin ils l'ont aimée, elle. Tout le monde voit le soleil, et le soleil ne voit pas tout le monde.
— Alors, tu dis donc que le chevalier de Maison-Rouge...
— Je dis qu'on le traque un peu en ce moment-ci, et que, s'il échappe aux limiers de la République, ce sera un fin renard.
— Et que fait la Commune dans tout cela ?
— La Commune va rendre un arrêté par lequel chaque maison, comme un registre ouvert, laissera voir sur sa façade le nom des habitants et des habitantes. C'est la réalisation de ce rêve des anciens : que n'existe-t-il une fenêtre au cœur de l'homme pour que tout le monde puisse voir ce qui s'y passe !
— Oh ! excellente idée ! s'écria Maurice.
— De mettre une fenêtre au cœur des hommes ?
— Non, mais de mettre une liste à la porte des maisons.

En effet, Maurice songeait que ce lui serait un moyen de retrouver son inconnue, ou tout au moins quelque trace d'elle qui pût le mettre sur sa voie.

— N'est-ce pas ? dit Lorin. J'ai déjà parié que cette mesure nous donnerait une fournée de cinq cents aristocrates. A propos, nous avons reçu ce matin au club une députation des enrôlés volontaires ; ils sont venus, conduits par nos adversaires de cette nuit, que je n'ai abandonnés qu'ivres morts ; ils sont venus, dis-je, avec des guirlandes de fleurs et des couronnes d'immortelles.

— En vérité ! répliqua Maurice en riant ; et combien étaient-ils ?

— Ils étaient trente ; ils s'étaient fait raser et avaient des bouquets à la boutonnière. Citoyens du club des Thermopyles, a dit l'orateur, en vrais patriotes que nous sommes, nous désirons que l'union des Français ne soit pas troublée par un malentendu, et nous venons fraterniser de nouveau.

— Alors...

— Alors, nous avons fraternisé derechef, et en réitérant, comme dit Diafoirus ; on a fait un autel à la patrie avec la table du secrétaire et deux carafes dans lesquelles on a mis des bouquets. Comme tu étais le héros de la fête, on t'a appelé trois fois pour te couronner, et, comme tu n'as pas répondu, attendu que tu n'y étais pas et qu'il faut toujours que l'on couronne quelque chose, on a couronné le buste de Washington. Voilà l'ordre et la marche selon lesquels a eu lieu la cérémonie.

Comme Lorin achevait ce récit véridique et qui, à cette époque, n'avait rien de burlesque, on entendit des rumeurs dans la rue, et des tambours, d'abord lointains, puis de plus en plus rapprochés, firent entendre le bruit, si commun alors, de la générale.

— Qu'est-ce que cela ? demanda Maurice.

— C'est la proclamation de l'arrêté de la Commune, dit Lorin.

— Je cours à la section, dit Maurice en sautant à bas de son lit et en appelant son officieux pour le venir habiller.

— Et moi, je rentre me coucher, dit Lorin ; je n'ai dormi que deux heures cette nuit, grâce à tes enragés volontaires. Si l'on ne se bat qu'un peu, tu me laisseras dormir ; si l'on se bat beaucoup, tu viendras me chercher.

— Pourquoi donc t'es-tu fait si beau ? demanda Maurice en jetant un coup d'œil sur Lorin, qui se levait pour se retirer.

— Parce que, pour venir chez toi, je suis forcé de passer rue Béthisy, et que, rue Béthisy, au troisième, il y a une fenêtre qui s'ouvre toujours quand je passe.

— Et tu ne crains pas qu'on te prenne pour un muscadin ?

— Un muscadin ! moi ! Ah ! bien oui, je suis connu, au contraire, pour un franc sans-culotte. Mais il faut bien faire quelque sacrifice au beau sexe. Le culte de la patrie n'exclut pas celui de l'amour ; au contraire, l'un commande l'autre.

> La République a décrété
> Que des Grecs on suivrait les traces ;
> Et l'autel de la Liberté
> Fait pendant à celui des Grâces.

Ose siffler celui-là, je te dénonce comme aristocrate, et je te fais raser de manière à ce que tu ne portes jamais perruque. Adieu, cher ami.

Lorin tendit cordialement à Maurice une main que le jeune secrétaire serra cordialement, et sortit en ruminant un bouquet à Chloris.

Lorin.

CHAPITRE V.

QUEL HOMME C'ÉTAIT QUE LE CITOYEN MAURICE LINDEY.

andis que Maurice Lindey, après s'être habillé précipitamment, se rend à la section de la rue Lepelletier, dont il est, comme on le sait, secrétaire, essayons de retracer aux yeux du public les antécédents de cet homme, qui s'est produit sur la scène par un de ces élans de cœur familiers aux puissantes et généreuses natures.

Le jeune homme avait dit la vérité pleine et entière lorsque la veille, en répondant de l'inconnue, il avait dit qu'il se nommait Maurice Lindey, demeurant rue du Roule. Il aurait pu ajouter qu'il était enfant de cette demi-aristocratie accordée aux gens de robe. Ses aïeux avaient marqué depuis deux cents ans par cette éternelle opposition parlemen-

Son terrible sabre avait entamé plus de dix uniformes. — Page 18

taire qui a illustré les noms des Molé et des Maupou. Son père, le bonhomme Lindey, qui avait passé toute sa vie à gémir contre le despotisme, lorsque, le 14 juillet 89, la Bastille était tombée aux mains du peuple, était mort de saisissement et d'épouvante de voir le despotisme remplacé par une liberté militante, laissant son fils unique indépendant par sa fortune et républicain par sentiment.

La Révolution, qui avait suivi de si près ce grand événement, avait donc trouvé Maurice dans toutes les conditions de vigueur et de maturité virile qui conviennent à l'athlète prêt à entrer en lice, éducation républicaine fortifiée par l'assiduité aux clubs et la lecture de tous les pamphlets de l'époque. Dieu sait combien Maurice avait dû en lire ! Mépris profond et raisonné de la hiérarchie, pondération philosophique des événements qui composent le corps, négation absolue de toute noblesse qui n'est pas personnelle, appréciation impartiale du passé, ardeur pour les idées nouvelles, sympathie pour le peuple, mêlée à la plus aristocratique des organisations, tel était au moral, non pas celui que nous avons choisi, mais celui que le journal où nous puisons ce sujet nous a donné pour héros de cette histoire.

Au physique, Maurice Lindey était un homme de

cinq pieds huit pouces, âgé de vingt-cinq ou de vingt-six ans, musculeux comme Hercule, beau de cette beauté française qui accuse dans un Franc une race particulière, c'est-à-dire un front pur, des yeux bleus, des cheveux châtains et bouclés, des joues roses et des dents d'ivoire.

Après le portrait de l'homme, la position du citoyen.

Maurice, sinon riche, du moins indépendant, Maurice portant un nom respecté et surtout populaire, Maurice connu par son éducation libérale et pour ses principes plus libéraux encore que son éducation, Maurice s'était placé pour ainsi dire à la tête d'un parti composé de tous les jeunes bourgeois patriotes. Peut-être bien, près des sans-culotte, passait-il pour un peu tiède, et près des sectionnaires pour un peu parfumé ; mais il se faisait pardonner sa tiédeur par les sans-culotte en brisant comme des roseaux fragiles les gourdins les plus noueux, et son élégance par les sectionnaires en les envoyant rouler à vingt pas d'un coup de poing entre les deux yeux, quand ces deux yeux regardaient Maurice d'une façon qui ne lui convenait pas.

Maintenant, pour le physique, pour le moral et pour le civisme combinés, Maurice avait assisté à la prise de la Bastille ; il avait été de l'expédition de Versailles ; il avait combattu comme un lion au 10 août, et, dans cette mémorable journée, c'était une justice à lui rendre, il avait tué autant de patriotes que de Suisses, car il n'avait pas voulu souffrir plus l'assassin sous la carmagnole que l'ennemi de la République sous l'habit rouge.

C'était lui qui, pour exhorter les défenseurs du château à se rendre et pour empêcher le sang de couler, s'était jeté sur la bouche d'un canon auquel un artilleur parisien allait mettre le feu ; c'était lui qui était entré le premier par une fenêtre au Louvre, malgré la fusillade de cinquante Suisses et d'autant de gentilshommes embusqués, et déjà, lorsqu'il aperçut les signaux de capitulation, son terrible sabre avait entamé plus de dix uniformes ; alors, voyant ses amis massacrer à loisir des prisonniers qui jetaient leurs armes, qui tendaient leurs mains suppliantes et qui demandaient la vie, il s'était mis à hacher furieusement ses amis, ce qui lui avait fait une réputation digne des beaux jours de Rome et de la Grèce.

La guerre déclarée, Maurice s'enrôla et partit pour la frontière en qualité de lieutenant avec les quinze cents premiers volontaires que la ville envoyait contre les envahisseurs, et qui chaque jour devaient être suivis de quinze cents autres.

A la première bataille à laquelle il assista, c'est-à-dire à Jemmapes, il reçut une balle qui, après avoir divisé les muscles d'acier de son épaule, alla s'aplatir sur l'os. Le représentant du peuple connaissait Maurice ; il le renvoya à Paris pour qu'il guérît. Un mois entier, Maurice, dévoré par la fièvre, se roula sur son lit de douleur ; mais janvier le trouva sur pied et commandant, sinon de nom, du moins de fait, le club des Thermopyles, c'est-à-dire cent jeunes gens de la bourgeoisie parisienne armés pour s'opposer à toute tentative en faveur du tyran Capet. Il y a plus : Maurice, le sourcil froncé par une sombre colère, l'œil dilaté, le front pâle, le cœur éteint par un singulier mélange de haine morale et de pitié physique, assista le sabre au poing à l'exécution du roi, et, seul peut-être dans toute cette foule, demeura muet lorsque tomba la tête de ce fils de saint Louis dont l'âme montait au ciel ; seulement, lorsque cette tête fut tombée, il leva en l'air son redoutable sabre, et tous ses amis crièrent vive la liberté ! sans remarquer que cette fois, par exception, sa voix ne s'était pas mêlée à la leur.

Voilà quel était l'homme qui s'acheminait, le matin du 11 mars, vers la rue Lepelletier, et auquel notre histoire va donner plus de relief dans les détails d'une vie orageuse comme on la menait à cette époque.

Vers dix heures, Maurice arriva à la section dont il était le secrétaire.

L'émoi était grand. Il s'agissait de voter une adresse à la Convention pour réprimer les complots des Girondins. On attendait impatiemment Maurice.

Il n'était question que du retour du chevalier de Maison-Rouge, de l'audace avec laquelle cet acharné conspirateur était rentré pour la deuxième fois dans Paris, où sa tête, il le savait cependant, était mise à prix. On rattachait à cette rentrée la tentative faite la veille au Temple, et chacun exprimait sa haine et son indignation contre les traîtres et les aristocrates.

Mais, contre l'attente générale, Maurice fut mou et silencieux, rédigea habilement la proclamation, termina en trois heures toute sa besogne, demanda si la séance était levée, et, sur la réponse affirmative, prit son chapeau, sortit et s'achemina vers la rue Saint-Honoré.

Arrivé là, Paris lui sembla tout nouveau. Il revit le coin de la rue du Coq, où, pendant la nuit, la belle inconnue lui était apparue se débattant aux mains des soldats. Alors il suivit, depuis la rue du Coq jusqu'au pont Marie, le même chemin qu'il avait parcouru à ses côtés, s'arrêtant où les différentes patrouilles les avaient arrêtés, répétant aux endroits qui le lui rendaient, comme s'ils avaient conservé un écho de leurs paroles, le dialogue qu'ils avaient échangé ; seulement, il était une heure de l'après-midi, et le soleil, qui éclairait toute cette promenade, rendait saillants à chaque pas les souvenirs de la nuit.

Maurice traversa les ponts et entra bientôt dans la rue Victor, comme on l'appelait alors.

— Pauvre femme ! murmura Maurice, qui n'a pas réfléchi hier que la nuit ne dure que douze heures, et que son secret ne durerait probablement pas plus que la nuit. A la clarté du soleil, je vais retrouver la porte par laquelle elle s'est glissée, et qui sait si je ne l'apercevrai pas elle-même à quelque fenêtre?

Il entra alors dans la vieille rue Saint-Jacques, se plaça comme l'inconnue l'avait placé la veille. Un instant il ferma les yeux, croyant peut-être, le pauvre fou! que le baiser de la veille allait une seconde fois brûler ses lèvres. Mais il n'en ressentit que le souvenir. Il est vrai que le souvenir brûlait encore.

Maurice rouvrit les yeux, vit les deux ruelles : l'une à sa droite, l'autre à sa gauche. Elles étaient fangeuses, mal pavées, garnies de barrières, coupées de petits ponts jetés sur un ruisseau. On y voyait des arcades en poutres, des recoins, vingt portes mal assurées, pourries. C'était le travail grossier dans toute sa misère, la misère dans toute sa hideur. Çà et là un jardin, fermé tantôt par des haies, tantôt par des palissades en échalas, quelques-uns par des murs; des peaux séchant sous des hangars et répandant cette odieuse odeur de tannerie qui soulève le cœur. Maurice chercha, combina pendant deux heures et ne trouva rien, ne devina rien; dix fois il revint sur ses pas pour s'orienter. Mais toutes ses tentatives furent inutiles, toutes ses recherches infructueuses. Les traces de la jeune femme semblaient avoir été effacées par le brouillard et la pluie.

— Allons, se dit Maurice, j'ai rêvé. Ce cloaque ne peut avoir un instant servi de retraite à ma belle fée de cette nuit.

Il y avait dans ce républicain farouche une poésie bien autrement réelle que dans son ami aux quatrains anacréontiques, puisqu'il rentra sur cette idée, pour ne pas ternir l'auréole qui éclairait la tête de son inconnue. Il est vrai qu'il rentra désespéré.

— Adieu! dit-il, belle mystérieuse; tu m'as traité en sot ou en enfant. En effet, serait-elle venue ici avec moi, si elle y demeurait? Non! elle n'a fait qu'y passer, comme un cygne sur un marais infect. Et, comme celle de l'oiseau dans l'air, sa trace est invisible.

CHAPITRE VI.

LE TEMPLE.

Le même jour, à la même heure où Maurice, douloureusement désappointé, repassait le pont de la Tournelle, plusieurs municipaux, accompagnés de Santerre, commandant de la garde nationale parisienne, faisaient une visite sévère dans la grande tour du Temple, transformée en prison depuis le 13 août 1792.

Cette visite s'exerçait particulièrement dans l'appartement du troisième étage, composé d'une antichambre et de trois pièces.

Une de ces chambres était occupée par deux femmes, une jeune fille et un enfant de neuf ans, tous vêtus de deuil.

L'aînée de ces femmes pouvait avoir trente-sept à trente-huit ans. Elle était assise, et lisait près d'une table.

La seconde était assise et travaillait à un ouvrage de tapisserie; elle pouvait être âgée de vingt-huit à vingt-neuf ans.

La jeune fille en avait quatorze, et se tenait près de l'enfant, qui, malade et couché, fermait les yeux comme s'il dormait, quoique évidemment il fût impossible de dormir au bruit que faisaient les municipaux.

Les uns remuaient les lits, les autres déployaient les pièces de linge, d'autres enfin, qui avaient fini leurs recherches, regardaient avec une fixité insolente les malheureuses prisonnières, qui se tenaient les yeux obstinément baissés, l'une sur son livre l'autre sur sa tapisserie, la troisième sur son frère.

L'aînée de ces femmes était grande, pâle et belle; elle lisait et paraissait surtout concentrer toute son attention sur son livre, quoique, selon toute probabilité, ce fussent ses yeux qui lussent, et non son esprit.

Alors un des municipaux s'approcha d'elle, saisit brutalement le livre qu'elle tenait et le jeta au milieu de la chambre.

La prisonnière allongea la main vers la table, prit un second volume, et continua de lire.

Le Montagnard fit un geste furieux pour arracher ce second volume comme il avait fait du premier. Mais à ce geste, qui fit tressaillir la prisonnière qui brodait près de la fenêtre, la jeune fille s'élança, entoura de ses bras la tête de la lectrice et murmura en pleurant :

— Ah! pauvre, pauvre mère!

Puis elle l'embrassa.

Alors la prisonnière, à son tour, colla sa bouche sur l'oreille de la jeune fille, comme pour l'embrasser aussi, et lui dit :

— Marie, il y a un billet caché dans la bouche du poêle, ôtez-le.

— Allons, allons! dit le municipal en tirant brutalement la jeune fille à lui et en la séparant de sa mère. Aurez-vous bientôt fini de vous embrasser?

— Monsieur, dit la jeune fille, la Convention a-t-elle décrété que les enfants ne pourront plus embrasser leur mère?

— Non; mais elle a décrété qu'on punirait les traîtres, les aristocrates et les ci-devant, et c'est pourquoi nous sommes ici pour vous interroger. Voyons, Antoinette, réponds.

Celle qu'on interpellait aussi grossièrement ne daigna pas même regarder son interrogateur. Elle détourna la tête, au contraire, et une légère rougeur passa sur ses joues pâlies par la douleur et sillonnées par les larmes.

— Il est impossible, continua cet homme, que tu aies ignoré la tentative de cette nuit. D'où vient-elle?

Même silence de la part de la prisonnière.

— Répondez, Antoinette, dit alors Santerre en s'approchant, sans remarquer le frisson d'horreur qui avait saisi la jeune femme à l'aspect de cet homme, qui, le 21 janvier au matin, était venu prendre au Temple Louis XVI pour le conduire à l'échafaud. Répondez. On a conspiré pour cette nuit contre la République, et essayé de vous soustraire à la captivité que, en attendant la punition de vos crimes, vous inflige la volonté du peuple. Le saviez-vous, dites, que l'on conspirait?

Marie tressaillit au contact de cette voix, qu'elle sembla fuir en se reculant le plus qu'elle put sur sa chaise. Mais elle ne répondit pas plus à cette question qu'aux deux autres, pas plus à Santerre qu'au municipal.

— Vous ne voulez donc pas répondre? dit Santerre en frappant violemment du pied.

La prisonnière prit sur la table un troisième volume.

Santerre se retourna; la brutale puissance de cet homme, qui commandait à 80,000 hommes, qui n'avait eu besoin que d'un geste pour couvrir la voix de Louis XVI mourant, se brisait contre la dignité d'une pauvre prisonnière, dont il pouvait faire tomber la tête à son tour, mais qu'il ne pouvait pas faire plier.

— Et vous, Élisabeth, dit-il à l'autre personne, qui avait un instant interrompu sa tapisserie pour joindre les mains et prier, non pas ces hommes, mais Dieu, répondrez-vous?

— Je ne sais ce que vous demandez, dit-elle; je ne puis donc vous répondre.

— Eh! morbleu! citoyenne Capet, dit Santerre en s'impatientant, c'est pourtant clair ce que je dis là. Je dis qu'on a fait hier une tentative pour vous faire évader, et que vous devez connaître les coupables.

— Nous n'avons aucune communication avec le dehors, monsieur; nous ne pouvons donc savoir ni ce qu'on fait pour nous, ni ce qu'on fait contre nous.

— C'est bien, dit le municipal, nous allons savoir alors ce que va dire ton neveu.

Et il s'approcha du lit du jeune dauphin.

A cette menace, Marie-Antoinette se leva tout à coup.

— Monsieur, dit-elle, mon fils est malade et dort... Ne le réveillez pas.

— Réponds, alors.

— Je ne sais rien.

Le municipal alla droit au lit du petit prisonnier, qui feignait, comme nous l'avons dit, de dormir.

— Allons, allons! réveille-toi, Capet, dit-il en le secouant rudement.

L'enfant ouvrit les yeux et sourit.

Les municipaux alors entourèrent le lit.

La reine, agitée de douleur et de crainte, fit un signe à sa fille, qui profita de ce moment, se glissa dans la chambre voisine, ouvrit une des bouches du poêle, en tira le billet, le brûla, puis aussitôt rentra dans la chambre, et, d'un regard, rassura sa mère.

— Que me voulez-vous? demanda l'enfant.

— Savoir si tu n'as rien entendu cette nuit?

— Non, j'ai dormi.

— Tu aimes fort à dormir, à ce qu'il paraît?

— Oui, parce que, quand je dors, je rêve.

— Et que rêves-tu?

— Que je revois mon père, que vous avez tué.

— Ainsi, tu n'as rien entendu? dit vivement Santerre.

— Rien.

— Ces louveteaux sont, en vérité, bien d'accord avec la louve, dit le municipal furieux; et, cependant, il y a eu un complot.

La reine sourit.

— Elle nous nargue, l'Autrichienne, s'écria le municipal. Eh bien! puisqu'il en est ainsi, exécutons dans toute sa rigueur le décret de la Commune. Lève-toi, Capet.

— Que voulez-vous faire? s'écria la reine, s'oubliant elle-même. Ne voyez-vous pas que mon fils est malade, qu'il a la fièvre? Voulez-vous donc le faire mourir?

— Ton fils, dit le municipal, est un sujet d'alarmes continuelles pour le conseil du Temple. C'est lui qui est le point de mire de tous les conspirateurs. On se flatte de vous enlever tous ensemble. Eh bien! qu'on y vienne. — Tison!... — Appelez Tison.

Tison était une espèce de journalier chargé des gros ouvrages du ménage dans la prison. Il arriva.

C'était un homme d'une quarantaine d'années, au teint basané, au visage rude et sauvage, aux cheveux noirs et crépus descendant jusqu'aux sourcils.

— Tison, dit Santerre, qui est venu, hier, apporter des vivres aux détenus?

Tison cita un nom.

— Et leur linge, qui le leur a apporté?

— Ma fille.

— Ta fille est donc blanchisseuse?

— Certainement.

— Et tu lui as donné la pratique des prisonniers?

— Pourquoi pas? autant qu'elle gagne cela qu'une autre. Ce n'est plus l'argent des tyrans, c'est l'argent de la nation, puisque la nation paye pour eux.

— On t'a dit d'examiner le linge avec attention.

— Eh bien! est-ce que je ne m'acquitte pas de mon devoir? à preuve qu'il y avait hier un mouchoir auquel on avait fait deux nœuds, que je l'ai été porter au conseil, qui a ordonné à ma femme de le dénouer, de le repasser, et de le remettre à madame Capet sans lui rien dire.

A cette indication de deux nœuds faits à un mouchoir, la reine tressaillit, ses prunelles se dilatèrent, et madame Élisabeth et elle échangèrent un regard.

— Tison, dit Santerre, ta fille est une citoyenne dont personne ne soupçonne le patriotisme; mais, à partir d'aujourd'hui, elle n'entrera plus au Temple.

— O mon Dieu! dit Tison effrayé, que me dites-vous donc là, vous autres? Comment! je ne reverrais plus ma fille que lorsque je sortirais!

— Tu ne sortiras plus, dit Santerre.

Tison regarda autour de lui sans arrêter sur aucun objet son œil hagard; et soudain :

— Je ne sortirai plus! s'écria-t-il. Ah! c'est comme cela. Eh bien! je veux sortir pour tout à fait, moi. Je donne ma démission; je ne suis pas un traître, un aristocrate, moi, pour qu'on me retienne en prison. Je vous dis que je veux sortir.

— Citoyen, dit Santerre, obéis aux ordres de la Commune, et tais-toi, ou tu pourrais mal t'en trouver; c'est moi qui te le dis. Reste ici, et surveille ce qui s'y passe. On a l'œil sur toi, je t'en préviens.

Pendant ce temps, la reine, qui se croyait oubliée, se rassérénait peu à peu et replaçait son fils dans son lit.

— Fais monter ta femme, dit le municipal à Tison.

Celui-ci obéit sans mot dire. Les menaces de Santerre l'avaient rendu doux comme un agneau.

La femme Tison monta.

— Viens ici, citoyenne, dit Santerre; nous allons passer dans l'antichambre, et, pendant ce temps, tu fouilleras les détenues.

— Dis donc, femme, dit Tison, ils ne veulent plus laisser venir notre fille au Temple.

— Comment! ils ne veulent plus laisser venir notre fille? Mais nous ne la verrons donc plus, notre fille?

Tison secoua la tête.

— Qu'est-ce que vous dites donc là?

— Je dis que nous ferons un rapport au conseil du Temple, et que le conseil décidera. En attendant.

— En attendant, dit la femme, je veux revoir ma fille.

— Silence! dit Santerre, on t'a fait venir ici pour fouiller les prisonnières, fouille-les, et puis après nous verrons.

— Mais... cependant..

— Oh! oh! fit Santerre en fronçant le sourcil; cela se gâte, ce me semble.

— Fais ce que dit le citoyen général; fais, femme; après, tu vois bien qu'il dit que nous verrons.

Et Tison regarda Santerre avec un humble sourire.

— C'est bien, dit la femme; allez-vous-en, je suis prête à les fouiller.

Ces hommes sortirent.

— Ma chère madame Tison, dit la reine, croyez bien...

— Je ne crois rien, citoyenne Capet, dit l'horrible femme en grinçant des dents, si ce n'est que c'est toi qui es cause de tous les malheurs du peuple. Aussi que je trouve quelque chose de suspect sur toi, et tu verras.

Quatre hommes restèrent à la porte pour prêter main-forte à la femme Tison si la reine résistait.

On commença par la reine.

On trouva sur elle un mouchoir noué de trois nœuds, qui semblait malheureusement une réponse préparée à celui dont avait parlé Tison, un crayon, un scapulaire et de la cire à cacheter.

— Ah! je le savais bien, dit la femme Tison; je l'avais bien dit aux municipaux qu'elle écrivait, l'Autrichienne! L'autre jour, j'avais trouvé une goutte de cire sur la bobèche du chandelier.

— Oh! madame, dit la reine avec un accent suppliant, ne montrez que le scapulaire.

— Ah! bien oui, dit la femme, de la pitié pour toi... Est-ce qu'on en a pour moi, de la pitié?... on me prend ma fille.

Madame Élisabeth et madame Royale n'avaient rien sur elles.

La femme Tison rappela les municipaux, qui rentrèrent, Santerre à leur tête; elle leur remit les objets trouvés sur la reine, qui passèrent de main en main et furent l'objet d'un nombre infini de conjectures; le mouchoir noué de trois nœuds surtout exerça longuement les imaginations des persécuteurs de la race royale.

— Maintenant, dit Santerre, nous allons te lire l'arrêté de la Convention.

— Quel arrêté? demanda la reine.

— L'arrêté qui ordonne que tu seras séparée de ton fils.

— Mais c'est donc vrai que cet arrêté existe?

— Oui. La Convention a trop grand souci de la santé d'un enfant confié à sa garde par la nation pour le laisser en compagnie d'une mère aussi dépravée que toi...

Les yeux de la reine jetèrent des éclairs.

— Mais formulez une accusation au moins, tigres que vous êtes !

— Ce n'est parbleu pas difficile, dit un municipal, voilà...

Et il prononça une de ces accusations infâmes comme Suétone en porte contre Agrippine.

— Oh ! s'écria la reine, debout, pâle et superbe d'indignation, j'en appelle au cœur de toutes les mères.

— Allons, allons, dit le municipal, tout cela est bel et bien, mais nous sommes déjà ici depuis deux heures, et nous ne pouvons pas perdre toute la journée ; lève-toi, Capet, et suis-nous.

— Jamais ! jamais ! s'écria la reine, s'élançant entre les municipaux et le jeune Louis, et s'apprêtant à défendre l'approche du lit comme une tigresse fait de sa tanière ; jamais je ne me laisserai enlever mon enfant !

— Oh ! messieurs, dit madame Elisabeth en joignant les mains avec une admirable expression de prière, messieurs, au nom du ciel, ayez pitié de deux mères !

— Parlez, dit Santerre, dites les noms, avouez le projet de vos complices, expliquez ce que voulaient dire ces nœuds faits au mouchoir apporté avec votre linge par la fille Tison et ceux faits au mouchoir trouvé dans votre poche, alors on vous laissera votre fils.

Un regard de madame Elisabeth sembla supplier la reine de faire ce sacrifice terrible.

Mais celle-ci, essuyant fièrement une larme qui brillait comme un diamant au coin de sa paupière :

— Adieu, mon fils, dit-elle. N'oubliez jamais votre père qui est au ciel, votre mère qui ira bientôt le rejoindre ; redites tous les soirs et tous les matins la prière que je vous ai apprise. Adieu, mon fils.

Elle lui donna un dernier baiser ; et se relevant froide et inflexible :

— Je ne sais rien ; messieurs, dit-elle ; faites ce que vous voudrez.

Mais il eût fallu à cette reine plus de force que n'en contenait le cœur d'une femme et surtout le cœur d'une mère. Elle retomba anéantie sur une chaise, tandis qu'on emportait l'enfant, dont les larmes coulaient et qui lui tendait les bras, mais sans jeter un cri

La porte se referma derrière les municipaux qui emportaient l'enfant royal, et les trois femmes demeurèrent seules.

Il y eut un moment de silence désespéré, interrompu seulement par quelques sanglots.

La reine le rompit la première.

— Ma fille, dit-elle, et ce billet ?

— Je l'ai brûlé, comme vous me l'avez dit, ma mère.

— Sans le lire ?

— Sans le lire.

— Adieu donc, dernière lueur, superbe espérance, murmura madame Elisabeth.

— Oh ! vous avez raison, vous avez raison, ma sœur, c'est trop souffrir !

Puis, se retournant vers sa fille :

— Mais vous avez vu l'écriture du moins, Marie ?

— Oui, ma mère, un moment.

La reine se leva, alla regarder à la porte pour voir si elle n'était point observée, et, tirant une épingle de ses cheveux, elle s'approcha de la muraille, fit sortir d'une fente un petit papier plié en forme de billet, et montrant ce billet à madame Royale :

— Rappelez tous vos souvenirs avant de me répondre, ma fille, dit-elle ; l'écriture était-elle la même que celle-ci ?

— Oui, oui, ma mère, s'écria la princesse, oui, je la reconnais !

— Dieu soit loué ! s'écria la reine en tombant à genoux avec ferveur. S'il a pu écrire, depuis ce matin, c'est qu'il est sauvé, alors. Merci ! mon Dieu ! merci ! un si noble ami méritait bien un de tes miracles.

— De qui parlez-vous donc, ma mère ? demanda madame Royale. Quel est cet ami ? dites-moi son nom, que je le recommande à Dieu dans mes prières.

— Oui, vous avez raison, ma fille ; ne l'oubliez jamais, ce nom, car c'est le nom d'un gentilhomme plein d'honneur et de bravoure ; celui-là n'est pas dévoué par ambition, car il ne s'est révélé qu'aux jours du malheur. Il n'a jamais vu la reine de France, ou plutôt la reine de France ne l'a jamais vue, et il voue sa vie à la défendre. Peut-être sera-t-il récompensé comme on récompense aujourd'hui toute vertu, par une mort terrible... Mais... s'il meurt... oh ! là-haut ! là-haut ! je le remercierai... Il s'appelle...

La reine regarda avec inquiétude autour d'elle et baissa la voix :

— Il s'appelle le chevalier de Maison-Rouge... Priez pour lui !

CHAPITRE VII.

SERMENT DE JOUEUR.

La tentative d'enlèvement, si contestable qu'elle fût, puisqu'elle n'avait eu aucun commencement d'exécution, avait excité la colère des uns et l'intérêt des autres. Ce qui corroborait d'ailleurs cet événement, de probabilité presque matérielle, c'est que le comité de sûreté générale apprit que, depuis trois semaines ou un mois, une foule d'émigrés étaient rentrés en France par différents points de la frontière. Il était évident que des gens qui risquaient ainsi leur tête ne la risquaient pas sans dessein, et que ce dessein était, selon toute probabilité, de concourir à l'enlèvement de la famille royale.

Déjà, sur la proposition du conventionnel Osselin, avait été promulgué le décret terrible qui condamnait à mort tout émigré convaincu d'avoir remis le pied en France, tout Français convaincu d'avoir eu des projets d'émigration, tout particulier convaincu d'avoir aidé dans sa fuite ou dans son retour un émigré ou un émigrant, enfin tout citoyen convaincu d'avoir donné asile à un émigré.

Cette terrible loi inaugurait la Terreur. Il ne manquait plus que la loi des suspects.

Le chevalier de Maison-Rouge était un ennemi trop actif et trop audacieux pour que sa rentrée dans Paris et son apparition au Temple n'entraînassent point les plus graves mesures. Des perquisitions, plus sévères qu'elles ne l'avaient jamais été, furent exécutées dans une foule de maisons suspectes. Mais, hormis la découverte de quelques femmes émigrées qui se laissèrent prendre, et de quelques vieillards qui ne se soucièrent pas de disputer aux bourreaux le peu de jours qui leur restaient, les recherches n'aboutirent à aucun résultat.

Les sections, comme on le pense bien, furent, à la suite de cet événement, fort occupées pendant plusieurs jours, et par conséquent le secrétaire de la section Lepelletier, l'une des plus influentes de Paris, eut peu de temps pour penser à son inconnue.

D'abord, et comme il avait résolu en quittant la rue Vieille-Saint-Jacques, il avait tenté d'oublier; mais, comme lui avait dit son ami Lorin :

En songeant qu'il faut qu'on oublie
On s'en souvient.

Maurice, cependant, n'avait rien dit ni rien avoué. Il avait renfermé dans son cœur tous les détails de cette aventure qui avaient pu échapper à l'investigation de son ami. Mais celui-ci, qui connaissait Maurice pour une joyeuse et expansive nature, et qui le voyait maintenant sans cesse rêveur et cherchant la solitude, se doutait bien, comme il le disait, que ce coquin de Cupidon avait passé par là.

Il est à remarquer que, parmi ses dix-huit siècles de monarchie, la France a eu peu d'années aussi mythologiques que l'an de grâce 1793.

Cependant, le chevalier n'était pas pris; on n'entendait plus parler de lui. La reine, veuve de son mari, et orpheline de son enfant, se contentait de pleurer, quand elle était seule, entre sa fille et sa sœur.

Le jeune dauphin commençait aux mains du cordonnier Simon ce martyre qui devait en deux ans le réunir à son père et à sa mère. Il y eut un instant de calme.

Le volcan montagnard se reposait avant de dévorer les Girondins

Maurice sentit le poids de ce calme comme on sent la lourdeur de l'atmosphère en temps d'orage, et, ne sachant que faire d'un loisir qui le livrait tout entier à l'ardeur d'un sentiment qui, s'il n'était pas l'amour, lui ressemblait fort, il relut la lettre, baisa son beau saphir, et résolut, malgré le serment qu'il avait fait, d'essayer d'une dernière tentative, se promettant bien que celle-là serait la dernière.

Le jeune homme avait bien pensé à une chose, c'était de s'en aller à la section du Jardin des Plantes, et là de demander des renseignements au secrétaire son collègue. Mais cette première idée, et nous pourrions même dire cette seule idée qu'il avait eue, que sa belle inconnue était mêlée à quelque trame politique, le retint; l'idée qu'une indiscrétion de sa part pouvait conduire cette femme charmante à la place de la Révolution, et faire tomber cette tête d'ange sur l'échafaud, faisait passer un horrible frisson dans les veines de Maurice.

Il se décida donc à tenter l'aventure seul et sans aucun renseignement. Son plan, d'ailleurs, était bien simple. Les listes placées sur chaque porte devaient lui donner les premiers indices ; puis des interrogatoires aux concierges devaient achever d'éclaircir ce mystère. En sa qualité de secrétaire de la rue Lepelletier, il avait plein et entier droit d'interrogatoire.

D'ailleurs, Maurice ignorait le nom de son inconnue, mais il devait être conduit par les analogies. Il était impossible qu'une si charmante créature n'eût pas un nom en harmonie avec sa forme : quelque nom de sylphide, de fée ou d'ange ; car, à son arrivée sur la terre, on avait dû saluer sa venue comme celle d'un être supérieur et surnaturel.

Le nom le guiderait donc infailliblement.

Maurice revêtit une carmagnole de gros drap brun, se coiffa du bonnet rouge des grands jours, et partit pour son exploration sans prévenir personne.

Il avait à la main un de ces gourdins noueux qu'on appelait une *constitution*, et, emmanchée à son poignet vigoureux, cette arme avait la valeur de la massue d'Hercule. Il avait dans sa poche sa commission de secrétaire de la section Lepelletier. C'étaient donc à la fois sa sûreté physique et sa garantie morale.

Il se mit donc à parcourir de nouveau la rue Saint-Victor, la rue Vieille-Saint-Jacques, lisant à la lueur du jour défaillant tous ces noms écrits d'une main plus ou moins exercée sur le panneau de chaque porte.

Maurice en était à sa centième maison, et par conséquent à sa centième liste, sans que rien eût pu lui faire croire encore qu'il fût le moins du monde sur la trace de son inconnue, qu'il ne voulait reconnaître qu'à la condition que s'offrirait à ses yeux un nom dans le genre de celui qu'il avait rêvé, lorsqu'un brave cordonnier, voyant l'impatience répandue sur la figure du lecteur, ouvrit sa porte, sortit avec sa courroie de cuir et son poinçon, et regardant Maurice par-dessus ses lunettes.

— Veux-tu avoir quelque renseignement sur les locataires de cette maison, citoyen? dit-il ; en ce cas, parle, je suis prêt à te répondre.

— Merci, citoyen, balbutia Maurice, mais je cherchais le nom d'un ami.

— Dis ce nom, citoyen, je connais tout le monde dans ce quartier. Où demeurait cet ami ?

— Il demeurait, je crois, vieille rue Jacques ; mais j'ai peur qu'il n'ait déménagé.

— Mais comment se nommait-il ? Il faut que je sache son nom.

Maurice, surpris, resta un instant hésitant ; puis il prononça le premier nom qui se présenta à sa mémoire.

— René, dit-il.

— Et son état?

Maurice était entouré de tanneries.

— Garçon tanneur, dit-il.

— Dans ce cas, dit un bourgeois qui venait de s'arrêter là et qui regardait Maurice avec une certaine bonhomie qui n'était pas exempte de défiance, il faudrait s'adresser au maître.

— C'est juste ça, dit le portier, c'est très-juste ; les maîtres savent les noms de leurs ouvriers, et voilà le citoyen Dixmer, tiens, qui est directeur de tannerie et qui a plus de cinquante ouvriers dans sa tannerie, il peut te renseigner, lui.

Maurice se retourna et vit un bon bourgeois d'une taille élevée, d'un visage placide, d'une richesse de costume qui annonçait l'industriel opulent.

— Seulement, comme l'a dit le citoyen portier, continua le bourgeois, il faudrait savoir le nom de famille.

— Je l'ai dit, René.

— René n'est qu'un nom de baptême, et c'est le nom de famille que je demande. Tous les ouvriers inscrits chez moi le sont sous le nom de famille.

— Ma foi, dit Maurice, que cette espèce d'interrogatoire commençait à impatienter, le nom de famille, je ne le sais pas.

— Comment! dit le bourgeois avec un sourire dans lequel Maurice crut remarquer plus d'ironie qu'il n'en voulait laisser paraître, comment, citoyen, tu ne sais pas le nom de famille de ton ami !

— Non.

— En ce cas, il est probable que tu ne le retrouveras pas.

Et le bourgeois, saluant gracieusement Maurice, fit quelques pas et entra dans une maison de la vieille rue Saint-Jacques.

— Le fait est que si tu ne sais pas son nom de famille…, dit le portier.

— Eh bien ! non, je ne le sais pas, dit Maurice qui n'aurait pas été fâché, pour avoir une occasion de faire déborder sa mauvaise humeur, qu'on lui cherchât une querelle, et même, il faut le dire, qui n'était pas éloigné d'en chercher exprès. Qu'as-tu à dire à cela ?

— Rien, citoyen, rien du tout ; seulement, si tu ne sais pas le nom de ton ami, il est probable, comme te l'a dit le citoyen Dixmer, il est probable que tu ne le retrouveras point.

Et le citoyen portier rentra dans sa loge en haussant les épaules.

Maurice avait bonne envie de rosser le citoyen portier, mais ce dernier était vieux : sa faiblesse le sauva. Vingt ans de moins, et Maurice eût donné le spectacle scandaleux de l'égalité devant la loi, mais de l'inégalité devant la force.

D'ailleurs le jour tombait, et Maurice n'avait plus que quelques minutes de lumière.

Il en profita pour s'engager d'abord dans la première ruelle, ensuite dans la seconde ; il en examina chaque porte, il en sonda chaque recoin, regarda par-dessus chaque palissade, se hissa au-dessus de chaque mur, lança un coup d'œil dans l'intérieur de

— Veux-tu avoir quelques renseignements sur les locataires de cette maison, citoyen ? — Page 24.

chaque grille, par le trou de chaque serrure, heurta à quelques magasins déserts sans avoir de réponse, enfin consuma près de deux heures dans cette recherche inutile.

Neuf heures du soir sonnèrent. Il faisait nuit close ; on n'entendait plus aucun bruit, on n'apercevait plus aucun mouvement dans ce quartier désert, d'où la vie semblait s'être retirée avec le jour.

Maurice désespéré allait faire un mouvement rétrograde, quand tout à coup, au détour d'une étroite allée, il vit briller une lumière. Il s'aventura aussitôt dans le passage sombre sans remarquer qu'au moment même où il s'y enfonçait, une tête curieuse, qui depuis un quart d'heure, du milieu d'un massif d'arbres s'élevant au-dessus de la muraille, suivait tous ses mouvements, venait de disparaître avec précipitation derrière cette muraille.

Quelques secondes après que la tête eut disparu, trois hommes, sortant par une petite porte percée dans cette même muraille, allèrent se jeter dans l'allée où venait de se perdre Maurice, tandis qu'un quatrième, pour plus grande précaution, fermait la porte de cette allée.

Maurice, au bout de l'allée, avait trouvé une cour : c'était de l'autre côté de cette cour que brillait la lumière. Il frappa à la porte d'une maison pauvre et solitaire; mais, au premier coup qu'il frappa, la lumière s'éteignit.

Maurice redoubla, mais nul ne répondit à son appel; il vit que c'était un parti pris de ne pas répondre. Il comprit qu'il perdrait inutilement son temps à frapper, traversa la cour et rentra sous l'allée.

En même temps la porte de la maison tourna doucement sur ses gonds, trois hommes en sortirent et un coup de sifflet retentit.

Maurice se retourna et vit trois ombres à la distance de deux longueurs de son bâton.

Dans les ténèbres, à la lueur de cette espèce de lumière qui existe toujours pour les yeux depuis longtemps habitués à l'obscurité, reluisaient trois lames aux reflets fauves.

Maurice comprit qu'il était cerné. Il voulut faire le moulinet avec son bâton, mais l'allée était si étroite, que son bâton toucha les deux murs. Au même instant un violent coup, porté sur la tête, l'étourdit. C'était une agression imprévue faite par les quatre hommes qui étaient sortis de la muraille. Sept hommes se jetèrent à la fois sur Maurice, et, malgré une résistance désespérée, le terrassèrent, lui lièrent les mains et lui bandèrent les yeux.

Maurice n'avait pas jeté un cri, n'avait pas appelé à l'aide. La force et le courage veulent toujours se suffire à eux-mêmes et semblent avoir honte d'un secours étranger.

D'ailleurs Maurice eût appelé, que dans ce quartier désert personne ne fût venu.

Maurice fut donc lié et garrotté sans, comme nous l'avons dit, qu'il eût poussé une plainte.

Il avait réfléchi, au reste, que, si on lui bandait les yeux, ce n'était pas pour le tuer tout de suite. A l'âge de Maurice tout répit est un espoir.

Il recueillit donc toute sa présence d'esprit et attendit.

— Qui es-tu? demanda une voix encore animée par la lutte.

— Je suis un homme que l'on assassine, répondit Maurice.

— Il y a plus, tu es un homme mort si tu parles haut, que tu appelles ou que tu cries.

— Si j'eusse dû crier, je n'eusse point attendu jusqu'à présent.

— Es-tu prêt à répondre à mes questions?

— Questionnez d'abord, je verrai après si je dois répondre.

— Qui t'envoie ici?

— Personne.

— Tu y viens donc de ton propre mouvement?

— Oui.

— Tu mens.

Maurice fit un mouvement terrible pour dégager ses mains; la chose était impossible.

— Je ne mens jamais, dit-il.

— En tout cas, que tu viennes de ton propre mouvement, ou que tu sois envoyé, tu es un espion.

— Et vous des lâches!

— Des lâches, nous!

— Oui, vous êtes sept ou huit contre un homme garrotté, et vous insultez cet homme. Lâches! lâches! lâches!

Cette violence de Maurice, au lieu d'aigrir ses adversaires, parut les calmer: cette violence même était la preuve que le jeune homme n'était pas ce dont on l'accusait; un véritable espion eût tremblé et demandé grâce.

— Il n'y a pas d'insulte là, dit une voix plus douce, mais en même temps plus impérieuse qu'aucune de celles qui avaient parlé. Dans le temps où nous vivons, on peut être espion sans être malhonnête homme, seulement on risque sa vie.

— Soyez le bienvenu, vous qui avez prononcé cette parole, j'y répondrai loyalement.

— Qu'êtes-vous venu faire dans ce quartier?

— Y chercher une femme.

Un murmure d'incrédulité accueillit cette excuse. Ce murmure grossit et devint un orage.

— Tu mens, reprit la même voix. Il n'y a point de femme, et nous savons ce que nous disons par femme, il n'y a pas de femme à poursuivre dans ce quartier; avoue ton projet, ou tu mourras.

— Allons donc, dit Maurice. Vous ne me tueriez pas pour le plaisir de me tuer, à moins que vous ne soyez de véritables brigands.

Et Maurice fit un second effort plus violent et plus inattendu encore que le premier pour dégager ses mains de la corde qui les liait; mais soudain un froid douloureux et aigu lui déchira la poitrine.

Maurice fit malgré lui un mouvement en arrière.

— Ah! tu sens cela, dit un des hommes. Eh bien! il y a encore huit pouces pareils au pouce avec lequel tu viens de faire connaissance.

— Alors achevez, dit Maurice avec résignation. Ce sera fini tout de suite au moins.

— Qui es-tu, voyons? dit la voix douce et impérieuse à la fois.

— C'est mon nom que vous voulez savoir?

— Oui, ton nom.

— Je suis Maurice Lindey.

— Quoi! s'écria une voix, Maurice Lindey, le révoluti....., le patriote! Maurice Lindey, secrétaire de la section Lepelletier.

Ces paroles furent prononcées avec tant de chaleur, que Maurice vit bien qu'elles étaient décisives. Y répondre, c'était d'une façon ou de l'autre fixer invariablement son sort.

Maurice était incapable d'une lâcheté. Il se redressa en vrai Spartiate et dit d'une voix ferme:

— Oui, Maurice Lindey; oui, Maurice Lindey, le secrétaire de la section Lepelletier; oui, Maurice Lindey, le patriote, le révolutionnaire, le Jacobin; Maurice Lindey enfin, dont le plus beau jour sera celui où il mourra pour la liberté.

Un silence de mort accueillit cette réponse.

Maurice Lindey présentait sa poitrine, attendant d'un moment à l'autre que la lame, dont il avait senti la pointe seulement, se plongeât tout entière dans son cœur.

— Est-ce bien vrai? dit après quelques secondes une voix qui trahissait quelque émotion. Voyons, jeune homme, ne mens pas.

— Fouillez dans ma poche, dit Maurice, et vous trouverez ma commission. Regardez sur ma poitrine, et, si mon sang ne les a pas effacées, vous trouverez mes initiales, un *M* et un *L* brodés sur ma chemise.

Aussitôt Maurice se sentit enlever par des bras vigoureux. Il fut porté pendant un espace assez court. Il entendit ouvrir une première porte, puis une seconde. Seulement, la seconde était plus étroite que la première; car à peine si les hommes qui le portaient purent y passer avec lui.

Les murmures et les chuchotements continuaient.

— Je suis perdu, se dit à lui-même Maurice; ils vont me mettre une pierre au cou et me jeter dans quelque trou de la Bièvre.

Mais, au bout d'un instant, il sentit que ceux qui le portaient montaient quelques marches. Un air plus tiède frappa son visage, et on le déposa sur un siège. Il entendit fermer une porte à double tour, des pas s'éloignèrent. Il crut sentir qu'on le laissait seul. Il prêta l'oreille avec autant d'attention que peut le faire un homme dont la vie dépend d'un mot, et il crut entendre que cette même voix qui avait déjà frappé son oreille par un mélange de fermeté et de douceur disait aux autres :

— Délibérons.

CHAPITRE VIII.

GENEVIEVE.

n quart d'heure s'écoula qui parut un siècle à Maurice. Rien de plus naturel : jeune, beau, vigoureux, soutenu dans sa force par cent amis dévoués, avec lesquels il rêvait parfois l'accomplissement de grandes choses, il se sentait tout à coup, sans préparation aucune, exposé à perdre la vie dans un guet-apens ignoble.

Il comprenait qu'on l'avait renfermé dans une chambre quelconque, mais était-il surveillé?

Il essaya un nouvel effort pour rompre ses liens. Ses muscles d'acier se gonflèrent et se roidirent, la corde lui entra dans les chairs, mais ne se rompit pas.

Le plus terrible, c'est qu'il avait les mains liées derrière le dos et qu'il ne pouvait arracher son bandeau. S'il avait pu voir, peut-être eût-il pu fuir.

Cependant ces diverses tentatives s'étaient accomplies sans que personne s'y opposât, sans que rien ne bougeât autour de lui; il en augura qu'il était seul.

Ses pieds foulaient quelque chose de moelleux et de sourd, du sable, de la terre grasse, peut-être. Une odeur âcre et pénétrante frappait son odorat et dénonçait la présence de substances végétales.

Maurice pensa qu'il était dans une serre ou dans quelque chose de pareil. Il fit quelques pas, heurta un mur, se retourna pour tâter avec ses mains, sentit des instruments aratoires, et poussa une exclamation de joie.

Avec des efforts inouïs, il parvint à explorer tous ces instruments les uns après les autres. Sa fuite devenait alors une question de temps : si le hasard ou la Providence lui donnait cinq minutes, et si parmi ces ustensiles il trouvait un instrument tranchant, il était sauvé.

Il trouva une bêche.

Ce fut, par la façon dont Maurice était lié, toute une lutte pour retourner cette bêche, de façon à ce que le fer fût en haut. Sur ce fer, qu'il maintenait contre le mur avec ses reins, il coupa ou plutôt il usa la corde qui lui liait les poignets. L'opération était longue, le fer de la bêche tranchait lentement. La sueur lui coulait sur le front; il entendit comme un bruit de pas qui se rapprochait. Il fit un dernier effort, violent, inouï, suprême; la corde, à moitié usée, se rompit.

Cette fois, ce fut un cri de joie qu'il poussa; il était sûr au moins de mourir en se défendant.

Maurice arracha le bandeau de dessus ses yeux.

Il ne s'était pas trompé, il était dans une espèce, non pas de serre, mais de pavillon où l'on avait serré quelques-unes de ces plantes grasses qui ne peuvent passer la mauvaise saison en plein air. Dans un coin, étaient ces instruments de jardinage dont l'un lui avait rendu un si grand service. En face de lui était une fenêtre : il s'élança vers la fenêtre ; elle était grillée, et un homme armé d'une carabine était placé en sentinelle devant.

De l'autre côté du jardin, à trente pas de distance à peu près, s'élevait un petit kiosque qui faisait pendant à celui où était Maurice. Une jalousie était baissée, mais à travers cette jalousie brillait une lumière.

Il s'approcha de la porte et écouta : une autre sentinelle passait et repassait devant la porte. C'était ses pas qu'il avait entendus.

Mais au fond du corridor retentissaient des voix confuses, la délibération avait visiblement dégénéré en discussion. Maurice ne pouvait entendre avec suite ce qui se disait. Cependant quelques mots pénétraient jusqu'à lui, et parmi ces mots, comme si pour ceux-là seuls la distance était moins grande, il entendait les mots espion, poignard, mort.

Maurice redoubla d'attention. Une porte s'ouvrit et il entendit plus distinctement.

— Oui, disait une des voix, oui, c'est un espion, il a découvert quelque chose, et il est certainement envoyé pour surprendre nos secrets. En le délivrant, nous courons risque qu'il nous dénonce.

— Mais sa parole, dit une voix?

— Sa parole, il la donnera, puis il la trahira. Est-ce qu'il est gentilhomme pour qu'on se fie à sa parole?

Maurice grinça des dents à cette idée que quelques gens avaient encore la prétention qu'il fallût être gentilhomme pour garder la foi jurée.

— Mais nous connaît-il pour nous dénoncer?

— Non, certes, il ne nous connaît pas, il ne sait pas ce que nous faisons ; mais il sait l'adresse, il reviendra, et cette fois il reviendra bien accompagné.

L'argument parut péremptoire.

— Eh bien! dit la voix qui déjà plusieurs fois avait frappé Maurice comme devant être celle du chef, c'est donc décidé?

— Mais oui, cent fois oui. Je ne vous comprends pas avec votre magnanimité, mon cher ; si le Comité de salut public nous tenait, vous verriez s'il ferait toutes ces façons.

— Ainsi donc, vous persistez dans votre décision, messieurs?

— Sans doute, et vous n'allez pas, j'espère, vous y opposer.

— Je n'ai qu'une voix, messieurs ; elle a été pour qu'on lui rendît la liberté. Vous en avez six, elles ont été toutes six pour la mort. Va donc pour la mort!

La sueur qui coulait sur le front de Maurice se glaça tout à coup.

— Il va crier, hurler, dit la voix. Avez-vous au moins éloigné madame Dixmer?

— Elle ne sait rien ; elle est dans le pavillon en face.

— Madame Dixmer, murmura Maurice ; je commence à comprendre. Je suis chez ce maître tanneur qui m'a parlé dans la vieille rue Saint-Jacques, et qui s'est éloigné en se riant de moi quand je n'ai pas pu lui dire le nom de mon ami. Mais quel diable d'intérêt un maître tanneur peut-il avoir à m'assassiner?

Maurice regarda autour de lui, aperçut un piquet de fer emmanché d'un manche de frêne.

— En tout cas, dit-il, avant qu'on m'assassine, j'en tuerai plus d'un.

Et il bondit vers l'instrument inoffensif, qui, dans sa main, allait devenir une arme terrible.

Puis il revint derrière la porte et se plaça de façon à ce qu'en se déployant elle le couvrît.

Son cœur palpitait à briser sa poitrine, et dans le silence on entendait le bruit de ses palpitations.

Tout à coup Maurice frissonna de la tête aux pieds : une voix avait dit :

— Si vous m'en croyez, vous casserez tout bonnement une vitre, et à travers les barreaux vous le tuerez d'un coup de carabine.

— Oh! non, non, pas d'explosion, dit une autre voix ; une explosion peut nous trahir. Ah! vous voilà, Dixmer, et votre femme?

— Je viens de regarder à travers la jalousie ; elle ne se doute de rien, elle lit.

— Dixmer, vous allez nous fixer. Êtes-vous pour un coup de carabine? êtes-vous pour un coup de poignard?

— Autant que possible, point d'arme à feu. Le poignard.

— Soit, pour le poignard. Allons!

— Allons! répétèrent ensemble les cinq ou six voix.

Maurice était un enfant de la Révolution, un cœur de bronze, une âme athée, comme il y en avait beaucoup à cette époque-là ; mais à ce mot *allons*, prononcé derrière cette porte qui seule le séparait de la mort, il se rappela le signe de la croix que sa mère lui avait appris lorsque, tout enfant, elle lui faisait dire ses prières à genoux.

Les pas se rapprochèrent, puis ils s'arrêtèrent, puis la clef grinça dans la serrure, et la porte s'ouvrit lentement.

Pendant cette minute qui venait de s'écouler, Maurice s'était dit :

— Si je perds mon temps à frapper, je serai tué. En me précipitant sur les assassins, je les surprends ; je gagne le jardin, la ruelle, je me sauve peut-être.

Aussitôt, prenant un élan de lion, en jetant un cri sauvage où il y avait encore plus de menace que d'effroi, il renversa les deux premiers hommes, qui, le croyant lié et les yeux bandés, étaient loin de s'attendre à une pareille agression, écarta les autres, franchit, grâce à ses jarrets d'acier, dix toises en une seconde, vit au bout du corridor une porte donnant sur le jardin toute grande ouverte, s'élança, sauta dix marches, se trouva dans le jardin, et, s'orientant du mieux qu'il lui était possible, courut vers la porte.

La porte était fermée à deux verrous et à la serrure. Maurice tira les deux verrous, voulut ouvrir la serrure; il n'y a pas de clef.

Pendant ce temps, ceux qui le poursuivaient étaient arrivés au perron : ils l'aperçurent.

— Le voilà! crièrent-ils, tirez dessus, Dixmer, tirez dessus, tuez! tuez!

Maurice poussa un rugissement : il était enfermé dans le jardin; il mesura de l'œil les murailles, elles avaient dix pieds de haut.

Tout cela fut rapide comme une seconde.

Les assassins s'élancèrent à sa poursuite.

Maurice avait trente pas d'avance à peu près sur eux; il regarda tout autour de lui avec ce regard du condamné qui demande l'ombre d'une chance de salut pour en faire une réalité.

Il aperçut le kiosque, la jalousie, derrière la jalousie la lumière.

Il ne fit qu'un bond, un bond de dix pieds, saisit la jalousie, l'arracha, passa au travers de la fenêtre en la brisant, et tomba dans une chambre éclairée où lisait une femme assise près du feu.

Cette femme se leva épouvantée en criant au secours.

— Range-toi, Geneviève, range-toi, cria la voix de Dixmer, range-toi, que je le tue.

Et Maurice vit s'abaisser à dix pas de lui le canon de la carabine.

Mais à peine la femme l'eut-elle regardé, qu'elle jeta un cri terrible, et qu'au lieu de se ranger, comme le lui ordonnait son mari, elle se jeta entre lui et le canon du fusil.

Ce mouvement concentra toute l'attention de Maurice sur la généreuse créature dont le premier mouvement était de le protéger.

A son tour, il jeta un cri.

C'était son inconnue tant cherchée.

— Vous!... vous!... s'écria-t-il.

— Silence, dit-elle.

Puis, se retournant vers les assassins, qui, différentes armes à la main, s'étaient rapprochés de la fenêtre :

— Oh! vous ne le tuerez pas! s'écria-t-elle.

— C'est un espion, s'écria Dixmer, dont la figure douce et placide avait pris une expression de résolution implacable; c'est un espion, et il doit mourir.

— Un espion, lui! dit Geneviève, lui, un espion! Venez ici, Dixmer. Je n'ai qu'un mot à vous dire pour vous prouver que vous vous trompez étrangement.

Dixmer s'approcha de la fenêtre; Geneviève s'approcha de lui, et, se penchant à son oreille, elle lui dit quelques mots tout bas.

Le maître tanneur releva vivement la tête.

— Lui! dit-il.

— Lui-même, répondit Geneviève.

— Vous en êtes sûre?

La jeune femme ne répondit point cette fois, mais elle se retourna vers Maurice et lui tendit la main en souriant.

Les traits de Dixmer reprirent alors une expression singulière de mansuétude et de froideur. Il posa la crosse de sa carabine à terre.

— Alors, c'est autre chose, dit-il.

Puis, faisant signe à ses compagnons de le suivre, il s'écarta avec eux et leur dit quelques mots, après lesquels ils s'éloignèrent.

— Cachez cette bague, murmura Geneviève pendant ce temps; tout le monde la connaît ici.

Maurice ôta vivement la bague de son doigt et la glissa dans la poche de son gilet.

Un instant après la porte du pavillon s'ouvrit, et Dixmer, sans arme, s'avança vers Maurice.

— Pardon, citoyen, lui dit-il, que n'ai-je su plus tôt les obligations que je vous avais! Ma femme, tout en se souvenant du service que vous lui aviez rendu dans la soirée du 10 mars, avait oublié votre nom. Nous ignorions donc complètement à qui nous avions affaire; sans cela, croyez-le bien, nous n'eussions pas un instant suspecté votre honneur ni soupçonné vos intentions. Ainsi donc, pardon, encore une fois!

Maurice était stupéfait; il se tenait debout par un miracle d'équilibre; il sentait que la tête lui tournait, il était près de tomber.

Il s'appuya à la cheminée.

— Mais enfin, dit-il, pourquoi vouliez-vous donc me tuer?

— Voilà le secret, citoyen, dit Dixmer, et je le confie à votre loyauté. Je suis, comme vous le savez déjà, maître tanneur et chef de cette tannerie. La plupart des acides que j'emploie pour la préparation de mes peaux sont des marchandises prohibées. Or, les contrebandiers que j'emploie avaient avis d'une délation faite au conseil général. Vous voyant prendre des informations, j'ai eu peur. Mes contrebandiers ont eu encore plus peur que moi de votre bonnet rouge et de votre air décidé, et je ne vous cache pas que votre mort était résolue.

— Je le sais pardieu bien, s'écria Maurice, et vous ne m'apprenez rien là de nouveau. J'ai entendu votre délibération, et j'ai vu votre carabine.

— Je vous ai déjà demandé pardon, reprit Dixmer d'un air de bonhomie attendrissante. Comprenez donc ceci, que, grâce aux désordres du temps, nous sommes, moi et mon associé, M. Morand, en train de faire une immense fortune. Nous avons la fourniture des sacs militaires; tous les jours nous en faisons confectionner quinze cents ou deux mille.

Grâce au bienheureux état de choses dans lequel nous vivons, la municipalité, qui a fort à faire, n'a pas le temps de vérifier bien exactement nos comptes ; de sorte, il faut bien l'avouer, que nous pêchons un peu en eau trouble ; d'autant plus, comme je vous le disais, que les matières préparatoires que nous nous procurons par contrebande nous permettent de gagner deux cents pour cent.

— Diable ! fit Maurice, cela me paraît un bénéfice assez honnête, et je comprends maintenant votre crainte qu'une dénonciation de ma part le fît cesser ; mais, maintenant que vous me connaissez, vous êtes rassuré, n'est-ce pas ?

— Maintenant, dit Dixmer, je ne vous demande même plus votre parole.

Puis, lui posant la main sur l'épaule et le regardant avec un sourire :

— Voyons, lui dit-il, à présent que nous sommes en petit comité et entre amis, je puis le dire, que veniez-vous faire par ici, jeune homme ? Bien entendu, ajouta le maître tanneur, que, si vous voulez vous taire, vous êtes parfaitement libre.

— Mais je vous l'ai dit, je crois, balbutia Maurice.

— Oui, une femme, dit le bourgeois ; je sais qu'il était question d'une femme.

— Mon Dieu ! pardonnez-moi, citoyen, dit Maurice ; mais je comprends à merveille que je vous dois une explication. Eh bien ! je cherchais une femme qui, l'autre soir, sous le masque, m'a dit demeurer dans ce quartier. Je ne sais ni son nom, ni sa position, ni sa demeure. Seulement, je sais que je suis amoureux fou, qu'elle est petite...

Geneviève était grande.

— Qu'elle est blonde et qu'elle a l'air éveillé..

Geneviève était brune avec de grands yeux pensifs.

— Une grisette enfin... continua Maurice ; aussi, pour lui plaire, ai-je pris cet habit populaire.

— Voilà qui explique tout, dit Dixmer avec une foi angélique que ne démentait point le moindre regard sournois.

Geneviève avait rougi, et, se sentant rougir, s'était détournée.

— Pauvre citoyen Lindey ! dit Dixmer en riant, quelle mauvaise heure nous vous avons fait passer, et vous êtes bien le dernier à qui j'eusse voulu faire du mal ; un si bon patriote, un frère... mais, en vérité, j'ai cru que quelque malintentionné usurpait votre nom.

— Ne parlons plus de cela, dit Maurice, qui comprit qu'il était temps de se retirer ; remettez-moi dans mon chemin et oublions.

— Vous remettre dans votre chemin ! s'écria Dixmer, vous quitter ! ah ! non pas, non pas ! je donne ou plutôt mon associé et moi nous donnons ce soir à souper aux braves garçons qui voulaient vous égorger tout à l'heure. Je compte bien vous faire souper avec eux pour que vous voyiez qu'ils ne sont point si diables qu'ils en ont l'air.

— Mais, dit Maurice au comble de la joie de rester quelques heures près de Geneviève, je ne sais vraiment si je dois accepter...

— Comment ! si vous devez accepter, dit Dixmer ; je le crois bien : ce sont de bons et francs patriotes comme vous ; d'ailleurs, je ne croirai que vous m'avez pardonné que lorsque nous aurons rompu le pain ensemble.

Geneviève ne disait pas un mot. Maurice était au supplice.

— C'est qu'en vérité, balbutia le jeune homme, je crains de vous gêner, citoyen... ce costume... ma mauvaise mine...

Geneviève le regarda timidement.

— Nous offrons de bon cœur, dit-elle.

— J'accepte, citoyenne, répondit Maurice en s'inclinant.

— Eh bien ! je vais rassurer nos compagnons, dit le maître tanneur ; chauffez-vous en attendant, cher ami.

Il sortit, Maurice et Geneviève restèrent seuls.

— Ah ! monsieur, dit la jeune femme avec un accent auquel elle essayait inutilement de donner le ton du reproche, vous avez manqué à votre parole, vous avez été indiscret.

— Quoi ! madame, s'écria Maurice, vous aurais-je compromise ? Ah ! dans ce cas, pardonnez-moi ; je me retire, et jamais...

— Dieu ! s'écria-t-elle en se levant, vous êtes blessé à la poitrine ! votre chemise est toute teinte de sang !

En effet, sur la chemise si fine et si blanche de Maurice, chemise qui faisait un étrange contraste avec ses habits grossiers, une large plaque de rouge s'était étendue et avait séché.

— Oh ! n'ayez aucune inquiétude, madame, dit le jeune homme, un des contrebandiers m'a piqué avec son poignard.

Geneviève pâlit, et lui prenant la main :

— Pardonnez-moi, murmura-t-elle, le mal qu'on vous a fait ; vous m'avez sauvé la vie, et j'ai failli être cause de votre mort.

— Ne suis-je pas bien récompensé en vous retrouvant ! car, n'est-ce pas, vous n'avez pas cru un instant que ce fût une autre que vous que je cherchais ?

— Venez avec moi, interrompit Geneviève ; je vous donnerai du linge... Il ne faut pas que nos convives vous voient en cet état : ce serait pour eux un reproche trop terrible.

— Je vous gêne bien, n'est-ce pas ? répliqua Maurice en soupirant.

— Pas du tout, j'accomplis un devoir. Et elle ajouta : Je l'accomplis même avec grand plaisir.

Geneviève conduisit alors Maurice vers un grand cabinet de toilette d'une élégance et d'une distinction qu'il ne s'attendait pas à trouver dans la maison d'un maître tanneur. Il est vrai que ce maître tanneur paraissait millionnaire.

Puis elle ouvrit toutes les armoires.

— Prenez, dit-elle, vous êtes chez vous.

Et elle se retira.

Quand Maurice sortit, il trouva Dixmer, qui était revenu.

— Allons, allons, dit-il, à table ! on n'attend plus que vous.

CHAPITRE IX.

LE SOUPER

Lorsque Maurice entra avec Dixmer et Geneviève dans la salle à manger, située dans le corps de bâtiment où on l'avait conduit d'abord, le souper était tout dressé, mais la salle était encore vide.

Il vit entrer successivement tous les convives, au nombre de six.

C'étaient tous des hommes d'un extérieur agréable, jeunes pour la plupart, vêtus à la mode du jour; deux ou trois même avaient la carmagnole et le bonnet rouge.

Dixmer leur présenta Maurice en énonçant ses titres et qualités.

Puis, se retournant vers Maurice :

— Vous voyez, dit-il, citoyen Lindey, toutes les personnes qui m'aident dans mon commerce. Grâce au temps où nous vivons, grâce aux principes révolutionnaires qui ont effacé la distance, nous vivons tous sur le pied de la plus sainte égalité. Tous les jours la même table nous réunit deux fois, et je suis heureux que vous ayez bien voulu partager notre repas de famille. Allons, à table, citoyens, à table.

— Et... M. Morand, dit timidement Geneviève, ne l'attendons-nous pas?

— Ah! c'est vrai, répondit Dixmer. Le citoyen Morand, dont je vous ai déjà parlé, citoyen Lindey, est mon associé. C'est lui qui est chargé, si je puis le dire, de la partie morale de la maison : il fait les écritures, tient la caisse, règle les factures, donne et reçoit l'argent, ce qui fait que c'est celui de nous tous qui a le plus de besogne. Il en résulte qu'il est quelquefois en retard. Je vais le faire prévenir.

En ce moment la porte s'ouvrit et le citoyen Morand entra.

C'était un homme de petite taille, brun, aux sourcils épais; des lunettes vertes, comme en portent les hommes dont la vue est fatiguée par le travail, cachaient ses yeux noirs, mais n'empêchaient pas l'étincelle d'en jaillir. Aux premiers mots qu'il dit, Maurice reconnut cette voix douce et impérieuse à la fois qui avait été constamment, dans cette terrible discussion dont il avait été victime, pour les voies de douceur; il était vêtu d'un habit brun à larges boutons, d'une veste de soie blanche, et son jabot, assez fin, fut souvent, pendant le souper, tourmenté par une main dont Maurice, sans doute parce que c'était celle d'un marchand tanneur, admira beaucoup la blancheur et la délicatesse.

On prit place. Le citoyen Morand fut placé à la droite de Geneviève ; Maurice à sa gauche; Dixmer s'assit en face de sa femme, les autres convives prirent indifféremment leur poste autour d'une table oblongue.

Le souper était recherché : Dixmer avait un appétit d'industriel et faisait avec beaucoup de bonhomie les honneurs de sa table. Les ouvriers, ou ceux qui passaient pour tels, lui faisaient, sous ce rapport, bonne et franche compagnie. Le citoyen Morand parlait peu, mangeait moins encore, ne buvait presque pas et riait rarement; Maurice, peut-être à cause des souvenirs que lui rappelait sa voix, éprouva bientôt pour lui une vive sympathie ; seulement il était en doute sur son âge, et ce doute l'inquiétait; tantôt il le prenait pour un homme de quarante à quarante-cinq ans, et tantôt pour un tout jeune homme.

Dixmer se crut, en se mettant à table, obligé de donner à ses convives une sorte de raison de l'admission d'un étranger dans leur petit cercle.

Il s'en acquitta en homme naïf et peu habitué à mentir; mais les convives ne paraissaient pas difficiles en matière de raisons, à ce qu'il paraît, car, malgré toute la maladresse que mit le fabricant de pelleteries dans l'introduction du jeune homme, son petit discours d'introduction satisfit tout le monde.

Maurice le regardait avec étonnement.

En ce moment la porte s'ouvrit, et le citoyen Morand entra. — Page 31.

— Sur mon honneur, se disait-il en lui-même, je crois que je me trompe moi-même. Est-ce bien là le même homme, qui, l'œil ardent, la voix menaçante, me poursuivait une carabine à la main, et voulait absolument me tuer, il y a trois quarts d'heure? En ce moment-là je l'eusse pris pour un héros ou pour un assassin. Mordieu! comme l'amour des pelleteries vous transforme un homme.

Il y avait au fond du cœur de Maurice, tandis qu'il faisait toutes ces observations, une douleur et une joie si profondes toutes deux, que le jeune homme n'eût pu se dire au juste quelle était la situation de son âme. Il se retrouvait enfin près de cette belle inconnue qu'il avait tant cherchée. Comme il l'avait rêvé d'avance, elle portait un doux nom. Il s'enivrait du bonheur de la sentir à son côté; il absorbait ses moindres paroles, et le son de sa voix, toutes les fois qu'elle résonnait, faisait vibrer jusqu'aux cordes les plus secrètes de son cœur; mais ce cœur était brisé par ce qu'il voyait.

Geneviève était bien telle qu'il l'avait entrevue : ce rêve d'une nuit orageuse, la réalité ne l'avait pas détruit. C'était bien la femme élégante, à l'œil triste, à l'esprit élevé; c'était bien, ce qui était arrivé si souvent dans les dernières années qui avaient précédé cette fameuse année 93 dans laquelle on se

Dixmer.

trouvait, c'était bien la jeune fille de distinction, obligée, à cause de la ruine toujours plus profonde dans laquelle était tombée la noblesse, de s'allier à la bourgeoisie, au commerce. Dixmer paraissait un brave homme; il était riche incontestablement; ses manières avec Geneviève semblaient être celles d'un homme qui prend à tâche de rendre une femme heureuse. Mais cette bonhomie, cette richesse, ces intentions excellentes, pouvaient-elles combler cette immense distance qui existait entre la femme et le mari, entre la jeune fille poétique, distinguée, charmante, et l'homme aux occupations matérielles et à l'aspect vulgaire? Avec quel sentiment Geneviève comblait-elle cet abîme?.... Hélas! le hasard le disait assez maintenant à Maurice, avec l'amour. Et il lui fallait bien en revenir à cette première opinion qu'il avait eue de la jeune femme, c'est-à-dire que, le soir où il l'avait rencontrée, elle revenait d'un rendez-vous d'amour.

Cette idée que Geneviève aimait un homme torturait le cœur de Maurice.

Alors il soupirait, alors il regrettait d'être venu pour prendre une dose plus active encore de ce poison qu'on appelle amour.

Puis, dans d'autres moments, en écoutant cette voix si douce, si pure et si harmonieuse, en interrogeant ce regard si limpide, qui semblait ne pas craindre que par lui on pût lire jusqu'au plus profond de son âme, Maurice en arrivait à croire qu'il était impossible qu'une pareille créature pût tromper, et alors il éprouvait une joie amère à songer que ce beau corps, âme et matière, appartenait à ce bon bourgeois, au sourire honnête, aux plaisanteries vulgaires, et ne serait jamais qu'à lui.

On parla politique : ce ne pouvait guère être autrement. Que dire, à une époque où la politique se mêlait à tout, était peinte au fond des assiettes, couvrait toutes les murailles, était proclamée à chaque heure dans les rues?

Tout à coup un des convives, qui jusque-là avait gardé le silence, demanda des nouvelles des prisonniers du Temple.

Maurice tressaillit malgré lui au timbre de cette voix. Il avait reconnu l'homme qui, toujours pour les moyens extrêmes, l'avait d'abord frappé de son couteau et avait ensuite voté pour la mort.

Cependant cet homme, honnête tanneur, chef de l'atelier, du moins Dixmer le proclama tel, réveilla bientôt la belle humeur de Maurice en exprimant les idées les plus patriotiques et les principes les plus révolutionnaires. Le jeune homme, dans certaines circonstances, n'était point ennemi de ces mesures vigoureuses, si fort à la mode à cette époque, et dont Danton était l'apôtre et le héros. A la place de cet homme, dont l'arme et la voix lui avaient fait éprouver et lui faisaient éprouver encore de si poignantes sensations, il n'eût pas assassiné celui qu'il eût pris pour un espion, mais il l'eût lâché dans un jardin, et là, à armes égales, un sabre à la main comme son adversaire, il l'eût combattu sans merci, sans miséricorde. Voilà ce qu'eût fait Maurice. Mais il comprit bientôt que c'était trop demander d'un garçon tanneur que de demander qu'il fît ce que Maurice aurait fait.

Cet homme aux mesures extrêmes et qui paraissait avoir dans ses idées politiques les mêmes systèmes violents que dans sa conduite privée, parlait donc du Temple et s'étonnait qu'on confiât la garde de ses prisonniers à un conseil permanent facile à corrompre, et à des municipaux dont la fidélité avait été plus d'une fois déjà tentée.

— Oui, dit le citoyen Morand, mais il faut convenir qu'en toute occasion, jusqu'à présent, la conduite de ces municipaux a justifié la confiance que la nation avait en eux, et l'histoire dira qu'il n'y avait pas que le citoyen Robespierre qui méritât le surnom d'incorruptible.

— Sans doute, sans doute, reprit l'interlocuteur, mais, de ce qu'une chose n'est point arrivée encore, il serait absurde de conclure qu'elle n'arrivera jamais. C'est comme pour la garde nationale, continua le chef d'atelier, eh bien! les compagnies des différentes sections sont convoquées chacune à son tour pour le service du Temple, et cela indifféremment. Eh bien! n'admettez-vous point qu'il puisse y avoir dans une compagnie de vingt ou vingt-cinq hommes un noyau de huit ou dix gaillards bien déterminés qui, une belle nuit, égorgent les sentinelles et enlèvent les prisonniers?

— Bah! dit Maurice, tu vois, citoyen, que c'est un mauvais moyen, puisqu'il y a trois semaines ou un mois on a voulu l'employer et qu'on n'a point réussi.

— Oui, reprit Morand, mais parce qu'un des aristocrates qui composaient la patrouille a eu l'imprudence, en parlant je ne sais à qui, de laisser échapper le mot *monsieur*.

— Et puis, dit Maurice, qui tenait à prouver que la police de la République était bien faite, parce que l'on s'était déjà aperçu de l'entrée du chevalier de Maison-Rouge dans Paris.

— Bah! s'écria Dixmer.

— On savait que Maison-Rouge était entré dans Paris? demanda froidement Morand. Et savait on par quel moyen il y était entré?

— Parfaitement.

— Ah! diable! dit Morand en se penchant en avant pour regarder Maurice, je serais curieux de savoir cela; jusqu'à présent on n'a rien pu nous dire encore de positif là-dessus. Mais vous, citoyen, vous, le secrétaire d'une des principales sections de Paris, vous devez être mieux renseigné?

— Sans doute, dit Maurice, aussi ce que je vais vous dire est-il l'exacte vérité.

Tous les convives et même Geneviève parurent accorder la plus grande attention à ce qu'allait dire le jeune homme.

— Eh bien! dit Maurice, le chevalier de Maison-Rouge venait de Vendée, à ce qu'il paraît; il avait traversé toute la France avec son bonheur ordinaire. Arrivé pendant la journée à la barrière du Roule, il a attendu jusqu'à neuf heures du soir. A neuf heures du soir, une femme, déguisée en femme du peuple, est sortie par cette barrière portant au chevalier un costume de chasseur de la garde nationale; dix minutes après elle est rentrée avec lui; la sentinelle qui l'avait vue sortir seule a eu des soupçons en la voyant rentrer accompagnée. Elle a donné l'alarme au poste : le poste est sorti; les deux coupables, ayant compris que c'était à eux qu'on en voulait, se sont jetés dans un hôtel qui leur a ouvert une seconde porte sur les Champs-Élysées. Il paraît qu'une patrouille toute dévouée aux tyrans attendait le chevalier au coin de la rue Barre-du-Bec. Vous savez le reste.

— Ah! ah! dit Morand; c'est curieux ce que vous nous racontez là...

— Et surtout positif, dit Maurice.

— Oui, cela en a l'air; mais la femme, sait-on ce qu'elle est devenue?....

— Non, elle a disparu, et l'on ignore complètement qui elle est et ce qu'elle est.

L'associé du citoyen Dixmer et le citoyen Dixmer lui-même parurent respirer plus librement.

Geneviève avait écouté tout ce récit, pâle, immobile et muette.

— Mais, dit le citoyen Morand avec sa froideur ordinaire, qui peut dire que le chevalier de Maison-Rouge faisait partie de cette patrouille qui a donné l'alarme au Temple?

— Un municipal de mes amis, qui, ce jour-là, était de service au Temple, l'a reconnu.

— Il savait donc son signalement?

— Il l'avait vu autrefois.

— Et quel homme est-ce, physiquement, que ce chevalier de Maison-Rouge? demanda Morand.

— Un homme de vingt-cinq à vingt-six ans, petit, blond, d'un visage agréable, avec des yeux magnifiques et des dents superbes.

Il se fit un profond silence.

— Eh bien! dit Morand, si votre ami le municipal a reconnu ce prétendu chevalier de Maison-Rouge, pourquoi ne l'a-t-il pas arrêté?

— D'abord, parce que, ne sachant pas son arrivée à Paris, il a craint d'être dupe d'une ressemblance; et puis, mon ami est un peu tiède, il a fait ce que font les sages et les tièdes; dans le doute, il s'est abstenu.

— Vous n'auriez pas agi ainsi, citoyen? dit Dixmer à Maurice en riant brusquement.

— Non, dit Maurice, je l'avoue; j'aurais mieux aimé me tromper que de laisser échapper un homme aussi dangereux que l'est ce chevalier de Maison-Rouge.

— Et qu'eussiez-vous donc fait, monsieur? demanda Geneviève.

— Ce que j'eusse fait, citoyenne, dit Maurice, oh! mon Dieu! ce n'eût pas été long; j'eusse fait fermer toutes les portes du Temple; j'eusse été droit à la patrouille, et j'eusse mis la main sur le collet du chevalier, en lui disant : Chevalier de Maison-Rouge, je vous arrête comme traître à la nation, et, une fois que je lui eusse mis la main au collet, je ne l'eusse point lâché, je vous en réponds.

— Mais que serait-il arrivé alors? demanda Geneviève.

— Il serait arrivé qu'on lui aurait fait son procès à lui et à ses complices, et qu'à l'heure qu'il est il serait guillotiné, voilà tout.

Geneviève frissonna et lança à son voisin un coup d'œil d'effroi.

Mais le citoyen Morand ne parut pas remarquer ce coup d'œil, et vidant flegmatiquement son verre :

— Le citoyen Lindey a raison, dit-il; il n'y avait que cela à faire. Malheureusement, on ne l'a pas fait.

— Et, demanda Geneviève, sait-on ce qu'est devenu ce chevalier de Maison-Rouge?

— Bah! fit Dixmer, il est probable qu'il n'a pas demandé son reste, et que, voyant sa tentative avortée, il aura quitté immédiatement Paris.

— Et peut-être même la France, ajouta Morand.

— Pas du tout, pas du tout, dit Maurice.

— Comment! il a eu l'imprudence de rester à Paris? s'écria Geneviève.

— Il n'en a pas bougé.

Un mouvement général d'étonnement accueillit cette opinion émise par Maurice avec une si grande assurance.

— C'est une présomption que vous émettez là, citoyen, dit Morand, une présomption, voilà tout.

— Non pas, c'est un fait que j'affirme.

— Oh! dit Geneviève, j'avoue que, pour mon compte, je ne puis croire à ce que vous dites, citoyen; ce serait d'une imprudence impardonnable.

— Vous êtes femme, citoyenne; vous comprendrez donc une chose qui a dû l'emporter, chez un homme du caractère du chevalier de Maison-Rouge, sur toutes les considérations de sécurité personnelle possibles.

— Et quelle chose peut l'emporter sur la crainte de perdre la vie d'une façon si affreuse?

— Eh! mon Dieu, citoyenne, dit Maurice, l'amour.

— L'amour! répéta Geneviève.

— Sans doute. Ne savez-vous donc pas que le chevalier de Maison-Rouge est amoureux d'Antoinette?

Deux ou trois rires d'incrédulité éclatèrent timides et forcés. Dixmer regarda Maurice, comme pour lire jusqu'au fond de son âme. Geneviève sentit des larmes mouiller ses yeux, et un frissonnement, qui ne put échapper à Maurice, courut par tout son corps. Le citoyen Morand répandit le vin de son verre, qu'il portait en ce moment à ses lèvres, et sa pâleur eût effrayé Maurice, si toute l'attention du jeune homme n'eût été en ce moment concentrée sur Geneviève.

— Vous êtes émue, citoyenne, murmura Maurice.

— N'avez-vous point dit que je comprendrais parce que j'étais femme? Eh bien! nous autres femmes, un dévouement, si opposé qu'il soit à nos principes, nous touche toujours.

— Et celui du chevalier de Maison-Rouge est d'autant plus grand, dit Maurice, qu'on assure qu'il n'a jamais parlé à la reine.

— Ah çà! citoyen Lindey, dit l'homme aux moyens extrêmes, il me semble, permets-moi de le dire, que tu es bien indulgent pour ce chevalier...

— Monsieur, dit Maurice en se servant peut-être avec intention du mot qui avait cessé d'être en usage, j'aime toutes les natures fières et courageuses : ce qui ne m'empêche pas de les combattre quand je les rencontre dans les rangs de mes ennemis. Je ne désespère pas de rencontrer un jour le chevalier de Maison-Rouge.

— Et... fit Geneviève.

— Et si je le rencontre... eh bien! je le combattrai.

Le souper était fini. Geneviève donna l'exemple de la retraite en se levant elle-même.

En ce moment la pendule sonna.

— Minuit, dit froidement Morand.

— Minuit ! s'écria Maurice, minuit, déjà !

— Voilà une exclamation qui me fait plaisir, dit Dixmer ; elle prouve que vous ne vous êtes pas ennuyé, et elle me donne l'espoir que nous nous reverrons. C'est la maison d'un bon patriote qu'on vous ouvre, et j'espère que vous vous apercevrez bientôt, citoyen, que c'est celle d'un ami.

Maurice salua, et se retournant vers Geneviève :

— La citoyenne me permet-elle aussi de revenir ? demanda-t-il.

— Je fais plus que de le permettre, je vous en prie, dit vivement Geneviève. Adieu, citoyen.

Et elle rentra chez elle.

Maurice prit congé de tous les convives, salua particulièrement Morand, qui lui avait beaucoup plu, serra la main de Dixmer et partit étourdi, mais bien plus joyeux qu'attristé, de tous les événements si différents les uns des autres qui avaient agité sa soirée.

— Fâcheuse, fâcheuse rencontre ! dit après la retraite de Maurice la jeune femme fondant en larmes en présence de son mari, qui l'avait reconduite chez elle.

— Bah ! le citoyen Maurice Lindey, patriote reconnu, secrétaire d'une section, pur, adoré, populaire, est, au contraire, une bien précieuse acquisition pour un pauvre tanneur qui a chez lui de la marchandise de contrebande, répondit Dixmer en souriant.

— Ainsi, vous croyez, mon ami ? demanda timidement Geneviève.

— Je crois que c'est un brevet de patriotisme, un cachet d'absolution qu'il pose sur notre maison, et je pense qu'à partir de cette soirée le chevalier de Maison-Rouge lui-même serait en sûreté chez nous.

Et Dixmer, baisant sa femme au front avec une affection bien plus paternelle que conjugale, la laissa dans ce petit pavillon qui lui était entièrement consacré, et repassa dans l'autre partie du bâtiment qu'il habitait avec les convives que nous avons vus entourer sa table.

CHAPITRE X.

LE SAVETIER SIMON.

'était au commencement du mois de mai : un jour pur dilatait les poitrines, lasses de respirer les brouillards glacés de l'hiver, et les rayons d'un soleil tiède et vivifiant descendaient sur la noire muraille du Temple.

Au guichet de l'intérieur qui séparait la tour des jardins riaient et fumaient les soldats du poste.

Mais, malgré cette belle journée, malgré l'offre qui fut faite aux prisonnières de descendre et de se promener au jardin, les trois femmes refusèrent : depuis l'exécution de son mari, la reine se tenait obstinément dans sa chambre pour n'avoir point à passer devant la porte de l'appartement qu'avait occupé le roi au second étage.

Quand elle prenait l'air par hasard depuis cette fatale époque du 21 janvier, c'était sur le haut de la tour, dont on avait fermé les créneaux avec des jalousies.

Les gardes nationaux de service, qui étaient prévenus que les trois femmes avaient l'autorisation de sortir, attendirent donc vainement toute la journée qu'elles voulussent bien user de l'autorisation.

Vers cinq heures, un homme descendit et s'approcha du sergent commandant le poste.

— Ah ! ah ! c'est toi, père Tison ? dit celui-ci, qui paraissait un garde national de joyeuse humeur.

— Oui, c'est moi, citoyen ; je t'apporte de la part du municipal Maurice Lindey, ton ami, qui est là-haut, cette permission accordée par le conseil du Temple à ma fille de venir faire ce soir une petite visite à sa mère.

— Et tu sors au moment où ta fille va venir, père dénaturé ? dit le sergent.

— Ah ! je sors bien à contre-cœur, citoyen sergent. J'espérais, moi aussi, voir ma pauvre enfant, que je n'ai pas vue depuis deux mois, et l'embrasser... là, ce qui s'appelle crânement. Le service, ce service damné, me force à sortir. Il faut que j'aille à la commune faire mon rapport. Un fiacre m'attend

Merci, brave Thermopyle merci, dit Tison

à la porte avec deux gendarmes, et cela juste au moment où ma pauvre Sophie va venir.

— Malheureux père ! dit le sergent.

> Ainsi l'amour de la patrie
> Étouffe en toi la voix du sang,
> L'un gémit et l'autre prie :
> Au devoir immolé...

— Dites donc, père Tison, si tu trouves par hasard une rime en *ang*, tu me la rapporteras. Elle me manque pour le moment.

— Et toi, citoyen sergent, quand ma fille viendra pour voir sa pauvre mère, qui meurt de ne pas la voir, tu la laisseras passer.

— L'ordre est en règle, répondit le sergent, que le lecteur a déjà reconnu sans doute pour notre ami Lorin ; ainsi, je n'ai rien à dire : quand ta fille viendra, ta fille passera.

— Merci, brave Thermopyle, merci, dit Tison.

Et il sortit pour aller faire son rapport à la Commune, en murmurant :

— Ah ! ma pauvre femme, va-t-elle être heureuse !

— Sais-tu, sergent, dit un garde national en voyant s'éloigner Tison et en entendant les paroles qu'il prononçait en s'éloignant, sais-tu que ça fait frissonner au fond ces choses-là?

— Et quelles choses, citoyen Devaux? demanda Lorin.

— Comment donc! reprit le compatissant garde national, de voir cet homme au visage si dur, cet homme au cœur de bronze, cet impitoyable gardien de la reine, s'en aller la larme à l'œil, moitié de joie, moitié de douleur, en songeant que sa femme va voir sa fille, et que lui ne la verra pas! Il ne faut pas trop réfléchir là-dessus, sergent, car, en vérité, cela attriste...

— Sans doute, et voilà pourquoi il ne réfléchit pas lui-même, cet homme qui s'en va la larme à l'œil, comme tu dis.

— Et à quoi réfléchirait-il?

— Eh bien! qu'il y a trois mois aussi que cette femme qu'il brutalise sans pitié n'a vu son enfant. Il ne songe pas à son malheur, à elle; il songe à son malheur, à lui: voilà tout. Il est vrai que cette femme était reine, continua le sergent d'un ton railleur dont il eût été difficile d'interpréter le sens, et qu'on n'est point forcé d'avoir pour une reine les égards qu'on a pour la femme d'un journalier.

— N'importe, tout cela est fort triste, dit Devaux.

— Triste, mais nécessaire, dit Lorin; le mieux donc est, comme tu l'as dit, de ne pas réfléchir.

Et il se mit à fredonner:

> Hier, Nicette,
> Sous des bosquets,
> Sombres et frais,
> Marchait seulette.

Lorin en était là de sa chanson bucolique, quand tout à coup un grand bruit se fit entendre du côté gauche du poste: il se composait de juremens, de menaces et de pleurs.

— Qu'est-ce que cela? demanda Devaux.

— On dirait d'une voix d'enfant, répondit Lorin en écoutant.

— En effet, reprit le garde national, c'est un pauvre petit que l'on bat; en vérité, on ne devrait envoyer ici que ceux qui n'ont pas d'enfants.

— Veux-tu chanter? dit une voix rauque et avinée.

Et la voix chanta comme pour donner l'exemple:

> Madam' Veto avait promis
> De faire égorger tout Paris...

— Non, dit l'enfant, je ne chanterai pas.
— Veux-tu chanter?
Et la voix recommença:

> Madam' Veto avait promis...

— Non, dit l'enfant, non, non, non.
— Ah! petit gueux! dit la voix rauque.

Et un bruit de lanière sifflante fendit l'air. L'enfant poussa un hurlement de douleur.

— Ah! sacrebleu! dit Lorin, c'est cet infâme Simon qui bat le petit Capet.

Quelques gardes nationaux haussèrent les épaules, deux ou trois essayèrent de sourire. Devaux se leva et s'éloigna.

— Je le disais bien, murmura-t-il, que les pères ne devraient jamais entrer ici.

Tout à coup une porte basse s'ouvrit, et l'enfant royal, chassé par le fouet de son gardien, fit en fuyant plusieurs pas dans la cour; mais derrière lui quelque chose de lourd retentit sur le pavé et l'atteignit à la jambe.

— Ah! cria l'enfant.

Et il trébucha et tomba sur un genou.

— Rapporte-moi ma forme, petit monstre, ou sinon...

L'enfant se releva et secoua la tête en manière de refus.

— Ah! c'est comme ça?... cria la même voix; attends, attends, tu vas voir.

Et le savetier Simon déboucha de sa loge comme une bête fauve de sa tanière.

— Holà! holà! dit Lorin en fronçant le sourcil, où allons-nous comme cela, maître Simon?

— Châtier ce petit louveteau, dit le savetier.

— Et pourquoi le châtier? dit Lorin.

— Pourquoi?

— Oui.

— Parce que ce petit gueux ne veut ni chanter comme un bon patriote, ni travailler comme un bon citoyen.

— Eh bien! qu'est-ce que cela te fait? répondit Lorin; est-ce que la nation t'a confié Capet pour lui apprendre à chanter?

— Ah çà! dit Simon étonné, de quoi te mêles-tu, citoyen sergent? je te le demande.

— De quoi je me mêle? Je me mêle de ce qui regarde tout homme de cœur. Or, il est indigne d'un homme de cœur qui voit battre un enfant de souffrir qu'on le batte.

— Bah! le fils du tyran.

— Est un enfant, un enfant qui n'a point participé aux crimes de son père, un enfant qui n'est point coupable, et que, par conséquent, on ne doit point punir.

— Et moi, je te dis qu'on me l'a donné pour en faire ce que je voudrais. Je veux qu'il chante la chanson de *Madam' Veto*, et il la chantera.

— Mais, misérable, dit Lorin, madame Veto, c'est sa mère à cet enfant; voudrais-tu, toi, qu'on forçât ton fils à chanter que tu es une canaille?

— Moi? hurla Simon; ah! mauvais aristocrate de sergent!

— Ah! pas d'injures, dit Lorin, je ne suis pas Capet, moi... et l'on ne me fait pas chanter de force.

— Je te ferai arrêter, mauvais ci-devant.

— Toi, dit Lorin, tu me feras arrêter! essaye donc un peu de faire arrêter un Thermopyle.

— Bon, bon, rira bien qui rira le dernier. En attendant, Capet, ramasse ma forme et viens faire ton soulier, ou, mille tonnerres!...

— Et moi, dit Lorin en pâlissant affreusement et en faisant un pas en avant, les bras roidis et les dents serrées, moi je te dis qu'il ne ramassera pas ta forme; moi je te dis qu'il ne fera pas de souliers. Entends-tu, mauvais drôle? Ah! oui, tu as là ton grand sabre; mais il ne me fait pas plus peur que toi. Ose-le tirer seulement.

— Ah! massacre! hurla Simon blêmissant de rage.

En ce moment deux femmes entrèrent dans la cour: l'une des deux tenait un papier à la main; elle s'adressa à la sentinelle.

— Sergent, cria la sentinelle, c'est la fille Tison qui demande à voir sa mère.

— Laisse passer, puisque le conseil du Temple le permet, dit Lorin, qui ne voulait pas se détourner un instant, de peur que Simon ne profitât de sa distraction pour battre l'enfant.

La sentinelle laissa passer les deux femmes; mais à peine eurent-elles monté quatre marches de l'escalier sombre, qu'elles rencontrèrent Maurice Lindey, qui descendait un instant dans la cour.

La nuit était presque venue, de sorte qu'on ne pouvait distinguer les traits de leur visage.

Maurice les arrêta.

— Qui êtes-vous, citoyennes, demanda-t-il, et que voulez-vous?

— Je suis Sophie Tison, dit l'une des deux femmes. J'ai obtenu la permission de voir ma mère, et je la viens voir.

— Oui, dit Maurice; mais la permission est pour toi seule, citoyenne.

— J'ai amené mon amie pour que nous soyons deux femmes, au moins, au milieu des soldats.

— Fort bien; mais ton amie ne montera pas.

— Comme il vous plaira, citoyen, dit Sophie Tison en serrant la main de son amie, qui, collée contre la muraille, semblait frappée de surprise et d'effroi.

— Citoyens factionnaires, cria Maurice en levant la tête et en s'adressant aux sentinelles qui étaient placées à chaque étage, laissez passer la citoyenne Tison; seulement, son amie ne peut point passer. Elle attendra sur l'escalier, et vous veillerez à ce qu'on la respecte.

— Oui, citoyen, répondirent les sentinelles.

— Montez donc, dit Maurice.

Les deux femmes passèrent.

Quant à Maurice, il sauta les quatre ou cinq marches qui lui restaient à descendre, et s'avança rapidement dans la cour.

— Qu'y a-t-il donc, dit-il aux gardes nationaux, et qui cause ce bruit? On entend des cris d'enfant jusque dans l'antichambre des prisonnières?

— Il y a, dit Simon, qui, habitué aux manières des municipaux, crut, en apercevant Maurice, qu'il lui arrivait du renfort; il y a que c'est ce traître, cet aristocrate, ce ci-devant, qui m'empêche de rosser Capet.

Et il montra du poing Lorin.

— Oui, mordieu! je l'en empêche, dit Lorin en dégaînant, et, si tu m'appelles encore une seule fois ci-devant, aristocrate ou traître, je te passe mon sabre au travers du corps.

— Une menace! s'écria Simon. A la garde! à la garde!

— C'est moi qui suis la garde, dit Lorin; ne m'appelle donc pas, car, si je vais à toi, je t'extermine.

— A moi, citoyen municipal! à moi! s'écria Simon, sérieusement menacé cette fois par Lorin.

— Le sergent a raison, dit froidement le municipal que Simon appelait à son aide; tu déshonores la nation, lâche, tu bats un enfant.

— Et pourquoi le bat-il, comprends-tu, Maurice? parce que l'enfant ne veut pas chanter *Madam' Veto*, parce que le fils ne veut pas insulter sa mère.

— Misérable! fit Maurice.

— Et toi aussi? dit Simon. Mais je suis donc entouré de traîtres!

— Ah! coquin, dit le municipal en saisissant Simon à la gorge et en lui arrachant sa lanière des mains; essaye un peu de prouver que Maurice Lindey est un traître.

Et il fit tomber rudement la courroie sur les épaules du savetier.

— Merci, monsieur, dit l'enfant, qui regardait stoïquement cette scène; mais c'est sur moi qu'il se vengera.

— Viens, Capet, dit Lorin, viens, mon enfant, s'il te bat encore, appelle à l'aide, et on ira le châtier, ce bourreau. Allons, allons! petit Capet, rentre dans ta tour.

— Pourquoi m'appelez-vous Capet, vous qui me protégez? dit l'enfant; vous savez bien que Capet n'est pas mon nom.

— Comment, ce n'est pas ton nom? dit Lorin. Comment t'appelles-tu?

— Je m'appelle Louis-Charles de Bourbon. Capet est le nom d'un de mes ancêtres. Je sais l'histoire de France: mon père me l'a apprise.

— Et tu veux apprendre à faire des savates à un enfant à qui un roi a appris l'histoire de France! s'écria Lorin. Allons donc!

— Oh! sois tranquille, dit Maurice à l'enfant, je ferai mon rapport.

— Et moi le mien, dit Simon. Je dirai entre autres choses qu'au lieu d'une femme qui avait le droit d'entrer dans la tour, vous en avez laissé passer deux.

En ce moment, en effet, les deux femmes sortaient du donjon. Maurice courut à elles.

Simon.

— Eh bien! citoyennes, dit-il en s'adressant à celle qui était de son côté, as-tu vu ta mère?
Sophie Tison passa à l'instant même entre le municipal et sa compagne.
— Oui, citoyen, merci, dit-elle.
Maurice aurait voulu voir l'amie de la jeune fille, ou tout au moins entendre sa voix; mais elle était enveloppée dans sa mante et semblait décidée à ne pas prononcer une seule parole. Il lui sembla même qu'elle tremblait.
Cette crainte donna des soupçons.
Il remonta précipitamment, et, en arrivant dans la première pièce, il vit à travers le vitrage la reine cacher dans sa poche quelque chose qu'il supposa être un billet.
— Oh! oh! dit-il, aurais-je été dupe?
Il appela son collègue.
— Citoyen Agricola, dit-il, entre chez Marie-Antoinette et ne la perds pas de vue.
— Ouais! fit le municipal, est-ce que...
— Entre, te dis-je, et cela sans perdre un instant, une minute, une seconde.
Le municipal entra chez la reine.
— Appelle la femme Tison, dit-il à un garde national.

Et ta fille n'a point demandé à voir l'Autrichienne.

Cinq minutes après, la femme Tison arrivait rayonnante.

— J'ai vu ma fille, dit-elle.
— Où cela? demanda Maurice.
— Ici même, dans cette antichambre.
— Bien. Et ta fille n'a point demandé à voir l'Autrichienne?
— Non.
— Elle n'est pas entrée chez elle?
— Non.
— Et, pendant que tu causais avec ta fille, personne n'est sorti de la chambre des prisonnières?
— Est-ce que je sais, moi? Je regardais ma fille que je n'avais pas vue depuis trois mois.
— Rappelle-toi bien.
— Ah! oui, je crois me souvenir
— De quoi?
— La jeune fille est sortie
— Marie-Thérèse?
— Oui.
— Et elle a parlé à ta fille?
— Non.
— Ta fille ne lui a rien remis?
— Non.

— Elle n'a rien ramassé à terre?
— Ma fille?
— Non, celle de Marie-Antoinette?
— Si fait, elle a ramassé son mouchoir

— Ah! malheureuse! s'écria Maurice.

Et il s'élança vers le cordon d'une cloche qu'il tira vivement.

C'était la cloche d'alarme.

CHAPITRE XI.

LE BILLET.

es deux autres municipaux de garde montèrent précipitamment. Un détachement du poste les accompagnait. Les portes furent fermées, deux factionnaires interceptèrent les issues de chaque chambre.

— Que voulez-vous, monsieur? dit la reine à Maurice lorsque celui-ci entra; j'allais me mettre au lit, lorsqu'il y a cinq minutes le citoyen municipal (et la reine montrait Agricola) s'est précipité tout à coup dans cette chambre sans me dire ce qu'il désirait.

— Madame, dit Maurice en saluant, ce n'est point mon collègue qui désire quelque chose de vous : c'est moi.

— Vous, monsieur? demanda Marie-Antoinette en regardant Maurice, dont les bons procédés lui avaient inspiré une certaine reconnaissance; et que désirez-vous?

— Je désire que vous veuillez bien me remettre le billet que vous cachiez tout à l'heure quand je suis entré.

Madame Royale et madame Elisabeth tressaillirent. La reine devint très-pâle.

— Vous vous trompez, monsieur, dit-elle; je ne cachais rien.

— Tu mens, l'Autrichienne! s'écria Agricola

Maurice posa vivement la main sur le bras de son collègue.

— Un moment, mon cher collègue, lui dit-il; laisse-moi parler à la citoyenne. Je suis un peu procureur.

— Va, alors; mais ne la ménage pas, morbleu!

— Vous cachiez un billet, citoyenne, dit sévèrement Maurice. Il faudrait nous remettre ce billet.

— Mais quel billet?

— Celui que la fille Tison vous a apporté, et que la citoyenne votre fille (Maurice indiqua la jeune princesse) a ramassé avec son mouchoir.

Les trois femmes se regardèrent épouvantées.

— Mais, monsieur, c'est plus que de la tyrannie, dit la reine; des femmes! des femmes!

— Ne confondons pas, dit Maurice avec fermeté. Nous ne sommes ni des juges ni des bourreaux, nous sommes des surveillants, c'est-à-dire des concitoyens chargés de vous garder. Nous avons une consigne, la violer c'est trahir. Citoyenne, je vous en prie, rendez-moi le billet que vous avez caché.

— Messieurs, dit la reine avec hauteur, puisque vous êtes des surveillants, cherchez, et privez-nous de sommeil cette nuit comme toujours.

— Dieu nous garde de porter la main sur des femmes! Je vais faire prévenir la commune, et nous attendrons ses ordres; seulement, vous ne vous mettrez pas au lit, vous dormirez sur des fauteuils, s'il vous plaît, et nous vous garderons... S'il le faut, les perquisitions commenceront.

— Qu'y a-t-il donc? demanda la femme Tison en montrant à la porte sa tête effarée.

— Il y a, citoyenne, que tu viens, en prêtant la main à une trahison, de te priver à jamais de voir ta fille.

— De voir ma fille!... Que dis-tu donc là, citoyen? demanda la femme Tison, qui ne comprenait pas bien encore pourquoi elle ne verrait plus sa fille.

— Je te dis que ta fille n'est pas venue ici pour te voir, mais pour apporter une lettre à la citoyenne Capet, et qu'elle n'y reviendra plus.

— Mais si elle ne revient plus, je ne pourrai donc pas la revoir, puisqu'il nous est défendu de sortir?...

— Cette fois, il ne faudra t'en prendre à personne, car c'est ta faute, dit Maurice.

— Oh! hurla la pauvre mère, ma faute! que dis-tu là, ma faute? Il n'est rien arrivé, j'en réponds. Oh! si je croyais qu'il fût arrivé quelque chose, malheur à toi, Antoinette, tu me le payerais cher!

Et cette femme exaspérée montra le poing à la reine.

— Ne menace personne, dit Maurice ; obtiens plutôt par la douceur que ce que nous demandons soit fait ; car tu es femme, et la citoyenne Antoinette, qui est mère elle-même, aura sans doute pitié d'une mère. Demain, ta fille sera arrêtée ; demain, emprisonnée... puis, si l'on découvre quelque chose, et tu sais que, lorsqu'on le veut bien, on découvre toujours, elle est perdue, elle et sa compagne.

La femme Tison, qui avait écouté Maurice avec une terreur croissante, détourna sur la reine son regard presque égaré.

— Tu entends, Antoinette ?... Ma fille !... c'est toi qui auras perdu ma fille !

La reine parut épouvantée à son tour, non de la menace qui étincelait dans les yeux de sa geôlière, mais du désespoir qu'on y lisait.

— Venez, madame Tison, dit-elle ; j'ai à vous parler.

— Holà ! pas de cajolerie ! s'écria le collègue de Maurice ; nous ne sommes pas de trop, morbleu ! Devant la municipalité, toujours devant la municipalité !

— Laisse faire, citoyen Agricola, dit Maurice à l'oreille de cet homme ; pourvu que la liberté nous vienne, peu importe de quelle façon.

— Tu as raison, citoyen Maurice... mais...

— Passons derrière le vitrage, citoyen Agricola, et, si tu m'en crois, tournons le dos ; je suis sûr que la personne pour laquelle nous aurons cette condescendance ne nous en fera point repentir.

La reine entendit ces mots dits pour être entendus par elle ; elle jeta au jeune homme un regard reconnaissant. Maurice détourna la tête avec insouciance et passa de l'autre côté du vitrage. Agricola le suivit.

— Tu vois bien cette femme ? dit-il à Agricola : reine, c'est une grande coupable ; femme, c'est une âme digne et grande. On fait bien de briser les couronnes, le malheur épure.

— Sacrebleu ! que tu parles bien, citoyen Maurice ! répondit Agricola. J'aime t'entendre, toi et ton ami Lorin. Est-ce aussi des vers que tu viens de dire ?

Maurice sourit.

Pendant cet entretien, la scène qu'avait prévue Maurice se passait de l'autre côté du vitrage.

La femme Tison s'était approchée de la reine.

— Madame, lui dit celle-ci, votre désespoir me brise le cœur ; je ne veux pas vous priver de votre enfant, cela fait trop de mal ; mais, songez-y, en faisant ce que ces hommes exigent, peut-être votre fille sera-t-elle perdue également.

— Faites ce qu'ils disent ! s'écria la femme Tison, faites ce qu'ils disent !

— Mais auparavant, du moins, sachez de quoi il s'agit.

— De quoi s'agit-il ? demanda la geôlière avec une curiosité presque sauvage.

— Votre fille avait amené avec elle une amie.

— Oui, une ouvrière comme elle ; elle n'a pas voulu venir seule à cause des soldats.

— Cette amie avait remis à votre fille un billet ; votre fille l'a laissé tomber. Marie qui passait l'a ramassé. C'est un papier bien insignifiant sans doute, mais auquel des gens mal intentionnés pourraient trouver un sens. Le municipal ne vous a-t-il pas dit que lorsqu'on voulait trouver on trouvait toujours ?

— Après ? après ?

— Eh bien ! voilà tout : vous voulez que je remette ce papier ; voulez-vous que je sacrifie un ami, sans pour cela vous rendre peut-être votre fille ?

— Faites ce qu'ils disent ! cria la femme ; faites ce qu'ils disent !

— Mais si ce papier compromet votre fille ! dit la reine ; comprenez donc !

— Ma fille est comme moi, une bonne patriote ! s'écria la ménagère. Dieu merci ! les Tison sont connus : faites ce qu'ils disent !

— Mon Dieu ! dit la reine, que je voudrais donc pouvoir vous convaincre !

— Ma fille ! je veux qu'on me rende ma fille ! reprit la femme Tison en trépignant. Donne le papier, Antoinette, donne.

— Le voici, madame.

Et la reine tendit à la malheureuse créature un papier qu'elle éleva joyeusement au-dessus de sa tête en criant :

— Venez, venez, citoyens municipaux ; j'ai le papier ; prenez-le, et rendez-moi mon enfant.

— Vous sacrifiez nos amis, ma sœur, dit madame Élisabeth.

— Non, ma sœur, répondit tristement la reine ; je ne sacrifie que nous. Ce papier ne peut compromettre personne.

Aux cris de la femme Tison, Maurice et son collègue vinrent au-devant d'elle ; elle leur tendit aussitôt le billet. Ils l'ouvrirent et lurent :

« A l'Orient, un ami veille encore. »

Maurice n'eut pas plutôt jeté les yeux sur ce papier qu'il tressaillit.

L'écriture ne lui semblait pas inconnue.

— O mon Dieu ! s'écria-t-il, serait-ce celle de Geneviève ? Oh ! mais non, c'est impossible, et je suis fou. Elle lui ressemble, sans doute, mais que pourrait avoir de commun Geneviève avec la reine ?

Il se retourna et vit que Marie-Antoinette le regardait. Quant à la femme Tison, dans l'attente de son sort, elle dévorait Maurice des yeux.

— Tu viens de faire une bonne œuvre, dit-il à la femme Tison ; et vous, citoyenne, une belle œuvre, dit-il à la reine.

— Alors, monsieur, répondit Marie-Antoinette, que mon exemple vous détermine ; brûlez ce papier, et vous ferez une œuvre charitable.

— Tu plaisantes, l'Autrichienne ! dit Agricola ;

brûler un papier qui va nous faire pincer tout une couvée d'aristocrates peut-être! Ma foi non, ce serait trop bête.

— Au fait, brûlez-le, dit la Tison ; cela pourrait compromettre ma fille.

— Je le crois bien, ta fille et les autres, dit Agricola en prenant des mains de Maurice le papier que celui-ci eût certes brûlé s'il eût été tout seul.

Dix minutes après, le billet fut déposé sur le bureau des membres de la commune ; il fut ouvert à l'instant même et commenté de toutes façons.

— A l'Orient, un ami veille, dit une voix. Que diable cela peut-il signifier?

— Pardieu ! répondit un géographe, à Lorient, c'est clair. Lorient est une petite ville de la Bretagne située entre Vannes et Quimper. Morbleu! on devrait brûler la ville, s'il est vrai qu'elle renferme des aristocrates qui veillent encore sur l'Autrichienne.

— C'est d'autant plus dangereux, dit un autre, que, Lorient étant un port de mer, on peut y établir des intelligences avec les Anglais.

— Je propose, dit un troisième, qu'on envoie une commission à Lorient, et qu'une enquête y soit faite.

La motion fit sourire la minorité, mais enflamma la majorité ; on décréta qu'une commission serait envoyée à Lorient pour y surveiller les aristocrates.

Maurice avait été informé de la délibération

— Je me doute bien où peut être l'Orient dont il s'agit, se dit-il, mais à coup sûr ce n'est pas en Bretagne.

Le lendemain, la reine qui, ainsi que nous l'avons dit, ne descendait plus au jardin pour ne point passer devant la chambre où avait été enfermé son mari, demanda à monter sur la tour, pour prendre un peu d'air, avec sa fille et madame Elisabeth.

La demande lui fut accordée à l'instant même ; mais derrière elle, Maurice monta, et, s'arrêtant derrière une espèce de petite guérite qui abritait le haut de l'escalier, il attendit, caché, le résultat du billet de la veille.

La reine se promena d'abord indifféremment avec madame Elisabeth et sa fille ; puis elle s'arrêta, tandis que les deux princesses continuaient de se promener, se retourna vers l'est et regarda attentivement une maison aux fenêtres de laquelle apparaissaient plusieurs personnes : l'une de ces personnes tenait un mouchoir blanc.

Maurice, de son côté, tira une lunette de sa poche, et, tandis qu'il l'ajustait, la reine fit un grand mouvement, comme pour inviter les curieux de la fenêtre à s'éloigner. Mais Maurice avait déjà remarqué une tête d'homme aux cheveux blonds, au teint pâle, dont le salut avait été respectueux jusqu'à l'humilité.

Derrière ce jeune homme, car le curieux paraissait avoir au plus de vingt-cinq à vingt-six ans, se tenait une femme à moitié cachée par lui. Maurice dirigea sa lorgnette sur elle, et, croyant reconnaître Geneviève, fit un mouvement qui le mit en vue. Aussitôt la femme, qui, de son côté, tenait aussi une lorgnette à la main, se rejeta en arrière, entraînant le jeune homme avec elle. Était-ce réellement Geneviève? avait-elle de son côté reconnu Maurice? Le couple curieux s'était-il retiré seulement sur l'invitation que lui en avait faite la reine ?

Maurice attendit un instant pour voir si le jeune homme et la jeune femme ne reparaîtraient point. Mais, voyant que la fenêtre restait vide, il recommanda la plus grande surveillance à son collègue Agricola, descendit précipitamment l'escalier et alla s'embusquer à l'angle de la rue Porte-Foin pour voir si les curieux de la maison en sortiraient. Ce fut en vain, personne ne parut.

Alors, ne pouvant résister à ce soupçon qui lui mordait le cœur depuis le moment où la compagne de la femme Tison s'était obstinée à demeurer cachée et à rester muette, Maurice prit sa course vers la vieille rue Saint-Jacques, où il arriva l'esprit tout bouleversé des plus étranges soupçons.

Lorsqu'il entra, Geneviève, en peignoir blanc, était assise sous une tonnelle de jasmins où elle avait l'habitude de se faire servir à déjeuner. Elle donna, comme d'habitude, un bonjour affectueux à Maurice, et l'invita à prendre une tasse de chocolat avec elle

De son côté, Dixmer, qui arriva sur ces entrefaites, exprima la plus grande joie de voir Maurice à cette heure inattendue de la journée ; mais, avant que Maurice prît la tasse de chocolat qu'il avait acceptée, toujours plein d'enthousiasme pour son commerce, il exigea que son ami le secrétaire de la section Lepelletier vînt faire avec lui un tour dans les ateliers. Maurice y consentit.

— Apprenez, mon cher Maurice, dit Dixmer en prenant le bras du jeune homme et en l'entraînant, une nouvelle des plus importantes.

— Politique? demanda Maurice, toujours préoccupé de son idée.

— Eh! cher citoyen, répondit Dixmer en souriant, est-ce que nous nous occupons de politique, nous ? Non, non, une nouvelle tout industrielle, Dieu merci ! Mon honorable ami Morand, qui, comme vous le savez, est un chimiste des plus distingués, vient de trouver le secret d'un maroquin rouge comme on n'en a pas encore vu jusqu'à présent, c'est-à-dire inaltérable. C'est cette teinture que je veux vous montrer. D'ailleurs, vous verrez Morand à l'œuvre ; celui-là, c'est un véritable artiste.

Maurice ne comprenait pas trop comment on pouvait être artiste en maroquin rouge; mais il n'en accepta pas moins, suivit Dixmer, traversa les ateliers, et, dans une espèce d'officine particulière, vit le citoyen Morand à l'œuvre : il avait ses lunettes bleues et son habit de travail, et paraissait effectivement on

La reine se promena d'abord indifféremment avec madame Élisabeth et sa fille. — Page 44.

ne peut pas plus occupé de changer en pourpre le blanc sale d'une peau de mouton. Ses mains et ses bras, qu'on apercevait sous ses manches retroussées, étaient rouges jusqu'au coude. Comme le disait Dixmer, il s'en donnait à cœur joie dans la cochenille.

Il salua Maurice de la tête, tout entier qu'il était à sa besogne.

— Eh bien! citoyen Morand, demanda Dixmer, que disons-nous?

— Nous gagnerons cent mille livres par an rien qu'avec ce procédé, dit Morand. Mais voilà huit jours que je ne dors pas, et les acides m'ont brûlé la vue.

Maurice laissa Dixmer avec Morand et rejoignit Geneviève en murmurant tout bas :

— Il faut avouer que le métier de municipal abrutirait un héros. Au bout de huit jours de Temple, on se prendrait pour un aristocrate et l'on se dénoncerait soi-même. Bon Dixmer, va! brave Morand! suave Geneviève! Et moi qui les avais soupçonnés un instant!

Geneviève attendait Maurice avec son doux sourire pour lui faire oublier jusqu'à l'apparence de ces soupçons que Maurice avait effectivement conçus. Elle fut ce qu'elle était toujours : douce, amicale, charmante.

Ces heures où Maurice voyait Geneviève étaient les heures où il vivait réellement. Tout le reste du temps, il avait cette fièvre qu'on pourrait appeler la fièvre 93, qui séparait Paris en deux camps et faisait de l'existence un combat de chaque heure.

Vers midi, il lui fallut cependant quitter Geneviève et retourner au Temple.

A l'extrémité de la rue Sainte-Avoye, il rencontra Lorin qui descendait sa garde : il était en serre-file ; il se détacha de son rang et vint à Maurice, dont tout le visage exprimait encore la suave félicité que la vue de Geneviève versait toujours dans son cœur.

— Ah ! dit Lorin en secouant cordialement la main de son ami :

> En vain tu caches ta langueur,
> Je connais ce que tu désires.
> Tu ne dis rien, mais tu soupires.
> L'amour est dans tes yeux, l'amour est dans ton cœur.

Maurice mit la main à sa poche pour chercher sa clef. C'était le moyen qu'il avait adopté pour mettre une digue à la verve poétique de son ami. Mais celui-ci vit le mouvement et s'enfuit en riant.

— A propos, dit Lorin en se retournant après quelques pas, tu es encore pour trois jours au Temple, Maurice ; je te recommande le petit Capet.

CHAPITRE XII.

AMOUR.

n effet, Maurice vivait bien heureux et bien malheureux à la fois au bout de quelque temps. Il en est toujours ainsi au commencement des grandes passions.

Son travail du jour à la section Lepelletier, ses visites du soir à la vieille rue Saint-Jacques, quelques apparitions çà et là au club des Thermopyles, remplissaient toutes ses journées.

Il ne se dissimulait pas que voir Geneviève tous les soirs, c'était boire à longs traits un amour sans espérance.

Geneviève était une de ces femmes timides et faciles en apparence qui tendent franchement la main à un ami, approchent innocemment leur front de ses lèvres avec la confiance d'une sœur ou l'ignorance d'une vierge, et devant qui les mots d'amour semblent des blasphèmes et les désirs matériels des sacriléges.

Si, dans les rêves les plus purs que la première manière de Raphaël a fixés sur la toile, il est une Madone aux lèvres souriantes, aux yeux chastes, à l'expression céleste, c'est celle-là qu'il faut emprunter au divin élève de Perugin pour en faire le portrait de Geneviève.

Au milieu de ces fleurs dont elle avait la fraîcheur et le parfum, isolée des travaux de son mari, et de son mari lui-même, Geneviève apparaissait chaque fois qu'il la voyait, à Maurice, comme une énigme vivante dont il ne pouvait deviner le sens, et dont il n'osait demander le mot.

Un soir que, comme d'habitude, il était demeuré seul avec elle, que tous deux étaient assis à cette croisée par laquelle il était entré une nuit si bruyamment et si précipitamment, que les parfums des lilas en fleurs flottaient sur cette douce brise qui succède au radieux coucher du soleil, Maurice, après un long silence, et après avoir, pendant ce silence, suivi l'œil intelligent et religieux de Geneviève, qui regardait poindre une étoile d'argent dans l'azur du ciel, se hasarda à lui demander comment il se faisait qu'elle fût si jeune quand son mari avait déjà passé l'âge moyen de la vie ; si distinguée, quand tout annonçait chez son mari une éducation, une naissance vulgaires ; si poétique enfin, quand son mari était si attentif à peser, à étendre et à teindre les peaux de sa fabrique.

— Chez un maître tanneur, enfin, pourquoi, demanda Maurice, cette harpe, ce piano, ces pastels que vous m'avez avoué être votre ouvrage ? Pourquoi, enfin, cette aristocratie que je déteste chez les autres et que j'adore chez vous ?

Geneviève fixa sur Maurice un regard plein de candeur.

— Merci, dit-elle, de cette question ; elle me prouve que vous êtes un homme délicat, et que vous ne vous êtes jamais informé de moi à personne.

— Jamais, madame, dit Maurice. J'ai un ami dévoué qui mourrait pour moi; j'ai cent camarades qui sont prêts à marcher partout où je les conduirai; mais, de tous ces cœurs, lorsqu'il s'agit d'une femme, et d'une femme comme Geneviève surtout, je n'en connais qu'un seul auquel je me fie, et c'est le mien.

— Merci, Maurice, dit la jeune femme. Je vous apprendrai donc moi-même alors tout ce que vous désirez savoir.

— Votre nom de jeune fille d'abord? demanda Maurice. Je ne vous connais que sous votre nom de femme.

Geneviève comprit l'égoïsme amoureux de cette question et sourit.

— Geneviève du Treilly, dit-elle.

Maurice répéta :

— Geneviève du Treilly !

— Ma famille, continua Geneviève, était ruinée depuis la guerre d'Amérique, à laquelle avaient pris part mon père et mon frère aîné.

— Gentilshommes tous deux? dit Maurice.

— Non, non, dit Geneviève en rougissant.

— Vous m'avez dit cependant que votre nom de jeune fille était Geneviève du Treilly.

— Sans particule, monsieur Maurice; ma famille était riche, mais ne tenait en rien à la noblesse.

— Vous vous défiez de moi, dit en souriant le jeune homme.

— Oh! non, non, reprit Geneviève. En Amérique, mon père s'était lié avec le père de M. Morand; M. Dixmer était l'homme d'affaires de M. Morand. Nous voyant ruinés et sachant que M. Dixmer avait une fortune indépendante, M. Morand le présenta à mon père, qui me le présenta à son tour. Je vis qu'il y avait d'avance un mariage arrêté, je compris que c'était le désir de ma famille; je n'aimais ni n'avais jamais aimé personne : j'acceptai. Depuis trois ans, je suis la femme de Dixmer, et, je dois le dire, depuis trois ans, mon mari a été pour moi si bon, si excellent, que, malgré cette différence de goûts et d'âge que vous remarquez, je n'ai jamais éprouvé un seul instant de regret.

— Mais, dit Maurice, lorsque vous épousâtes M. Dixmer, il n'était point encore à la tête de cette fabrique?

— Non; nous habitions à Blois. Après le 10 août, M. Dixmer acheta cette maison et les ateliers qui en dépendent; pour que je ne fusse point mêlée aux ouvriers, pour m'épargner jusqu'à la vue de choses qui eussent pu blesser mes habitudes, comme vous le disiez, Maurice, un peu aristocratiques, il me donna ce pavillon, où je vis seule, retirée, selon mes goûts, selon mes désirs, et heureuse, quand un ami comme vous, Maurice, vient distraire ou partager mes rêveries.

Et Geneviève tendit à Maurice une main que celui-ci baisa avec ardeur.

Geneviève rougit légèrement.

— Maintenant, mon ami, dit-elle en retirant sa main, vous savez comment je suis la femme de M. Dixmer.

— Oui, reprit Maurice en regardant fixement Geneviève; mais vous ne me dites point comment M. Morand est devenu l'associé de M. Dixmer.

— Oh! c'est bien simple, dit Geneviève. M. Dixmer, comme je vous l'ai dit, avait quelque fortune, mais point assez, cependant, pour prendre à lui seul une fabrique de l'importance de celle-ci. Le fils de M. Morand, son protecteur, comme je vous l'ai dit, cet ami de mon père, comme vous vous le rappelez, a fait la moitié des fonds, et, comme il avait des connaissances en chimie, il s'est adonné à l'exploitation avec cette activité que vous avez remarquée, et grâce à laquelle le commerce de M. Dixmer, chargé par lui de toute la partie matérielle, a pris une immense extension.

— Et, dit Maurice, M. Morand est aussi un de vos bons amis, n'est-ce pas, madame?

— M. Morand est une noble nature, un des cœurs les plus élevés qui soient sous le ciel, répondit gravement Geneviève.

— S'il ne vous en a donné d'autres preuves, dit Maurice, un peu piqué de cette importance que la jeune femme accordait à l'associé de son mari, que de partager les frais d'établissement avec M. Dixmer et d'inventer une nouvelle teinture pour le maroquin, permettez-moi de vous faire observer que l'éloge que vous faites de lui est bien pompeux.

— Il m'en a donné d'autres preuves, monsieur, dit Geneviève.

— Mais il est encore jeune, n'est-ce pas, demanda Maurice, quoiqu'il soit difficile, grâce à ses lunettes vertes, de dire quel âge il a?

— Il a trente-cinq ans.

— Vous vous connaissez depuis longtemps?

— Depuis notre enfance.

Maurice se mordit les lèvres. Il avait toujours soupçonné Morand d'aimer Geneviève.

— Ah! dit Maurice, cela explique sa familiarité avec vous.

— Contenue dans les bornes où vous l'avez toujours vue, monsieur, répondit en souriant Geneviève, il me semble que cette familiarité, qui est à peine celle d'un ami, n'avait pas besoin d'explication.

— Oh! pardon, madame, dit Maurice; vous savez que toutes les affections vives ont leurs jalousies, et mon amitié était jalouse de celle que vous paraissez avoir pour M. Morand.

Il se tut. Geneviève, de son côté, garda le silence. Il ne fut plus question, ce jour-là, de Morand, et Maurice quitta cette fois Geneviève plus amoureux que jamais, car il était jaloux.

Puis, si aveugle que fût le jeune homme, quelque bandeau sur les yeux, quelque trouble dans le cœur que lui mît sa passion, il y avait dans le récit de Geneviève bien des lacunes, bien des hésitations,

— Oh! pardon, madame, vous savez que toutes les affections vives ont leurs jalousies. — Page 47.

bien des réticences, auxquelles il n'avait point fait attention dans le moment, mais qui, alors, lui revenaient à l'esprit et qui le tourmentaient étrangement, et contre lesquelles ne pouvaient le rassurer la grande liberté que lui laissait Dixmer de causer avec Geneviève autant de fois et aussi longtemps qu'il lui plaisait, et l'espèce de solitude où tous deux se trouvaient chaque soir. Il y avait plus : Maurice, devenu le commensal de la maison, non-seulement restait en toute sécurité avec Geneviève, qui semblait, d'ailleurs, gardée contre les désirs du jeune homme par sa pureté d'ange, mais encore il l'escortait dans les petites courses qu'elle était obligée, de temps en temps, de faire dans le quartier.

Au milieu de cette familiarité acquise dans la maison, une chose l'étonnait : c'était que plus il cherchait, peut-être, il est vrai, pour être à même de mieux surveiller les sentiments qu'il lui croyait pour Geneviève ; c'était que plus il cherchait, disons-nous, à lier connaissance avec Morand, dont l'esprit, malgré ses préventions, le séduisait, dont les manières, élevées le captivaient chaque jour davantage, plus cet homme bizarre semblait affecter de chercher à s'éloigner de Maurice. Celui-ci s'en plaignait amèrement à Geneviève, car il ne doutait pas que Mo-

Morand.

rand n'eût deviné en lui un rival, et que ce ne fût de son côté la jalousie qui l'éloignât de lui.

— Le citoyen Morand me hait, dit-il un jour à Geneviève.

— Vous? dit Geneviève en le regardant avec son bel œil étonné; vous, M. Morand vous hait?

— Oui, j'en suis sûr.

— Et pourquoi vous haïrait-il?

— Voulez-vous que je vous le dise? s'écria Maurice.

— Sans doute, reprit Geneviève.

— Eh bien! parce que je...

— Maurice s'arrêta. Il allait dire : Parce que je vous aime.

— Je ne puis vous dire pourquoi, reprit Maurice en rougissant.

Le farouche républicain, près de Geneviève, était timide et hésitant comme une jeune fille.

Geneviève sourit.

— Dites, reprit-elle, qu'il n'y a pas de sympathie entre vous, et je vous croirai peut-être. Vous êtes une nature ardente, un esprit brillant, un homme recherché; Morand est un marchand greffé sur un chimiste. Il est timide, il est modeste... et c'est cette timidité et cette modestie qui l'empêchent de faire le premier pas au-devant de vous.

— Eh! qui lui demande de faire le premier pas au-devant de moi? J'en ai fait cinquante, moi, au-devant de lui ; il ne m'a jamais répondu. Non, continua Maurice en secouant la tête, non, ce n'est certes point cela.

— Eh bien! qu'est-ce alors?

Maurice préféra se taire.

Le lendemain du jour où il avait eu cette explication avec Geneviève, il arriva chez elle à deux heures de l'après-midi ; il la trouva en toilette de sortie.

— Ah! soyez le bienvenu, dit Geneviève ; vous allez me servir de chevalier.

— Et où allez-vous donc? demanda Maurice.

Je vais à Auteuil. Il fait un temps délicieux. Je désirerais marcher un peu à pied ; notre voiture nous conduira jusqu'au delà de la barrière où nous la retrouverons, puis nous gagnerons Auteuil en nous promenant, et, quand j'aurai fini ce que j'ai à faire à Auteuil, nous reviendrons la prendre...

— Oh! dit Maurice enchanté, l'excellente journée que vous m'offrez là!

Les deux jeunes gens partirent. Au delà de Passy, la voiture les descendit sur la route. Ils sautèrent légèrement sur le revers du chemin et continuèrent leur promenade à pied.

En arrivant à Auteuil, Geneviève s'arrêta.

— Attendez-moi au bord du parc, dit-elle ; j'irai vous rejoindre quand j'aurai fini.

— Chez qui allez-vous donc? demanda Maurice.

— Chez une amie.

— Où je ne puis vous accompagner?

Geneviève secoua la tête en souriant.

— Impossible, dit-elle.

Maurice se mordit les lèvres.

— C'est bien, dit-il, j'attendrai.

— Et quoi? demanda Geneviève.

— Rien, répondit Maurice. Serez-vous longtemps?

— Si j'avais cru vous déranger, Maurice, si j'avais su que votre journée était prise, dit Geneviève, je ne vous eusse point prié de me rendre le petit service de venir avec moi ; je me fusse fait accompagner par...

— Par M. Morand? interrompit vivement Maurice.

— Non point. Vous savez que M. Morand est à la fabrique de Rambouillet et ne doit revenir que ce soir.

— Alors voilà à quoi j'ai dû la préférence?

— Maurice, dit doucement Geneviève, je ne puis faire attendre la personne qui m'a donné rendez-vous ; si cela vous gêne de me ramener, retournez à Paris ; seulement, renvoyez-moi la voiture.

— Non, non, madame, dit vivement Maurice ; je suis à vos ordres.

Et il salua Geneviève, qui poussa un faible soupir et entra dans Auteuil.

Maurice alla au rendez-vous convenu et se promena de long en large, abattant de sa canne, comme Tarquin, toutes les têtes d'herbes, de fleurs ou de chardons qui se trouvaient sur son chemin. Au reste, ce chemin était borné à un petit espace, comme tous les gens fortement préoccupés, Maurice allait et revenait presque aussitôt sur ses pas.

Ce qui occupait Maurice, c'était de savoir si Geneviève l'aimait ou ne l'aimait point : toutes ses manières avec le jeune homme étaient celles d'une sœur et d'une amie ; mais il sentait que ce n'était plus assez. Lui l'aimait de tout son amour. Elle était devenue la pensée éternelle de ses jours, le rêve sans cesse renouvelé de ses nuits. Autrefois, il ne demandait qu'une chose, revoir Geneviève. Maintenant, ce n'était plus assez : il fallait que Geneviève l'aimât.

Geneviève resta absente pendant une heure, qui lui parut un siècle ; puis il la vit venir à lui le sourire sur les lèvres. Maurice, au contraire, marcha à elle, les sourcils froncés. Notre pauvre cœur est ainsi fait, qu'il s'efforce de puiser la douleur au sein du bonheur même.

Geneviève prit en souriant le bras de Maurice.

— Me voilà, dit-elle ; pardon, mon ami, de vous avoir fait attendre...

Maurice répondit par un mouvement de tête, et tous deux prirent une charmante allée, molle, ombreuse, touffue, qui, par un détour, devait les ramener à la grande route.

C'était une de ces délicieuses soirées de printemps où chaque plante envoie au ciel son émanation, où chaque oiseau, immobile sur la branche ou sautillant dans les broussailles, jette son hymne d'amour à Dieu ; une de ces soirées enfin qui semblent destinées à vivre dans le souvenir.

Maurice était muet ; Geneviève était pensive : elle effeuillait d'une main les fleurs d'un bouquet qu'elle tenait de son autre main appuyée au bras de Maurice.

— Qu'avez-vous? demanda tout à coup Maurice, et qui vous rend donc si triste aujourd'hui?

Geneviève aurait pu lui répondre : — Mon bonheur.

Elle le regarda de son doux et poétique regard.

— Mais vous-même, dit-elle, n'êtes-vous point plus triste que d'habitude?

— Moi, dit Maurice, j'ai raison d'être triste, je suis malheureux ; mais vous...

— Vous, malheureux?

— Sans doute ; ne vous apercevez-vous point quelquefois au tremblement de ma voix que je souffre? Ne m'arrive-t-il point, quand je cause avec vous ou avec votre mari, de me lever tout à coup et d'être forcé d'aller demander de l'air au ciel, parce qu'il me semble que ma poitrine va se briser?

— Mais, demanda Geneviève embarrassée, à quoi attribuez-vous cette souffrance?

— Si j'étais une petite maîtresse, dit Maurice en

riant d'un rire douloureux, je dirais que j'ai mal aux nerfs.

— Et, dans ce moment, vous souffrez?
— Beaucoup, dit Maurice.
— Alors, rentrons.
— Déjà, madame?
— Sans doute.
— Ah! c'est vrai, murmura le jeune homme; j'oubliais que M. Morand doit revenir de Rambouillet à la tombée de la nuit, et que voilà la nuit qui tombe.

Geneviève le regarda avec une expression de reproche.

— Oh! encore! dit-elle.
— Pourquoi donc m'avez-vous fait, l'autre jour, de M. Morand un si pompeux éloge? dit Maurice; c'est votre faute.
— Depuis quand, devant les gens qu'on estime, demanda Geneviève, ne peut-on pas dire ce qu'on pense d'un homme estimable?
— C'est une estime bien vive que celle qui fait hâter le pas comme vous le faites en ce moment, de peur d'être en retard de quelques minutes.
— Vous êtes aujourd'hui souverainement injuste, Maurice; n'ai-je point passé une partie de la journée avec vous?
— Vous avez raison, et je suis trop exigeant, en vérité, reprit Maurice, se laissant aller à la fougue de son caractère. Allons revoir M. Morand, allons.

Geneviève sentait le dépit passer de son esprit à son cœur.

— Oui, dit-elle, allons revoir M. Morand. Celui-là, du moins, est un ami qui ne m'a jamais fait de peine.
— Ce sont des amis précieux que ceux-là, dit Maurice étouffant de jalousie, et je sais que, pour ma part, je désirerais en connaître de pareils.

Ils étaient en ce moment sur la grande route. L'horizon rougissait; le soleil commençait à disparaître, faisant étinceler ses derniers rayons aux moulures dorées du dôme des Invalides. Une étoile, la première, celle qui, pendant une autre soirée, avait déjà attiré les regards de Geneviève, étincelait dans l'azur fluide du ciel.

Geneviève quitta le bras de Maurice avec une tristesse résignée.

— Qu'avez-vous donc à me faire souffrir? dit-elle.
— Ah! dit Maurice, j'ai que je suis moins habile que des gens que je connais; j'ai que je ne sais point me faire aimer.
— Maurice! fit Geneviève.
— Oh! madame, s'il est constamment bon, constamment égal, c'est qu'il ne souffre pas, lui.

Geneviève appuya de nouveau sa blanche main sur le bras puissant de Maurice.

— Je vous en prie, dit-elle d'une voix altérée, ne parlez plus, ne parlez plus!

— Et pourquoi cela?
— Parce que votre voix me fait mal.
— Ainsi, tout vous déplaît en moi, même ma voix?
— Taisez-vous, je vous en conjure.
— J'obéirai, madame.

Et le fougueux jeune homme passa sa main sur son front humide de sueur.

Geneviève vit qu'il souffrait réellement. Les natures dans le genre de celle de Maurice ont des douleurs inconnues.

— Vous êtes mon ami, Maurice, dit Geneviève en le regardant avec une expression céleste, un ami précieux pour moi; faites, Maurice, que je ne perde pas mon ami.
— Oh! vous ne le regretteriez pas longtemps! s'écria Maurice.
— Vous vous trompez, dit Geneviève, je vous regretterais longtemps, toujours!
— Geneviève! Geneviève! s'écria Maurice, ayez pitié de moi!

Geneviève frissonna.

C'était la première fois que Maurice disait son nom avec une expression si profonde.

— Eh bien! continua Maurice, puisque vous m'avez deviné, laissez-moi tout vous dire, Geneviève; car, dussiez-vous me tuer d'un regard... il y a trop longtemps que je me tais; je parlerai, Geneviève.
— Monsieur, dit la jeune femme, je vous ai supplié, au nom de notre amitié, de vous taire; monsieur, je vous en supplie encore, que ce soit pour moi, si ce n'est point pour vous. Pas un mot de plus, au nom du ciel, pas un mot de plus.
— L'amitié! l'amitié! Ah! si c'est une amitié pareille à celle que vous me portez que vous avez pour M. Morand, je ne veux plus de votre amitié, Geneviève; il me faut à moi plus qu'aux autres.
— Assez, dit madame Dixmer avec un geste de reine, assez, monsieur Lindey; voici notre voiture, veuillez me reconduire chez mon mari.

Maurice tremblait de fièvre et d'émotion; lorsque Geneviève, pour rejoindre la voiture, qui, en effet, se tenait à quelques pas seulement, posa sa main sur le bras de Maurice, il sembla au jeune homme que cette main était de flamme. Tous deux montèrent dans la voiture; Geneviève s'assit au fond, Maurice se plaça sur le devant. On traversa tout Paris, sans que ni l'un ni l'autre eût prononcé une parole.

Seulement, pendant tout le trajet, Geneviève avait tenu son mouchoir appuyé sur ses yeux.

Lorsqu'ils rentrèrent à la fabrique, Dixmer était occupé dans son cabinet de travail; Morand arrivait de Rambouillet et était en train de changer de costume. Geneviève tendit la main à Maurice en rentrant dans sa chambre, et lui dit:

— Adieu, Maurice, vous l'avez voulu.

Maurice ne répondit rien ; il alla droit à la cheminée où pendait une miniature représentant Geneviève : il la baisa ardemment, la pressa sur son cœur, la remit à sa place, et sortit.

Maurice était rentré chez lui sans savoir comment il y était revenu ; il avait traversé Paris sans rien voir, sans rien entendre ; les choses qui venaient de se passer s'étaient écoulées devant lui comme dans un rêve, sans qu'il pût se rendre compte ni de ses actions, ni de ses paroles, ni du sentiment qui les avait inspirées. Il y a des moments où l'âme la plus sereine, la plus maîtresse d'elle-même, s'oublie à des violences que lui commandent les puissances subalternes de l'imagination.

Ce fut, comme nous l'avons dit, une course et non un retour que la marche de Maurice. Il se déshabilla sans le secours de son valet de chambre, ne répondit pas à sa cuisinière, qui lui montrait un souper tout préparé ; puis, prenant les lettres de la journée sur sa table, il les lut toutes, les unes après les autres, sans en comprendre un seul mot. Le brouillard de la jalousie, l'ivresse de la raison, n'étaient point encore dissipés.

A dix heures, Maurice se coucha machinalement, comme il avait fait toutes choses depuis qu'il avait quitté Geneviève.

Si à Maurice de sang-froid on eût raconté comme d'un autre la conduite étrange qu'il avait tenue, il ne l'aurait pas comprise, et il eût tenu pour fou celui qui avait accompli cette espèce d'action désespérée, que n'autorisaient ni une trop grande réserve ni un trop grand abandon de Geneviève ; ce qu'il sentit seulement, ce fut un coup terrible porté à des espérances dont il ne s'était jamais même rendu compte, et sur lesquelles, toutes vagues qu'elles étaient, reposaient tous ses rêves de bonheur, qui, pareils à une insaisissable vapeur, flottaient informes à l'horizon.

Aussi il arriva à Maurice ce qui arrive presque toujours en pareil cas : étourdi du coup reçu, il s'endormit aussitôt qu'il se sentit dans son lit, ou plutôt il demeura privé de sentiment jusqu'au lendemain.

Un bruit le réveilla cependant : c'était celui que faisait son officieux en ouvrant la porte ; il venait, selon sa coutume, ouvrir les fenêtres de la chambre à coucher de Maurice, qui donnaient sur un grand jardin, et apporter des fleurs.

On cultivait force fleurs en 93, et Maurice les adorait ; mais il ne jeta pas même un coup d'œil sur les siennes, et, appuyant, à demi soulevée, sa tête alourdie sur sa main, il essaya de se rappeler ce qui s'était passé la veille.

Maurice se demanda à lui-même, sans pouvoir s'en rendre compte, quelles étaient les causes de sa maussaderie : la seule était sa jalousie pour Morand ; mais le moment était mal choisi de s'amuser à être jaloux d'un homme, quand cet homme était à Rambouillet, et qu'en tête à tête avec la femme qu'on aime on jouit de ce tête-à-tête avec toute la suavité dont l'entoure la nature qui se réveille dans un des premiers beaux jours du printemps.

Ce n'était point la défiance de ce qui avait pu se passer dans cette maison d'Auteuil où il avait conduit Geneviève, et où elle était restée plus d'une heure ; non, le tourment incessant de sa vie, c'était cette idée que Morand était amoureux de Geneviève ; et, singulière fantaisie du cerveau, singulière combinaison du caprice, jamais un geste, jamais un regard, jamais un mot de l'associé de Dixmer n'avait donné une apparence de réalité à une pareille supposition.

La voix du valet de chambre le tira de sa rêverie.

— Citoyen, dit-il en lui montrant les lettres ouvertes sur la table, avez-vous fait choix de celles que vous gardez, ou puis-je tout brûler ?

— Brûler quoi ? dit Maurice.

— Mais les lettres que le citoyen a lues hier avant de se coucher.

Maurice ne se souvenait pas en avoir lu une seule.

— Brûlez tout, dit-il.

— Voici celles d'aujourd'hui, citoyen, dit l'officieux.

Il présenta un paquet de lettres à Maurice et alla jeter les autres dans la cheminée.

Maurice prit le papier qu'on lui présentait, sentit sous ses doigts l'épaisseur d'une cire, et crut vaguement reconnaître un parfum ami.

Il chercha parmi les lettres et vit un cachet et une écriture qui le firent tressaillir.

Cet homme, si fort en face de tout danger, pâlissait à la seule odeur d'une lettre.

L'officieux s'approcha de lui pour lui demander ce qu'il avait ; mais Maurice lui fit de la main signe de sortir.

Maurice tournait et retournait cette lettre, il avait le pressentiment qu'elle renfermait un malheur pour lui, et il tressaillit comme l'on tremble devant l'inconnu.

Cependant il rappela tout son courage, l'ouvrit et lut ce qui suit :

« Citoyen Maurice,

« Il faut que nous rompions des liens qui, de
« votre côté, affectent de dépasser les lois de l'amitié. Vous êtes un homme d'honneur, citoyen, et,
« maintenant qu'une nuit s'est écoulée sur ce qui
« s'est passé entre nous hier soir, vous devez comprendre que votre présence est devenue impossible à la maison. Je compte sur vous pour trouver telle excuse qu'il vous plaira près de mon
« mari. En voyant arriver aujourd'hui même une
« lettre de vous pour M. Dixmer, je me convaincrai
« qu'il faut que je regrette un ami malheureusement

« égaré, mais que toutes les convenances sociales
« m'empêchent de revoir.

« Adieu pour toujours.

« GENEVIÈVE. »

« P. S. Le porteur attend la réponse. »

Maurice appela : le valet de chambre reparut.
— Qui a apporté cette lettre?
— Un citoyen commissionnaire.
— Est-il là?
— Oui.

Maurice ne soupira point, n'hésita point. Il sauta en bas de son lit, passa un pantalon à pieds, s'assit devant son pupitre, prit la première feuille de papier venue (il se trouva que c'était un papier avec une tête imprimée au nom de la section), et écrivit :

« Citoyen Dixmer,

« Je vous aimais, je vous aime encore, mais je ne
« puis plus vous voir. »

Maurice chercha la cause pour laquelle il ne pouvait plus voir le citoyen Dixmer, et une seule se présenta à son esprit ; ce fut celle qui, à cette époque, se serait présentée à l'esprit de tout le monde. Il continua donc :

« Certains bruits courent sur votre tiédeur pour
« la chose publique. Je ne veux point vous accuser
« et n'ai point de vous mission de vous défendre.
« Recevez mes regrets et soyez persuadé que vos
« secrets demeurent ensevelis dans mon cœur. »

Maurice ne relut pas même cette lettre, qu'il avait écrite, comme nous l'avons dit, sous l'impression de la première idée qui s'était présentée à lui. Il n'y avait pas de doute sur l'effet qu'elle devait produire. Dixmer, excellent patriote, comme Maurice avait pu le voir à ses discours du moins, Dixmer se fâcherait en la recevant; sa femme et le citoyen Morand l'engageraient sans doute à persévérer : il ne répondrait même pas, et l'oubli viendrait comme un voile noir s'étendre sur le passé riant pour le transformer en avenir lugubre. Maurice signa, cacheta la lettre, la passa à son officieux, et le commissionnaire partit.

Alors un faible soupir s'échappa du cœur du républicain; il prit ses gants, son chapeau, et se rendit à la section.

Il espérait, pauvre Brutus, retrouver son stoïcisme en face des affaires publiques.

Les affaires publiques étaient terribles : le 31 mai se préparait. La Terreur, qui, pareille à un torrent, se précipitait du haut de la montagne, essayait d'emporter cette digue qu'essayaient de lui opposer les Girondins, ces audacieux modérés, qui avaient osé demander vengeance des massacres de septembre et lutter un instant pour sauver la vie du roi.

Tandis que Maurice travaillait avec tant d'ardeur, que la fièvre qu'il voulait chasser dévorait sa tête au lieu de son cœur, le messager rentrait dans la vieille rue Saint-Jacques et emplissait le logis de stupéfaction et d'épouvante.

La lettre, après avoir passé sous les yeux de Geneviève, fut remise à Dixmer.

Dixmer l'ouvrit et la lut sans y rien comprendre d'abord; puis il la communiqua au citoyen Morand, qui laissa retomber sur sa main son front blanc comme l'ivoire.

Dans la situation où se trouvaient Dixmer, Morand et ses compagnons, situation parfaitement inconnue à Maurice, mais que nos lecteurs ont pénétrée, cette lettre était en effet un coup de foudre.

— Est-il honnête homme? demanda Dixmer avec angoisse.

— Oui, répondit sans hésitation Morand.

— N'importe, reprit celui qui avait été pour les moyens extrêmes, nous avons, vous le voyez, bien mal fait de ne pas le tuer.

— Mon ami, dit Morand, nous luttons contre la violence; nous la flétrissons du nom de crime. Nous avons bien fait, quelque chose qui puisse en résulter, de ne point assassiner un homme ; puis, je le répète, je crois Maurice un cœur noble et honnête.

— Oui, mais si ce cœur noble et honnête est celui d'un républicain exalté, peut-être lui-même regarderait-il comme un crime, s'il a surpris quelque chose, de ne pas immoler son propre honneur, comme ils disent, sur l'autel de la patrie.

— Mais, dit Morand, croyez-vous qu'il sache quelque chose?

— Eh! n'entendez-vous point? il parle de secrets qui resteront ensevelis dans son cœur.

— Ces secrets sont évidemment ceux qui lui ont été confiés par moi relativement à notre contrebande; il n'en connaît pas d'autres.

— Mais, dit Morand, de cette entrevue d'Auteuil, n'a-t-il rien soupçonné? Vous savez qu'il accompagnait votre femme.

— C'est moi-même qui ai dit à Geneviève de prendre Maurice avec elle pour la sauvegarder.

— Ecoutez, dit Morand, nous verrons bien si ces soupçons sont vrais. Le tour de garde de notre bataillon arrive au Temple le 2 juin, c'est-à-dire dans huit jours ; vous êtes capitaine, Dixmer, et moi lieutenant : si notre bataillon ou notre compagnie même reçoit contre-ordre, comme l'a reçu l'autre jour le bataillon de la Butte-des-Moulins, que Santerre a remplacé par celui des Gravilliers, tout est découvert, et nous n'avons plus qu'à fuir Paris ou à mourir en combattant; mais, si tout suit le cours ordinaire des choses...

— Nous sommes perdus de la même façon, répliqua Dixmer.

— Pourquoi cela?

— Pardieu, tout ne roulait-il pas sur la coopération de ce municipal? N'était-ce pas lui qui, sans le savoir, nous devait ouvrir un chemin jusqu'à la reine?

— C'est vrai, dit Morand abattu.

— Vous voyez donc, reprit Dixmer en fronçant le sourcil, qu'à tout prix il nous faut renouer avec ce jeune homme.

— Mais s'il s'y refuse, s'il craint de se compromettre? dit Morand.

— Ecoutez, dit Dixmer, je vais interroger Geneviève; c'est elle qui l'a quitté la dernière, elle saura peut-être quelque chose.

— Dixmer, dit Morand, je vous vois avec peine mêler Geneviève à tous nos complots; non pas que je craigne une indiscrétion de sa part, oh! grand Dieu! mais la partie que nous jouons est terrible, et j'ai honte et pitié à la fois de mettre dans notre enjeu la tête d'une femme.

— La tête d'une femme, répondit Dixmer, pèse le même poids que celle d'un homme là où la ruse, la candeur ou la beauté peuvent faire autant et quelquefois même davantage que la force, la puissance et le courage; Geneviève partage nos convictions et nos sympathies, Geneviève partagera notre sort.

— Faites donc, cher ami, répondit Morand; j'ai dit ce que je devais dire. Faites : Geneviève est digne en tous points de la mission que vous lui donnez, ou plutôt qu'elle s'est donnée elle-même. C'est avec les saintes qu'on fait les martyres.

Et il tendit sa main blanche et efféminée à Dixmer, qui la serra entre ses mains vigoureuses.

Puis Dixmer, recommandant à Morand et à ses compagnons une surveillance plus grande que jamais, passa chez Geneviève.

Elle était assise devant une table, l'œil attaché sur une broderie et le front baissé.

Elle se retourna au bruit de la porte qui s'ouvrait et reconnut Dixmer.

— Ah! c'est vous, mon ami? dit-elle.

— Oui, répondit Dixmer avec un visage placide et souriant; je reçois de notre ami Maurice une lettre à laquelle je ne comprends rien. Tenez, lisez-la donc, et dites-moi ce que vous en pensez.

Geneviève prit la lettre d'une main dont, malgré toute sa puissance sur elle-même, elle ne pouvait dissimuler le tremblement, et lut.

Dixmer suivit des yeux; ses yeux parcouraient chaque ligne.

— Eh bien? dit-il quand elle eut fini.

— Eh bien! je pense que M. Maurice Lindey est un honnête homme, répondit Geneviève avec le plus grand calme, et qu'il n'y a rien à craindre de son côté.

— Vous croyez qu'il ignore quelles sont les personnes que vous avez été visiter à Auteuil?

— J'en suis sûre.

— Pourquoi donc cette brusque détermination? Vous a-t-il paru hier ou plus froid ou plus ému que d'habitude?

— Non, dit Geneviève; je crois qu'il était le même.

— Songez bien à ce que vous me répondez là, Geneviève; car votre réponse, vous devez le comprendre, va avoir sur tous nos projets une grave influence.

— Attendez donc, dit Geneviève avec une émotion qui perçait à travers tous les efforts qu'elle faisait pour conserver sa froideur; attendez donc...

— Bien, dit Dixmer avec une légère contraction des muscles de son visage; bien, rappelez tous vos souvenirs, Geneviève.

— Oui, reprit la jeune femme, oui, je me rappelle; hier il était maussade. M. Maurice, continua-t-elle avec une certaine hésitation, est un peu tyran dans ses amitiés... et nous avons quelquefois boudé des semaines entières.

— Ce serait donc une simple bouderie? demanda Dixmer.

— C'est probable.

— Geneviève, dans notre position, comprenez cela, ce n'est pas une probabilité qu'il nous faut, c'est une certitude.

— Eh bien! mon ami... j'en suis certaine.

— Cette lettre alors ne serait qu'un prétexte pour ne point revenir à la maison?

— Mon ami, comment voulez-vous que je vous dise de pareilles choses?

— Dites, Geneviève, dites, répondit Dixmer, car à toute autre femme qu'à vous je ne les demanderais pas.

— C'est un prétexte, dit Geneviève en baissant les yeux.

— Ah! fit Dixmer.

Puis, après un moment de silence, retirant de son gilet et appuyant sur le dossier de la chaise de sa femme une main avec laquelle il venait de comprimer les battements de son cœur :

— Rendez-moi un service, chère amie, fit Dixmer.

— Et lequel? demanda Geneviève en se retournant étonnée.

— Prévenez jusqu'à l'ombre d'un danger; Maurice est peut-être plus avant dans nos secrets que nous ne le soupçonnons. Ce que vous croyez un prétexte est peut-être une réalité. Ecrivez-lui un mot

— Moi? fit Geneviève en tressaillant.

— Oui, vous; dites-lui que c'est vous qui avez ouvert la lettre et que vous désirez en avoir l'explication; il viendra, vous l'interrogerez, et vous devinerez très-facilement alors de quoi il est question.

— Oh! non, certes, s'écria Geneviève, je ne puis faire ce que vous me dites; je ne le ferai pas.

— Chère Geneviève, quand des intérêts aussi puissants que ceux qui reposent sur nous sont en jeu, comment reculez-vous devant de misérables considérations d'amour-propre!

— Je vous ai dit mon opinion sur Maurice, monsieur, répondit Geneviève ; il est honnête, il est chevaleresque, mais il est capricieux, et je ne veux pas subir d'autre servitude que celle de mon mari.

Cette réponse fut faite à la fois avec tant de calme et de fermeté, que Dixmer comprit qu'insister, en ce moment du moins, serait chose inutile ; il n'ajouta pas un seul mot, regarda Geneviève sans paraître la regarder, passa sa main sur son front humide de sueur et sortit.

Morand l'attendait avec inquiétude. Dixmer lui raconta mot pour mot ce qui venait de se passer.

— Bien, répondit Morand, restons-en donc là et n'y pensons plus. Plutôt que de causer une ombre de souci à votre femme, plutôt que de blesser l'amour-propre de Geneviève, je renoncerais...

Dixmer lui posa la main sur l'épaule.

— Vous êtes fou, monsieur, lui dit-il en le regardant fixement, ou vous ne pensez pas un mot de ce que vous dites !

— Comment, Dixmer, vous croyez ?...

— Je crois, chevalier, que vous n'êtes pas plus maître que moi de laisser aller vos sentiments à l'impulsion de votre cœur. Ni vous, ni moi, ni Geneviève ne nous appartenons, Morand. Nous sommes des choses appelées à défendre un principe, et les principes s'appuient sur les choses, qu'elles écrasent.

Morand tressaillit et garda le silence, un silence rêveur et douloureux.

Ils firent ainsi quelques tours dans le jardin sans échanger une seule parole.

Puis Dixmer quitta Morand.

— J'ai quelques ordres à donner, dit-il d'une voix parfaitement calme. Je vous quitte, monsieur Morand.

Morand tendit la main à Dixmer et le regarda s'éloigner.

— Pauvre Dixmer, dit-il, j'ai bien peur que dans tout cela ce soit lui qui risque le plus !

Dixmer rentra effectivement dans son atelier, donna quelques ordres, relut les journaux, ordonna une distribution de pain et de mottes aux pauvres de la section, et, rentrant chez lui, quitta son costume de travail pour ses vêtements de sortie.

Une heure après, Maurice, au plus fort de ses lectures et de ses allocutions, fut interrompu par la voix de son officieux, qui, se penchant à son oreille, lui disait tout bas :

— Citoyen Lindey, quelqu'un qui, à ce qu'il prétend du moins, a des choses très-importantes à vous dire, vous attend chez vous.

Maurice rentra et fut fort étonné, en rentrant, de trouver Dixmer installé chez lui, et feuilletant les journaux. En revenant il avait tout le long de la route interrogé son domestique, lequel, ne connaissant point le maître tanneur, n'avait pu lui donner aucun renseignement.

En apercevant Dixmer, Maurice s'arrêta sur le seuil de la porte et rougit malgré lui.

Dixmer se leva et lui tendit la main en souriant.

— Quelle mouche vous pique et que m'avez-vous écrit ? demanda-t-il au jeune homme. En vérité, c'est me frapper sensiblement, mon cher Maurice. Moi, tiède et faux patriote ! m'écrivez-vous. Allons donc, vous ne pouvez pas me redire de pareilles accusations en face ; avouez bien plutôt que vous me cherchez une mauvaise querelle.

— J'avouerai tout ce que vous voudrez, mon cher Dixmer, car vos procédés ont toujours été pour moi ceux d'un galant homme ; mais je n'en ai pas moins pris une résolution, et cette résolution est irrévocable.

— Comment cela ? demanda Dixmer ; de votre propre aveu vous n'avez rien à nous reprocher, et vous nous quittez cependant.

— Cher Dixmer, croyez que, pour agir comme je le fais, que, pour me priver d'un ami comme vous, il faut que j'aie de bien fortes raisons.

— Oui, mais en tout cas, reprit Dixmer en affectant de sourire, ces raisons ne sont point celles que vous m'avez écrites. Celles que vous m'avez écrites ne sont qu'un prétexte.

Maurice réfléchit un instant.

— Ecoutez, Dixmer, dit-il, nous vivons dans une époque où le doute émis dans une lettre peut et doit vous tourmenter, je le comprends ; il ne serait donc point d'un homme d'honneur de vous laisser sous le poids d'une pareille inquiétude. Oui, Dixmer, les raisons que je vous ai données n'étaient qu'un prétexte.

Cet aveu, qui aurait dû éclaircir le front du commerçant, sembla au contraire l'assombrir.

— Mais enfin le véritable motif ? dit Dixmer.

— Je ne puis vous le dire, répliqua Maurice ; et cependant, si vous le connaissiez, vous l'approuveriez, j'en suis sûr.

Dixmer le pressa.

— Vous le voulez absolument ? dit Maurice.

— Oui, répondit Dixmer.

— Eh bien ! reprit Maurice, qui éprouvait un certain soulagement à se rapprocher de la vérité, voici ce que c'est : vous avez une femme jeune et belle, et la chasteté, cependant bien connue de cette femme jeune et belle, n'a pu faire que mes visites chez vous n'aient été mal interprétées.

Dixmer pâlit légèrement.

— Vraiment ? dit-il. Alors, mon cher Maurice, l'époux vous doit remercier du mal que vous faites à l'ami.

— Vous comprenez, dit Maurice, que je n'ai pas la fatuité de croire que ma présence puisse être dangereuse pour votre repos ou celui de votre femme ; mais elle peut être une source de calomnies, et, vous le savez, plus les calomnies sont absurdes, plus facilement on les croit.

— Enfant! dit Dixmer en haussant les épaules.

— Enfant, tant que vous voudrez, répondit Maurice; mais de loin nous n'en serons pas moins bons amis, car nous n'aurons rien à nous reprocher, tandis que de près, au contraire...

— Eh bien! de près?

— Les choses auraient pu finir par s'envenimer.

— Pensez-vous, Maurice, que j'aurais pu croire...

— Eh! mon Dieu! fit le jeune homme.

— Mais pourquoi m'avez-vous écrit cela plutôt que de me le dire, Maurice?

— Tenez, justement pour éviter ce qui se passe entre nous en ce moment.

— Êtes-vous donc fâché, Maurice, que je vous aime assez pour être venu vous demander une explication? fit Dixmer.

— Oh! tout au contraire, s'écria Maurice, et je suis heureux, je vous jure, de vous avoir vu cette fois encore avant de ne plus vous revoir.

— Ne plus nous revoir, citoyen? nous vous aimions bien, pourtant! répliqua Dixmer en prenant et en pressant la main du jeune homme entre les siennes.

Maurice tressaillit.

— Morand, continua Dixmer, à qui ce tressaillement n'avait point échappé, mais qui cependant n'en exprima rien, Morand me le répétait encore ce matin : « Faites tout ce que vous pourrez, disait-il, pour ramener ce cher M. Maurice. »

— Ah! monsieur, dit le jeune homme en fronçant le sourcil et en retirant sa main, je n'aurais pas cru être si avant dans les amitiés du citoyen Morand.

— Vous en doutez? demanda Dixmer.

— Moi, répondit Maurice, je ne le crois ni n'en doute; je n'ai aucun motif de m'interroger à ce sujet. Quand j'allais chez vous, Dixmer, j'y allais pour vous et pour votre femme, mais non pour le citoyen Morand.

— Vous ne le connaissez pas, Maurice, dit Dixmer; Morand est une belle âme.

— Je vous l'accorde, dit Maurice en souriant avec amertume.

— Maintenant, continua Dixmer, revenons à l'objet de ma visite.

Maurice s'inclina en homme qui n'a plus rien à dire et qui attend.

— Vous dites donc que des propos ont été faits?

— Oui, citoyen, dit Maurice.

— Eh bien! voyons, parlons franchement. Pourquoi feriez-vous attention à quelque vain caquetage de voisin désœuvré? Voyons, n'avez-vous pas votre conscience, Maurice, et Geneviève n'a-t-elle pas son honnêteté?

— Je suis plus jeune que vous, dit Maurice, qui commençait à s'étonner de cette insistance, et je vois peut-être les choses d'un œil plus susceptible. C'est pourquoi je vous déclare que, sur la réputation d'une femme comme Geneviève, il ne doit pas même y avoir le vain caquetage d'un voisin désœuvré. Permettez donc, cher Dixmer, que je persiste dans ma première résolution.

— Allons, dit Dixmer, et, puisque nous sommes en train d'avouer, avouons encore autre chose.

— Quoi? demanda Maurice en rougissant. Que voulez-vous que j'avoue?

— Que ce n'est ni la politique ni le bruit de vos assiduités chez moi qui vous engage à nous quitter.

— Qu'est-ce donc alors?

— Le secret que vous avez pénétré.

— Quel secret? demanda Maurice avec une expression de curiosité naïve qui rassura le tanneur.

— Cette affaire de contrebande que vous avez pénétrée le soir même où nous avons fait connaissance d'une si étrange manière. Jamais vous ne m'avez pardonné cette fraude, et vous m'accusez d'être mauvais républicain, parce que je me sers de produits anglais dans ma tannerie.

— Mon cher Dixmer, dit Maurice, je vous jure que j'avais complètement oublié, quand j'allais chez vous, que j'étais chez un contrebandier.

— En vérité?

— En vérité.

— Vous n'aviez donc pas d'autre motif d'abandonner la maison que celui que vous m'avez dit?

— Sur l'honneur,

— Eh bien! Maurice, reprit Dixmer en se levant et serrant la main du jeune homme, j'espère que vous réfléchirez et que vous reviendrez sur cette résolution qui nous fait tant de peine à tous.

Maurice s'inclina et ne répondit point; ce qui équivalait à un dernier refus.

Dixmer sortit désespéré de n'avoir pu se conserver de relations avec cet homme, que certaines circonstances lui rendaient non-seulement si utile, mais encore presque indispensable.

Il était temps. Maurice était agité par mille désirs contraires. Dixmer le priait de revenir; Geneviève lui pourrait pardonner. Pourquoi donc désespérait-il? À sa place, aurait bien certainement une foule d'aphorismes tirés de ses auteurs favoris. Mais il y avait la lettre de Geneviève, ce congé formel qu'il avait emporté avec lui à la section, et qu'il avait sur son cœur, avec le petit mot qu'il avait reçu d'elle le lendemain du jour où il l'avait tirée des mains de ces hommes qui l'insultaient; enfin, il y avait plus que tout cela, il y avait l'opiniâtre jalousie du jeune homme contre ce Morand détesté, première cause de sa rupture avec Geneviève.

Maurice demeura donc inexorable dans sa résolution.

Mais, il faut le dire, ce fut un vide pour lui que la privation de sa visite de chaque jour à la vieille rue Saint-Jacques; et, quand arriva l'heure où il avait l'habitude de s'acheminer vers le quartier Saint-Victor, il tomba dans une mélancolie profonde, et,

Lorin était bien venu jeter quelques distractions sur les chagrins que son ami s'obstinait à lui taire.

à partir de ce moment, parcourut toutes les phases de l'attente et du regret.

Chaque matin, il s'attendait, en se réveillant, à trouver une lettre de Dixmer, et, cette fois, il s'avouait, lui qui avait résisté à des instances de vive voix, qu'il céderait à une lettre. Chaque jour, il sortait avec l'espérance de rencontrer Geneviève, et, d'avance, il avait trouvé, s'il la rencontrait, mille moyens pour lui parler; chaque soir, il rentrait chez lui avec l'espérance d'y trouver ce messager qui lui avait un matin, sans sans doute, apporté la douleur, devenue depuis son éternelle compagne.

Bien souvent aussi, dans ses heures de désespoir, cette puissante nature rugissait à l'idée d'éprouver une pareille torture sans la rendre à celui qui la lui avait fait souffrir : or, la cause première de tous ses chagrins, c'était Morand. Alors il formait le projet d'aller chercher querelle à Morand. Mais l'associé de Dixmer était si frêle, si inoffensif, que l'insulter ou le provoquer, c'était une lâcheté de la part d'un colosse comme Maurice.

Lorin était bien venu jeter quelques distractions sur les chagrins que son ami s'obstinait à lui taire, sans lui en nier cependant l'existence. Celui-ci avait fait tout ce qu'il avait pu en pratique et en théorie pour rendre à la patrie ce cœur tout endolori par un autre amour. Mais, quoique la circonstance fût grave, quoique dans toute autre disposition d'esprit elle eût entraîné Maurice tout entier dans le tourbillon politique, elle n'avait pu rendre au jeune républicain cette activité première qui avait fait de lui un héros du 14 juillet et du 10 août.

En effet, les deux systèmes, depuis près de dix mois en présence l'un de l'autre, et qui, jusque-là, ne s'étaient en quelque sorte porté que de légères attaques, et qui n'avaient préludé encore que par des escarmouches, s'apprêtaient à se prendre corps à corps, et il était évident que la lutte, une fois commencée, serait mortelle pour l'un des deux.

Ces deux systèmes, nés du sein de la Révolution elle-même, étaient celui de la modération, représenté par les Girondins, c'est-à-dire par Brissot, Pétion, Vergniaud, Valazé, Lanjuinais, Barbaroux, etc., etc.; et celui de la Terreur ou de la Montagne, représenté par Danton, Robespierre, Chénier, Fabre, Marat, Collot d'Herbois, Hébert, etc., etc.

Après le 10 août, l'influence, comme après toute action, avait semblé devoir passer au parti modéré. Un ministère avait été reformé des débris de l'ancien ministère et d'une adjonction nouvelle. Roland, Servan et Clavières, anciens ministres, avaient été rappelés; Danton, Monge et Lebrun avaient été nommés de nouveau. A l'exception d'un seul, qui représentait, au milieu de ses collègues, l'élément énergique, tous les autres ministres appartenaient au parti modéré.

Quand nous disons modéré, on comprend bien que nous parlons relativement.

Mais le 10 août avait eu son écho à l'étranger, et la coalition s'était hâtée de marcher, non pas au secours de Louis XVI personnellement, mais du principe royaliste ébranlé dans sa base. Alors avaient retenti les paroles menaçantes de Brunswick, et comme une terrible réalisation Longwy et Verdun étaient tombés au pouvoir ennemi; alors avait eu lieu la réaction terroriste; alors Danton avait rêvé les journées de septembre et avait réalisé ce rêve sanglant qui avait montré à l'ennemi la France tout entière complice d'un immense assassinat, prête à lutter pour son existence compromise avec toute l'énergie du désespoir. Septembre avait sauvé la France, mais tout en la sauvant l'avait mise hors la loi.

La France sauvée, l'énergie devenue inutile, le parti modéré avait repris quelques forces. Alors il avait voulu récriminer sur ces journées terribles. Les mots de *meurtrier* et d'*assassin* avaient été prononcés. Un mot nouveau avait même été ajouté au vocabulaire de la nation, c'était celui de *septembriseurs*.

Danton l'avait bravement accepté. Comme Clovis, il avait un instant incliné la tête sous le baptême de sang, mais pour la relever plus haute et plus menaçante. Une autre occasion de reprendre la terreur passée se présentait : c'était le procès du roi. La violence et la modération entrèrent, non pas encore tout à fait en lutte de personnes, mais en lutte de principes. L'expérience des forces relatives fut faite sur le prisonnier royal. La modération fut vaincue, et la tête de Louis XVI tomba sur l'échafaud.

Comme le 10 août, le 21 janvier avait rendu à la coalition toute son énergie. Ce fut encore le même homme qu'on lui opposa, mais non plus la même fortune. Dumouriez, arrêté dans ses progrès par le désordre de toutes les administrations qui empêchait les secours d'hommes et d'argent d'arriver jusqu'à lui, se déclare contre les Jacobins, qu'il accuse de cette désorganisation, adopte le parti des Girondins, et les perd en se déclarant leur ami.

Alors la Vendée se lève, les départements menacent; les revers amènent des trahisons, et les trahisons des revers. Les Jacobins accusent les modérés et veulent les frapper au 10 mars, c'est-à-dire pendant la soirée où s'est ouvert notre récit. Mais trop de précipitation de la part de leurs adversaires les sauve, et peut-être aussi cette pluie qui avait fait dire à Pétion, ce profond anatomiste de l'esprit parisien :

« Il pleut, il n'y aura rien cette nuit. »

Mais depuis ce 10 mars, tout, pour les Girondins, avait été présage de ruine : Marat mis en accusation et acquitté; Robespierre et Danton réconciliés, maintenant du moins, comme se réconcilient un tigre et un lion pour abattre le taureau qu'ils doivent dévorer; Henriot, le septembriseur, nommé commandant général de la garde nationale : tout présageait cette journée terrible qui devait emporter dans un orage la dernière digue que la Révolution opposait à la Terreur.

Voilà les grands événements auxquels, dans toute autre circonstance, Maurice eût pris cette part active que lui faisaient naturellement sa nature puissante et son patriotisme exalté. Mais heureusement ou malheureusement pour Maurice, ni les exhortations de Lorin, ni les terribles préoccupations de la rue, n'avaient pu chasser de son esprit la seule idée qui l'obsédât, et, quand arriva le 31 mai, le terrible assaillant de la Bastille et des Tuileries était couché sur son lit, dévoré par cette fièvre qui tue les plus forts, et qu'il ne faut cependant qu'un regard pour dissiper, qu'un mot pour guérir.

CHAPITRE XIII.

LE 31 MAI.

Pendant la matinée de ce fameux 31 mai, où le tocsin et la générale retentissaient depuis le point du jour, le bataillon du faubourg Saint-Victor entrait au Temple.

Quand toutes les formalités d'usage eurent été accomplies et les postes distribués, on vit arriver les municipaux de service, et quatre pièces de canon de renfort vinrent se joindre à celles déjà en batterie à la porte du Temple.

En même temps que le canon, arrivait Santerre avec ses épaulettes de laine jaune et son habit où son patriotisme pouvait se lire en larges taches de graisse.

Il passa la revue du bataillon, qu'il trouva dans un état convenable, et compta les municipaux, qui n'étaient que trois.

— Pourquoi trois municipaux? demanda-t-il, et quel est le mauvais citoyen qui manque?

— Celui qui manque, citoyen général, n'est cependant pas un tiède, répondit notre ancienne connaissance Agricola; car c'est le secrétaire de la section Lepelletier, le chef des braves Thermopyles, le citoyen Maurice Lindey.

— Bien, bien, fit Santerre; je reconnais comme toi le patriotisme du citoyen Maurice Lindey, ce qui n'empêchera pas que si, dans dix minutes, il n'est pas arrivé, on l'inscrira sur la liste des absents.

Et Santerre passa aux autres détails.

A quelques pas du général, au moment où il prononçait ces paroles, un capitaine de chasseurs et un soldat se tenaient à l'écart : l'un appuyé sur son fusil, l'autre assis sur un canon.

— Avez-vous entendu? dit à demi-voix le capitaine au soldat; Maurice n'est point encore arrivé.

— Oui, mais il arrivera, soyez tranquille, à moins qu'il ne soit d'émeute.

— S'il pouvait ne pas venir, dit le capitaine, je vous placerais en sentinelle sur l'escalier, et, comme elle montera probablement à la tour, vous pourrez lui dire un mot.

En ce moment, un homme, qu'on reconnut pour un municipal à son écharpe tricolore, entra ; seulement cet homme était inconnu du capitaine et du chasseur : aussi leurs yeux se fixèrent-ils sur lui.

— Citoyen général, dit le nouveau venu en s'adressant à Santerre, je te prie de m'accepter en place du citoyen Maurice Lindey, qui est malade; voici le certificat du médecin; mon tour de garde arrivait dans huit jours, je permute avec lui; dans huit jours, il fera mon service, comme je vais faire aujourd'hui le sien.

— Si toutefois les Capet et les Capettes vivent encore huit jours, dit un des municipaux.

Santerre répondit par un petit sourire à la plaisanterie de ce zélé; puis, se tournant vers le mandataire de Maurice :

— C'est bien, dit-il, va signer sur le registre à la place de Maurice Lindey, et consigne, à la colonne des observations, les causes de cette mutation.

Cependant le capitaine et le chasseur s'étaient regardés avec une surprise joyeuse.

— Dans huit jours, se dirent-ils.

— Capitaine Dixmer, cria Santerre, prenez position dans le jardin avec votre compagnie.

— Venez, Morand, dit le capitaine au chasseur son compagnon.

Le tambour retentit, et la compagnie, conduite par le maître tanneur, s'éloigna dans la direction prescrite.

On mit les armes en faisceaux, et la compagnie se sépara par groupes, qui commencèrent à se promener en long et en large, selon leur fantaisie.

Le lieu de leur promenade était le jardin même où, du temps de Louis XVI, la famille royale venait quelquefois prendre l'air. Ce jardin était nu, aride, désolé, complètement dépouillé de fleurs, d'arbres et de verdure.

A vingt-cinq pas, à peu près, de la portion du mur qui donnait sur la rue Porte-Foin, s'élevait une espèce de cahute, que la prévoyance de la municipalité avait permis d'établir, pour la plus grande commodité des gardes nationaux qui stationnaient au Temple, et qui trouvaient là, dans les jours d'émeute, où il était défendu de sortir, à boire et à manger. La direction de cette petite guinguette intérieure avait été fort ambitionnée; enfin, la concession en avait été faite à une excellente patriote, veuve d'un faubourien tué au 10 août, et qui répondait au nom de femme Plumeau.

Cette petite cabane, bâtie en planches et en torchis, était située au milieu d'une plate-bande, dont on reconnaissait encore les limites à une haie naine en buis. Elle se composait d'une seule chambre d'une douzaine de pieds carrés, au-dessous de laquelle s'étendait une cave où on descendait par des escaliers grossièrement taillés dans la terre même. C'était là que la veuve Plumeau enfermait ses liquides et ses comestibles, sur lesquels, elle et sa fille, enfant de douze à quinze ans, veillaient à tour de rôle.

A peine installés à leur bivac, les gardes nationaux se mirent donc, comme nous l'avons dit, les uns à se promener dans le jardin, les autres à causer avec les concierges; ceux-ci à regarder les dessins tracés sur la muraille, et qui représentaient tous quelque dessin patriotique, tel que le roi pendu, avec cette inscription : « M. Veto prenant un bain d'air, » — ou le roi guillotiné, avec cette autre : « M. Veto crachant dans le sac; » ceux-là à faire des ouvertures à madame Plumeau sur les desseins gastronomiques que leur suggérait leur plus ou moins d'appétit.

Au nombre de ces derniers étaient le capitaine et le chasseur que nous avons déjà remarqués.

— Ah! capitaine Dixmer, dit la cantinière, j'ai du fameux vin de Saumur, allez!

— Bon, citoyenne Plumeau; mais le vin de Saumur, à mon avis du moins, ne vaut rien sans le fromage de Brie, répondit le capitaine, qui, avant d'émettre ce système, avait regardé avec soin autour de lui et avait remarqué parmi les différents comestibles qu'étalaient orgueilleusement les rayons de la cantine l'absence de ce comestible apprécié par lui.

— Ah! mon capitaine, c'est comme un fait exprès, mais le dernier morceau vient d'être enlevé.

— Alors, dit le capitaine, pas de fromage de Brie, pas de vin de Saumur; et remarque, citoyenne, que la consommation en valait la peine, attendu que je comptais en offrir à toute la compagnie.

— Mon capitaine, je te demande cinq minutes, et je cours en chercher chez le citoyen concierge, qui me fait concurrence et qui en a toujours ; je le payerai plus cher ; mais tu es trop bon patriote pour ne pas me dédommager.

— Oui, oui, va! répondit Dixmer, et nous, pendant ce temps, nous allons descendre à la cave et choisir nous-mêmes notre vin.

— Fais comme chez toi, capitaine, fais.

Et la veuve Plumeau se mit à courir de toutes ses forces vers la loge du concierge, tandis que le capitaine et le chasseur, munis d'une chandelle, soulevaient la trappe et descendaient dans la cave

— Bon! dit Morand après un instant d'examen; la cave s'avance dans la direction de la rue Porte-Foin. Elle est profonde de neuf à dix pieds, et il n'y aucune maçonnerie.

— Quelle est la nature du sol? demanda Dixmer.

— Tuf crayeux. Ce sont des terres rapportées ; tous ces jardins ont été bouleversés à plusieurs reprises ; il n'y a de roche nulle part.

— Vite ! s'écria Dixmer ; j'entends les sabots de notre vivandière ; prenez deux bouteilles de vin, et remontons.

Ils apparaissaient tous deux à l'orifice de la trappe quand la Plumeau rentra, portant le fameux fromage de Brie demandé avec tant d'insistance.

Derrière elle venaient plusieurs chasseurs alléchés par la bonne apparence du susdit fromage.

Dixmer fit les honneurs : il offrit une vingtaine de bouteilles de vin à sa compagnie, tandis que le citoyen Morand racontait le dévouement de Curtius, le désintéressement de Fabricius et le patriotisme de Brutus et de Cassius, toutes histoires qui furent presque autant appréciées que le fromage de Brie et le vin d'Anjou offerts par Dixmer, ce qui n'est pas peu dire.

Onze heures sonnèrent. C'était à onze heures et demie qu'on relevait les sentinelles.

— N'est-ce point d'ordinaire de midi à une heure que l'Autrichienne se promène? demanda Dixmer à Tison, qui passait devant la cabane.

— De midi à une heure, justement.

Et il se mit à chanter :

> Madame monte à sa tour...
> Mironton, tonton, mirontaine.

Cette nouvelle facétie fut accueillie par les rires universels des gardes nationaux.

Aussitôt Dixmer fit l'appel des hommes de sa compagnie qui devaient monter leur garde de onze heures et demie à une heure et demie, recommanda de hâter le déjeuner et fit prendre les armes à Morand pour le placer, comme il était convenu, au dernier étage de la tour, dans cette même guérite derrière laquelle Maurice s'était caché le jour où il avait intercepté les signes qui avaient été faits à la reine d'une fenêtre de la rue Porte-Foin.

Si l'on eût regardé Morand au moment où il reçut cet avis, bien simple et bien attendu, on eût pu le voir blêmir sous les longues mèches de ses cheveux noirs.

Soudain un bruit sourd ébranla les cours du Temple, et l'on entendit dans le lointain comme un ouragan de cris et de rugissements.

— Qu'est-ce que cela? demanda Dixmer à Tison.

— Oh! oh! répondit le geôlier, ce n'est rien : quelque petite émeute que voudraient nous faire ces gueux de Brissotins avant d'aller à la guillotine.

Le bruit devenait de plus en plus menaçant; on entendait rouler l'artillerie, et une troupe de gens hurlant passa près du Temple en criant :

« Vivent les sections! Vive Henriot! A bas les Brissotins! A bas les Rolandistes! A bas madame Veto! »

— Bon, bon! dit Tison en se frottant les mains, je vais ouvrir à madame Veto pour qu'elle jouisse sans empêchement de l'amour que lui porte son peuple.

Et il approcha du guichet du donjon.

— Ohé! Tison? cria une voix formidable.

— Mon général? répondit celui-ci en s'arrêtant tout court.

— Pas de sortie aujourd'hui, dit Santerre; les prisonnières ne quitteront pas leur chambre.

L'ordre était sans appel.

— Bon! dit Tison; c'est de la peine de moins.

Dixmer et Morand échangèrent un lugubre regard; puis, en attendant que l'heure de la faction, inutile maintenant, sonnât, ils allèrent tous deux se promener entre la cantine et le mur donnant sur la rue Porte-Foin. Là, Morand commença à arpenter la distance en faisant des pas géométriques, c'est-à-dire de trois pieds.

— Quelle distance? demanda Dixmer.

— Soixante à soixante et un pieds, répondit Morand.

— Combien de jours faudra-t-il?

Morand réfléchit, traça sur le sable avec une baguette quelques signes géométriques, qu'il effaça aussitôt.

— Il faudra sept jours au moins, dit-il.

— Maurice est de garde dans huit jours, murmura Dixmer. Il faut donc absolument que, d'ici à huit jours, nous soyons raccommodés avec Maurice.

La demie sonna. Morand reprit son fusil en soupirant, et, conduit par le caporal, alla relever la sentinelle qui se promenait sur la plate-forme de la tour

CHAPITRE XIV.

DÉVOUEMENT.

Le lendemain du jour où s'étaient passées les scènes que nous venons de raconter, c'est-à-dire le 1er juin, à dix heures du matin, Geneviève était assise à sa place accoutumée, près de la fenêtre ; elle se demandait pourquoi, depuis trois semaines, les jours se levaient si tristes pour elle ; pourquoi ces jours se passaient si lentement, et, enfin, pourquoi, au lieu d'attendre le soir avec ardeur, elle l'attendait maintenant avec effroi.

Ses nuits, surtout, étaient tristes ; ses nuits d'autrefois étaient si belles ! ces nuits qui se passaient à rêver à la veille et au lendemain.

En ce moment, ses yeux tombèrent sur une magnifique caisse d'œillets tigrés et d'œillets rouges, que, depuis l'hiver, elle tirait de cette petite serre où Maurice avait été retenu prisonnier, pour les faire éclore dans sa chambre.

Maurice lui avait appris à les cultiver dans cette plate-bande d'acajou où ils étaient enfermés ; elle les avait arrosés, émondés, palissés elle-même, tant que Maurice avait été là, car, lorsqu'il venait, le soir, elle se plaisait à lui montrer les progrès que, grâce à leurs soins fraternels, les charmantes fleurs avait faits pendant la nuit. Mais, depuis que Maurice avait cessé de venir, les pauvres œillets avaient été négligés, et voilà que, faute de soins et de souvenir, les pauvres boutons, allanguis, étaient demeurés vides et se penchaient, jaunissants, hors de leur balustrade, sur laquelle ils retombaient à demi fanés.

Geneviève comprit, par cette seule vue, la raison de sa tristesse à elle-même. Elle se dit qu'il en était des fleurs comme de certaines amitiés que l'on nourrit, que l'on cultive avec passion, et qui, alors, font épanouir le cœur ; puis, un matin, un caprice ou un malheur coupe l'amitié par sa racine, et le cœur, que cette amitié ravivait, se resserre, languissant et flétri.

La jeune femme, alors, sentit l'angoisse affreuse de son cœur ; le sentiment qu'elle avait voulu combattre et qu'elle avait espéré vaincre se débattait au fond de sa pensée, plus que jamais, criant qu'il ne mourrait qu'avec ce cœur. Alors, elle eut un moment de désespoir, car elle sentait que la lutte lui devenait de plus en plus impossible : elle pencha doucement la tête, baisa un de ces boutons flétris et pleura.

Son mari entra chez elle juste au moment où elle essuyait ses yeux.

Mais, de son côté, Dixmer était tellement préoccupé par ses propres pensées, qu'il ne devina point cette crise douloureuse que venait d'éprouver sa femme, et il ne fit point attention à la rougeur dénonciatrice de ses paupières.

Il est vrai que Geneviève, en apercevant son mari, se leva vivement, et, courant à lui de façon à tourner le dos à la fenêtre, dans la demi-teinte :

— Eh bien ? dit-elle.

— Eh bien ! rien de nouveau ; impossible d'approcher d'ELLE, impossible de lui rien faire passer ; impossible même de la voir.

— Quoi ! s'écria Geneviève, avec tout ce bruit qu'il y a eu dans Paris ?

— Eh ! c'est justement ce bruit qui a redoublé la défiance des surveillants ; on a craint qu'on ne profitât de l'agitation générale pour faire quelque tentative sur le Temple, et, au moment où Sa Majesté allait monter sur la plate-forme, l'ordre a été donné par Santerre de ne laisser sortir ni la reine, ni madame Élisabeth, ni madame Royale.

— Pauvre chevalier ! il a dû être bien contrarié.

— Il était au désespoir quand il a vu cette chance nous échapper. Il a pâli au point que je l'ai entraîné, de peur qu'il ne se trahît.

— Mais, demanda timidement Geneviève, il n'y avait donc au Temple aucun municipal de votre connaissance.

— Il devait y en avoir un ; mais il n'est point venu.

— Lequel ?

— Le citoyen Maurice Lindey, dit Dixmer d'un ton qu'il s'efforçait de rendre indifférent.

— Et pourquoi n'est-il point venu ? demanda, de son côté, Geneviève en faisant le même effort sur elle-même.

— Il était malade.

— Malade, lui ?

— Oui, et assez gravement même. Patriote

comme vous le connaissez, il a été forcé de céder son tour à un autre.

— C'est fâcheux !

— Oh! mon Dieu! y eût-il été, Geneviève, reprit Dixmer, vous comprenez, maintenant, que c'eût été la même chose. Brouillés comme nous le sommes, peut-être eût-il évité de me parler.

— Je crois, mon ami, dit Geneviève, que vous vous exagérez la gravité de la situation. M. Maurice peut avoir le caprice de ne plus venir ici, quelques raisons futiles de ne plus vous voir; mais il n'est point, pour cela, notre ennemi. La froideur n'exclut pas la politesse, et, en vous voyant venir à lui, je suis certaine qu'il eût fait la moitié du chemin.

— Geneviève, dit Dixmer, pour ce que nous attendions de Maurice, il faudrait plus que de la politesse, et ce n'était point trop d'une amitié réelle et profonde. Cette amitié est brisée; il n'y a donc plus d'espoir de ce côté-là.

Et Dixmer poussa un profond soupir, tandis que son front, d'ordinaire si calme, se plissait tristement.

— Mais, dit timidement Geneviève, si vous croyez M. Maurice si nécessaire à vos projets...

— C'est-à-dire, répondit Dixmer, que je désespère de les voir réussir sans lui.

— Eh bien ! alors, pourquoi ne tentez-vous pas une nouvelle démarche près du citoyen Lindey?

Il lui semblait qu'en appelant le jeune homme par son nom de famille, l'intonation de sa voix était moins tendre que lorsqu'elle l'appelait par son nom de baptême.

— Non, répondit Dixmer en secouant la tête, non; j'ai fait tout ce que je pouvais faire; une nouvelle démarche semblerait singulière et éveillerait nécessairement ses soupçons; non. Et puis, voyez-vous, Geneviève, je vois plus loin que vous dans toute cette affaire : il y a une plaie au fond du cœur de Maurice.

— Une plaie? demanda Geneviève fort émue. Eh ! mon Dieu ! que voulez-vous dire? parlez, mon ami ?

— Je veux dire, et vous en êtes convaincue comme moi, Geneviève, qu'il y a dans notre rupture avec le citoyen Lindey plus qu'un caprice.

— Et à quoi donc alors attribuez-vous cette rupture ?

— A l'orgueil, peut-être, dit vivement Dixmer.

— A l'orgueil ?...

— Oui, il nous faisait honneur, à son avis du moins, ce bon bourgeois de Paris, ce demi-aristocrate de robe, conservant ses susceptibilités sous son patriotisme; il nous faisait honneur, ce républicain tout-puissant dans sa section, dans son club, dans sa municipalité, en accordant son amitié à des fabricants de pelleteries. Peut-être avons-nous fait trop peu d'avances, peut-être nous sommes-nous oubliés.

— Mais, reprit Geneviève, si nous lui avons fait trop peu d'avances, si nous nous sommes oubliés, il me semble que la démarche que vous avez faite rachetait tout cela.

— Oui, en supposant que le tort vînt de moi; mais si, au contraire, le tort venait de vous?

— De moi? Et comment voulez-vous, mon ami, que j'aie eu un tort envers M. Maurice ? dit Geneviève étonnée.

— Eh ! qui sait ? avec un pareil caractère ! Ne l'avez-vous pas vous-même, et la première, accusé de caprice ? Tenez, j'en reviens à ma première idée, Geneviève : vous avez eu tort de ne pas écrire à Maurice.

— Moi? s'écria Geneviève. Y pensez-vous ?

— Non-seulement j'y pense, répondit Dixmer, mais encore, depuis trois semaines que dure cette rupture, j'y ai beaucoup pensé.

— Et...? demanda timidement Geneviève.

— Et je regarde cette démarche comme indispensable.

— Oh ! s'écria Geneviève, non, non, Dixmer, n'exigez point cela de moi.

— Vous savez, Geneviève, que je n'exige jamais rien de vous : je vous prie seulement. Eh bien ! entendez-vous, je vous prie d'écrire au citoyen Maurice.

— Mais... fit Geneviève.

— Ecoutez, reprit Dixmer en l'interrompant : ou il y a entre vous et Maurice de graves sujets de querelle, car, quant à moi, il ne s'est jamais plaint de mes procédés, ou votre brouille avec lui résulte de quelque enfantillage.

Geneviève ne répondit point.

— Si cette brouille est causée par un enfantillage, ce serait folie à vous de l'éterniser; si elle a pour cause un motif sérieux, au point où nous en sommes, nous ne devons plus, comprenez bien cela, compter avec notre dignité, ni même avec notre amour-propre. Ne mettons donc point en balance, croyez-moi, une querelle de jeunes gens avec d'immenses intérêts. Faites un effort sur vous-même; écrivez un mot au citoyen Maurice Lindey, et il reviendra.

Geneviève réfléchit un instant.

— Mais, dit-elle, ne saurait-on trouver un moyen moins compromettant de ramener la bonne intelligence entre vous et M. Maurice?

— Compromettant? dites-vous; mais c'est, au contraire, un moyen tout naturel, ce me semble.

— Non, pas pour moi, mon ami.

— Vous êtes bien opiniâtre, Geneviève !

— Accordez-moi de dire que c'est la première fois, au moins, que vous vous en apercevez.

Dixmer, qui froissait son mouchoir entre ses mains depuis quelques instants, essuya son front couvert de sueur.

— Oui, dit-il, et c'est pour cela que mon étonnement s'en augmente.

Geneviève sentit comme un froid mortel pénétrer jusqu'à son cœur.

— Mon Dieu! dit Geneviève, est-il possible, Dixmer, que vous ne compreniez point les causes de ma résistance, et que vous vouliez me forcer à parler?

Et elle laissa, faible et comme poussée à bout, tomber sa tête sur sa poitrine et ses bras à ses côtés.

Dixmer parut faire un violent effort sur lui-même, prit la main de Geneviève, la força de relever la tête, et, la regardant entre les deux yeux, se mit à rire avec un éclat qui eût paru bien forcé à Geneviève, si elle même eût été moins agitée en ce moment.

— Je vois ce que c'est, dit-il; en vérité, vous avez raison. J'étais aveugle. Avec tout votre esprit ma chère Geneviève, avec toute votre distinction, vous vous êtes laissée prendre à une banalité: vous avez eu peur que Maurice ne devînt amoureux de vous.

Geneviève sentit comme un froid mortel pénétrer jusqu'à son cœur. Cette ironie de son mari, à propos de l'amour que Maurice avait pour elle, amour dont, d'après la connaissance qu'elle avait du caractère du jeune homme, elle pouvait estimer toute la violence; amour, enfin, que, sans se l'être avoué autrement que par de sourds remords, elle partageait elle-même du fond du cœur; cette ironie la

Arthémise.

pétrifia. Elle n'eut point la force de regarder ; elle sentit qu'il lui serait impossible de répondre.

— J'ai deviné, n'est-ce pas ? dit Dixmer. Eh bien ! rassurez-vous, Geneviève ; je connais Maurice : c'est un farouche républicain, qui n'a point dans le cœur d'autre amour que l'amour de la patrie.

— Monsieur, s'écria Geneviève, êtes-vous bien sûr de ce que vous dites ?

— Eh ! sans doute, reprit Dixmer ; si Maurice vous aimait, au lieu de se brouiller avec moi, il eût redoublé de soins et de prévenances pour celui qu'il avait intérêt à tromper ; si Maurice vous aimait, il n'eût point si facilement renoncé à ce titre d'ami de la maison, à l'aide duquel, d'ordinaire, on couvre ces sortes de trahisons.

— En honneur ! s'écria Geneviève, ne plaisantez point, je vous prie, sur de pareilles choses !

— Je ne plaisante point, madame ; je vous dis que Maurice ne vous aime pas, voilà tout.

— Et moi, moi, s'écria Geneviève en rougissant, moi, je vous dis que vous vous trompez.

— En ce cas, reprit Dixmer, Maurice, qui a eu la force de s'éloigner plutôt que de tromper la confiance de son hôte, est un honnête homme ; or, les honnêtes gens sont rares, Geneviève, et l'on ne peut trop faire pour les ramener à soi quand ils se sont écartés. Geneviève, vous écrirez à Maurice, n'est-ce pas?

— O mon Dieu! dit la jeune femme.

Et elle laissa tomber sa tête entre ses deux mains, car celui sur lequel elle comptait s'appuyer au moment du danger lui manquait tout à coup, et la précipitait au lieu de la retenir.

Dixmer la regarda un instant, puis, s'efforçant de sourire :

— Allons, chère amie, dit-il, point d'amour-propre de femme ; si Maurice veut recommencer à vous faire quelque bonne déclaration, riez de la seconde comme vous avez fait de la première. Je vous connais, Geneviève : vous êtes un digne et noble cœur. Je suis sûr de vous.

— Oh! s'écria Geneviève en se laissant glisser de façon à ce qu'un de ses genoux touchât la terre, ô mon Dieu! qui peut être sûr des autres, quand nul n'est sûr de soi?

Dixmer devint pâle, comme si tout son sang se retirait vers son cœur.

— Geneviève, dit-il, j'ai eu tort de vous faire passer par toutes les angoisses que vous venez d'éprouver. J'aurais dû vous dire tout de suite : Geneviève, nous sommes dans l'époque des grands dévouements; Geneviève, j'ai dévoué à la reine, notre bienfaitrice, non-seulement mon bras, non-seulement ma tête, mais encore ma félicité ; d'autres lui donneront leur vie. Je ferai plus que lui donner ma vie, moi : je risquerai mon honneur, et mon honneur, s'il périt, ne sera qu'une larme de plus tombant dans cet océan de douleurs qui s'apprête à engloutir la France. Mais mon honneur ne risque rien, quand il est sous la garde d'une femme comme ma Geneviève.

Pour la première fois, Dixmer venait de se révéler tout entier.

Geneviève redressa la tête, fixa sur lui ses beaux yeux pleins d'admiration, se releva lentement, et lui donna son front à baiser.

— Vous le voulez? dit-elle.

Dixmer fit un signe affirmatif.

— Dictez, alors.

Et elle prit une plume.

— Non point, dit Dixmer, c'est assez d'user, d'abuser peut-être de ce digne jeune homme, et, puisqu'il se réconciliera avec nous à la suite d'une lettre qu'il aura reçue de Geneviève, que cette lettre soit bien de Geneviève et non de M. Dixmer.

Et Dixmer baisa une seconde fois sa femme au front, la remercia et sortit.

Alors Geneviève, tremblante, écrivit :

« Citoyen Maurice,

« Vous saviez combien mon mari vous aimait.
« Trois semaines de séparation, qui nous ont paru
« un siècle, vous l'ont-elles fait oublier? Venez,
« nous vous attendons; votre retour sera une véri-
« table fête.

« Geneviève »

CHAPITRE XV.

LA DEESSE RAISON.

Comme Maurice l'avait fait dire la veille au général Santerre, il était sérieusement malade.

Depuis qu'il gardait la chambre, Lorin était venu régulièrement le voir, et avait fait tout ce qu'il avait pu pour le déterminer à prendre quelque distraction. Mais Maurice avait tenu bon. Il y a des maladies dont on ne veut pas guérir.

Le 1er juin, il arriva vers une heure.

— Qu'y a-t-il donc de particulier aujourd'hui ? demanda Maurice ; tu es superbe !

En effet, Lorin avait le costume de rigueur : le bonnet rouge, la carmagnole et la ceinture tricolore ornée de ces deux instruments qu'on appelait alors les burettes de l'abbé Maury, et qu'auparavant et depuis, on appela tout bonnement des pistolets.

— D'abord, dit Lorin, il y a généralement la débâcle de la Gironde, qui est en train de s'exécuter, mais tambour battant. Dans ce moment-ci, par exemple, on chauffe les boulets rouges sur la place du Carrousel ; puis, particulièrement parlant, il y a une grande solennité à laquelle je t'invite pour après-demain.

— Mais, pour aujourd'hui, qu'y a-t-il donc? Tu viens me chercher, dis-tu?

— Oui, aujourd'hui, nous avons la répétition.

— Quelle répétition?

— La répétition de la grande solennité.

— Mon cher, dit Maurice, tu sais que, depuis huit jours, je ne sors plus; par conséquent, je ne suis plus au courant de rien, et j'ai le plus grand besoin d'être renseigné.

— Comment! je ne te l'ai donc pas dit?

— Tu ne m'as rien dit.

— D'abord, mon cher, tu savais déjà que nous avions supprimé Dieu pour quelque temps, et que nous l'avions remplacé par l'Être Suprême?

— Oui, je sais cela.

— Eh bien! il paraît qu'on s'est aperçu d'une chose : c'est que l'Être Suprême était un modéré, un Rolandiste, un Girondin.

— Lorin, pas de plaisanterie sur les choses saintes; je n'aime point cela, tu le sais.

— Que veux-tu, mon cher? il faut être de son siècle. Moi aussi j'aimais assez l'ancien Dieu, d'abord parce que j'y étais habitué. Quant à l'Être Suprême, il paraît qu'il a réellement des torts, et que, depuis qu'il est là-haut, tout va de travers; enfin, nos législateurs ont décrété sa déchéance.

Maurice haussa les épaules.

— Hausse les épaules tant que tu voudras, dit Lorin :

> De par la philosophie,
> Nous, grands suppôts de Momus,
> Ordonnons que la Folie
> Ait son culte *in partibus*.

Si bien, continua Lorin, que nous allons un peu adorer la déesse Raison.

— Et tu te fourres dans toutes ces mascarades? dit Maurice.

— Ah! mon ami, si tu connaissais la déesse Raison comme je la connais, tu serais un de ses plus chauds partisans. Écoute, je veux te la faire connaître : je te présenterai à elle.

— Laisse-moi tranquille avec toutes tes folies; je suis triste, tu le sais bien.

— Raison de plus, morbleu! elle t'égayera : c'est une bonne fille. Eh! mais tu la connais, l'austère déesse que les Parisiens vont couronner de lauriers et promener sur un char de papier doré! C'est... devine...

— Comment veux-tu que je devine?

— C'est Arthémise!

— Arthémise? dit Maurice en cherchant dans sa mémoire, sans que ce nom lui rappelât aucun souvenir.

— Oui, une grande brune, dont j'ai fait connaissance l'année dernière... au bal de l'Opéra : à telles enseignes que tu vins souper avec nous et que tu la grisas.

— Ah! oui, c'est vrai, répondit Maurice, je me souviens, maintenant; et c'est elle?

— C'est elle qui a le plus de chances. Je l'ai présentée au concours : tous les Thermopyles m'ont promis leurs voix. Dans trois jours, l'élection générale. Aujourd'hui, repas préparatoire; aujourd'hui, nous répandons le vin de Champagne; peut-être, après-demain, répandrons-nous le sang! Mais qu'on répande ce que l'on voudra, Arthémise sera déesse, ou que le diable m'emporte! Allons, viens, nous lui ferons mettre sa tunique.

— Merci! J'ai toujours eu de la répugnance pour ces sortes de choses.

— Pour habiller les déesses! Peste! mon cher! tu es difficile. Eh bien! voyons, si cela peut te distraire, je la lui mettrai, sa tunique, et toi, tu la lui ôteras.

— Lorin, je suis malade, et non-seulement je n'ai plus de gaieté, mais encore la gaieté des autres me fait mal.

— Ah çà! tu m'effrayes, Maurice : tu ne te bats plus, tu ne ris plus; est-ce que tu conspires, par hasard?

— Moi! plût à Dieu!

— Tu veux dire : Plût à la déesse Raison?

— Laisse-moi, Lorin; je ne puis, je ne veux pas sortir; je suis au lit, et j'y reste.

Lorin se gratta l'oreille.

— Bon! lui dit-il; je vois ce que c'est.

— Et que vois-tu?

— Je vois que tu attends la déesse Raison.

— Corbleu! s'écria Maurice, les amis spirituels sont bien gênants. Va-t'en, ou je te charge d'imprécations, toi et ta déesse!

— Charge, charge...

Maurice levait la main pour maudire lorsqu'il fut interrompu par son officieux, qui entrait en ce moment, tenant une lettre pour le citoyen son frère.

— Citoyen Agésilas, dit Lorin, tu entres dans un mauvais moment : ton maître allait être superbe.

Maurice laissa retomber sa main, qu'il étendit nonchalamment vers la lettre; mais, à peine l'eut-il touchée, qu'il tressaillit, et, l'approchant avidement de ses yeux, dévora du regard l'écriture et le cachet, et, tout en blêmissant comme s'il allait se trouver mal, rompit le cachet.

— Oh! oh! murmura Lorin, voici notre intérêt qui s'éveille, à ce qu'il paraît.

Maurice n'écoutait plus : il lisait avec toute son âme les quatre lignes de Geneviève. Après les avoir lues, il les relut deux, trois, quatre fois; puis il s'essuya le front et laissa retomber ses mains, regardant Lorin comme un homme hébété.

— Diable! dit Lorin, il paraît que voilà une lettre qui renferme de fières nouvelles!

Maurice relut la lettre pour la cinquième fois, et

un vermillon nouveau colora son visage. Ses yeux desséchés s'humectèrent, et un profond soupir dilata sa poitrine, puis, oubliant tout à coup sa maladie et la faiblesse qui en était la suite, il sauta hors de son lit.

— Mes habits! s'écria-t-il à l'officieux stupéfait, mes habits, mon cher Agésilas! Ah! mon pauvre Lorin, mon bon Lorin, je t'attendais tous les jours; mais, en vérité, je ne t'espérais pas. Ça, une culotte blanche, une chemise à jabot! Qu'on me coiffe et qu'on me rase sur-le-champ.

L'officieux se hâta d'exécuter les ordres de Maurice, le coiffa et le rasa en un tour de main.

— Oh! la revoir, la revoir! s'écriait le jeune homme. Lorin, en vérité, je n'ai pas su, jusqu'à présent, ce que c'était que le bonheur.

— Mon pauvre Maurice, dit Lorin, je crois que tu as besoin de la visite que je te conseillais.

— Oh! cher ami, s'écria Maurice, pardonne-moi; mais, en vérité, je n'ai plus ma raison.

— Alors je t'offre la mienne, dit Lorin en riant de cet affreux calembour.

Ce qu'il y eut de plus étonnant, c'est que Maurice en rit aussi.

Le bonheur l'avait rendu facile en matière d'esprit.

Ce ne fut point tout.

— Tiens, dit-il en coupant un oranger couvert de fleurs, offre de ma part ce bouquet à la digne veuve de Mausole.

— A la bonne heure! s'écria Lorin, voilà de la belle galanterie! Aussi, je te pardonne. Et puis, il me semble que, bien décidément, tu es amoureux, et j'ai toujours eu le plus profond respect pour les grandes infortunes.

— Eh bien! oui, je suis amoureux, s'écria Maurice, dont le cœur éclatait de joie; je suis amoureux, et maintenant je puis l'avouer, puisqu'elle m'aime; car, puisqu'elle me rappelle, c'est qu'elle m'aime, n'est-ce pas, Lorin?

— Sans doute, répondit complaisamment l'adorateur de la déesse Raison; mais prends garde, Maurice, la façon dont tu prends la chose me fait peur...

Souvent l'amour d'une Égérie
N'est rien moins qu'une trahison
Du tyran nommé Cupidon.
Près de la plus sage on s'oublie.
Aime ainsi que moi la Raison,
Tu ne feras pas de folie.

— Bravo! bravo! cria Maurice en battant des mains.

Et, prenant ses jambes à son cou, il descendit les escaliers quatre à quatre, gagna le quai et s'élança dans la direction si connue de la vieille rue Saint-Jacques.

— Je crois qu'il m'a applaudi, Agésilas? demanda Lorin.

— Oui, certainement, citoyen, et il n'y a rien d'étonnant, car c'était bien joli, ce que vous avez dit là.

— Alors il est plus malade que je ne croyais, dit Lorin.

Et, à son tour, il descendit l'escalier, mais d'un pas plus calme. Arthémise n'était pas Geneviève.

A peine Lorin fut-il dans la rue Saint-Honoré, lui et son oranger en fleurs, qu'une foule de jeunes citoyens, auxquels il avait pris, selon la disposition d'esprit où il se trouvait, l'habitude de distribuer des décimes ou des coups de pied au-dessous de la carmagnole, le suivirent respectueusement, le prenant sans doute pour un de ces hommes vertueux auxquels Saint-Just avait proposé que l'on offrît un habit blanc et un bouquet de fleurs d'oranger.

Comme le cortége allait sans cesse grossissant, tant, même à cette époque, un homme vertueux était chose rare à voir, il y avait bien plusieurs milliers de jeunes citoyens lorsque le bouquet fut offert à Arthémise, hommage dont plusieurs autres Raisons, qui se mettaient sur les rangs, furent malades jusqu'à la migraine.

Ce fut ce soir-là même que se répandit dans Paris la fameuse cantate :

Vive la déesse Raison!
Flamme pure, douce lumière.

Et, comme elle est parvenue jusqu'à nous sans nom d'auteur, ce qui a fort exercé la sagacité des archéologues révolutionnaires, nous aurions presque l'audace d'affirmer qu'elle fut faite pour la belle Arthémise par notre ami Hyacinthe Lorin.

CHAPITRE XVI.

L'ENFANT PRODIGUE.

aurice n'eût pas été plus vite quand il eût eu des ailes.

Les rues étaient pleines de monde, mais Maurice ne remarquait cette foule que parce qu'elle retardait sa course; on disait dans tous les groupes que la Convention était assiégée, que la majesté du peuple était offensée dans ses représentants qu'on empêchait de sortir, et cela avait bien quelque probabilité, car on entendait tinter le tocsin et tonner le canon d'alarme.

Mais qu'importaient en ce moment à Maurice le canon d'alarme et le tocsin? Que lui faisait que les députés pussent ou ne pussent point sortir, puisque la défense ne s'étendait point jusqu'à lui? Il courait, voilà tout.

Tout en courant, il se figurait que Geneviève l'attendait à la petite fenêtre donnant sur le jardin, afin de lui envoyer, du plus loin qu'elle l'apercevrait, son plus charmant sourire.

Dixmer, aussi, était prévenu, sans doute, de cet heureux retour, et il allait tendre à Maurice sa bonne grosse main, si franche et si loyale en ses étreintes.

Il aimait Dixmer, ce jour-là il aimait jusqu'à Morand et ses cheveux noirs, et ses lunettes vertes, sous lesquelles il avait cru voir jusqu'alors briller un œil sournois.

Il aimait la création tout entière, car il était heureux : il eût volontiers jeté des fleurs sur la tête de tous les hommes afin que tous les hommes fussent heureux comme lui.

Toutefois, il se trompait dans ses espérances, le pauvre Maurice; il se trompait, comme il arrive dix-neuf fois sur vingt à l'homme qui compte avec son cœur et d'après son cœur.

Au lieu de ce doux sourire qu'attendait Maurice, et qui devait l'accueillir du plus loin qu'il serait aperçu, Geneviève s'était promis de ne montrer à Maurice qu'une politesse froide, faible rempart qu'elle opposait au torrent qui menaçait d'envahir son cœur.

Elle s'était retirée dans sa chambre du premier, et ne devait descendre au rez-de-chaussée que lorsqu'elle serait appelée.

Hélas! elle aussi se trompait.

Il n'y avait que Dixmer qui ne se trompait point : il guettait Maurice à travers un grillage et souriait ironiquement.

Le citoyen Morand teignait flegmatiquement en noir des petites queues qu'on devait appliquer sur des peaux de chat blanc pour en faire de l'hermine.

Maurice poussa la petite porte de l'allée pour entrer familièrement par le jardin : comme autrefois, la porte fit entendre sa sonnette de cette certaine façon qui indiquait que c'était Maurice qui ouvrait la porte.

Geneviève, qui se tenait debout devant sa fenêtre fermée, tressaillit.

Elle laissa tomber le rideau qu'elle avait entr'ouvert.

La première sensation qu'éprouva Maurice en rentrant chez son hôte fut donc un désappointement; non-seulement Geneviève ne l'attendait pas à sa fenêtre du rez-de-chaussée, mais, en entrant dans ce petit salon où il avait pris congé d'elle, il ne la vit point et fut forcé de se faire annoncer, comme si, pendant ces trois semaines d'absence, il était devenu un étranger.

Son cœur se serra.

Ce fut Dixmer que Maurice vit le premier : Dixmer accourut et pressa Maurice dans ses bras avec des cris de joie.

Alors Geneviève descendit; elle s'était frappé les joues avec son couteau de nacre pour y rappeler le sang, mais elle n'avait pas descendu les vingt marches que ce carmin forcé avait disparu, refluant vers le cœur.

Maurice vit apparaître Geneviève dans la pénombre de la porte; il s'avança vers elle en souriant pour lui baiser la main, il s'aperçut alors seulement combien elle était changée.

Elle, de son côté, remarqua avec effroi la maigreur de Maurice, ainsi que la lumière éclatante et fiévreuse de son regard.

— Vous voilà donc, monsieur! lui dit-elle d'une voix dont elle ne put maîtriser l'émotion.

Elle s'était promis de lui dire d'une voix indifférente :

— Bonjour, citoyen Maurice, pourquoi donc vous faites-vous si rare?

La variante parut encore froide à Maurice, et, cependant, quelle nuance!

Dixmer coupa court aux examens prolongés et aux récriminations réciproques. Il fit servir le dîner, car il était près de deux heures.

En passant dans la salle à manger, Maurice s'aperçut que son couvert était mis.

Alors le citoyen Morand arriva, vêtu du même habit marron et de la même veste. Il avait toujours ses lunettes vertes, ses grandes mèches noires et son jabot blanc. Maurice fut aussi affectueux qu'il put pour tout cet ensemble, qui, lorsqu'il l'avait sous les yeux, lui inspirait infiniment moins de crainte que lorsqu'il était éloigné.

En effet, quelle probabilité que Geneviève aimât ce petit chimiste. Il fallait être bien amoureux, et, par conséquent, bien fou, pour se mettre de pareilles billevesées en tête !

D'ailleurs, le moment eût été mal choisi pour être jaloux. Maurice avait dans la poche de sa veste la lettre de Geneviève, et son cœur, bondissant de joie, battait dessous.

Geneviève avait repris sa sérénité. Il y a cela de particulier dans l'organisation des femmes, que le présent peut presque toujours effacer chez elles les traces du passé et les menaces de l'avenir.

Geneviève, se trouvant heureuse, redevint maîtresse d'elle-même, c'est-à-dire calme et froide, quoique affectueuse ; autre nuance que Maurice n'était pas assez fort pour comprendre. Lorin en eût trouvé l'explication dans Parny, dans Bertin ou dans Gentil-Bernard.

La conversation tomba sur la déesse Raison ; la chute des Girondins et le nouveau culte, qui faisait tomber l'héritage du ciel en quenouille, étaient les deux événements du jour. Dixmer prétendit qu'il n'eût pas été fâché de voir cet inappréciable honneur offert à Geneviève. Maurice voulut en rire. Mais Geneviève se rangea à l'opinion de son mari, et Maurice les regarda tous deux, étonné que le patriotisme pût, à ce point, égarer un esprit aussi raisonnable que l'était celui de Dixmer et une nature aussi poétique que l'était celle de Geneviève.

Morand développa une théorie de la femme politique en montant de Théroigne de Méricourt, l'héroïne du 10 août, à madame Roland, cette âme de la Gironde. Puis, en passant, il lança quelques mots contre les tricoteuses. Ces mots firent sourire Maurice. C'était, pourtant, de cruelles railleries contre ces patriotes femelles, que l'on appela plus tard du nom hideux de lécheuses de guillotine.

— Ah ! citoyen Morand, dit Dixmer, respectons le patriotisme, même lorsqu'il s'égare.

— Quant à moi, dit Maurice, en fait de patriotisme, je trouve que les femmes sont toujours assez patriotes quand elles ne sont point trop aristocrates.

— Vous avez bien raison, dit Morand ; moi, j'avoue franchement que je trouve une femme aussi méprisable quand elle affecte des allures d'homme, qu'un homme est lâche lorsqu'il insulte une femme, cette femme fût-elle sa plus cruelle ennemie.

Morand venait tout naturellement d'attirer Maurice sur un terrain délicat. Maurice avait à son tour répondu par un signe affirmatif ; la lice était ouverte. Dixmer alors, comme un héraut qui sonne, ajouta :

— Un moment, un moment, citoyen Morand ; vous en exceptez, j'espère, les femmes ennemies de la nation ?

Un silence de quelques secondes suivit cette riposte à la réponse de Morand et au signe de Maurice.

Ce silence, ce fut Maurice qui le rompit.

— N'exceptons personne, dit-il tristement ; hélas ! les femmes qui ont été les ennemies de la nation en sont bien punies aujourd'hui, ce me semble.

— Vous voulez parler des prisonnières du Temple, de l'Autrichienne, de la sœur et de la fille de Capet ? s'écria Dixmer avec une volubilité qui ôtait toute expression à ses paroles.

Morand pâlit en attendant la réponse du jeune municipal, et l'on eût dit, si l'on eût pu les voir, que ses ongles allaient tracer un sillon sur sa poitrine, tant ils s'y appliquaient profondément.

— Justement, dit Maurice, c'est d'elles que je parle.

— Quoi ! dit Morand d'une voix étranglée, ce que l'on dit est-il vrai, citoyen Maurice ?

— Et que dit-on ? demanda le jeune homme.

— Que les prisonnières sont cruellement maltraitées, parfois, par ceux-là mêmes dont le devoir serait de les protéger.

— Il y a des hommes, dit Maurice, qui ne méritent pas le nom d'homme. Il y a des lâches qui n'ont point combattu et qui ont besoin de torturer les vaincus pour se persuader à eux-mêmes qu'ils sont vainqueurs.

— Oh ! vous n'êtes point de ces hommes-là, vous, Maurice, et j'en suis bien certaine ! s'écria Geneviève.

— Madame, répondit Maurice, moi qui vous parle, j'ai monté la garde auprès de l'échafaud sur lequel a péri le feu roi. J'avais le sabre à la main et j'étais là pour tuer de ma main quiconque eût voulu le sauver. Cependant, lorsqu'il est arrivé près de moi, j'ai malgré moi ôté mon chapeau, et me retournant vers mes hommes :

— Citoyens, leur ai-je dit, je vous préviens que je passe mon sabre au travers du corps du premier qui insultera le ci-devant roi. Oh ! je défie qui que ce soit de dire qu'un seul cri soit parti de ma compagnie. C'est encore moi qui avais écrit de ma main le premier des dix mille écriteaux qui furent affichés dans Paris lorsque le roi revint de Varennes :

« Quiconque saluera le roi sera battu, quiconque l'insultera sera pendu. »

— Eh bien ! continua Maurice, sans remarquer le

terrible effet que ces paroles produisaient dans l'assemblée, eh bien! j'ai donc prouvé que je suis un bon et franc patriote, que je déteste les rois et leurs partisans. Eh bien! je le déclare, malgré mes opinions, qui ne sont rien autre chose que des convictions profondes, malgré la certitude que j'ai que l'Autrichienne est pour sa bonne part dans les malheurs qui désolent la France, jamais, jamais un homme, quel qu'il soit, fût-ce Santerre lui-même, n'insultera l'ex-reine en ma présence.

— Citoyen, interrompit Dixmer, secouant la tête en homme qui désapprouve une telle hardiesse, savez-vous qu'il faut que vous soyez bien sûr de nous pour dire de pareilles choses devant nous?

— Devant vous comme devant tous, Dixmer; et j'ajouterai : Elle périra peut-être sur l'échafaud de son mari, mais je ne suis pas de ceux à qui une femme fait peur, et je respecterai toujours tout ce qui est plus faible que moi.

— Et la reine, demanda timidement Geneviève, vous a-t-elle témoigné parfois, monsieur Maurice, qu'elle fût sensible à cette délicatesse à laquelle elle est loin d'être accoutumée?

— La prisonnière m'a remercié plusieurs fois de mes égards pour elle, madame.

— Alors elle doit voir revenir votre tour de garde avec plaisir?

— Je le crois, répondit Maurice.

— Alors, dit Morand, tremblant comme une femme, puisque vous avouez ce que personne n'avoue plus maintenant, c'est-à-dire un cœur généreux, vous ne persécutez pas non plus les enfants?

— Moi, dit Maurice, demandez à l'infâme Simon ce que pèse le bras du municipal devant lequel il a eu l'audace de battre le petit Capet.

Cette réponse produisit un mouvement spontané à la table de Dixmer; tous les convives se levèrent respectueusement.

Maurice seul était resté assis et ne se doutait pas qu'il causait cet élan d'admiration.

— Eh bien! qu'y a-t-il donc? demanda-t-il avec étonnement.

— J'avais cru qu'on avait appelé de l'atelier, répondit Dixmer.

— Non, non, dit Geneviève. Je l'avais cru d'abord aussi; mais nous nous sommes trompés.

Et chacun reprit sa place.

— Ah! c'est donc vous, citoyen Maurice, dit Morand d'une voix tremblante, qui êtes le municipal dont on a tant parlé, et qui a si noblement défendu un enfant?

— On en a parlé? dit Maurice avec une naïveté presque sublime.

— Oh! voilà un noble cœur! dit Morand en se levant de table pour ne point éclater, et en se retirant dans l'atelier comme si un travail pressé le réclamait.

— Oui, citoyen, répondit Dixmer, oui, on en a parlé; et l'on doit dire que tous les gens de cœur et de courage vous ont loué sans vous connaître.

— Et laissons-le inconnu, dit Geneviève : la gloire que nous lui donnerions serait une gloire trop dangereuse.

Ainsi, dans cette conversation singulière, chacun, sans le savoir, avait placé son mot d'héroïsme, de dévouement et de sensibilité.

Il y avait eu jusqu'au cri de l'amour.

CHAPITRE XVII.

LES MINEURS.

Au moment où l'on sortait de table, Dixmer fut prévenu que son notaire l'attendait dans son cabinet ; il s'excusa près de Maurice, qu'il avait d'ailleurs l'habitude de quitter ainsi, et se rendit où l'attendait son tabellion.

Il s'agissait de l'achat d'une petite maison rue de la Corderie, en face le jardin du Temple. C'était plutôt, du reste, un emplacement qu'une maison qu'achetait Dixmer, car la bâtisse actuelle tombait presque en ruines ; mais il avait l'intention de la faire relever.

Aussi le marché n'avait-il point traîné avec le propriétaire : le matin même le notaire l'avait vu et était tombé d'accord à dix-neuf mille cinq cents livres. Il venait de faire signer le contrat et toucher la somme en échange de cette bâtisse ; le propriétaire devait complètement débarrasser, dans la journée même, la maison, où les ouvriers devaient être le lendemain.

Le contrat signé, Dixmer et Morand se rendirent avec le notaire rue de la Corderie, pour voir à l'instant même la nouvelle acquisition, car elle était achetée sauf visite.

C'était une maison située à peu près où est aujourd'hui le numéro 20, s'élevant à une hauteur de trois étages, et surmontée d'une mansarde. Le bas avait été loué autrefois à un marchand de vin, et possédait des caves magnifiques.

Le propriétaire vanta surtout les caves : c'était la partie remarquable de la maison ; Dixmer et Morand parurent attacher un médiocre intérêt à ces caves, et cependant tous deux, comme par complaisance, descendirent dans ce que le propriétaire appelait ses souterrains.

Contre l'habitude des propriétaires, celui-là n'avait point menti : les caves étaient superbes ; l'une d'elles s'étendait jusque sous la rue de la Corderie, et l'on entendait de cette cave rouler les voitures au-dessus de la tête.

Dixmer et Morand parurent médiocrement apprécier cet avantage, et parlèrent même de faire combler les caveaux, qui, excellents pour un marchand de vin, devenaient parfaitement inutiles à de bons bourgeois qui comptaient occuper toute la maison.

Après les caves on visita le premier, puis le second, puis le troisième : du troisième on plongeait complétement dans le jardin du Temple ; il était, comme d'habitude, envahi par la garde nationale, qui en avait la jouissance depuis que la reine ne s'y promenait plus.

Dixmer et Morand reconnurent leur amie, la veuve Plumeau, faisant avec son activité ordinaire les honneurs de sa cantine ; mais sans doute leur désir d'être à leur tour reconnus par elle n'était pas grand, car ils se tinrent cachés derrière le propriétaire, qui leur faisait remarquer les avantages de cette vue, aussi variée qu'agréable.

L'acquéreur demanda alors à voir les mansardes.

Le propriétaire ne s'était pas sans doute attendu à cette exigence, car il n'avait pas la clef ; mais, attendri par la liasse d'assignats qu'on lui avait montrée, il descendit aussitôt la chercher.

— Je ne m'étais pas trompé, dit Morand, et cette maison fait à merveille notre affaire.

— Et la cave, qu'en dites-vous ?

— Que c'est un secours de la Providence qui nous épargnera deux jours de travail.

— Croyez-vous qu'elle soit dans la direction de la cantine ?

— Elle incline un peu à gauche, mais n'importe.

— Mais, demanda Dixmer, comment pourrez-vous suivre votre ligne souterraine avec certitude d'aboutir où vous voulez ?

— Soyez tranquille, cher ami, cela me regarde.

— Si nous donnions toujours d'ici le signal que nous veillons ?

— Mais de la plate-forme la reine ne pourrait point le voir, car les mansardes seules, je crois, sont à la hauteur de la plate-forme, et encore j'en doute.

— N'importe, dit Dixmer, ou Toulan ou Mauny peuvent le voir d'une ouverture quelconque, et ils préviendront Sa Majesté.

Et Dixmer fit des nœuds au bas d'un rideau de calicot blanc et fit passer le rideau par la fenêtre ouverte comme si le vent l'avait poussé.

Puis tous deux, comme impatients de visiter les mansardes, allèrent attendre le propriétaire sur l'es-

Chacun cacha l'instrument qu'on lui avait remis. — Page 74.

calier, après avoir tiré la porte du troisième, afin qu'il ne prît l'idée au digne homme de faire rentrer son rideau flottant.

Les mansardes, comme l'avait prévu Morand, n'atteignaient pas encore la hauteur du sommet de la tour. C'était à la fois une difficulté et un avantage : une difficulté, parce qu'on ne pouvait point communiquer par signes avec la reine ; un avantage, parce que cette impossibilité écartait toute suspicion. Les maisons hautes étaient naturellement les plus surveillées.

— Il faudrait, par Mauny, Toulan ou la fille Tison, trouver un moyen de lui faire dire de se tenir sur ses gardes, murmura Dixmer.

— Je songerai à cela, répondit Morand.

On descendit ; le notaire attendait au salon avec le contrat tout signé.

— C'est bien, dit Dixmer, la maison me convient. Comptez au citoyen les dix-neuf mille cinq cents livres convenues et faites-le signer.

Le propriétaire compta scrupuleusement la somme et signa.

— Tu sais, citoyen, dit Dixmer, que la clause principale est que la maison me sera remise ce soir même, afin que je puisse, dès demain, y mettre les ouvriers.

— Et je m'y conformerai, citoyen ; tu peux en emporter les clefs ; ce soir à huit heures elle sera parfaitement libre.

— Ah! pardon, fit Dixmer, ne m'as-tu pas dit, citoyen notaire, qu'il y avait une sortie dans la rue Porte-Foin ?

— Oui, citoyen, dit le propriétaire, mais je l'ai fait fermer, car, n'ayant qu'un officieux, le pauvre diable avait trop de fatigue, forcé qu'il était de veiller à deux portes. Au reste, la sortie est condamnée de manière à ce qu'on puisse la pratiquer de nouveau avec un travail de deux heures à peine. Voulez-vous vous en assurer, citoyens?

— Merci, c'est inutile, reprit Dixmer, je n'attache aucune importance à cette sortie.

Et tous deux se retirèrent après avoir fait, pour la troisième fois, renouveler au propriétaire sa promesse de laisser l'appartement vide pour huit heures du soir.

A neuf heures, tous deux revinrent, suivis à distance par cinq ou six hommes auxquels, au milieu de la confusion qui régnait dans Paris, nul ne fit attention.

Ils entrèrent d'abord tous deux ; le propriétaire avait tenu parole, la maison était complétement vide.

On ferma les contrevents avec le plus grand soin ; on battit le briquet, et l'on alluma des bougies que Morand avait apportées dans sa poche.

Les uns après les autres, les cinq ou six hommes entrèrent.

C'étaient les convives ordinaires du maître tanneur, les mêmes contrebandiers qui, un soir, avaient voulu tuer Maurice, et qui, depuis, étaient devenus ses amis.

On ferma les portes et l'on descendit à la cave.

Cette cave, tant méprisée dans la journée, était devenue le soir la partie importante de la maison.

On boucha d'abord toutes les ouvertures par lesquelles un regard curieux pouvait plonger dans l'intérieur.

Puis Morand dressa sur-le-champ un tonneau vide, et sur un papier se mit à tracer au crayon des lignes géométriques.

Pendant qu'il traçait ces lignes, ses compagnons, conduits par Dixmer, sortaient de la maison, suivaient la rue de la Corderie, et, au coin de la rue de Beauce, s'arrêtaient devant une voiture couverte. Dans cette voiture était un homme qui distribua silencieusement à chacun un instrument de pionnier : à l'un une bêche, à l'autre une pioche ; à celui-ci un levier, à celui-là un hoyau. Chacun cacha l'instrument qu'on lui avait remis, soit sous sa houppelande, soit sous son manteau. Les mineurs reprirent le chemin de la petite maison, et la voiture disparut.

Morand avait fini son travail.

Il alla droit à un angle de la cave.

— Là, dit-il, creusez.

Et les ouvriers de délivrance se mirent immédiatement à l'ouvrage.

La situation des prisonnières au Temple était devenue de plus en plus grave, et surtout de plus en plus douloureuse. Un instant la reine, madame Élisabeth et madame Royale avaient repris quelque espoir. Des municipaux, Toulan et Lepitre, touchés de compassion pour les augustes prisonnières, leur avaient témoigné leur intérêt. D'abord, peu habituées à ces marques de sympathie, les pauvres femmes s'étaient défiées ; mais on ne se défie pas quand on espère. D'ailleurs, que pouvait-il arriver à la reine, séparée de son fils par la prison, séparée de son mari par la mort ? d'aller à l'échafaud comme lui ; c'était un sort qu'elle avait envisagé depuis longtemps en face, et auquel elle avait fini par s'habituer.

La première fois que le tour de Toulan et de Lepitre revint, la reine leur demanda, s'il était vrai qu'ils s'intéressassent à son sort, de lui raconter les détails de la mort du roi. C'était une triste épreuve à laquelle on soumettait leur sympathie. Lepitre avait assisté à l'exécution : il obéit à l'ordre de la reine.

La reine demanda les journaux qui rapportaient l'exécution. Lepitre promit de les apporter à la prochaine garde ; le tour de garde revenait de trois semaines en trois semaines.

Au temps du roi il y avait au Temple quatre municipaux. Le roi mort, il n'y en eut plus que trois : un qui veillait le jour, deux qui veillaient la nuit. Toulan et Lepitre inventèrent alors une ruse pour être toujours de garde la nuit ensemble.

Les heures de garde se tiraient au sort ; on écrivait sur un bulletin *jour*, et sur deux autres *nuit*. Chacun tirait son bulletin dans un chapeau ; le hasard assortissait les gardiens de nuit.

Chaque fois que Lepitre et Toulan étaient de garde, ils écrivaient *jour* sur les trois bulletins, présentaient le chapeau au municipal qu'ils voulaient évincer. Celui-ci plongeait la main dans l'urne improvisée et en tirait nécessairement un bulletin sur lequel était le mot *jour*. Toulan et Lepitre détruisaient les deux autres, en murmurant contre le hasard qui leur donnait toujours la corvée la plus ennuyeuse, c'est-à-dire celle de nuit.

Quand la reine fut sûre de ses deux surveillants, elle les mit en relations avec le chevalier de Maison-Rouge. Alors une tentative d'évasion fut arrêtée. La reine et madame Élisabeth devaient fuir, déguisées en officiers municipaux, avec des cartes qui leur seraient procurées. Quant aux deux enfants, c'est-à-dire à madame Royale et au jeune dauphin, on avait remarqué que l'homme qui allumait les quinquets au Temple amenait toujours avec lui deux enfants du même âge que la princesse et le prince. Il fut arrêté que Turgy, dont nous avons parlé, revêtirait le costume de l'allumeur, et enlèverait madame Royale et le dauphin.

Disons, en deux mots, ce que c'était que Turgy.

Turgy était un ancien garçon servant de la bouche du roi, amené au Temple avec une partie de la maison des Tuileries, car le roi eut d'abord un service de table assez bien organisé. Le premier mois, ce service coûta trente ou quarante mille francs à la nation.

Mais, comme on le comprend bien, une pareille prodigalité ne pouvait durer. La Commune y mit ordre. On renvoya chefs, cuisiniers et marmitons. Un seul garçon servant fut maintenu; ce garçon servant était Turgy.

Turgy était donc un intermédiaire tout naturel entre les prisonnières et leurs partisans, car Turgy pouvait sortir, et par conséquent porter des billets et rapporter les réponses.

En général, ces billets étaient roulés en bouchons sur les carafes de lait d'amande qu'on faisait passer à la reine et à madame Élisabeth. Ils étaient écrits avec du citron, et les lettres en demeuraient invisibles jusqu'à ce qu'on les approchât du feu.

Tout était prêt pour l'évasion, lorsqu'un jour Tison alluma sa pipe avec le bouchon d'une des carafes. A mesure que le papier brûlait, il vit apparaître des caractères. Il éteignit le papier à moitié brûlé, porta le fragment au conseil du Temple : là il fut approché du feu; mais on ne put lire que quelques mots sans suite, l'autre moitié étant réduite en cendres.

Seulement, on reconnut l'écriture de la reine. Tison, interrogé, raconta quelques complaisances qu'il avait cru remarquer de la part de Lepitre et de Toulan pour les prisonnières. Les deux commissaires furent dénoncés à la municipalité et ne purent plus rentrer au Temple.

Restait Turgy.

Mais la défiance était éveillée au plus haut degré; jamais on ne le laissait seul auprès des princesses. Toute communication avec l'extérieur était donc devenue impossible.

Cependant, un jour, madame Élisabeth avait présenté à Turgy, pour qu'il le nettoyât, un petit couteau à manche d'or dont elle se servait pour couper ses fruits. Turgy s'était douté de quelque chose, et, tout en l'essuyant, il en avait tiré le manche. Le manche contenait un billet.

Ce billet, c'était tout un alphabet de signes.

Turgy rendit le couteau à madame Élisabeth; mais un municipal qui était là le lui arracha des mains et visita le couteau, dont à son tour il sépara la lame du manche; heureusement, le billet n'y était plus. Le municipal n'en confisqua pas moins le couteau.

C'était alors que l'infatigable chevalier de Maison-Rouge avait rêvé cette seconde tentative que l'on allait exécuter au moyen de la maison que venait d'acheter Dixmer.

Cependant, peu à peu, les prisonnières avaient perdu tout espoir. Ce jour-là la reine, épouvantée des cris de la rue qui venaient jusqu'à elle, et apprenant par ces cris qu'il était question de la mise en accusation des Girondins, les derniers soutiens du modérantisme, avait été d'une tristesse mortelle. Les Girondins morts, la famille royale n'avait à la Convention aucun défenseur.

A sept heures, on servit le souper. Les municipaux examinèrent chaque plat comme d'habitude, déplièrent l'une après l'autre toutes les serviettes, sondèrent le pain, l'un avec une fourchette, l'autre avec ses doigts, firent briser les macarons et les noix, le tout de peur qu'un billet ne parvînt aux prisonnières, puis, ces précautions prises, invitèrent la reine et les princesses à se mettre à table par ces simples paroles :

— Veuve Capet, tu peux manger.

La reine secoua la tête en signe qu'elle n'avait pas faim.

Mais en ce moment madame Royale vint comme si elle voulait embrasser sa mère, et lui dit tout bas :

— Mettez-vous à table, madame, je crois que Turgy nous fait signe.

La reine tressaillit et releva la tête. Turgy était en face d'elle, la serviette posée sur son bras gauche et touchant son œil de la main droite.

Elle se leva aussitôt sans faire aucune difficulté, et alla prendre à table sa place accoutumée.

Les deux municipaux assistaient au repas; il leur était défendu de laisser les princesses un instant seules avec Turgy.

Les pieds de la reine et de madame Élisabeth s'étaient rencontrés sous la table et se pressaient.

Comme la reine était placée en face de Turgy, aucun des gestes du garçon servant ne lui échappait. D'ailleurs tous ses gestes étaient si naturels, qu'ils ne pouvaient inspirer et n'inspirèrent aucune défiance aux municipaux.

Après le souper, on desservit avec les mêmes précautions qu'on avait prises pour servir : les moindres bribes de pain furent ramassées et examinées, après quoi Turgy sortit le premier, puis les municipaux; mais la femme Tison resta.

Cette femme était devenue féroce depuis qu'elle était séparée de sa fille, dont elle ignorait complètement le sort. Toutes les fois que la reine embrassait madame Royale, elle entrait dans des accès de rage qui ressemblaient à de la folie; aussi la reine, dont le cœur maternel comprenait ces douleurs de mère, s'arrêtait-elle souvent au moment où elle allait se donner cette consolation, la seule qui lui restât, de presser sa fille contre son cœur.

Tison vint chercher sa femme; mais celle-ci déclara d'abord qu'elle ne se retirerait que lorsque la veuve Capet serait couchée.

Madame Élisabeth prit alors congé de la reine, et passa dans sa chambre.

La reine se déshabilla et se coucha, ainsi que madame Royale; alors la femme Tison prit la bougie et sortit.

Les municipaux étaient déjà couchés sur leurs lits de sangle dans le corridor.

La lune, cette pâle visiteuse des prisonnières, glissait par l'ouverture de l'auvent un rayon diagonal qui allait de la fenêtre au pied du lit de la reine.

Un instant tout resta calme et silencieux dans la chambre.

Puis une porte roula doucement sur ses gonds, une ombre passa dans le rayon de lumière, et vint s'approcher du chevet du lit. C'était madame Élisabeth.

— Avez-vous vu? dit-elle à voix basse.
— Oui, répondit la reine.
— Et vous avez compris?
— Si bien que je n'y puis croire.
— Voyons, répétons les signes.

— D'abord il a touché à son œil pour nous indiquer qu'il y avait quelque chose de nouveau.

— Puis il a passé sa serviette de son bras gauche à son bras droit, ce qui veut dire qu'on s'occupe de notre délivrance.

— Puis il a porté la main à son front, en signe que l'aide qu'il nous annonce vient de l'intérieur, et non de l'étranger.

— Puis, quand vous lui avez demandé de ne point oublier demain votre lait d'amande, il a fait deux nœuds à son mouchoir.

— Ainsi, c'est encore le chevalier de Maison-Rouge. Noble cœur!

— C'est lui, dit madame Élisabeth.
— Dormez-vous, ma fille? demanda la reine.
— Non, ma mère, répondit madame Royale.
— Alors, priez pour qui vous savez.

Madame Élisabeth regagna sans bruit sa chambre, et pendant cinq minutes on entendit la voix de la jeune princesse qui parlait à Dieu dans le silence de la nuit.

C'était juste au moment où, sur l'indication de Morand, les premiers coups de pioche étaient donnés dans la petite maison de la rue de la Corderie.

CHAPITRE XVIII.

NUAGES.

A part l'enivrement des premiers regards, Maurice s'était trouvé au-dessous de son attente dans la réception que lui avait faite Geneviève, et il comptait sur la solitude pour regagner le chemin qu'il avait perdu, ou du moins qu'il paraissait avoir perdu dans la route de ses affections.

Mais Geneviève avait son plan arrêté: elle comptait bien ne pas lui fournir l'occasion d'un tête-à-tête, d'autant plus qu'elle se rappelait par leur douceur même combien ces tête-à-tête étaient dangereux.

Maurice comptait sur le lendemain, une parente, sans doute prévenue à l'avance, était venue faire une visite, et Geneviève l'avait retenue. Cette fois-là il n'y avait rien à dire; car il pouvait n'y avoir pas de la faute de Geneviève.

En s'en allant, Maurice fut chargé de reconduire la parente, qui demeurait rue des Fossés-Saint-Victor.

Maurice s'éloigna en faisant la moue; mais Geneviève lui sourit, et Maurice prit ce sourire pour une promesse.

Hélas! Maurice se trompait. Le lendemain 2 juin, jour terrible qui vit la chute des Girondins, Maurice congédia son ami Lorin, qui voulait absolument l'emmener à la Convention, et mit à part toutes choses pour aller voir son amie. La déesse de la liberté avait une terrible rivale dans Geneviève.

Maurice trouva Geneviève dans son petit salon, Geneviève pleine de grâces et de prévenances; mais près d'elle était une jeune femme de chambre, à la cocarde tricolore, qui marquait des mouchoirs dans l'angle de la fenêtre, et qui ne quitta point sa place.

Maurice fronça le sourcil. Geneviève s'aperçut que l'Olympien était de mauvaise humeur: elle redoubla de prévenances; mais, comme elle ne poussa point l'amabilité jusqu'à congédier la jeune officieuse, Maurice s'impatienta et partit une heure plus tôt que d'habitude.

Tout cela pouvait être du hasard : Maurice prit patience. Ce soir-là d'ailleurs la situation était si terrible, que, bien que Maurice depuis quelque temps vécût en dehors de la politique, le bruit arriva jusqu'à lui. Il ne fallait rien de moins que la chute d'un parti qui avait régné dix mois en France pour le distraire un instant de son amour.

Le lendemain, même manège de la part de Geneviève. Maurice avait, dans la prévoyance de ce système, arrêté son plan : dix minutes après son arrivée, Maurice, voyant qu'après avoir marqué une douzaine de mouchoirs, la femme de chambre entamait six douzaines de serviettes, Maurice, disons-nous, tira sa montre, se leva, salua Geneviève, et partit sans dire un seul mot.

Il y eut plus : en partant il ne se retourna point une seule fois.

Geneviève, qui s'était levée pour le suivre des yeux à travers le jardin, resta un instant sans pensée, pâle et nerveuse, et retomba sur sa chaise, toute consternée de l'effet de sa diplomatie.

En ce moment Dixmer entra.

— Maurice est parti? s'écria-t-il avec étonnement.

— Oui, balbutia Geneviève.

— Mais il arrivait seulement?

— Il y avait un quart d'heure à peu près.

— Alors il reviendra?

— J'en doute.

— Laissez-nous, Muguet, fit Dixmer.

La femme de chambre avait pris ce nom de fleur en haine du nom de Marie, qu'elle avait le malheur de porter comme l'Autrichienne.

Sur l'invitation de son maître, elle se leva et sortit.

— Eh bien! chère Geneviève, demanda Dixmer, la paix est-elle faite avec Maurice?

— Tout au contraire, mon ami, je crois que nous sommes à cette heure plus en froid que jamais.

— Et cette fois, qui a tort? demanda Dixmer.

— Maurice, sans aucun doute.

— Voyons, faites-moi juge.

— Comment! dit Geneviève en rougissant, vous ne devinez pas?

— Pourquoi il s'est fâché? Non.

— Il a pris Muguet en grippe, à ce qu'il paraît.

— Bah! vraiment? Alors il faut renvoyer cette fille. Je ne me priverai pas pour une femme de chambre d'un ami comme Maurice.

— Oh! dit Geneviève, je crois qu'il n'irait pas jusqu'à exiger qu'on l'exilât de la maison, et qu'il lui suffirait...

— Quoi?

— Qu'on l'exilât de ma chambre.

— Et Maurice a raison, dit Dixmer. C'est à vous et non à Muguet que Maurice vient rendre visite; il est donc inutile que Muguet soit là à demeure quand il vient.

Geneviève regarda son mari avec étonnement.

— Mais, mon ami, dit-elle...

— Geneviève, reprit Dixmer, je croyais avoir en vous un allié qui rendrait la tâche que je me suis imposée plus facile, et voilà, au contraire, que vos craintes redoublent nos difficultés. Il y a quatre jours que je croyais tout arrêté entre nous, et voilà que tout est à refaire. Geneviève, ne vous ai-je pas dit que je me fiais en vous, en votre honneur? ne vous ai-je pas dit qu'il fallait enfin que Maurice redevînt notre ami plus intime et moins défiant que jamais. O mon Dieu! que les femmes sont un éternel obstacle à nos projets!

— Mais, mon Dieu! n'avez-vous pas quelque autre moyen? Pour nous tous, je l'ai déjà dit, mieux vaudrait que M. Maurice fût éloigné.

— Oui, pour nous tous, peut-être; mais pour celle qui est au-dessus de nous tous, pour celle à qui nous avons juré de sacrifier notre fortune, notre vie, notre bonheur même, il faut que ce jeune homme revienne. Savez-vous que l'on a des soupçons sur Turgy, et qu'on parle de donner un autre serviteur aux princesses?

— C'est bien, je renverrai Muguet.

— Eh! mon Dieu! Geneviève, dit Dixmer avec un de ces mouvements d'impatience si rares chez lui, pourquoi me parler de cela? pourquoi souffler le feu de ma pensée avec la vôtre? pourquoi me créer des difficultés dans la difficulté même? Geneviève, faites en femme honnête, dévouée, ce que vous croirez devoir faire, voilà ce que je vous dis; demain je serai sorti; demain je remplace Morand dans ses travaux d'ingénieur. Je ne dînerai point avec vous, mais lui y dînera; il a quelque chose à demander à Maurice, il vous expliquera ce que c'est. Ce qu'il a à lui demander, songez-y, Geneviève, c'est la chose importante; c'est, non pas le but auquel nous marchons, mais le moyen; c'est le dernier espoir de cet homme si bon, si noble, si dévoué; de ce protecteur de vous et de moi, pour qui nous devons donner notre vie.

— Et pour qui je donnerais la mienne! s'écria Geneviève avec enthousiasme.

— Eh bien! cet homme, Geneviève, je ne sais comment cela s'est fait, vous n'avez pas su le faire aimer à Maurice, de qui il était important surtout qu'il fût aimé. En sorte qu'aujourd'hui, dans la mauvaise disposition d'esprit où vous l'avez mis, Maurice refusera peut-être à Morand ce qu'il lui demandera, et ce qu'il faut à tout prix que nous obtenions. Voulez-vous maintenant que je vous dise, Geneviève, où mèneront Morand toutes vos délicatesses et toutes vos sentimentalités?

— Oh! monsieur, s'écria Geneviève en joignant les mains et en pâlissant, monsieur, ne parlons jamais de cela.

— Eh bien! donc, reprit Dixmer en posant ses lèvres sur le front de sa femme, soyez donc forte, et réfléchissez.

Et il sortit.

— O mon Dieu! mon Dieu! murmura Geneviève avec angoisse, que de violences ils me font pour que j'accepte cet amour vers lequel vole toute mon âme!...

Le lendemain, comme nous l'avons dit déjà, était un décadi.

Il y avait un usage fondé dans la famille Dixmer, comme dans toutes les familles bourgeoises de l'époque : c'était un dîner plus long et plus cérémonieux le dimanche que les autres jours. Depuis son intimité, Maurice, invité à ce dîner, une fois pour toutes, n'y avait jamais manqué. Ce jour-là, quoiqu'on ne se mît d'habitude à table qu'à deux heures, Maurice arrivait à midi.

A la manière dont il était parti, Geneviève désespéra presque de le voir.

En effet, midi sonna sans qu'on aperçût Maurice; puis midi et demi, puis une heure.

Il serait impossible d'exprimer ce qui se passait, pendant cette attente, dans le cœur de Geneviève.

Elle s'était d'abord habillée le plus simplement possible; puis, voyant qu'il tardait à venir, par ce sentiment de coquetterie naturel au cœur de la femme, elle avait mis une fleur à son côté, une fleur dans ses cheveux, et elle avait attendu encore en sentant son cœur se serrer de plus en plus. On en était arrivé ainsi presque au moment de se mettre à table, et Maurice ne paraissait pas.

A deux heures moins dix minutes, Geneviève entendit le pas du cheval de Maurice, ce pas qu'elle connaissait si bien.

— Oh! le voici, s'écria-t-elle; son orgueil n'a pu lutter contre son amour. Il m'aime! il m'aime!

Maurice sauta à bas de son cheval, qu'il remit aux mains du garçon jardinier, mais en lui ordonnant de l'attendre où il était. Geneviève le regardait descendre, et vit avec inquiétude que le jardinier ne conduisait point le cheval à l'écurie.

Maurice entra; il était ce jour-là d'une beauté resplendissante : le large habit noir carré à grands revers, le gilet blanc, la culotte de peau de chamois dessinant des jambes moulées sur celles de l'Apollon; le col de batiste blanche et ses beaux cheveux découvrant un front large et poli en faisaient un type d'élégante et vigoureuse nature.

Il entra. Comme nous l'avons dit, sa présence dilatait le cœur de Geneviève; elle l'accueillit radieuse.

— Ah! vous voilà, dit-elle en lui tendant la main; vous dînez avec nous, n'est-ce pas?

— Au contraire, citoyenne, dit Maurice d'un ton froid; je venais vous demander la permission de m'absenter.

— Vous absenter?

— Oui, les affaires de la section me réclament. J'ai craint que vous ne m'attendissiez, et que vous ne m'accusassiez d'impolitesse : voilà pourquoi je suis venu.

Geneviève sentit son cœur, un instant à l'aise, se comprimer de nouveau.

— O mon Dieu! dit-elle, et Dixmer qui ne dîne pas ici, Dixmer qui comptait vous retrouver à son retour, et m'avait recommandé de vous retenir ici.

— Ah! alors je comprends votre insistance, madame. Il y avait un ordre de votre mari. Et moi qui ne devinais point cela! En vérité je ne me corrigerai jamais de mes fatuités.

— Maurice!

— Mais c'est à moi, madame, à m'arrêter à vos actions plutôt qu'à vos paroles; c'est à moi de comprendre que, si Dixmer n'est point ici, raison de plus pour que je n'y reste pas. Son absence serait un surcroit de gêne pour vous.

— Pourquoi cela? demanda timidement Geneviève.

— Parce que vous semblez prendre, depuis mon retour, à tâche de m'éviter; parce que j'étais revenu pour vous, pour vous seule, vous le savez, mon Dieu! et que, depuis que je suis revenu, j'ai sans cesse trouvé d'autres que vous.

— Allons! dit Geneviève, vous voilà encore fâché, mon ami, et cependant je fais de mon mieux.

— Non pas, Geneviève, vous pouvez mieux faire encore : c'est de me recevoir comme auparavant ou de me chasser tout à fait.

— Voyons, Maurice, dit tendrement Geneviève, comprenez ma situation, devinez mes angoisses, et ne faites pas davantage le tyran avec moi.

Et la jeune femme s'approcha de lui et le regarda avec tristesse.

Maurice se tut.

— Mais que voulez-vous donc? continua-t-elle.

— Je voulais vous aimer, Geneviève, puisque je sens que maintenant je ne puis vivre sans cet amour.

— Maurice, par pitié!

— Mais alors, madame, s'écria Maurice, il fallait me laisser mourir

— Mourir!

— Oui, mourir ou oublier.

— Vous pouviez donc oublier, vous? s'écria Geneviève, dont les larmes jaillirent du cœur aux yeux.

— Oh! non, non, murmura Maurice en tombant à genoux, non, Geneviève, mourir peut-être; oublier, jamais! jamais!

— Et cependant, reprit Geneviève avec fermeté, ce serait le mieux, Maurice, car cet amour est criminel.

— Avez-vous dit cela à M. Morand? dit Maurice, ramené à lui par cette froideur subite.

— M. Morand n'est point un fou comme vous, Maurice; et je n'ai jamais eu besoin de lui indiquer la manière dont il se devait conduire dans la maison d'un ami.

— Gageons, répondit Maurice en souriant avec ironie, gageons que si Dixmer dîne dehors, Morand ne s'est pas absenté, lui. Ah! voilà ce qu'il faut m'opposer, Geneviève, pour m'empêcher de vous aimer; car, tant que ce Morand sera là, à vos côtés, ne vous quittant pas d'une seconde, continua-t-il avec mépris, oh! non, non, je ne vous aimerai, ou du moins je ne m'avouerai pas que je vous aime.

— Et moi, s'écria Geneviève, poussée à bout par cette éternelle suspicion, en étreignant le bras du jeune homme avec une sorte de frénésie, moi, je vous jure, entendez-vous bien, Maurice, et que cela soit dit une fois pour toutes, que cela soit dit pour n'y plus revenir jamais, je vous jure que Morand ne m'a jamais adressé un seul mot d'amour, que jamais Morand ne m'a aimée, que jamais Morand ne m'aimera, je vous le jure sur mon honneur, je vous le jure sur l'âme de ma mère.

— Hélas! hélas! s'écria Maurice, que je voudrais donc vous croire!

— Oh! croyez-moi, pauvre fou! dit-elle avec un sourire qui, pour tout autre qu'un jaloux, eût été un aveu charmant. Croyez-moi; d'ailleurs, en voulez-vous savoir davantage? eh bien! Morand aime une femme devant laquelle s'effacent toutes les femmes de la terre, comme les fleurs des champs s'effacent devant les étoiles du ciel.

— Et quelle femme, demanda Maurice, peut donc effacer ainsi les autres femmes, quand au nombre de ces femmes se trouve Geneviève?

— Celle qu'on aime, reprit en souriant Geneviève, n'est-elle pas toujours, dites-moi, le chef-d'œuvre de la création?

— Alors, dit Maurice, si vous ne m'aimez pas, Geneviève...

La jeune femme attendit avec anxiété la fin de la phrase.

— Si vous ne m'aimez pas, continua Maurice, pouvez-vous me jurer au moins de n'en jamais aimer d'autre?

— Oh! pour cela, Maurice, je vous le jure et de grand cœur! s'écria Geneviève, enchantée que Maurice lui offrît lui-même cette transaction avec sa conscience.

Maurice saisit les deux mains que Geneviève élevait au ciel et les couvrit de baisers ardents.

— Eh bien! à présent, dit-il, je serai bon, facile, confiant; à présent, je serai généreux. Je veux vous sourire, je veux être heureux.

— Et vous ne demanderez point davantage?

— Je tâcherai.

— Maintenant, dit Geneviève, je pense qu'il est inutile qu'on vous tienne ce cheval en main. La section attendra.

— Oh! Geneviève, je voudrais que le monde tout entier attendît et pouvoir le faire attendre pour vous.

On entendit des pas dans la cour.

— On vient nous annoncer que nous sommes servis, dit Geneviève.

Ils se serrèrent la main furtivement.

C'était Morand qui venait annoncer qu'on n'attendait, pour se mettre à table, que Maurice et Geneviève.

Lui aussi s'était fait beau pour ce dîner du dimanche.

CHAPITRE XIX.

LA DEMANDE.

Morand, paré avec cette recherche, n'était point une petite curiosité pour Maurice.

Le muscadin le plus raffiné n'eût point trouvé un reproche à faire au nœud de sa cravate, aux plis de ses bottes, à la finesse de son linge.

Mais, il faut l'avouer, c'étaient toujours les mêmes cheveux et les mêmes lunettes.

Il sembla alors à Maurice, tant le serment de Geneviève l'avait rassuré, qu'il voyait pour la première fois ces cheveux et ces lunettes sous leur véritable jour.

— Du diable, se dit Maurice en allant à sa rencontre, du diable si jamais maintenant je suis jaloux de toi, excellent citoyen Morand! Mets, si tu veux, à tous les jours ton habit gorge de pigeon des décadis, et fais-toi faire, pour les décadis, un habit de drap d'or. A compter d'aujourd'hui, je promets de ne plus voir que tes cheveux et tes lunettes,

— Maurice sauta à bas de son cheval, qu'il remit aux mains du garçon jardinier. — Page 78.

et surtout de ne plus t'accuser d'aimer Geneviève.

On comprend combien la poignée de main donnée au citoyen Morand, à la suite de ce soliloque, fut plus franche et plus cordiale que celle qu'il lui donnait habituellement.

Contre l'habitude, le dîner se passait en petit comité. Trois couverts seulement étaient mis à une table étroite. Maurice comprit que sous cette table il pourrait rencontrer le pied de Geneviève; le pied continuerait la phrase muette et amoureuse commencée par la main.

On s'assit. Maurice voyait Geneviève de biais; elle était entre le jour et lui; ses cheveux noirs avaient un reflet bleu comme l'aile du corbeau; son teint étincelait, son œil était humide d'amour.

Maurice chercha et rencontra le pied de Geneviève. Au premier contact, dont il cherchait le reflet sur son visage, il la vit à la fois rougir et pâlir, mais le petit pied demeura paisiblement sous la table, endormi entre les deux siens.

Avec son habit gorge de pigeon, Morand semblait avoir repris son esprit du décadi, cet esprit brillant que Maurice avait vu quelquefois jaillir des lèvres de cet homme étrange, et qu'eût si bien accompa-

— Du diable si jamais, maintenant, je suis jaloux de toi! — Page 79.

gné sans doute la flamme de ses yeux, si des lunettes vertes n'eussent point éteint cette flamme.

Il dit mille folies sans jamais rire : ce qui faisait la force de plaisanterie de Morand, ce qui donnait un charme étrange à ses saillies, c'était son imperturbable sérieux. Ce marchand qui avait tant voyagé pour le commerce de peaux de toute espèce, depuis les peaux de panthères jusqu'aux peaux de lapins, ce chimiste aux bras rouges connaissait l'Égypte comme Hérodote, l'Afrique comme Levaillant, et l'Opéra et les boudoirs comme un muscadin.

— Mais, le diable m'emporte! citoyen Morand, dit Maurice, vous êtes non-seulement un sachant, mais un savant.

— Oh! j'ai beaucoup vu et surtout lu, dit Morand; puis ne faut-il pas que je me prépare un peu à la vie de plaisirs que je compte embrasser dès que j'aurais fait ma fortune! Il est temps, citoyen Maurice, il est temps!

— Bah! dit Maurice, vous parlez comme un vieillard; quel âge avez-vous donc?

Morand se retourna en tressaillant à cette question, toute naturelle qu'elle était.

— J'ai trente-huit ans, dit il. Ah! voilà ce que

c'est que d'être un savant, comme vous dites, on n'a plus d'âge.

Geneviève se mit à rire, Maurice fit chorus; Morand se contenta de sourire.

— Alors vous avez beaucoup voyagé? demanda Maurice en resserrant entre les siens le pied de Geneviève, qui tendait imperceptiblement à se dégager.

— Une partie de ma jeunesse, répondit Morand, s'est écoulée à l'étranger.

— Beaucoup vu? pardon, c'est observé que je devrais dire, reprit Maurice; car un homme comme vous ne peut voir sans observer.

— Ma foi, oui, beaucoup vu, reprit Morand; je dirai presque que j'ai tout vu.

— Tout, citoyen, c'est beaucoup, reprit en riant Maurice; et, si vous cherchiez...

— Ah! oui, vous avez raison. Il y a deux choses que je n'ai jamais vues. Il est vrai que de nos jours ces deux choses se font de plus en plus rares.

— Qu'est-ce donc? demanda Maurice.

— La première, répondit gravement Morand, c'est un Dieu.

— Ah! dit Maurice, à défaut de Dieu, citoyen Morand, je pourrais vous faire voir une déesse.

— Comment cela? interrompit Geneviève.

— Oui, une déesse de création toute moderne; la déesse Raison. J'ai un ami dont vous m'avez quelquefois entendu parler, mon cher et brave Lorin, un cœur d'or, qui n'a qu'un seul défaut, celui de faire des quatrains et des calembours.

— Eh bien?

— Eh bien! il vient d'avantager la ville de Paris d'une déesse Raison, parfaitement conditionnée, et à laquelle on n'a rien trouvé à reprendre. C'est la citoyenne Arthémise, ex-danseuse à l'Opéra, et à présent parfumeuse, rue Martin. Sitôt qu'elle sera définitivement reçue déesse, je pourrai vous la montrer.

Morand remercia gravement Maurice de la tête, et continua:

— L'autre, dit-il, c'est un roi.

— Oh! cela c'est plus difficile, dit Geneviève en s'efforçant de sourire; il n'y en a plus.

— Vous auriez dû voir le dernier, dit Maurice, c'eût été prudent.

— Il en résulte, dit Morand, que je ne me fais aucune idée d'un front couronné: ce doit être fort triste?

— Fort triste, en effet, dit Maurice; je vous en réponds, moi qui en vois un tous les mois à peu près.

— Un front couronné? demanda Geneviève.

— Ou du moins, reprit Maurice, qui a porté le lourd et douloureux fardeau d'une couronne.

— Ah! oui, la reine, dit Morand; vous avez raison, monsieur Maurice, ce doit être un lugubre spectacle...

— Est-elle aussi belle et aussi fière qu'on le dit? demanda Geneviève.

— Ne l'avez-vous donc jamais vue, madame? demanda à son tour Maurice étonné.

— Moi? jamais... répliqua la jeune femme.

— En vérité, dit Maurice, c'est étrange!

— Et pourquoi étrange? dit Geneviève; nous avons habité la province jusqu'en 91; depuis 91, j'habite la vieille rue Saint-Jacques, qui ressemble beaucoup à la province, si ce n'est que l'on n'a jamais de soleil, moins d'air et moins de fleurs; vous connaissez ma vie, citoyen Maurice. Elle a toujours été la même; comment voulez-vous que j'aie vu la reine? jamais l'occasion ne s'en est présentée.

— Et je ne crois pas que vous profitiez de celle qui, malheureusement, se présentera peut-être, dit Maurice.

— Que voulez-vous dire? demanda Geneviève.

— Le citoyen Maurice, reprit Morand, fait allusion à une chose qui n'est plus un secret.

— A laquelle? demanda Geneviève.

— Mais à la condamnation probable de Marie-Antoinette et à sa mort sur le même échafaud où est mort son mari. Le citoyen dit, enfin, que vous ne profiterez point, pour la voir, du jour où elle sortira du Temple pour marcher à la place de la Révolution.

— Oh! certes non! s'écria Geneviève, à ces paroles prononcées par Morand avec un sang-froid glacial.

— Alors, faites-en votre deuil, continua l'impassible chimiste, car l'Autrichienne est bien gardée, et la République est une fée qui rend invisible qui bon lui semble.

— J'avoue, dit Geneviève, que j'eusse cependant été bien curieuse de voir cette pauvre femme.

— Voyons, dit Maurice, ardent à accueillir tous les souhaits de Geneviève, en avez-vous réellement bien envie? Alors, dites un mot; la République est une fée, je l'accorde au citoyen Morand; mais moi, en qualité de municipal, je suis quelque peu enchanteur.

— Vous pourriez me faire voir la reine, vous, monsieur? s'écria Geneviève.

— Certainement que je le puis.

— Et comment cela? demanda Morand en échangeant avec Geneviève un rapide regard, qui passa inaperçu du jeune homme.

— Rien de plus simple dit Maurice. Il y a, certes, des municipaux dont on se défie, mais moi, j'ai donné assez de preuves de mon dévouement à la cause de la liberté pour n'être point de ceux-là. D'ailleurs, les entrées au Temple dépendent conjointement et des municipaux et des chefs de poste. Or, le chef de poste est justement, ce jour-là, mon ami Lorin, qui me paraît être appelé à remplacer indubitablement le général Santerre, attendu qu'en trois mois il est monté du grade de caporal à celui d'adjudant-major. Eh bien! venez me trouver au Temple le jour où je serai de garde, c'est-à-dire jeudi prochain.

— Eh bien! dit Morand, j'espère que vous êtes servie à souhait. Voyez donc comme cela se trouve.

— Oh! non, non, dit Geneviève, je ne veux pas.

— Et pourquoi cela? s'écria Maurice, qui ne voyait dans cette visite au Temple qu'un moyen de voir Geneviève un jour où il comptait être privé de ce bonheur.

— Parce que, dit Geneviève, ce serait peut-être vous exposer, cher Maurice, à quelque conflit désagréable, et que, s'il vous arrivait, à vous, notre ami, un souci quelconque causé par la satisfaction d'un caprice à moi, je ne me le pardonnerais de ma vie.

— Voilà qui est parlé sagement, Geneviève, dit Morand. Croyez-moi, les défiances sont grandes, les meilleurs patriotes sont suspectés aujourd'hui; renoncez à ce projet qui, pour vous, comme vous le dites, est un simple caprice de curiosité.

— On dirait que vous en parlez en jaloux, Morand, et que, n'ayant vu ni reine ni roi, vous ne voulez pas que les autres en voient. Voyons, ne discutez plus; soyez de la partie.

— Moi! ma foi non.

— Ce n'est plus la citoyenne Dixmer qui désire venir au Temple, c'est moi qui la prie ainsi que vous de venir distraire un pauvre prisonnier. Car, une fois la grande porte refermée sur moi, je suis, pour vingt-quatre heures, aussi prisonnier que le serait un roi, un prince du sang.

Et, pressant de ses deux pieds le pied de Geneviève :

— Venez donc, dit-il, je vous en supplie.

— Voyons, Morand, dit Geneviève, accompagnez-moi.

— C'est une journée perdue, dit Morand, et qui retardera d'autant celle où je me retirerai du commerce.

— Alors, je n'irai point, dit Geneviève.

— Et pourquoi cela? demanda Morand.

— Eh! mon Dieu, c'est tout simple, dit Geneviève, parce que je ne puis pas compter sur mon mari pour m'accompagner, et que, si vous ne m'accompagnez pas, vous, homme raisonnable, homme de trente-huit ans, je n'aurai pas la hardiesse d'aller affronter seule les postes de canonniers, de grenadiers et de chasseurs, en demandant à parler à un municipal qui n'est mon aîné que de trois ou quatre ans.

— Alors, dit Morand, puisque vous croyez ma présence indispensable, citoyenne...

— Allons, allons, citoyen savant, soyez galant comme si vous étiez tout bonnement un homme ordinaire, dit Maurice, et sacrifiez la moitié de votre journée à la femme de votre ami.

— Soit! dit Morand.

— Maintenant, reprit Maurice, je ne vous demande qu'une chose, c'est de la discrétion. C'est une démarche suspecte qu'une visite au Temple, et un accident quelconque, qui arriverait à la suite de cette visite, nous ferait guillotiner tous. Les Jacobins ne plaisantent pas, peste! Vous venez de voir comment ils ont traité les Girondins.

— Diable! dit Morand, c'est à considérer ce que dit là le citoyen Maurice : ce serait une manière de me retirer du commerce qui ne m'irait point du tout.

— N'avez-vous pas entendu, reprit Geneviève en souriant, que le citoyen Maurice a dit *tous*?

— Eh bien! tous?

— Tous ensemble.

— Oui, sans doute, dit Morand, la compagnie est agréable, mais j'aime mieux, belle sentimentale, vivre dans votre compagnie que d'y mourir.

— Ah çà! où diable avais-je donc l'esprit, se demanda Maurice, quand je croyais que cet homme était amoureux de Geneviève?

— Alors, c'est dit, reprit Geneviève; Morand, vous, c'est à vous que je parle, à vous le distrait, à vous le rêveur; c'est pour jeudi prochain : n'allez pas mercredi soir commencer quelque expérience chimique qui vous tienne pour vingt-quatre heures, comme cela arrive quelquefois.

— Soyez tranquille, dit Morand; d'ailleurs, d'ici là, vous me le rappellerez.

Geneviève se leva de table, Maurice imita son exemple, Morand allait en faire autant et les suivre peut-être lorsque l'un des ouvriers apporta au chimiste une petite fiole de liqueur qui attira toute son attention.

— Dépêchons-nous, dit Maurice en entraînant Geneviève.

— Oh! soyez tranquille, dit celle-ci; il en a pour une bonne heure au moins.

Et la jeune femme lui abandonna sa main, qu'il serra tendrement dans les siennes. Elle avait remords de sa trahison, et elle lui payait ce remords en bonheur.

— Voyez-vous, lui dit-elle en traversant le jardin et en montrant à Maurice les œillets qu'on avait apportés à l'air dans une caisse d'acajou pour les ressusciter s'il était possible; voyez-vous, mes fleurs sont mortes.

— Qui les a tuées? votre négligence, dit Maurice. Pauvres œillets!

— Ce n'est point ma négligence, c'est votre abandon, mon ami.

— Cependant, elles demandaient bien peu de chose, Geneviève : un peu d'eau, voilà tout; et mon départ a dû vous laisser bien du temps.

— Ah! dit Geneviève, si les fleurs s'arrosaient avec des larmes, ces pauvres œillets, comme vous les appelez, ne seraient pas morts.

Maurice l'enveloppa de ses bras, la rapprocha vivement de lui, et, avant qu'elle eût eu le temps de se défendre, il appuya ses lèvres sur l'œil moitié souriant, moitié languissant, qui regardait la caisse ravagée.

Geneviève avait tant de choses à se reprocher, qu'elle fut indulgente.

Dixmer revint tard, et, lorsqu'il revint, il trouva Morand, Geneviève et Maurice qui causaient botanique dans le jardin.

CHAPITRE XX.

LA BOUQUETIÈRE.

Enfin, ce fameux jeudi, jour de la garde de Maurice, arriva.

On entrait dans le mois de juin. Le ciel était d'un bleu foncé, et sur cette nappe d'indigo se détachait le blanc mat des maisons neuves. On commençait à pressentir l'arrivée de ce chien terrible que les anciens représentaient altéré d'une soif inextinguible, et qui, au dire des Parisiens de la plèbe, lèche si bien les pavés. Paris était net comme un tapis, et des parfums tombés de l'air, montant des arbres, émanant des fleurs, circulaient et enivraient comme pour faire oublier un peu aux habitants de la capitale cette vapeur de sang qui fumait sans cesse sur le pavé de ses places.

Maurice devait entrer au Temple à neuf heures, ses deux collègues étaient Mercevault et Agricola. A huit heures, il était rue Vieille-Saint-Jacques, en grand costume de citoyen municipal, c'est-à-dire avec une écharpe tricolore serrant sa taille souple et nerveuse; il était venu, comme d'habitude, à cheval chez Geneviève, et sur sa route il avait pu recueillir les éloges et les approbations, nullement dissimulés, des bonnes patriotes qui le regardaient passer.

Geneviève était déjà prête : elle portait une simple robe de mousseline, une espèce de mante en taffetas léger, un petit bonnet orné de la cocarde tricolore. Dans ce simple appareil, elle était d'une éblouissante beauté.

Morand, qui s'était, comme nous l'avons vu, beaucoup fait prier pour venir, avait, de peur d'être suspecté d'aristocratie sans doute, pris l'habit de tous les jours, cet habit moitié bourgeois, moitié artisan. Il venait de rentrer seulement, et son visage portait la trace d'une grande fatigue.

Il prétendit avoir travaillé toute la nuit pour achever une besogne pressée.

Dixmer était sorti aussitôt le retour de son ami Morand.

— Eh bien! demanda Geneviève, qu'avez-vous décidé, Maurice, et comment verrons-nous la reine?

— Écoutez, dit Maurice, mon plan est fait. J'arrive avec vous au Temple; je vous recommande à Lorin, mon ami, qui commande la garde; je prends mon poste, et, au moment favorable, je vais vous chercher.

— Mais, demanda Morand, où verrons-nous les prisonniers, et comment les verrons-nous?

— Pendant leur déjeuner ou leur dîner, si cela vous convient, à travers le vitrage des municipaux.

— Parfait! dit Morand.

Maurice vit alors Morand s'approcher de l'armoire du fond de la salle à manger, et boire à la hâte un verre de vin pur. Cela le surprit. Morand était fort sobre et ne buvait d'ordinaire que de l'eau rougie.

Geneviève s'aperçut que Maurice regardait le buveur avec étonnement.

— Figurez-vous, dit-elle, qu'il se tue avec son travail, ce malheureux Morand, de sorte qu'il est capable de n'avoir rien pris depuis hier matin.

— Il n'a donc pas dîné ici? demanda Maurice.

— Non, il fait des expériences en ville.

Geneviève prenait une précaution inutile. Maurice, en véritable amant, c'est-à-dire en égoïste, n'avait remarqué cette action de Morand qu'avec cette attention superficielle que l'homme amoureux accorde à tout ce qui n'est pas la femme qu'il aime.

A ce verre de vin Morand ajouta une tranche de pain qu'il avala précipitamment.

— Et maintenant, dit le mangeur, je suis prêt, cher citoyen Maurice; quand vous voudrez nous partirons.

Maurice, qui effeuillait les pistils flétris d'un des

La Bouquetière.

œillets morts qu'il avait cueillis en passant, présenta son bras à Geneviève en disant :

— Partons.

Ils partirent en effet. Maurice était si heureux, que sa poitrine ne pouvait contenir son bonheur; il eût crié de joie s'il ne se fût retenu. En effet, que pouvait-il désirer de plus : non-seulement on n'aimait point Morand, il en avait la certitude, mais encore on l'aimait lui, il en avait l'espérance. Dieu envoyait un beau soleil sur la terre, le bras de Geneviève frémissait sous le sien, et les crieurs publics, hurlant à pleine tête le triomphe des Jacobins et la chute de Brissot et de ses complices, annonçaient que la patrie était sauvée.

Il y a vraiment des instants dans la vie où le cœur de l'homme est trop petit pour contenir la joie ou la douleur qui s'y concentre.

— Oh! le beau jour! s'écria Morand.

Maurice se retourna avec étonnement; c'était le premier élan qui sortait devant lui de cet esprit toujours distrait ou comprimé.

— Oh! oui, oui, bien beau, dit Geneviève en se

laissant peser au bras de Maurice; puisse-t-il demeurer jusqu'au soir pur et sans nuages comme il est en ce moment!

Maurice s'appliqua ce mot, et son bonheur en redoubla.

Morand regarda Geneviève à travers ses lunettes vertes avec une expression particulière de reconnaissance; peut-être lui aussi s'était-il appliqué ce mot.

On traversa ainsi le Petit-Pont, la rue de la Juiverie et le pont Notre-Dame, puis on prit la place de l'Hôtel-de-Ville, la rue Bar-du-Bec et la rue Sainte-Avoye. A mesure qu'on avançait, le pas de Maurice devenait plus léger, tandis qu'au contraire le pas de sa compagne et de son compagnon se ralentissait de plus en plus.

On était arrivé ainsi au coin de la rue des Vieilles-Audriettes lorsque tout à coup une bouquetière barra le passage à nos promeneurs en leur présentant son éventaire chargé de fleurs.

— Oh! les magnifiques œillets! s'écria Maurice.

— Oh! oui, bien beaux! dit Geneviève; il paraît que ceux qui les cultivent n'avaient point d'autres préoccupations, car ils ne sont pas morts, ceux-là.

Ce mot retentit bien doucement au cœur du jeune homme.

— Ah! mon beau municipal, dit la bouquetière, achète un bouquet à la jolie citoyenne. Elle est habillée de blanc, voilà des œillets rouges superbes; blanc et pourpre vont bien ensemble; elle mettra le bouquet sur son cœur, et, comme son cœur est bien près de ton habit bleu, vous aurez là les couleurs nationales.

La bouquetière était jeune et jolie; elle débitait son petit compliment avec une grâce toute particulière, son compliment d'ailleurs était admirablement choisi, et, eût-il été fait exprès, qu'il ne se fût pas mieux appliqué à la circonstance. En outre, les fleurs étaient presque symboliques. C'étaient des œillets pareils à ceux qui étaient morts dans la caisse d'acajou.

— Oui, dit Maurice, je t'en achète, parce que ce sont des œillets, entends-tu bien? Toutes les autres fleurs, je les déteste.

— Oh! Maurice, dit Geneviève, c'est bien inutile; nous en avons tant dans le jardin!

Et, malgré ce refus des lèvres, les yeux de Geneviève disaient qu'elle mourait d'envie d'avoir ce bouquet.

Maurice prit le plus beau de tous les bouquets; c'était d'ailleurs celui que lui présentait la jolie marchande de fleurs.

Il se composait d'une vingtaine d'œillets ponceau, à l'odeur à la fois âcre et suave. Au milieu de tous et dominant comme un roi, sortait un œillet énorme.

— Tiens, dit Maurice à la marchande en lui jetant sur son éventaire un assignat de cinq livres, tiens, voilà pour toi.

— Merci, mon beau municipal, dit la bouquetière; cinq fois merci!

Et elle alla vers un autre couple de citoyens, dans l'espérance qu'une journée qui commençait si magnifiquement serait une bonne journée. Pendant cette scène, bien simple en apparence, et qui avait duré quelques secondes à peine, Morand, chancelant sur ses jambes, s'essuyait le front, et Geneviève était pâle et tremblante. Elle prit, en crispant sa main charmante, le bouquet que lui présentait Maurice, et le porta à son visage moins pour en respirer l'odeur que pour cacher son émotion.

Le reste du chemin se fit gaiement, quant à Maurice du moins. Pour Geneviève, sa gaieté à elle était contrainte. Quant à Morand, la sienne se faisait jour d'une façon bizarre, c'est-à-dire par des soupirs étouffés, par des rires éclatants et par des plaisanteries formidables tombant sur les passants comme un feu de file.

A neuf heures, on arrivait au Temple.

Santerre faisait l'appel des municipaux.

— Me voici, dit Maurice en laissant Geneviève sous la garde de Morand.

— Ah! sois le bienvenu, dit Santerre en tendant la main au jeune homme.

Maurice se garda bien de refuser la main qui lui était offerte. L'amitié de Santerre était certainement une des plus précieuses de l'époque.

En voyant cet homme qui avait commandé le fameux roulement de tambours, Geneviève frissonna et Morand pâlit.

— Qui donc est cette belle citoyenne, demanda Santerre à Maurice, et que vient-elle faire ici?

— C'est la femme du brave citoyen Dixmer; il n'est point que tu n'aies entendu parler de ce brave patriote, citoyen général?

— Oui, oui, reprit Santerre, un chef de tannerie, capitaine aux chasseurs de la légion Victor.

— C'est cela même.

— Bon! bon! elle est, ma foi, jolie. Et cette espèce de magot qui lui donne le bras?

— C'est le citoyen Morand, l'associé de son mari, chasseur dans la compagnie Dixmer.

Santerre s'approcha de Geneviève.

— Bonjour, citoyenne, dit-il.

Geneviève fit un effort.

— Bonjour, citoyen général, répondit-elle en souriant.

Santerre fut à la fois flatté du sourire et du titre.

— Et que viens-tu faire ici, belle patriote? continua Santerre.

— La citoyenne, reprit Maurice, n'a jamais vu la veuve Capet, et elle voudrait la voir.

— Oui, dit Santerre, avant que...

Et il fit un geste atroce.

— Précisément, répondit froidement Maurice.

— Bien, dit Santerre, tâche seulement qu'on ne la voie pas entrer au donjon, ce serait un mauvais exemple; d'ailleurs, je m'en fie bien à toi.

Santerre serra de nouveau la main à Maurice, fit de la tête un geste amical et protecteur à Geneviève, et alla vaquer à ses autres fonctions.

Après bon nombre d'évolutions, de grenadiers et de chasseurs, après quelques manœuvres de canon dont on pensait que les sourds retentissements jetaient aux environs une intimidation salutaire, Maurice reprit le bras de Geneviève, et, suivi par Morand, s'avança vers le poste à la porte duquel Lorin s'égosillait en commandant la manœuvre à son bataillon.

— Bon! s'écria-t-il, voilà Maurice, peste! avec une femme qui me paraît un peu agréable. Est-ce que le sournois voudrait faire concurrence à ma déesse Raison? S'il en était ainsi, pauvre Arthémise!

— Eh bien! citoyen adjudant, dit le capitaine.

— Ah! c'est juste. Attention! cria Lorin; par file à gauche, gauche... Bonjour, Maurice. Pas accéléré... arche!

Les tambours roulèrent; les compagnies allèrent prendre leurs postes, et, quand chacune fut au sien, Lorin accourut.

Les premiers compliments s'échangèrent.

Maurice présenta Lorin à Geneviève et à Morand.

Puis les explications commencèrent.

— Oui, oui, je comprends, dit Lorin; tu veux que le citoyen et la citoyenne puissent entrer au donjon, c'est chose facile; je vais faire placer les factionnaires et leur dire qu'ils peuvent te laisser passer avec ta société.

Dix minutes après, Geneviève et Morand entraient à la suite des trois municipaux et prenaient place derrière le vitrage.

CHAPITRE XXI.

L'ŒILLET ROUGE.

La reine venait de se lever seulement. Malade depuis deux ou trois jours, elle restait au lit plus longtemps que d'habitude. Seulement, ayant appris de sa sœur que le soleil s'était levé magnifique, elle avait fait un effort et avait, pour faire prendre l'air à sa fille, demandé à se promener sur la terrasse, ce qui lui avait été accordé sans difficulté.

Et puis, une autre raison la déterminait Une fois, une seule il est vrai, elle avait, du haut de la tour, aperçu le dauphin dans le jardin. Mais, au premier geste qu'avaient échangé le fils et la mère, Simon était intervenu et avait fait rentrer l'enfant.

N'importe, elle l'avait aperçu, et c'était beaucoup. Il est vrai que le pauvre petit prisonnier était bien pâle et bien changé. Puis il était vêtu, comme un enfant du peuple, d'une carmagnole et d'un gros pantalon. Mais on lui avait laissé ses beaux cheveux blonds bouclés, qui lui faisaient une auréole que Dieu a sans doute voulu que l'enfant martyr gardât au ciel.

Si elle pouvait le revoir une fois encore seulement, quelle fête pour ce cœur de mère!

Puis enfin il y avait encore autre chose.

— Ma sœur, lui avait dit madame Élisabeth, vous savez que nous avons trouvé dans le corridor un fétu de paille dressé dans l'angle du mur. Dans la langue de nos signaux, cela veut dire de faire attention autour de nous et qu'un ami s'approche.

— C'est vrai, avait répondu la reine, qui, regardant sa sœur et sa fille en pitié, s'encourageait elle-même à ne point désespérer de leur salut.

Les exigences du service étant accomplies, Maurice était alors d'autant plus le maître dans le donjon du Temple, que le hasard l'avait désigné pour la garde du jour, en faisant des municipaux Agricola et Mercevault les veilleurs de nuit.

Les municipaux sortants étaient partis après avoir laissé leur procès-verbal au conseil du Temple.

— Eh bien! citoyen municipal, dit la femme Tison en venant saluer Maurice, vous amenez donc de la société pour voir nos pigeons? Il n'y a que moi qui suis condamnée à ne plus voir ma pauvre Héloïse.

— Ce sont des amis à moi, dit Maurice, qui n'ont jamais vu la femme Capet.

— Qui donc est cette belle citoyenne? demanda Santerre à Maurice. — Page 86.

— Eh bien! ils seront à merveille derrière le vitrage.
— Assurément, dit Morand.
— Seulement, dit Geneviève, nous allons avoir l'air de ces curieux cruels qui viennent de l'autre côté d'une grille jouir des tourments d'un prisonnier.
— Eh bien! que ne les avez-vous vus sur le chemin de la Tour, vos amis, puisque la femme s'y promène aujourd'hui avec sa sœur et sa fille, car ils lui ont laissé sa fille à elle, tandis que moi, qui ne suis pas coupable, ils m'ont ôté la mienne. Oh! les aristocrates! il y aura toujours, quoi qu'on fasse, des faveurs pour eux, citoyen Maurice.
— Mais ils lui ont ôté son fils, répondit celui-ci.
— Ah! si j'avais un fils, murmura la geôlière, je crois que je regretterais moins ma fille.

Geneviève avait pendant ce temps-là échangé quelques regards avec Morand.

— Mon ami, dit la jeune femme à Maurice, la citoyenne a raison. Si vous vouliez d'une façon quelconque me placer sur le passage de Marie-Antoinette, cela me répugnerait moins que de la regarder d'ici. Il me semble que cette manière de voir

Geneviève étendit la main pour offrir son bouquet à la reine. — Page 90

les personnes est humiliante à la fois pour elle et pour nous.

— Bonne Geneviève, dit Maurice; vous avez donc toutes les délicatesses?

— Ah! pardieu, citoyenne, s'écria un des deux collègues de Maurice, qui déjeunait dans l'antichambre avec du pain et des saucisses, si vous étiez prisonnière et que la veuve Capet fût curieuse de vous voir, elle ne ferait pas tant de façons pour se passer cette fantaisie, la coquine!

Geneviève, par un mouvement plus rapide que l'éclair, tourna ses yeux vers Morand pour observer sur lui l'effet de ces injures. En effet, Morand tressaillit, une lueur étrange, phosphorescente pour ainsi dire, jaillit de ses paupières, ses poings se crispèrent un moment; mais tous ces signes furent si rapides, qu'ils passèrent inaperçus.

— Comment s'appelle ce municipal? demanda-t-elle à Maurice.

— C'est le citoyen Mercevault, répondit le jeune homme; puis il ajouta, comme pour excuser sa grossièreté, un tailleur de pierres.

Mercevault entendit et jeta un regard de côté sur Maurice.

— Allons! allons! dit la femme Tison, achève ta saucisse et ta demi-bouteille, que je desserve.

— Ce n'est pas la faute de l'Autrichienne si je les achève à cette heure, grommela le municipal; si elle avait pu me faire tuer au 10 août, elle l'eût certainement fait; aussi, le jour où elle éternuera dans le sac, je serai au premier rang, solide au poste.

Morand devint pâle comme un mort.

— Allons! allons! citoyen Maurice, dit Geneviève; allons où vous avez promis de me mener; ici, il me semble que je suis prisonnière, j'étouffe.

Maurice fit sortir Morand et Geneviève; les sentinelles, prévenues par Lorin, les laissèrent passer sans aucune difficulté.

Il les installa dans un petit couloir de l'étage supérieur, de sorte qu'au moment où la reine, madame Élisabeth et madame Royale devaient monter à la galerie, les augustes prisonnières ne pouvaient faire autrement que de passer devant eux.

Comme la promenade était fixée pour dix heures et qu'il n'y avait plus que quelques minutes à attendre, Maurice non-seulement ne quitta point ses amis, mais encore, afin que le plus léger soupçon ne planât point sur cette démarche tant soit peu illégale, ayant rencontré le citoyen Agricola, il l'avait pris avec lui.

Dix heures sonnèrent.

— Ouvrez! cria du bas de la tour une voix que Maurice reconnut pour celle du général Santerre.

Aussitôt la garde prit les armes, on ferma les grilles, les factionnaires apprêtèrent leurs armes. Il y eut alors dans toute la cour un bruit de fer, de pierres et de pas qui impressionna vivement Morand et Geneviève, car Maurice les vit pâlir tous deux.

— Que de précautions pour garder trois femmes! murmura Geneviève.

— Oui, dit Morand en essayant de rire. Si ceux qui tentent de les faire évader étaient à notre place et voyaient ce que nous voyons, cela les dégoûterait du métier.

— En effet, dit Geneviève, je commence à croire qu'elles ne se sauveront pas.

— Et moi, je l'espère, répondit Maurice.

Et se penchant à ces mots sur la rampe de l'escalier :

— Attention, dit-il, voici les prisonnières.

— Nommez-les-moi, dit Geneviève, car je ne les connais pas.

— Les deux premières qui montent sont la sœur et la fille de Capet. La dernière, qui est précédée d'un petit chien, est Marie-Antoinette.

Geneviève fit un pas en avant. Mais, au contraire, Morand, au lieu de regarder, se colla contre le mur.

Ses lèvres étaient plus livides et plus terreuses que la pierre du donjon.

Geneviève, avec sa robe blanche et ses beaux yeux purs, semblait un ange attendant les prisonniers pour éclairer la route amère qu'ils parcouraient et leur mettre en passant un peu de joie au cœur.

Madame Élisabeth et madame Royale passèrent après avoir jeté un regard étonné sur les étrangers; sans doute la première eut l'idée que c'étaient ceux que leur annonçaient les signes; car elle se retourna vivement vers madame Royale et lui serra la main, tout en laissant tomber son mouchoir comme pour prévenir la reine.

— Faites attention, ma sœur, dit-elle, j'ai laissé échapper mon mouchoir.

Et elle continua de monter avec la jeune princesse.

La reine, dont un souffle haletant et une petite toux sèche indiquaient le malaise, se baissa pour ramasser le mouchoir qui était tombé à ses pieds; mais, plus prompt qu'elle, son petit chien s'en empara et courut le porter à Madame Élisabeth. La reine continua donc de monter, et après quelques marches se trouva à son tour devant Geneviève, Morand et le jeune municipal.

— Oh! des fleurs! dit-elle; il y a bien longtemps que je n'en ai vu. Que cela sent bon, et que vous êtes heureuse d'avoir des fleurs, madame!

Prompte comme la pensée qui venait de se formuler par ces paroles douloureuses, Geneviève étendit la main pour offrir son bouquet à la reine. Alors Marie-Antoinette leva la tête, la regarda, et une imperceptible rougeur parut sur son front décoloré.

Mais, par une sorte de mouvement naturel, par cette habitude d'obéissance passive au règlement, Maurice étendit la main pour arrêter le bras de Geneviève.

La reine alors demeura hésitante, et, regardant Maurice, elle le reconnut pour le jeune municipal qui avait l'habitude de lui parler avec fermeté, mais en même temps avec respect.

— Est-ce défendu, monsieur? dit-elle.

— Non, non, madame, dit Maurice. Geneviève, vous pouvez offrir votre bouquet.

— Oh! merci, merci, monsieur! s'écria la reine avec une vive reconnaissance.

Et, saluant avec une gracieuse affabilité Geneviève, Marie-Antoinette avança une main amaigrie, et cueillit au hasard un œillet dans la masse des fleurs.

— Mais prenez tout, madame, prenez, dit timidement Geneviève.

— Non, dit la reine avec un sourire charmant; ce bouquet vient peut-être d'une personne que vous aimez, et je ne veux point vous en priver.

Geneviève rougit, et cette rougeur fit sourire la reine.

— Allons, allons, citoyenne Capet, dit Agricola, il faut continuer votre chemin.

La reine salua et continua de monter; mais, avant de disparaître, elle se retourna encore en murmurant :

— Que cet œillet sent bon et que cette femme est jolie!

— Elle ne m'a pas vu, murmura Morand, qui, presque agenouillé dans la pénombre du corridor, n'avait effectivement point frappé les regards de la reine.

— Mais vous, vous l'avez bien vue, n'est-ce pas, Morand? n'est-ce pas, Geneviève? dit Maurice doublement heureux, d'abord du spectacle qu'il avait procuré à ses amis, et ensuite du plaisir qu'il venait de faire à si peu de frais à la malheureuse prisonnière.

— Oh! oui, oui, dit Geneviève, je l'ai bien vue, et maintenant, quand je vivrais cent ans, je la verrais toujours.

— Et comment la trouvez-vous?
— Bien belle.
— Et vous, Morand?

Morand joignit les mains sans répondre.

— Dites donc, dit tout bas et en riant Maurice à Geneviève, est-ce que ce serait de la reine que Morand est amoureux?

Geneviève tressaillit mais se remettant aussitôt·

— Ma foi, répondit-elle en riant à son tour, cela en a en vérité l'air.

— Eh bien! vous ne me dites pas comment vous l'avez trouvée, Morand! insista Maurice.

— Je l'ai trouvée bien pâle, répondit-il.

Maurice reprit le bras de Geneviève et la fit descendre vers la cour. Dans l'escalier sombre, il lui sembla que Geneviève lui baisait la main.

— Eh bien! dit Maurice, que veut dire cela, Geneviève?

— Cela veut dire, Maurice, que je n'oublierai jamais que pour un caprice de moi vous avez risqué votre tête.

— Oh! dit Maurice, voilà de l'exagération, Geneviève. De vous à moi, vous savez que la reconnaissance n'est pas le sentiment que j'ambitionne.

Geneviève lui pressa doucement le bras.

Maurice suivait en trébuchant.

On arriva dans la cour. Lorin vint reconnaître les deux visiteurs et les fit sortir du Temple.

Mais, avant de le quitter, Geneviève fit promettre à Maurice de venir dîner vieille rue Saint-Jacques le lendemain.

CHAPITRE XXII.

SIMON LE CENSEUR.

Maurice s'en revint à son poste le cœur tout plein d'une joie presque céleste: il trouva la femme Tison qui pleurait.

— Et qu'avez-vous donc encore, la mère? demanda-t-il.

— J'ai que je suis furieuse! répondit la geôlière.
— Et pourquoi?
— Parce que tout est injustice pour les pauvres gens dans ce monde.
— Mais enfin...
— Vous êtes riche, vous; vous êtes bourgeois, vous venez ici pour un jour seulement, et l'on vous permet de vous y faire visiter par de jolies femmes qui donnent des bouquets à l'Autrichienne; et moi qui niche perpétuellement dans le colombier, on me défend de voir ma pauvre Sophie.

Maurice lui prit la main et y glissa un assignat de dix livres.

— Tenez, bonne Tison, lui dit-il, prenez cela et ayez courage. Eh! mon Dieu! l'Autrichienne ne durera pas toujours.

— Un assignat de dix livres, fit la geôlière, c'est gentil de votre part; mais j'aimerais mieux une papillote qui eût enveloppé les cheveux de ma pauvre fille.

Elle achevait ces mots quand Simon, qui montait, les entendit et vit la geôlière serrer dans sa poche l'assignat que lui avait donné Maurice.

Disons dans quelle disposition d'esprit était Simon.

Simon venait de la cour, où il avait rencontré Lorin. Il y avait décidément antipathie entre ces deux hommes.

Cette antipathie était beaucoup moins motivée par la scène violente que nous avons déjà mise sous les yeux de nos lecteurs que par la différence des races, source éternelle de ces inimitiés ou de ces penchants que l'on appelle les mystères et qui cependant s'expliquent si bien.

Simon était laid, Lorin était beau ; Simon était sale, Lorin sentait bon ; Simon était républicain fanfaron, Lorin était un de ces patriotes ardents qui pour la Révolution n'avaient fait que des sacrifices ; et puis, s'il eût fallu en venir aux coups, Simon sentait instinctivement que le poing du muscadin lui eût non moins élégamment que Maurice décerné un châtiment plébéien.

Simon, en apercevant Lorin, s'était arrêté court et avait pâli.

— C'est donc encore ce bataillon-là qui monte la garde ! grogna-t-il.

— Eh bien ! après ? répondit un grenadier à qui l'apostrophe déplut, il me semble qu'il en vaut bien un autre.

Simon tira un crayon de la poche de sa carmagnole et feignit de prendre une note sur une feuille de papier presque aussi noire que ses mains.

— Eh ! dit Lorin, tu sais donc écrire, Simon, depuis que tu es le précepteur de Capet ? Voyez, citoyens ; ma parole d'honneur, il note : c'est Simon le censeur.

Et un éclat de rire universel parti des rangs des jeunes gardes nationaux, presque tous jeunes gens lettrés, hébéta pour ainsi dire le misérable savetier.

— Bon, bon, dit-il en grinçant des dents et en blêmissant de colère ; on dit que tu as laissé entrer des étrangers dans le donjon, et cela sans permission de la Commune. Bon, bon, je vais faire dresser procès-verbal par le municipal.

— Au moins celui-là sait écrire, répondit Lorin ; c'est Maurice, tu sais, brave Simon ; c'est Maurice, Maurice poing de fer, connais-tu ?

En ce moment justement, Morand et Geneviève sortaient.

A cette vue, Simon s'élança dans le donjon, juste au moment où, comme nous l'avons dit, Maurice donnait à la femme Tison un assignat de dix livres comme consolation.

Maurice ne fit pas attention à la présence de ce misérable, dont il s'éloignait d'ailleurs par instinct toutes les fois qu'il le trouvait sur sa route, comme on s'éloigne d'un reptile venimeux ou dégoûtant.

— Ah çà ! dit Simon à la femme Tison qui s'essuyait les yeux avec son tablier, tu veux donc absolument te faire guillotiner, citoyenne ?

— Moi ! dit la femme Tison, et pourquoi cela ?

— Comment ! tu reçois de l'argent des municipaux pour faire entrer les aristocrates chez l'Autrichienne !

— Moi ! dit la femme Tison ; tais-toi, tu es fou.

— Ce sera consigné au procès-verbal, dit Simon avec emphase.

— Allons donc, ce sont les amis du municipal Maurice, un des meilleurs patriotes qui existent.

— Des conspirateurs, te dis-je ; la Commune sera informée d'ailleurs, elle jugera.

— Allons, tu vas me dénoncer, espion de police ?

— Parfaitement, à moins que tu ne te dénonces toi-même.

— Mais quoi dénoncer ? que veux-tu que je dénonce ?

— Ce qui s'est passé, donc.

— Mais puisqu'il ne s'est rien passé.

— Où étaient-ils, les aristocrates ?

— Là, sur l'escalier.

— Quand la veuve Capet est montée à la tour ?

— Oui.

— Et ils se sont parlé ?

— Ils se sont dit deux mots.

— Deux mots, tu vois ; d'ailleurs ça sent l'aristocrate ici.

— C'est-à-dire que ça sent l'œillet.

— L'œillet ! pourquoi l'œillet ?

— Parce que la citoyenne en avait un bouquet qui embaumait.

— Quelle citoyenne ?

— Celle qui regardait passer la reine.

— Tu vois bien, tu dis la reine, femme Tison ; la fréquentation des aristocrates te perd. Eh bien ! sur quoi donc est-ce que je marche là ? continua Simon en se baissant.

— Eh ! justement, dit la femme Tison, c'est une fleur, sur un œillet ; il sera tombé des mains de la citoyenne Dixmer quand Marie-Antoinette en a pris un dans son bouquet.

— La femme Capet a pris une fleur dans le bouquet de la citoyenne Dixmer ? dit Simon.

— Oui, et c'est moi-même qui le lui ai donné, entends-tu ? dit d'une voix menaçante Maurice, qui écoutait ce colloque depuis quelques instants et que ce colloque impatientait.

— C'est bien, c'est bien, on voit ce qu'on voit, et on sait ce qu'on dit, grogna Simon qui tenait toujours à la main l'œillet froissé par son large pied.

— Et moi, reprit Maurice, je sais une chose et je vais te la dire, c'est que tu n'as rien à faire dans le donjon, et que ton poste de bourreau est là-bas près du petit Capet, que tu ne battras pas cependant aujourd'hui, attendu que je suis là et que je te le défends.

— Ah ! tu menaces et tu m'appelles bourreau ! s'écria Simon en écrasant la fleur entre ses doigts ; ah ! nous verrons s'il est permis aux aristocrates... Eh bien ! qu'est-ce donc que cela ?

— Quoi ? demanda Maurice.

— Ce que je sens dans l'œillet, donc ? Ah ! ah !

Et, aux yeux de Maurice stupéfait, Simon tira du calice de la fleur un petit papier roulé avec un soin exquis et qui avait été artistement introduit au centre de son épais panache.

— Oh ! s'écria Maurice à son tour, qu'est-ce que cela, mon Dieu ?

— Nous le saurons, nous le saurons, dit Simon en s'approchant de la lucarne. Ah ! ton ami Lorin dit que je ne sais pas lire, eh bien! tu vas voir.

Lorin avait calomnié Simon : il savait lire l'imprimé dans tous les caractères et l'écriture quand elle était d'une certaine grosseur. Mais le billet était minuté si fin, que Simon fut obligé de recourir à ses lunettes. Il posa en conséquence le billet sur la lucarne et se mit à faire l'inventaire de ses poches; mais, comme il était au milieu de ce travail, le citoyen Agricola ouvrit la porte de l'antichambre qui était juste en face de la petite fenêtre, et un courant d'air s'établit qui enleva le papier léger comme une plume, de sorte que quand Simon, après une exploration d'un instant, eut découvert ses lunettes, et, après les avoir mises sur son nez, se retourna, il chercha inutilement le papier, le papier avait disparu.

Simon poussa un rugissement.

— Il y avait un papier, s'écria-t-il; il y en avait un; mais gare à toi, citoyen municipal, car il faudra bien qu'il se retrouve.

Et il descendit rapidement, laissant Maurice abasourdi.

Dix minutes après, trois membres de la Commune entraient dans le donjon. La reine était encore sur la terrasse, et l'ordre avait été donné de la laisser dans la plus parfaite ignorance de ce qui venait de se passer. Les membres de la Commune se firent conduire près d'elle.

Le premier objet qui frappa leurs yeux fut l'œillet rouge qu'elle tenait encore à la main. Ils se regardèrent surpris, et s'approchant d'elle :

— Donnez-nous cette fleur, dit le président de la députation.

La reine, qui ne s'attendait pas à cette irruption, tressaillit et hésita.

— Rendez cette fleur, madame, s'écria Maurice avec une sorte de terreur, je vous en prie.

La reine tendit l'œillet demandé.

Le président le prit et se retira, suivi de ses collègues, dans une salle voisine pour faire la perquisition et dresser le procès-verbal.

On ouvrit la fleur, elle était vide.

Maurice respira.

— Un moment, un moment, dit l'un des membres, le cœur de l'œillet a été enlevé. L'alvéole est vide, c'est vrai, mais dans cette alvéole un billet bien certainement a été enfermé.

— Je suis prêt, dit Maurice, à fournir toutes les explications nécessaires; mais, avant tout, je demande à être arrêté.

— Nous prenons acte de ta proposition, dit le président, mais nous n'y faisons pas droit. Tu es connu pour un bon patriote, citoyen Lindey.

— Et je réponds sur ma vie des amis que j'ai eu l'imprudence d'amener avec moi.

— Ne réponds de personne, dit le procureur.

On entendit un grand remue-ménage dans les cours.

C'était Simon qui, après avoir cherché inutilement le petit billet enlevé par le vent, était allé trouver Santerre et lui avait raconté la tentative d'enlèvement de la reine avec tous les accessoires que pouvaient prêter à un pareil événement les charmes de son imagination. Santerre était accouru; on investissait le Temple et l'on changeait la garde, au grand dépit de Lorin, qui protestait contre cette offense faite à son bataillon.

— Ah! méchant savetier, dit-il à Simon en le menaçant de son sabre, c'est à toi que je dois cette plaisanterie, mais, sois tranquille, je te la revaudrai.

— Je crois plutôt que c'est toi qui payeras tout ensemble à la nation, dit le cordonnier en se frottant les mains.

— Citoyen Maurice, dit Santerre, tiens-toi à la disposition de la Commune, qui t'interrogera.

— Je suis à tes ordres, commandant; mais j'ai déjà demandé à être arrêté et je le demande encore.

— Attends, attends, murmura sournoisement Simon, puisque tu y tiens si fort, nous allons tâcher de faire ton affaire.

Et il alla retrouver la femme Tison.

CHAPITRE XXIII.

LA DÉESSE RAISON.

n chercha pendant toute la journée dans la cour, dans le jardin et dans les environs, le petit papier qui causait toute cette rumeur, et qui, on n'en doutait plus, renfermait tout un complot.

On interrogea la reine après l'avoir séparée de sa sœur et de sa fille; mais elle ne répondit rien, sinon qu'elle avait, sur l'escalier, rencontré une jeune femme portant un bouquet, et qu'elle s'était contentée d'y cueillir une fleur.

Encore n'avait-elle cueilli cette fleur que du consentement du municipal Maurice.

Elle n'avait rien autre chose à dire, c'était la vérité dans toute sa simplicité et dans toute sa force.

Tout fut rapporté à Maurice lorsque son tour vint, et il appuya la déposition de la reine comme franche et exacte.

— Mais, dit le président, il y avait un complot alors?

— C'est impossible, dit Maurice, c'est moi qui, en dînant chez madame Dixmer, lui ai proposé de lui faire voir la prisonnière, qu'elle n'avait jamais vue. Mais il n'y avait rien de fixé pour le jour ni pour le moyen.

— Mais on s'était muni de fleurs, dit le président, ce bouquet avait été fait d'avance?

— Pas du tout, c'est moi-même qui ai acheté ces fleurs à une bouquetière qui est venue nous les offrir au coin de la rue des Vieilles-Audriettes.

— Mais au moins cette bouquetière t'a présenté le bouquet?

— Non, citoyen, je l'ai choisi moi-même entre dix ou douze; il est vrai que j'ai choisi le plus beau.

— Mais on a pu, pendant le chemin, y glisser ce billet?

— Impossible, citoyen, je n'ai pas quitté une minute madame Dixmer, et, pour faire l'opération que vous dites dans chacune des fleurs, car remarquez que chacune des fleurs, à ce que dit Simon, devait renfermer un billet pareil, il eût fallu au moins une demi-journée.

— Mais enfin, ne peut-on avoir glissé parmi ces fleurs deux billets préparés?

— C'est devant moi que la prisonnière en a pris une au hasard, après avoir refusé tout le bouquet.

— Alors, à ton avis, citoyen Lindey, il n'y a donc pas de complot?

— Si fait, il y a complot, reprit Maurice, et je suis le premier, non-seulement à le croire, mais à l'affirmer; seulement, ce complot ne vient point de mes amis. Cependant, comme il ne faut pas que la nation soit exposée à aucune crainte, j'offre une caution et je me constitue prisonnier.

— Pas du tout, répondit Santerre, est-ce qu'on agit ainsi avec des éprouvés comme toi? Si tu te constituais prisonnier pour répondre de tes amis, je me constituerais prisonnier pour répondre de toi. Ainsi la chose est simple, il n'y a pas de dénonciation positive, n'est-ce pas? Nul ne saura ce qui s'est passé. Redoublons de surveillance, toi surtout, et nous arriverons à connaître le fond des choses en évitant la publicité.

— Merci, commandant, mais je vous répondrai ce que vous répondriez à ma place. Nous ne devons pas en rester là, et il nous faut retrouver la bouquetière.

— La bouquetière est loin; mais, sois tranquille, on la cherchera. Toi, surveille tes amis, moi, je surveillerai les correspondances de la prison.

On n'avait point songé à Simon, mais Simon avait son projet.

Il arriva vers la fin de la séance que nous venons de raconter pour demander des nouvelles, et il apprit la décision de la Commune.

— Ah! il ne faut qu'une dénonciation en règle, dit-il, pour faire l'affaire; attendez cinq minutes et je l'apporte.

— Qu'est-ce donc? demanda le président.

— C'est, répondit le cordonnier, la courageuse citoyenne Tison qui dénonce les menées sourdes du partisan de l'aristocratie, Maurice, et les ramifications d'un autre faux patriote de ses amis nommé Lorin.

— Prends garde, prends garde, Simon. Ton zèle pour la nation t'égare peut-être, dit le président : Maurice Lindey et Hyacinthe Lorin sont des éprouvés.

— On verra ça au tribunal, répliqua Simon.

— Songes-y bien, Simon, ce sera un procès scandaleux pour tous les bons patriotes.

— Scandaleux ou non, qu'est-ce que ça me fait à moi? Est-ce que je crains le scandale, moi? On saura au moins toute la vérité sur ceux qui trahissent.

— Ainsi tu persistes à dénoncer au nom de la femme Tison?

— Je dénoncerai moi-même ce soir aux Cordeliers et toi-même avec les autres, citoyen président, si tu ne veux pas décréter d'arrestation le traître Maurice.

— Eh bien! soit, dit le président, qui, selon l'habitude de ce malheureux temps, tremblait devant celui qui criait le plus haut. Eh bien! soit, on l'arrêtera.

Pendant que cette décision était rendue contre lui, Maurice était retourné au Temple, où l'attendait un billet ainsi conçu :

« Notre garde étant violemment interrompue, je
« ne pourrai, selon toute probabilité, te revoir que
« demain matin; viens déjeuner avec moi, tu me
« mettras au courant, en déjeunant, des trames et
« des conspirations découvertes par maître Simon.

« On prétend que Simon dépose
« Que tout le mal vient d'un œillet,
« De mon côté sur ce méfait.
« Je vais interroger la rose.

« Et demain, à mon tour, je te dirai ce qu'Arthé-
« mise m'aura répondu.

« Ton ami,
« LORIN. »

« Rien de nouveau, répondit Maurice, dors en
« paix cette nuit et déjeune sans moi demain, at-
« tendu que, vu les incidents de la journée, je ne
« sortirai probablement pas avant midi.
« Je voudrais être le zéphyr pour avoir le droit
« d'envoyer un baiser à la rose dont tu parles.
« Je te permets de siffler ma prose comme je sif-
« fle tes vers.

« Ton ami,
« MAURICE. »

« P. S. Je crois au reste que la conspiration
« n'était qu'une fausse alarme. »

Lorin était en effet sorti vers onze heures avec tout son bataillon, grâce à la motion brutale du cordonnier.

Il s'était consolé de cette humiliation avec un quatrain, et, ainsi qu'il le disait dans ce quatrain, il était allé chez Arthémise.

Arthémise fut enchantée de voir arriver Lorin. Le temps était magnifique, comme nous l'avons dit; elle proposa, le long des quais, une promenade qui fut acceptée.

Ils avaient suivi le port au charbon tout en causant politique, Lorin racontant son expulsion du Temple et cherchant à deviner quelles circonstances avaient pu la provoquer, quand, en arrivant à la hauteur de la rue des Barres, ils aperçurent une bouquetière qui, comme eux, remontait la rive droite de la Seine.

— Ah! citoyen Lorin, dit Arthémise, tu vas, je l'espère bien, me donner un bouquet.

— Comment donc! dit Lorin, deux, si la chose vous est agréable.

Et tous deux doublèrent le pas pour joindre la bouquetière, qui elle-même suivait son chemin d'un pas fort rapide.

En arrivant au pont Marie, la jeune fille s'arrêta, et, se penchant au-dessus du parapet, vida sa corbeille dans la rivière.

Les fleurs séparées tourbillonnèrent un instant dans l'air. Les bouquets, entraînés par leur pesanteur, tombèrent plus rapidement, puis bouquets et fleurs surnageant à la surface suivirent le cours de l'eau.

— Tiens! dit Arthémise en regardant la bouquetière qui faisait un si étrange commerce, on dirait..... mais oui..... mais non..... mais si..... Ah! que c'est bizarre!

La bouquetière mit un doigt sur ses lèvres comme pour prier Arthémise de garder le silence, et disparut

— Qu'est-ce donc? dit Lorin, connaissez-vous cette mortelle, déesse?

— Non. J'avais cru d'abord... Mais certainement je me suis trompée.

— Cependant elle vous a fait signe, insista Lorin.

— Pourquoi donc est-elle bouquetière ce matin? se demanda Arthémise en s'interrogeant elle-même.

— Vous avouez donc que vous la connaissez, Arthémise? demanda Lorin.

— Oui, répondit Arthémise, c'est une bouquetière à laquelle j'achète quelquefois.

— Dans tous les cas, dit Lorin, cette bouquetière a de singulières façons de débiter sa marchandise.

Et tous deux, après avoir regardé une dernière fois les fleurs qui avaient déjà atteint le pont de bois et reçu une nouvelle impulsion du bras de la rivière qui passe sous ses arches, continuèrent leur route vers la Rapée, où ils comptaient dîner en tête à tête.

L'incident n'eut point de suite pour le moment. Seulement, comme il était étrange et présentait un certain caractère mystérieux, il se grava dans l'imagination poétique de Lorin.

Cependant la dénonciation de la femme Tison, dénonciation portée contre Maurice et Lorin, soulevait un grand bruit au club des Jacobins, et Maurice reçut au Temple l'avis de la Commune que sa liberté était menacée par l'indignation publique. C'était une invitation au jeune municipal de se cacher s'il était coupable. Mais, fort de sa conscience,

Maurice resta au Temple, et on le trouva à son poste lorsqu'on vint pour l'arrêter.

A l'instant même, Maurice fut interrogé.

Tout en demeurant dans la ferme résolution de ne mettre en cause aucun des amis dont il était sûr, Maurice, qui n'était pas homme à se sacrifier ridiculement par le silence comme un héros de roman, demanda la mise en cause de la bouquetière.

Il était cinq heures du soir lorsque Lorin rentra chez lui; il apprit à l'instant même l'arrestation de Maurice et la demande que celui-ci avait faite.

La bouquetière du pont Marie jetant ses fleurs dans la Seine lui revint aussitôt à l'esprit : ce fut une révélation subite. Cette bouquetière étrange, cette coïncidence des quartiers, ce demi-aveu d'Arthémise, tout lui criait instinctivement que là était l'explication du mystère dont Maurice demandait la révélation.

Il bondit hors de sa chambre, descendit les quatre étages comme s'il eût eu des ailes, et courut chez la déesse Raison, qui brodait des étoiles d'or sur une robe de gaze bleue.

C'était sa robe de divinité.

— Trêve d'étoiles, chère amie, dit Lorin. On a arrêté Maurice ce matin, et probablement je serai arrêté ce soir.

— Maurice arrêté !

— Eh! mon Dieu oui ! Dans ce temps-ci, rien de plus commun que les grands événements; on n'y fait pas attention, parce qu'ils vont par troupe, voilà tout. Or, presque tous ces grands événements arrivent à propos de futilités. Ne négligeons pas les futilités. Quelle était cette bouquetière que nous avons rencontrée ce matin, chère amie?

Arthémise tressaillit.

— Quelle bouquetière?

— Et pardieu, celle qui jetait avec tant de prodigalité ses fleurs dans la Seine.

— Eh! mon Dieu ! dit Arthémise, cet événement est-il donc si grave, que vous y reveniez avec une pareille insistance?

— Si grave, chère amie, que je vous prie de répondre à l'instant même à ma question.

— Mon ami, je ne le puis.

— Déesse, rien ne vous est impossible.

— Je suis engagée d'honneur à garder le silence.

— Et moi je suis engagé d'honneur à vous faire parler.

— Mais pourquoi insistez-vous ainsi?

— Pour que... corbleu ! pour que Maurice n'ait pas le cou coupé.

— Ah! mon Dieu! Maurice guillotiné ! s'écria la jeune femme effrayée.

— Sans vous parler de moi, qui, en vérité, n'ose pas répondre d'avoir encore ma tête sur mes épaules.

— Oh! non, non, dit Arthémise, ce serait la perdre infailliblement.

En ce moment, l'officieux de Lorin se précipita dans la chambre d'Arthémise.

— Ah ! citoyen, s'écria-t-il, sauve-toi ! sauve-toi !

— Et pourquoi cela? demanda Lorin.

— Parce que les gendarmes se sont présentés chez toi, et que, tandis qu'ils enfonçaient la porte, j'ai gagné la maison voisine par les toits, et j'accours te prévenir.

Arthémise jeta un cri terrible. Elle aimait réellement Lorin.

— Arthémise, dit Lorin en se posant, mettez-vous la vie d'une bouquetière en comparaison avec celle de Maurice et celle de votre amant? S'il en est ainsi, je vous déclare que je cesse de vous tenir pour la déesse Raison, et que je vous proclame la déesse Folie.

— Pauvre Héloïse ! s'écria l'ex-danseuse de l'Opéra, ce n'est point ma faute si je te trahis.

— Bien ! bien ! chère amie, dit Lorin en présentant un papier à Arthémise. Vous m'avez déjà gratifié du nom de baptême; donnez-moi maintenant le nom de famille et l'adresse.

— Oh! l'écrire, jamais, jamais ! s'écria Arthémise; vous le dire, à la bonne heure.

— Dites-le donc, et soyez tranquille, je ne l'oublierai pas.

Et Arthémise donna de vive voix le nom et l'adresse de la fausse bouquetière à Lorin.

Elle s'appelait Héloïse Tison, et demeurait rue des Nonandières, 24.

A ce nom, Lorin jeta un cri et s'enfuit à toutes jambes.

Il n'était pas au bout de la rue qu'une lettre arrivait chez Arthémise.

Cette lettre ne contenait que ces trois lignes :

« Pas un mot sur moi, chère amie, la révélation
« de mon nom me perdrait infailliblement... At-
« tends à demain pour me nommer, car ce soir j'au-
« rai quitté Paris.

« Ton Héloïse. »

— Oh! mon Dieu! s'écria la future déesse, si j'avais pu deviner cela, j'eusse attendu jusqu'à demain.

Et elle s'élança vers la fenêtre pour rappeler Lorin, s'il était encore temps, mais il avait disparu.

La mine dédaigneuse de Maurice au banc des accusés. — Page 98

CHAPITRE XXIV.

LA MÈRE ET LA FILLE.

ous avons déjà dit qu'en quelques heures la nouvelle de cet événement s'était répandue dans tout Paris.

En effet, il y avait à cette époque des indiscrétions bien faciles à comprendre de la part d'un gouvernement dont la politique se nouait et se dénouait dans la rue.

La rumeur gagna donc, terrible et menaçante, la vieille rue Saint-Jacques, et, deux heures après l'arrestation de Maurice, on y apprenait cette arrestation.

Grâce à l'activité de Simon, les détails du complot avaient promptement jailli hors du Temple; seulement, comme chacun brodait sur le fond, la vérité arriva quelque peu altérée chez le maître tanneur; il s'agissait, disait-on, d'une fleur empoisonnée qu'on aurait fait passer à la reine, et à l'aide de laquelle l'Autrichienne devait endormir ses gardes pour sortir du Temple; en outre, à ces bruits s'étaient joints certains soupçons sur la fidélité du bataillon congédié la veille par Santerre. De sorte qu'il y avait déjà plusieurs victimes désignées à la haine du peuple.

Mais vieille rue Saint-Jacques on ne se trompait point, et pour cause, sur la nature de l'événement, et Morand d'un côté, et Dixmer de l'autre, sortirent aussitôt, laissant Geneviève en proie au plus violent désespoir.

En effet, s'il arrivait malheur à Maurice, c'était Geneviève qui était cause de ce malheur, c'était elle qui avait conduit par la main l'aveugle jeune homme jusque dans le cachot où il était renfermé et duquel il ne sortirait, selon toute probabilité, que pour marcher à l'échafaud.

Mais, en tout cas, Maurice ne payerait pas de sa tête son dévouement au caprice de Geneviève. Si Maurice était condamné, Geneviève allait s'accuser elle-même au tribunal, elle avouait tout. Elle assumait la responsabilité sur elle, bien entendu, et, aux dépens de sa vie, elle sauvait Maurice.

Geneviève, au lieu de frémir à cette pensée de mourir pour Maurice, y trouvait au contraire une amère félicité.

Elle aimait le jeune homme, elle l'aimait plus qu'il ne convenait à une femme qui ne s'appartenait pas. C'était pour elle un moyen de reporter à Dieu son âme pure et sans tache comme elle l'avait reçue de lui.

En sortant de la maison, Morand et Dixmer s'étaient séparés. Dixmer s'achemina vers la rue de la Corderie, et Morand courut à la rue des Nonandières. En arrivant au bout du pont Marie, ce dernier aperçut cette foule d'oisifs et de curieux qui stationnent à Paris pendant ou après un événement sur la place où cet événement a eu lieu, comme les corbeaux stationnent sur un champ de bataille.

A cette vue, Morand s'arrêta tout court; les jambes lui manquaient, il fut forcé de s'appuyer au parapet du pont.

Enfin, il reprit, après quelques secondes, cette puissance merveilleuse que, dans les grandes circonstances, il avait sur lui-même, se mêla aux groupes, interrogea et apprit que dix minutes auparavant on venait d'enlever, rue des Nonandières, 24, une jeune femme coupable bien certainement du crime dont elle avait été accusée, puisqu'on l'avait surprise occupée à faire ses paquets.

Morand s'informa du club dans lequel la pauvre fille devait être interrogée. Il apprit que c'était devant la section-mère qu'elle avait été conduite, et il s'y rendit aussitôt.

Le club regorgeait de monde. Cependant, à force de coups de coude et de coups de poings, Morand parvint à se glisser dans une tribune. La première chose qu'il aperçut fut la haute taille, la noble figure, la mine dédaigneuse de Maurice, debout au banc des accusés, et écrasant de son regard Simon, qui pérorait.

— Oui, citoyens, disait Simon, oui, la citoyenne Tison accuse le citoyen Lindey et le citoyen Lorin. Le citoyen Lindey parle d'une bouquetière sur laquelle il veut rejeter son crime, mais, je vous en préviens d'avance, la bouquetière ne se retrouvera point; c'est un complot formé par une société d'aristocrates qui se rejettent la balle les uns aux autres, comme des lâches qu'ils sont. Vous avez bien vu d'ailleurs que le citoyen Lorin avait décampé de chez lui quand on s'y est présenté. Eh bien! il ne se retrouvera pas plus que la bouquetière.

— Tu en as menti, Simon, dit une voix furieuse, et il se retrouvera, car le voici !

Et Lorin fit irruption dans la salle.

— Place à moi! cria-t-il en bousculant les spectateurs, place !

Et il alla se ranger auprès de Maurice.

Cette entrée de Lorin, faite tout naturellement, sans manière, sans emphase, mais avec toute la franchise et toute la vigueur inhérentes au caractère du jeune homme, produisit le plus grand effet sur les tribunes, qui se mirent à applaudir et à crier bravo !

Maurice se contenta de sourire et de tendre la main à son ami en homme qui s'était dit à lui-même : Je suis sûr de ne pas demeurer longtemps seul au banc des accusés.

Les spectateurs regardaient avec un intérêt visible ces deux beaux jeunes gens qu'accusait, comme un démon jaloux de la jeunesse et de la beauté, l'immonde cordonnier du Temple.

Celui-ci s'aperçut de la mauvaise impression qui commençait à s'appesantir sur lui. Il résolut de frapper le dernier coup.

— Citoyens, hurla-t-il, je demande que la généreuse citoyenne Tison soit entendue, je demande qu'elle parle, je demande qu'elle accuse.

— Citoyens, dit Lorin, je demande qu'auparavant la jeune bouquetière, qui vient d'être arrêtée et qu'on va sans doute amener devant vous, soit entendue.

— Non, dit Simon, c'est encore quelque faux témoin, quelque partisan des aristocrates; d'ailleurs la citoyenne Tison brûle du désir d'éclairer la justice.

Pendant ce temps, Lorin parlait bas à Maurice.

— Oui! crièrent les tribunes, oui! la déposition de la femme Tison; oui! oui! qu'elle dépose.

— La citoyenne Tison est-elle dans la salle? demanda le président.

— Sans doute qu'elle y est, s'écria Simon. Citoyenne Tison, dis donc que tu es là.

— Me voilà, mon président, dit la geôlière; mais, si je dépose, me rendra-t-on ma fille?

— Ta fille n'a rien à faire avec l'affaire qui nous occupe, dit le président; dépose d'abord, et puis ensuite adresse-toi à la Commune pour redemander ton enfant.

— Entends-tu? le citoyen président t'ordonne de déposer, cria Simon; dépose donc tout de suite.

— Un instant, dit en se retournant vers Maurice le président étonné du calme de cet homme ordinairement si fougueux, un instant! Citoyen municipal, n'as-tu rien à dire d'abord?

— Non, citoyen président, sinon qu'avant d'appeler lâche et traître un homme tel que moi, Simon aurait mieux fait d'attendre qu'il fût mieux instruit.

— Tu dis? tu dis? répéta Simon avec cet accent railleur de l'homme du peuple particulier à la plèbe parisienne.

— Je dis, Simon, reprit Maurice avec plus de tristesse que de colère, que tu seras cruellement puni tout à l'heure quand tu vas voir ce qui va arriver.

— Et que va-t-il donc arriver? demanda Simon.

— Citoyen président, reprit Maurice sans répondre à son hideux accusateur, je me joins à mon ami Lorin pour te demander que la jeune fille qui vient d'être arrêtée soit entendue avant qu'on fasse parler cette pauvre femme à qui l'on a sans doute soufflé sa déposition.

— Entends-tu, citoyenne, cria Simon, entends-tu, on dit là-bas que tu es un faux témoin?

— Moi, un faux témoin! dit la femme Tison, ah! tu vas voir; attends, attends!

— Citoyen, dit Maurice, par pitié ordonne à cette malheureuse de se taire.

— Ah! tu as peur, cria Simon, tu as peur! Citoyen président, je requiers la déposition de la citoyenne Tison.

— Oui, oui, la déposition! crièrent les tribunes.

— Silence! cria le président; voici la Commune qui revient.

En ce moment on entend une voiture qui roulait au dehors avec un grand bruit d'armes et de hurlements.

Simon se retourna inquiet vers la porte.

— Quitte la tribune, lui dit le président, tu n'as plus la parole.

Simon descendit.

En ce moment des gendarmes entrèrent avec un flot de curieux, bientôt refoulé, et une femme fut poussée vers le prétoire.

— Est-ce elle? demanda Lorin à Maurice.

— Oui, oui, c'est elle, dit celui-ci. Oh! la malheureuse femme! elle est perdue!

— La bouquetière! la bouquetière! murmurait-on des tribunes, que la curiosité agitait; c'est la bouquetière!

— Je demande avant toute chose la déposition de la femme Tison, hurla le cordonnier; tu lui avais ordonné de déposer, président, et tu vois qu'elle ne dépose pas.

La femme Tison fut appelée et entama une dénonciation terrible, circonstanciée. Selon elle, la bouquetière était coupable, il est vrai, mais Maurice et Lorin étaient ses complices.

Cette dénonciation produisit un effet indicible sur le public.

Cependant Simon triomphait.

— Gendarmes, amenez la bouquetière! cria le président.

— Oh! c'est affreux! murmura Morand en cachant sa tête entre ses deux mains.

La bouquetière fut appelée et se plaça au bas de la tribune, vis-à-vis de la femme Tison, dont le témoignage venait de rendre capital le crime dont on l'accusait.

Alors elle releva son voile.

— Héloïse! s'écria la femme Tison; ma fille.. toi ici...

— Oui, ma mère, répondit doucement la jeune femme.

— Et pourquoi es-tu entre deux gendarmes?

— Parce que je suis accusée, ma mère!

— Toi... accusée! s'écria la femme Tison avec angoisse, et par qui?

— Par vous, ma mère!

Un silence effrayant, silence de mort, vint s'abattre tout à coup sur ces masses bruyantes, et le sentiment douloureux de cette horrible scène étreignit tous les cœurs.

— Sa fille! chuchotèrent des voix basses et comme dans le lointain, sa fille, la malheureuse!

Maurice et Lorin regardaient l'accusatrice et l'accusée avec un sentiment de profonde commisération et de douleur respectueuse.

Simon, tout en désirant voir la fin de cette scène, dans laquelle il espérait que Maurice et Lorin demeureraient compromis, essayait de se soustraire aux regards de la femme Tison, qui roulait autour d'elle un œil égaré.

— Comment t'appelles-tu, citoyenne? dit le président, ému lui-même, à la jeune fille calme et résignée.

— Héloïse Tison, citoyen.

— Quel âge as-tu?

— Dix-neuf ans.

— Où demeures-tu?

— Rue des Nonandières, n° 24.

— Est-ce toi qui as vendu au citoyen municipal Lindey, que voici sur ce banc, un bouquet d'œillets ce matin?

La fille Tison se tourna vers Maurice, et après l'avoir regardé :

— Oui, citoyen, c'est moi, dit-elle.

La femme Tison regardait elle-même sa fille avec des yeux dilatés par l'épouvante.

— Sais-tu que chacun de ces œillets contenait un billet adressé à la veuve Capet?

— Je le sais, répondit l'accusée.

Un mouvement d'horreur et d'admiration se répandit dans la salle.

— Pourquoi offrais-tu ces œillets au citoyen Maurice?

— Parce que je lui voyais l'écharpe municipale, et que je me doutais qu'il allait au Temple.

— Quels sont tes complices?

— Je n'en ai pas.

— Comment! tu as fait le complot à toi toute seule?

— Si c'est un complot, je l'ai fait à moi toute seule.

— Mais le citoyen Maurice savait-il...

— Que ces fleurs contenaient des billets?

— Oui.

— Le citoyen Maurice est municipal; le citoyen Maurice pouvait voir la reine en tête à tête, à toute heure du jour et de la nuit. Le citoyen Maurice, s'il eût eu quelque chose à dire à la reine, n'avait pas besoin d'écrire, puisqu'il pouvait parler.

— Et tu ne connaissais pas le citoyen Maurice?

— Je l'avais vu venir au Temple du temps où j'y étais avec ma pauvre mère; mais je ne le connaissais pas autrement que de vue.

— Vois-tu, misérable! s'écria Lorin en menaçant du poing Simon, qui, abaissant la tête, atterré de la tournure que prenaient les affaires, essayait de fuir inaperçu; vois-tu ce que tu as fait?

Tous les regards se tournèrent vers Simon avec un sentiment de profonde indignation.

Le président continua:

— Puisque c'est toi qui as remis le bouquet, puisque tu savais que chaque fleur contenait un papier, tu dois savoir aussi ce qu'il y avait d'écrit sur ce papier?

— Sans doute, je le sais.

— Eh bien! alors, dis-nous ce qu'il y avait sur ce papier.

— Citoyen, dit avec fermeté la jeune fille, j'ai dit tout ce que je pouvais et surtout tout ce que je voulais dire.

— Et tu refuses de répondre?

— Oui.

— Tu sais à quoi tu t'exposes?

— Oui.

— Tu espères peut-être en ta jeunesse, en ta beauté?

— Je n'espère qu'en Dieu.

— Citoyen Maurice Lindey, dit le président, citoyen Hyacinthe Lorin, vous êtes libres, la Commune reconnaît votre innocence et rend justice à votre civisme. Gendarmes, conduisez la citoyenne Héloïse à la prison de la section.

A ces paroles, la femme Tison sembla se réveiller, jeta un effroyable cri et voulut se précipiter pour embrasser une fois encore sa fille; mais les gendarmes l'en empêchèrent.

— Je vous pardonne, ma mère! cria la jeune fille pendant qu'on l'entraînait.

La femme Tison poussa un rugissement sauvage, et tomba comme morte.

— Noble fille! murmura Morand avec une douloureuse émotion.

CHAPITRE XXV.

LE BILLET

A la suite des événements que nous venons de raconter, une dernière scène vint se joindre comme complément de ce drame qui commençait à se dérouler dans ses sombres péripéties.

La femme Tison, foudroyée par ce qui venait de se passer, abandonnée de ceux qui l'avaient escortée, car il y a quelque chose d'odieux même dans le crime involontaire, et c'est un crime bien grand que celui d'une mère qui tue son enfant, fût-ce même par excès de zèle patriotique, la femme Tison, après être demeurée quelque temps dans une immobilité absolue, releva la tête, regarda autour d'elle, égarée, et, se voyant seule, poussa un cri et s'élança vers la porte.

A la porte, quelques curieux plus acharnés que les autres stationnaient encore; ils s'écartèrent dès qu'ils la virent, en se la montrant du doigt et en se disant les uns aux autres :

— Vois-tu cette femme? c'est celle qui a dénoncé sa fille.

La femme Tison poussa un cri de désespoir et s'élança dans la direction du Temple.

Mais, arrivée au tiers de la rue Michel-le-Comte, un homme vint se placer devant elle, et, lui barrant le chemin en se cachant la figure dans son manteau :

— Tu es contente, lui dit-il, tu as tué ton enfant!

— Tué mon enfant, tué mon enfant! s'écria la pauvre mère; non, non, il n'est pas possible.

— Cela est ainsi cependant, car ta fille est arrêtée.

— Et où l'a-t-on conduite?

— A la Conciergerie; de là elle partira pour le tribunal révolutionnaire, et tu sais ce que deviennent ceux qui y vont.

— Rangez-vous, dit la femme Tison, et laissez-moi passer.

— Où vas-tu?

— A la Conciergerie.

— Qu'y vas-tu faire?

— La voir encore.

— On ne te laissera pas entrer.

— On me laissera bien coucher sur la porte, vivre là, dormir là. J'y resterai jusqu'à ce qu'elle sorte, et je la verrai au moins encore une fois.

— Si quelqu'un te promettait de te rendre ta fille?

— Que dites-vous?

— Je te demande, en supposant qu'un homme te promît de te rendre ta fille, si tu ferais ce que cet homme te dirait de faire?

— Tout pour ma fille, tout pour mon Héloïse! s'écria la femme en se tordant les bras avec désespoir. Tout, tout, tout!

— Écoute, reprit l'inconnu, c'est Dieu qui te punit.

— Et de quoi?

— Des tortures que tu as infligées à une pauvre mère comme toi.

— De qui voulez-vous parler? Que voulez-vous dire?

— Tu as souvent conduit ta prisonnière à deux doigts du désespoir où tu marches toi-même en ce moment par tes révélations et tes brutalités. Dieu te punit en conduisant à la mort cette fille que tu aimais tant.

— Vous avez dit qu'il y avait un homme qui pouvait la sauver; où est cet homme? que veut-il? que demande-t-il?

— Cet homme veut que tu cesses de persécuter la reine, que tu lui demandes pardon des outrages que tu lui as faits, et que, si tu t'aperçois que cette femme, qui, elle aussi, est une mère qui souffre, qui pleure, qui se désespère, par une circonstance impossible, par quelque miracle du ciel, est sur le point de se sauver, au lieu de t'opposer à sa fuite, tu y aides de tout ton pouvoir.

— Écoute, citoyen, dit la femme Tison, c'est toi n'est-ce pas, qui es cet homme?

— Eh bien?

— C'est toi qui promets de sauver ma fille?

L'inconnu se tut.

— Me le promets-tu? t'y engages-tu? me le jures-tu? Réponds.

— Écoute. Tout ce qu'un homme peut faire pour sauver une femme, je le ferai pour sauver ton enfant.

— Il ne peut pas la sauver! s'écria la femme Tison en poussant des hurlements; il ne peut pas la sauver. Il mentait lorsqu'il promettait de la sauver.

— Fais ce que tu pourras pour la reine, je ferai ce que je pourrai pour ta fille.

— Que m'importe la reine, à moi? c'est une mère qui a une fille, voilà tout. Mais, si l'on coupe la tête à quelqu'un, ce ne sera pas à sa fille, ce sera à elle. Qu'on me coupe le cou et qu'on sauve ma fille. Qu'on me mène à la guillotine, à la condition qu'il ne tombera pas un seul cheveu de sa tête, et j'irai à la guillotine en chantant :

> Ah! ça ira, ça ira, ça ira,
> Les aristocrates à la lanterne...

Et la femme Tison se mit à chanter avec une voix effrayante; puis tout à coup elle interrompit son chant par un grand éclat de rire.

L'homme au manteau parut lui-même effrayé de ce commencement de folie et fit un pas en arrière.

— Oh! tu ne t'éloigneras pas comme cela, dit la femme Tison au désespoir et en le retenant par son manteau; on ne vient pas dire à une mère : Fais cela et je sauverai ton enfant, pour lui dire après cela : Peut-être. La sauveras-tu?

— Oui.

— Quand cela?

— Le jour où on la conduira de la Conciergerie à l'échafaud.

— Pourquoi attendre? pourquoi pas cette nuit, ce soir, à l'instant même?

— Parce que je ne puis pas.

— Ah! tu vois bien, tu vois bien, s'écria la femme Tison, tu vois bien que tu ne peux pas; mais moi, je peux.

— Que peux-tu?

— Je peux persécuter la prisonnière, comme tu l'appelles; je peux surveiller la reine, comme tu dis, aristocrate que tu es; je puis entrer à toute heure, jour et nuit, dans la prison, et je ferai tout cela. Quant à ce qu'elle se sauve, nous verrons. Ah! nous verrons bien, puisqu'on ne veut pas sauver ma fille, si elle doit se sauver, elle. Tête pour tête, veux-tu? Madame Veto a été reine, je le sais bien; Héloïse Tison n'est qu'une pauvre fille, je le sais bien; mais sur la guillotine nous sommes tous égaux.

— Eh bien, soit! dit l'homme au manteau; sauve-la, je la sauverai.

— Jure.

— Je le jure.

— Sur quoi?

— Sur ce que tu voudras.

— As-tu une fille?

— Non.

— Eh bien! dit la femme Tison en laissant retomber ses deux bras avec découragement, sur quoi veux-tu jurer alors?

— Écoute, je te jure sur Dieu.

— Bah! répondit la femme Tison; tu sais bien qu'ils ont défait l'ancien, et qu'ils n'ont pas encore fait le nouveau.

— Je te jure par la tombe de mon père.

— Ne jure pas par une tombe, cela lui porterait malheur. Oh! mon Dieu, mon Dieu! quand je pense que dans trois jours peut-être moi aussi je jurerai par la tombe de ma fille. Ma fille! ma pauvre Héloïse! s'écria la femme Tison avec un tel éclat, qu'à sa voix, déjà retentissante, plusieurs fenêtres s'ouvrirent.

A la vue de ces fenêtres qui s'ouvraient, un autre homme sembla se détacher de la muraille et s'avança vers le premier.

— Il n'y a rien à faire avec cette femme, dit le premier au second; elle est folle.

— Non, elle est mère, dit celui-ci; et il entraîna son compagnon.

En les voyant s'éloigner, la femme Tison sembla revenir à elle.

— Où allez-vous? s'écria-t-elle; allez vous sauver Héloïse? attendez-moi alors, je vais avec vous. Attendez-moi, mais attendez-moi donc!

Et la pauvre mère les poursuivit en hurlant; mais, au coin de la rue la plus proche, elle les perdit de vue. Et, ne sachant plus de quel côté tourner, elle demeura un instant indécise, regardant de tous côtés; et, se voyant seule dans la nuit et dans le silence, ce double symbole de la mort, elle poussa un cri déchirant et tomba sans connaissance sur le pavé.

Dix heures sonnèrent.

Pendant ce temps, et comme cette même heure retentissait à l'horloge du Temple, la reine, assise dans cette chambre que nous connaissons, près d'une lampe fumeuse, entre sa sœur et sa fille, et cachée aux regards des municipaux par madame Royale, qui, faisant semblant de l'embrasser, relisait un petit billet écrit sur le papier le plus mince qu'on avait pu trouver, avec une écriture si fine, qu'à peine si ses yeux, brûlés par les larmes, avaient conservé la force de le déchiffrer.

Le billet contenait ce qui suit :

« Demain, mardi, demandez à descendre au jar-
« din, ce que l'on vous accordera sans difficulté
« aucune, attendu que l'ordre est donné de vous
« accorder cette faveur aussitôt que vous la deman-
« derez. Après avoir fait trois ou quatre tours, fei-
« gnez d'être fatiguée, approchez-vous de la can-
« tine, et demandez à la femme Plumeau la permis-
« sion de vous asseoir chez elle. Là, au bout d'un
« instant, feignez de vous trouver plus mal et de
« vous évanouir. Alors on fermera les portes pour
« qu'on puisse vous porter du secours, et vous res-
« terez avec madame Élisabeth et madame Royale.
« Aussitôt la trappe de la cave s'ouvrira, précipitez-
« vous, vous, votre sœur et votre fille, par cette
« ouverture, et vous êtes sauvées toutes trois. »

— Mon Dieu! dit madame Royale, notre malheureuse destinée se lasserait-elle?

— Ou ce billet ne serait-il qu'un piége? reprit madame Élisabeth.

— Non, non, dit la reine; ces caractères m'ont toujours révélé la présence d'un ami mystérieux, mais bien brave et bien fidèle.

— C'est du chevalier? demanda madame Royale.

— De lui-même, répondit la reine.

Madame Élisabeth joignit les mains.

— Relisons le billet chacune de notre côté tout bas, reprit la reine, afin que, si l'une de nous oubliait une chose, l'autre s'en souvint.

Et toutes trois relurent des yeux; mais, comme elles achevaient cette lecture, elles entendirent la porte de leur chambre rouler sur ses gonds. Les deux princesses se retournèrent : la reine seule resta comme elle était; seulement, par un mouvement presque insensible, elle porta le petit billet à ses cheveux et le glissa dans sa coiffure.

C'était un des municipaux qui ouvrait la porte.

— Que voulez-vous, monsieur? demandèrent ensemble madame Élisabeth et madame Royale.

— Hum! dit le municipal; il me semble que vous vous couchez bien tard ce soir...

— Y a-t-il donc, dit la reine en se retournant avec sa dignité ordinaire, un nouvel arrêté de la Commune qui décide à quelle heure je me mettrai au lit?

— Non, citoyenne, dit le municipal; mais, si c'est nécessaire, on en fera un.

— En attendant, monsieur, dit Marie-Antoinette, respectez, je ne vous dirai pas la chambre d'une reine, mais celle d'une femme.

— En vérité, grommela le municipal, ces aristocrates parlent toujours comme s'ils étaient quelque chose...

Mais, en attendant, soumis par cette dignité hautaine dans la prospérité, mais que trois ans de souffrances avaient faite calme, il se retira.

Un instant après, la lampe s'éteignit, et, comme d'habitude, les trois femmes se déshabillèrent dans les ténèbres, faisant de l'obscurité un voile à leur pudeur.

Le lendemain, à neuf heures du matin, la reine, après avoir relu, enfermée dans les rideaux de son lit, le billet de la veille, afin de ne s'écarter en rien des instructions qui y étaient portées, après l'avoir déchiré et réduit en morceaux presque impalpables, s'habilla dans ses rideaux, et, réveillant sa sœur, passa chez sa fille.

Un instant après, elle sortit et appela les municipaux de garde.

— Que veux-tu, citoyenne? demanda l'un d'eux en paraissant sur la porte, tandis que l'autre ne se dérangeait pas même de son déjeuner pour répondre à l'appel royal.

— Monsieur, dit Marie-Antoinette, je sors de la chambre de ma fille, et la pauvre enfant est en vérité bien malade. Ses jambes sont enflées et douloureuses, car elle fait trop peu d'exercice. Or, vous le savez, monsieur, c'est moi qui l'ai condamnée à cette inaction. J'étais autorisée à descendre me promener au jardin; mais, comme pour descendre il me fallait passer devant la porte de la chambre que mon mari habitait de son vivant, au moment de passer devant cette porte le cœur m'a failli, je n'ai pas eu la force, et je suis remontée, me bornant à la promenade de la terrasse. Maintenant cette promenade est insuffisante à la santé de ma pauvre enfant. Je vous prie donc, citoyen municipal, de réclamer en mon nom auprès du général Santerre l'usage de cette liberté qui m'avait été accordée; je vous en serai reconnaissante.

La reine avait prononcé ces mots avec un accent si doux et si digne à la fois, elle avait si bien évité toute qualification qui pouvait blesser la pruderie républicaine de son interlocuteur, que celui-ci, qui s'était présenté à elle couvert, comme c'était l'habitude de la plupart de ces hommes, souleva peu à peu son bonnet rouge de dessus sa tête, et, lorsqu'elle eut achevé, la salua en disant :

— Soyez tranquille, madame, on demandera au citoyen général la permission que vous désirez.

Puis en se retirant, comme pour se convaincre lui-même qu'il cédait à l'équité et non à la faiblesse :

— C'est juste, répéta-t-il; au bout du compte, c'est juste.

— Qu'est-ce qui est juste? demanda l'autre municipal.

— Que cette femme promène sa fille, qui est malade.

— Après... que demande-t-elle?

— Elle demande à descendre et à se promener une heure dans le jardin.

— Bah! dit l'autre, qu'elle demande à aller à pied du Temple à la place de la Révolution, ça la promènera.

La reine entendit ces mots et pâlit, mais elle puisa dans ces mots un nouveau courage pour le grand événement qui se préparait.

Le municipal acheva son déjeuner et descendit. De son côté, la reine demanda à faire le sien dans la chambre de sa fille, ce qui lui fut accordé.

Madame Royale, pour confirmer le bruit de sa maladie, resta couchée, et madame Élisabeth et la reine demeurèrent près de son lit.

A onze heures, comme d'habitude, Santerre arriva. Son arrivée fut, comme à l'ordinaire, annoncée par les tambours, qui battirent aux champs et par l'entrée du nouveau bataillon et des nouveaux municipaux qui venaient relever ceux dont la garde finissait.

Quand Santerre eut inspecté le bataillon sortant et le bataillon entrant, lorsqu'il eut fait parader son lourd cheval aux membres trapus dans la cour du Temple, il s'arrêta un instant : c'était le moment où ceux qui avaient à lui parler lui adressaient leurs ré-

Que veux-tu? lui dit brusquement Santerre.

clamations, leurs dénonciations ou leurs demandes.

Le municipal profita de cette halte pour s'approcher de lui.

— Que veux-tu? lui dit brusquement Santerre.

— Citoyen, dit le municipal, je viens te dire de la part de la reine...

— Qu'est-ce que cela, la reine? interrompit Santerre

— Ah! c'est vrai, dit le municipal étonné lui-même de s'être laissé entraîner. — Qu'est-ce que je dis donc là, moi? Est-ce que je suis fou? Je viens te dire de la part de madame Veto..

— A la bonne heure, dit Santerre, comme cela je comprends. Eh bien! que viens-tu me dire? voyons.

— Je viens te dire que la petite Veto est malade, à ce qu'il paraît, faute d'air et de mouvement.

— Eh bien! faut-il encore s'en prendre de cela à la nation? La nation lui avait permis la promenade dans le jardin, elle l'a refusée; bonsoir!

— C'est justement cela, elle se repent maintenant, et elle demande si tu veux permettre qu'elle descende.

— Il n'y a pas de difficulté à cela. Vous entendez, vous autres, dit Santerre en s'adressant à tout le

L'un des municipaux monta.

bataillon, la veuve Capet va descendre pour se promener dans le jardin. La chose lui est accordée par la nation; mais prenez garde qu'elle ne se sauve par-dessus les murs; car, si cela arrive, je vous fais couper la tête à tous.

Un éclat de rire homérique accueillit la plaisanterie du citoyen général.

— Et, maintenant que vous voilà prévenus, dit Santerre, adieu. Je vais à la Convention. Il paraît qu'on vient de rejoindre Roland et Barbaroux, et qu'il s'agit de leur délivrer un passe-port pour l'autre monde.

C'était cette nouvelle qui mettait le citoyen général de si plaisante humeur.

Santerre partit au galop.

Le bataillon qui descendait sa garde sortit derrière lui. Enfin les municipaux cédèrent la place aux nouveaux venus, lesquels avaient reçu les instructions de Santerre relativement à la reine.

L'un des municipaux monta près de Marie-Antoinette qui s'aperçut, tout en le remerciant, que sa fille rougissait et que sa sœur venait de remercier mentalement Dieu.

— Oh! pensa-t-elle en regardant le ciel à travers

sa fenêtre, votre colère se reposerait-elle, Seigneur, et votre droite terrible serait-elle lasse de s'appesantir sur nous?

— Merci, monsieur, dit-elle au municipal avec ce charmant sourire qui perdit Barnave et rendit tant d'hommes insensés, merci!

Puis, se retournant vers son petit chien, qui sautait après elle tout en marchant sur les pattes de derrière, car il comprenait aux regards de sa maîtresse qu'il se passait quelque chose d'extraordinaire :

— Allons, Black, dit-elle, nous allons nous promener.

Le petit chien se mit à japper et à bondir, et, après avoir bien regardé le municipal, comprenant sans doute que c'était de cet homme que venait la nouvelle qui rendait sa maîtresse joyeuse, il s'approcha de lui tout en rampant, en faisant frétiller sa longue queue soyeuse, et se hasarda jusqu'à le caresser.

Cet homme, qui peut-être fût demeuré insensible aux prières de la reine, se sentit tout ému aux caresses du chien.

— Rien que pour cette petite bête, citoyenne Capet, vous eussiez dû sortir plus souvent, dit-il. L'humanité commande que l'on ait soin de toutes les créatures.

— A quelle heure sortirons-nous, monsieur? demanda la reine. Ne pensez-vous pas que le grand soleil nous ferait du bien?

— Vous sortirez quand vous voudrez, dit le municipal; il n'y a pas de recommandation particulière à ce sujet. Cependant, si vous voulez sortir à midi, comme c'est le moment où l'on change les factionnaires, cela fera moins de mouvement dans la tour.

— Eh bien! à midi soit, dit la reine en appuyant la main sur son cœur pour en comprimer les battements.

Et elle regarda cet homme qui semblait moins dur que ses confrères, et qui, peut-être, pour prix de sa condescendance aux désirs de la prisonnière, allait perdre la vie dans la lutte que méditaient les conjurés.

Mais aussi, en ce moment où une certaine compassion allait amollir le cœur de la femme, l'âme de la reine se réveilla; elle songea au 10 août et aux cadavres de ses amis jonchant les tapis de son palais; elle songea au 2 septembre et à la tête de la princesse de Lamballe surgissant au bout d'une pique devant ses fenêtres; elle songea au 21 janvier et à son mari mourant sur un échafaud au bruit des tambours qui éteignaient sa voix; enfin elle songea à son fils, pauvre enfant dont plus d'une fois elle avait, sans pouvoir lui porter secours, entendu de sa chambre les cris de douleur, et son cœur s'endurcit.

— Hélas! murmura-t-elle, le malheur est comme le sang des hydres antiques, il féconde des moissons de nouveaux malheurs!

CHAPITRE XXVI.

BLACK.

Le municipal sortit pour appeler ses collègues et prendre lecture du procès-verbal laissé par les municipaux sortants.

La reine resta seule avec sa sœur et sa fille.

Toutes trois se regardèrent.

Madame Royale se jeta dans les bras de la reine et la tint embrassée.

Madame Élisabeth s'approcha de sa sœur et lui tendit la main.

— Prions Dieu, dit la reine; mais prions ainsi, afin que personne ne se doute que nous prions.

Il y a des époques fatales où la prière, cet hymne naturel que Dieu a mis au fond du cœur de l'homme, devient suspecte aux yeux des hommes, car la prière est un acte d'espoir ou de reconnaissance. Or, aux yeux de ses gardiens, l'espoir ou la reconnaissance était une cause d'inquiétude, puisque la reine ne pouvait espérer qu'une seule chose, la fuite; puisque la reine ne pouvait remercier Dieu que d'une seule chose, de lui en avoir donné les moyens.

Cette prière mentale achevée, toutes trois demeurèrent sans prononcer une parole.

Onze heures trois quarts sonnèrent, puis midi.

Au moment où le dernier coup retentissait sous le timbre de bronze, un bruit d'armes commença d'emplir l'escalier en spirale et de monter jusqu'à la reine.

— Ce sont les sentinelles qu'on relève, dit-elle. On va venir nous chercher.

Elle vit que sa sœur et sa fille pâlissaient.

— Courage! dit-elle en pâlissant elle-même.

— Il est midi, cria-t-on d'en bas. Faites descendre les prisonnières.

— Nous voici, messieurs, répondit la reine, qui, avec un sentiment presque mêlé de regret, embrassa d'un dernier coup d'œil et salua d'un dernier regard les murs noirs et les meubles sinon grossiers, du moins bien simples, compagnons de sa captivité.

Le premier guichet s'ouvrit, il donnait sur le corridor. Le corridor était sombre, et dans cette obscurité les trois captives pouvaient dissimuler leur émotion. En avant courait le petit Black; mais, lorsqu'on fut arrivé au second guichet, c'est-à-dire à cette porte dont Marie-Antoinette essayait de détourner les yeux, le fidèle animal vint coller son museau sur les clous à larges têtes, et, à la suite de plusieurs petits cris plaintifs, fit entendre un gémissement douloureux et prolongé. La reine passa vite sans avoir la force de rappeler son chien et en cherchant le mur pour s'appuyer.

Après avoir fait quelques pas, les jambes manquèrent à la reine et elle fut forcée de s'arrêter. Sa sœur et sa fille se rapprochèrent d'elle, et un instant les trois femmes demeurèrent immobiles, formant un groupe douloureux, la mère tenant son front appuyé sur la tête de madame Royale.

Le petit Black vint la rejoindre.

— Eh bien! cria la voix, descend-elle ou ne descend-elle pas?

— Nous voici, dit le municipal, qui était resté debout, respectant cette douleur si grande dans sa simplicité.

— Allons, dit la reine.

Et elle acheva de descendre...

Lorsque les prisonnières furent arrivées au bas de l'escalier tournant, en face de la dernière porte sous laquelle le soleil traçait de larges bandes de lumières dorées, le tambour fit entendre un roulement qui appelait la garde, puis il y eut un grand silence provoqué par la curiosité, et la lourde porte s'ouvrit lentement en roulant sur ses gonds criards.

Une femme était assise à terre, ou plutôt couchée dans l'angle de la borne contiguë à cette porte. C'était la femme Tison, que la reine n'avait pas vue depuis vingt-quatre heures, absence qui plusieurs fois dans la soirée de la veille et dans la matinée du jour où l'on se trouvait avait suscité son étonnement.

La reine voyait déjà le jour, les arbres, le jardin, et au delà de la barrière qui fermait ce jardin son œil avide allait chercher la petite hutte de la cantine où ses amis l'attendaient sans doute, lorsqu'au bruit de ses pas la femme Tison écarta ses mains, et la reine vit un visage pâle et brisé sous ses cheveux grisonnants.

Le changement était si grand que la reine s'arrêta étonnée.

Alors, avec cette lenteur des gens chez lesquels la raison est absente, elle vint s'agenouiller devant cette porte, fermant le passage à Marie-Antoinette.

— Que voulez-vous, bonne femme? demanda la reine.

— Il a dit qu'il fallait que vous me pardonniez.

— Qui cela? demanda la reine.

— L'homme au manteau, répliqua la femme Tison.

La reine regarda madame Élisabeth et sa fille avec étonnement.

— Allez, allez, dit le municipal, laissez passer la veuve Capet; elle a la permission de se promener dans le jardin.

— Je le sais bien, dit la vieille; c'est pour cela que je suis venue l'attendre ici : puisqu'on n'a pas voulu me laisser monter, et que je devais lui demander pardon, il fallait bien que je l'attendisse.

— Pourquoi donc n'a-t-on pas voulu vous laisser monter? demanda la reine.

La femme Tison se mit à rire.

— Parce qu'ils prétendent que je suis folle! dit-elle.

La reine la regarda, et elle vit en effet dans les yeux égarés de cette malheureuse reluire un reflet étrange, cette lueur vague qui indique l'absence de la pensée.

— Oh! mon Dieu! dit-elle, pauvre femme! que vous est-il donc arrivé?

— Il m'est arrivé... vous ne savez donc pas? dit la femme; mais si... vous le savez bien, puisque c'est pour vous qu'elle est condamnée...

— Qui?

— Héloïse.

— Votre fille?

— Oui, elle... ma pauvre fille.

— Condamnée... mais par qui? comment? pourquoi?

— Parce que c'est elle qui a vendu le bouquet...

— Quel bouquet?

— Le bouquet d'œillets... Elle n'est pourtant pas bouquetière, reprit la femme Tison, comme si elle cherchait à rappeler ses souvenirs, comment a-t-elle donc pu vendre ce bouquet?

La reine frémit. Un lien invisible rattachait cette scène à la situation présente; elle comprit qu'il ne fallait point perdre de temps dans un dialogue inutile.

— Ma bonne femme, dit-elle, je vous en prie, laissez-moi passer, plus tard vous me conterez tout cela.

— Non, tout de suite; il faut que vous me pardonniez ; il faut que je vous aide à fuir pour qu'il sauve ma fille.

La reine devint pâle comme une morte.

— Mon Dieu! murmura-t-elle en levant les yeux au ciel.

Puis, se retournant vers le municipal.

— Monsieur, dit-elle, ayez la bonté d'écarter cette femme; vous voyez bien qu'elle est folle.

— Allons, allons, la mère, dit le municipal, décampons!

Mais la femme Tison se cramponna à la muraille.

— Non, reprit-elle, il faut qu'elle me pardonne pour qu'il sauve ma fille.

— Mais qui cela?

— L'homme au manteau.

— Ma sœur, dit madame Élisabeth, adressez-lui quelques paroles de consolation.

— Oh! bien volontiers, dit la reine. En effet, je crois que ce sera le plus court.

Puis, se retournant vers la folle :

— Bonne femme, que désirez-vous? dites.

— Je désire que vous me pardonniez tout ce que je vous ai fait souffrir par les injures que je vous ai dites, par les dénonciations que j'ai faites, et que, quand vous verrez l'homme au manteau, vous lui ordonniez de sauver ma fille, puisqu'il fait tout ce que vous voulez.

— Je ne sais ce que vous entendez dire par l'homme au manteau, répondit la reine; mais s'il ne s'agit, pour tranquilliser votre conscience, que d'obtenir de moi le pardon des offenses que vous croyez m'avoir faites, oh! du fond du cœur, pauvre femme! je vous pardonne bien sincèrement, et puissent ceux que j'ai offensés me pardonner de même.

— Oh! s'écria la femme Tison avec un intraduisible accent de joie, il sauvera donc ma fille, puisque vous m'avez pardonné. Votre main, madame, votre main.

La reine étonnée tendit, sans y rien comprendre, sa main, que la femme Tison saisit avec ardeur, et sur laquelle elle appuya ses lèvres.

En ce moment, la voix enrouée d'un colporteur se fit entendre dans la rue du Temple.

— « Voilà, cria-t-il, le jugement et l'arrêt qui condamnent la fille Héloïse Tison à la peine de mort, pour crime de conspiration! »

A peine ces paroles eurent-elles frappé les oreilles de la femme Tison, que sa figure se décomposa, qu'elle se releva sur un genou, et qu'elle étendit les bras pour fermer le passage à la reine.

— O mon Dieu! murmura la reine, qui n'avait pas perdu un mot de la terrible annonce.

— Condamnée à la peine de mort! s'écria la mère; ma fille condamnée! mon Héloïse perdue! Il ne l'a donc pas sauvée et ne peut donc pas la sauver? il est donc trop tard? Ah!

— Pauvre femme! dit la reine, croyez que je vous plains.

— Toi! dit-elle, et ses yeux s'injectaient de sang. Toi, tu me plains! Jamais! jamais!

— Vous vous trompez, je vous plains de tout mon cœur, mais laissez-moi passer.

— Te laisser passer! La femme Tison éclata de rire. Non, non! je te laissais fuir parce qu'il m'avait dit que si je te demandais pardon et que si je te laissais fuir ma fille serait sauvée; mais puisque ma fille est condamnée, puisque ma fille va mourir, tu ne te sauveras pas.

— A moi, messieurs! venez à mon aide! s'écria la reine. Mon Dieu! mon Dieu! mais vous voyez bien que cette femme est folle.

— Non, je ne suis pas folle, non, je sais ce que je dis! s'écria la femme Tison. Voyez-vous, c'est vrai, il y avait une conspiration, c'est Simon qui l'a découverte; c'est ma fille, ma pauvre fille, qui a vendu le bouquet. Elle l'a avoué devant le tribunal révolutionnaire..... un bouquet d'œillets..... il y avait des papiers dedans.

— Madame, dit la reine, au nom du ciel!

On entendit de nouveau la voix du crieur qui répétait :

— « Voilà le jugement et l'arrêt qui condamnent la fille Héloïse Tison à la peine de mort, pour crime de conspiration! »

— L'entends-tu? hurla la folle, autour de laquelle se groupaient les gardes nationaux, l'entends-tu? condamnée à mort! C'est pour toi, pour toi qu'on va tuer ma fille, entends-tu, pour toi, l'Autrichienne?

— Messieurs, dit la reine, au nom du ciel, si vous ne voulez pas me débarrasser de cette pauvre folle, laissez-moi du moins remonter, je ne puis supporter les reproches de cette femme : tout injustes qu'ils sont, ils me brisent.

Et la reine détourna la tête en laissant échapper un douloureux sanglot.

— Oui, oui, pleure, hypocrite, cria la folle, ton bouquet lui coûte cher... D'ailleurs, elle devait s'en douter; c'est ainsi que meurent tous ceux qui te servent. Tu portes malheur, l'Autrichienne : on a tué tes amis, ton mari, tes défenseurs, enfin on tue ma fille. Quand donc te tuera-t-on à ton tour, pour que personne ne meure plus pour toi?

Et la malheureuse hurla ces dernières paroles en les accompagnant d'un geste de menace.

La reine cacha son visage entre ses mains.

— Malheureuse! hasarda madame Élisabeth; oublies-tu que celle à qui tu parles est la reine?

— La reine! elle... la reine! répéta la femme Tison, dont la démence s'exaltait d'instants en instants; si c'est la reine, qu'elle défende aux bourreaux de tuer ma fille... qu'elle fasse grâce à ma pauvre Héloïse... les rois font grâce... Allons! rends-moi mon enfant, et je te reconnaîtrai pour la

— Oh! tu ne passeras pas, hurla la vieille.

reine... Jusque-là, tu n'es qu'une femme, et une femme qui porte malheur, une femme qui tue!...

— Ah! par pitié, madame, s'écria Marie-Antoinette; voyez ma douleur, voyez mes larmes.

Et Marie-Antoinette essaya de passer, non plus dans l'espérance de fuir, mais machinalement, mais pour échapper à cette effroyable obsession.

— Oh! tu ne passeras pas, hurla la vieille; tu veux fuir, madame Veto... je le sais bien, l'homme au manteau me l'a dit; tu veux aller rejoindre les Prussiens... mais tu ne fuiras pas, continua-t-elle en se cramponnant à la robe de la reine! je t'en empê-cherai, moi! A la lanterne, madame Veto! Aux armes, citoyens! Marchons... qu'un sang impur..

Et, les bras tordus, les cheveux gris épars, le visage pourpre, les yeux noyés dans le sang, la malheureuse tomba renversée en déchirant le lambeau de la robe à laquelle elle était cramponnée.

La reine éperdue, mais débarrassée au moins de l'insensée, allait fuir du côté du jardin, quand tout à coup un cri terrible, mêlé d'aboiements et accompagné d'une rumeur étrange, vint tirer de leur stupeur les gardes nationaux qui, attirés par cette scène, entouraient Marie-Antoinette.

— Aux armes! aux armes! trahison! criait un homme, que la reine reconnut à sa voix pour le cordonnier Simon.

Près de cet homme, qui, le sabre en main, gardait le seuil de la hutte, le petit Black aboyait avec fureur.

— Aux armes, tout le poste! cria Simon; nous sommes trahis; faites rentrer l'Autrichienne. Aux armes! aux armes!

Un officier accourut. Simon lui parla, montrant avec des yeux enflammés l'intérieur de la cabine. L'officier cria à son tour aux armes!

— Black! Black! appela la reine en faisant quelques pas en avant.

Mais le chien ne lui répondit pas, et continua d'aboyer avec fureur.

Les gardes nationaux coururent aux armes, et se précipitèrent vers la cabine, tandis que les municipaux s'emparaient de la reine, de sa sœur et de sa fille, et forçaient les prisonnières à repasser le guichet, qui se referma derrière elles.

— Apprêtez vos armes! crièrent les municipaux aux sentinelles.

Et l'on entendit le bruit des fusils qu'on armait.

— C'est là, c'est là, sous la trappe, criait Simon. J'ai vu remuer la trappe, j'en suis sûr. D'ailleurs, le chien de l'Autrichienne, un bon petit chien qui n'était pas du complot, lui, a jappé contre les conspirateurs qui sont probablement dans la cave. Eh! tenez, il jappe encore.

En effet, Black, animé par les cris de Simon, redoubla ses aboiements.

L'officier saisit l'anneau de la trappe. Deux grenadiers des plus vigoureux, voyant qu'il ne pouvait venir à bout de la soulever, l'y aidèrent, mais sans plus de succès.

— Vous voyez bien qu'ils retiennent la trappe en dedans, dit Simon. Feu! à travers la trappe, mes amis, feu!

— Eh! cria madame Plumeau, vous allez casser mes bouteilles.

— Feu! répéta Simon, feu!

— Tais-toi, braillard, fit l'officier, et vous, apportez des haches et entamez les planches. Maintenant, qu'un peloton se tienne prêt. Attention! et feu dans la trappe aussitôt qu'elle sera ouverte.

Un gémissement des ais et un soubresaut subit annonça aux gardes nationaux qu'un mouvement intérieur venait de s'opérer. Bientôt après, on entendit un bruit souterrain qui ressemblait à une herse de fer qui se ferme.

— Courage! dit l'officier aux sapeurs qui accouraient.

La hache entama les planches. Vingt canons de fusil s'abaissèrent dans la direction de l'ouverture, qui s'élargissait de seconde en seconde.

Mais par l'ouverture on ne vit personne.

L'officier alluma une torche et la jeta dans la cave; la cave était vide.

On souleva la trappe, qui, cette fois, céda sans présenter la moindre résistance.

— Suivez-moi, s'écria l'officier en se précipitant bravement dans l'escalier.

— En avant! en avant! crièrent les gardes nationaux en s'élançant à la suite de leur officier.

— Ah! femme Plumeau, dit Simon, tu prêtes ta cave aux aristocrates!

Le mur était défoncé. Des pas nombreux avaient foulé le sol humide, et un conduit de trois pieds de large et de cinq pieds de haut, pareil au boyau d'une tranchée, s'enfonçait dans la direction de la rue de la Corderie.

L'officier s'aventura dans cette ouverture, décidé à poursuivre les aristocrates jusque dans les entrailles de la terre; mais, à peine eut-il fait trois ou quatre pas, qu'il fut arrêté par une grille de fer.

— Halte! dit-il à ceux qui le poussaient par derrière, on ne peut pas aller plus loin; il y a empêchement physique.

— Eh bien! dirent les municipaux, qui, après avoir renfermé les prisonnières, accouraient pour avoir des nouvelles, qu'y a-t-il, voyons?

— Parbleu! dit l'officier en reparaissant, il y a conspiration: les aristocrates voulaient enlever la reine pendant sa promenade, et probablement qu'elle était de connivence avec eux.

— Peste! cria le municipal. Que l'on coure après le citoyen Santerre, et qu'on prévienne la Commune.

— Soldats, dit l'officier, restez dans cette cave, et tuez tout ce qui se présentera.

Et l'officier, après avoir donné cet ordre, remonta pour faire son rapport.

— Ah! ah! criait Simon en se frottant les mains Ah! ah! dira-t-on encore que je suis fou? Brave Black! Black est un fameux patriote, Black a sauvé la République. Viens ici, Black, viens.

Et le brigand, qui avait fait les yeux doux au pauvre chien, lui lança, quand il fut proche de lui, un coup de pied qui l'envoya à vingt pas.

— Oh! je t'aime, Black, dit-il; tu feras couper le cou à ta maîtresse. Viens ici, Black, viens.

Mais au lieu d'obéir, cette fois, Black reprit en criant le chemin du donjon.

CHAPITRE XXVII.

LE MUSCADIN.

 Il y avait deux heures à peu près que les événements que nous venons de raconter étaient accomplis.

Lorin se promenait dans la chambre de Maurice, tandis qu'Agésilas cirait les bottes de son maître dans l'antichambre ; seulement, pour la plus grande commodité de la conversation, la porte était demeurée ouverte, et, dans le parcours qu'il accomplissait, Lorin s'arrêtait devant cette porte et adressait des questions à l'officieux.

— Et tu dis, citoyen Agésilas, que ton maître est parti ce matin ?

— Oh ! mon Dieu oui.

— A son heure ordinaire ?

— Dix minutes plus tôt, dix minutes plus tard, je ne saurais trop dire.

— Et tu ne l'as pas revu depuis ?

— Non, citoyen.

Lorin reprit sa promenade, et fit en silence trois à quatre tours ; puis, s'arrêtant de nouveau ·

— Avait-il son sabre, demanda-t-il?

— Oh! quand il va à la section, il l'a toujours.

— Et tu es sûr que c'est à la section qu'il est allé ?

— Il me l'a dit du moins.

— En ce cas, je vais le rejoindre, dit Lorin. Si nous nous croisions, tu lui diras que je suis venu et que je vais revenir.

— Attendez, dit Agésilas.

— Quoi ?

— J'entends son pas dans l'escalier.

— Tu crois ?

— J'en suis sûr.

En effet, presque au même instant, la porte de l'escalier s'ouvrit, et Maurice entra.

Lorin jeta un coup d'œil rapide sur lui, et, voyant que rien en lui ne paraissait extraordinaire :

— Ah ! te voilà enfin, dit Lorin, je t'attends depuis deux heures.

— Tant mieux, dit Maurice en souriant, cela t'aura donné du temps pour préparer les distiques et les quatrains.

— Ah ! mon cher Maurice, dit l'improvisateur, je n'en fais plus.

— De distiques et de quatrains ?

— Non.

— Bah ! mais le monde va donc finir ?

— Maurice, mon ami, je suis triste.

— Toi, triste ?

— Je suis malheureux.

— Toi, malheureux ?

— Oui, que veux-tu, j'ai des remords.

— Des remords ?

— Eh ! mon Dieu, oui, dit Lorin, toi ou elle, mon cher, il n'y avait pas de milieu. Toi ou elle, tu sens bien que je n'ai pas hésité ; mais, vois-tu, Arthémise est au désespoir, c'était son amie.

— Pauvre fille !

— Et comme c'est elle qui m'a donné son adresse...

— Tu aurais infiniment mieux fait de laisser les choses suivre leur cours.

— Oui, et ce serait toi qui, à cette heure, serais condamné à sa place. Puissamment raisonné, cher ami. Et moi qui venais te demander un conseil ; je te croyais plus fort que cela.

— Voyons, n'importe, demande toujours.

— Eh bien ! comprends-tu ? Pauvre fille, je voudrais tenter quelque chose pour la sauver. Si je donnais ou si je recevais pour elle quelque bonne torgniole, il me semble que cela me ferait du bien.

— Tu es fou, Lorin, dit Maurice en haussant les épaules.

— Voyons, si je faisais une démarche auprès du tribunal révolutionnaire ?

— Il est trop tard, elle est condamnée.

— En vérité, dit Lorin, c'est affreux de voir périr ainsi cette jeune femme.

— D'autant plus affreux que c'est mon salut qui a entraîné sa mort. Mais après tout, Lorin, ce qui doit nous consoler, c'est qu'elle conspirait.

— Eh ! mon Dieu, est-ce que tout le monde ne conspire pas, peu ou beaucoup, par le temps qui court ? Elle a fait comme tout le monde. Pauvre femme !

— Ne la plains pas trop, ami, et surtout ne la plains pas trop haut, dit Maurice, car nous portons une partie de sa peine. Crois-moi, nous ne sommes pas si bien lavés de l'accusation de complicité qu'elle n'ait fait tache. Aujourd'hui, à la section, j'ai été appelé girondin par le capitaine des chasseurs de

Agésilas.

Saint-Leu, et tout à l'heure il m'a fallu lui donner un coup de sabre pour lui prouver qu'il se trompait.
— C'est donc pour cela que tu rentres si tard?
— Justement.
— Mais pourquoi ne m'as-tu pas averti?
— Parce que dans ces sortes d'affaires tu ne peux te contenir; il fallait que cela se terminât tout de suite, afin que la chose ne fît pas de bruit. Nous avons pris, chacun de notre côté, ceux que nous avions sous la main
— Et cette canaille-là t'avait appelé girondin, toi, Maurice, un pur!...

— Eh! mordieu, oui, c'est ce qui te prouve, mon cher, qu'encore une aventure pareille et nous sommes impopulaires; or, tu sais, Lorin, quel est, aux jours où nous vivons, le synonyme d'impopulaire : c'est *suspect*.
— Je sais bien, dit Lorin, et ce mot-là fait frissonner les plus braves; mais n'importe... il me répugne de laisser aller la pauvre Héloïse à la guillotine sans lui demander pardon...
— Enfin, que veux-tu?
— Je voudrais que tu restasses ici, Maurice, toi qui n'as rien à te reprocher à son égard. Moi, vois-

— Oui da? essayez donc un peu! dit Maurice. — Page 115.

tu, c'est autre chose; puisque je ne puis rien de plus pour elle, j'irai sur son passage, je veux y aller, ami Maurice, tu me comprends, et pourvu qu'elle me tende la main!...

— Je t'accompagnerai alors, dit Maurice.

— Impossible, mon ami, réfléchis donc : tu es municipal, tu es secrétaire de section, tu as été mis en cause, tandis que moi je n'ai été que ton défenseur; on te croirait coupable, reste donc; moi, c'est autre chose, je ne risque rien, et j'y vais.

Tout ce que disait Lorin était si juste, qu'il n'y avait rien à répondre. Maurice, échangeant un seul signe avec la fille Tison marchant à l'échafaud, dénonçait lui-même sa complicité.

— Va donc, lui dit-il, mais sois prudent.

Lorin sourit, serra la main de Maurice et partit.

Maurice ouvrit sa fenêtre et lui envoya un triste adieu. Mais, avant que Lorin eût tourné le coin de la rue, plus d'une fois il s'y était remis pour le regarder encore, et chaque fois, attiré par une espèce de sympathie magnétique, Lorin se retourna pour le regarder en souriant.

Enfin, lorsqu'il eut disparu au coin du quai, Maurice referma la fenêtre, se jeta dans un fauteuil, et tomba dans une de ces somnolences qui, chez les caractères forts et pour les organisations vigoureuses, sont les pressentiments des grands malheurs, car ils ressemblent au calme précurseur de la tempête.

Il ne fut retiré de cette rêverie, ou plutôt de cet assoupissement, que par l'officieux, qui, au retour d'une commission faite à l'extérieur, rentra avec cet air éveillé des domestiques qui brûlent de débiter au maître les nouvelles qu'ils viennent de recueillir.

Mais, voyant Maurice préoccupé, il n'osa le distraire, et se contenta de passer et repasser sans motifs, mais avec obstination, devant lui.

— Qu'y a-t-il donc? demanda Maurice négligemment ; parle, si tu as quelque chose à me dire.

— Ah ! citoyen, encore une fameuse conspiration, allez !

Maurice fit un mouvement d'épaules.

— Une conspiration qui fait dresser les cheveux sur la tête, continua Agésilas.

— Vraiment ! répondit Maurice en homme accoutumé aux trente conspirations quotidiennes de cette époque.

— Oui, citoyen, reprit Agésilas ; c'est à faire frémir, voyez-vous ! Rien que d'y penser, cela donne la chair de poule aux bons patriotes.

— Voyons cette conspiration, dit Maurice.

— L'Autrichienne a manqué de s'enfuir.

— Bah ! dit Maurice, commençant à prêter une attention plus réelle.

— Il paraît, dit Agésilas, que la veuve Capet avait des ramifications avec la fille Tison, que l'on va guillotiner aujourd'hui. Elle ne l'a pas volé, la malheureuse !

— Et comment la reine avait-elle des relations avec cette fille? demanda Maurice, qui sentait perler la sueur sur son front.

— Par un œillet. Imaginez-vous, citoyen, qu'on lui a fait passer le plan de la chose dans un œillet.

— Dans un œillet !... Et qui cela?

— Monsieur le chevalier de... attendez donc... c'est pourtant un nom fièrement connu... mais, moi, j'oublie tous ces noms... un chevalier de château... que je suis bête ! il n'y a plus de châteaux... un chevalier de Maison...

— De Maison-Rouge?

— C'est cela.

— Impossible.

— Comment, impossible ! Puisque je vous dis qu'on a trouvé une trappe, un souterrain, des carrosses.

— Mais non, c'est qu'au contraire tu n'as rien dit encore de tout cela.

— Ah bien ! je vais vous le dire alors.

— Dis. Si c'est un conte, il est beau du moins.

— Non, citoyen, ce n'est pas un conte, tant s'en faut, et la preuve, c'est que je le tiens du citoyen portier. Les aristocrates ont creusé une mine ; cette mine partait de la rue de la Corderie, et allait jusque dans la cave de la cantine de la citoyenne Plumeau, et même elle a failli être compromise de complicité, la citoyenne Plumeau. Vous la connaissez, j'espère?

— Oui, dit Maurice, mais après?

— Eh bien ! la veuve Capet devait se sauver par ce souterrain-là. Elle avait déjà le pied sur la première marche, quoi ! C'est le citoyen Simon qui l'a rattrapée par sa robe. Tenez, on bat la générale dans la ville, et le rappel dans les sections ; entendez-vous le tambour, là? On dit que les Prussiens sont à Dammartin, et qu'ils ont poussé des reconnaissances jusqu'aux frontières.

Au milieu de ce flux de paroles, du vrai et du faux, du possible et de l'absurde, Maurice saisit à peu près le fil conducteur. Tout partait de cet œillet donné sous ses yeux à la reine, et acheté par lui à la malheureuse bouquetière. Cet œillet contenait le plan d'une conspiration, qui venait d'éclater, avec les détails plus ou moins vrais que rapportait Agésilas.

En ce moment, le bruit du tambour se rapprocha, et Maurice entendit crier dans la rue :

— « Grande conspiration découverte au Temple par le citoyen Simon ! Grande conspiration, en faveur de la veuve Capet, découverte au Temple ! »

— Oui, oui, dit Maurice, c'est bien ce que je pense. Il y a du vrai dans tout cela. Et Lorin qui, au milieu de cette exaltation populaire, va peut-être tendre la main à cette fille et se faire mettre en morceaux...

Maurice prit son chapeau, agrafa la ceinture de son sabre, et en deux bonds fut dans la rue.

— Où est-il? se demanda Maurice, sur le chemin de la Conciergerie sans doute.

Et il s'élança vers le quai.

— A l'extrémité du quai de la Mégisserie, des piques et des baïonnettes surgissant du milieu d'un rassemblement frappèrent ses regards ; il lui sembla distinguer au milieu du groupe un habit de garde national, et, dans le groupe, des mouvements hostiles. Il courut, le cœur serré, vers le rassemblement qui encombrait le bord de l'eau.

Ce garde national, pressé par la cohorte des Marseillais, était Lorin ; Lorin pâle, les lèvres serrées, l'œil menaçant, la main sur la poignée de son sabre, mesurant la place des coups qu'il se préparait à porter.

A deux pas de Lorin était Simon. Ce dernier, riant d'un rire féroce, désignait Lorin aux Marseillais et à la populace en disant :

— Tenez, tenez ! vous voyez bien celui-là ; c'en est un que j'ai fait chasser du Temple hier comme aristocrate ; c'en est un de ceux qui favorisent les correspondances dans les œillets. C'est le complice de la fille Tison, qui va passer tout à l'heure. Eh bien ! le voyez-vous, il se promène tranquillement sur le quai, tandis que sa complice va marcher à la guillotine, et peut-être même qu'elle était plus que sa complice, que c'était sa maîtresse, et qu'il était venu ici pour lui dire adieu ou pour essayer de la sauver.

Lorin n'était pas un homme à en entendre davantage. Il tira son sabre hors du fourreau.

En même temps la foule s'ouvrit devant un homme qui donnait tête baissée dans le groupe, et dont les larges épaules renversèrent trois ou quatre spectateurs qui se préparaient à devenir acteurs

— Sois heureux, Simon, dit Maurice. Tu regrettais sans doute que je ne fusse point là avec mon ami pour faire ton métier de dénonciateur en grand. Dénonce, Simon, dénonce, me voilà.

— Ma foi oui, dit Simon avec son hideux ricanement, et tu arrives à propos. Celui-là, dit-il, c'est le beau Maurice Lindey, qui a été accusé en même temps que la fille Tison, et qui s'en est tiré parce qu'il est riche, lui.

— A la lanterne! à la lanterne! crièrent les Marseillais.

— Oui da? essayez donc un peu! dit Maurice.

Et il fit un pas en avant, et piqua, comme pour s'essayer, au milieu du front, un des plus ardents égorgeurs, que le sang aveugla aussitôt.

— Au meurtre! s'écria celui-ci.

Les Marseillais abaissèrent les piques, levèrent les haches, armèrent les fusils; la foule s'écarta effrayée, et les deux amis restèrent isolés et exposés comme une double cible à tous les coups.

Ils se regardèrent avec un dernier et sublime sourire, car ils s'attendaient à être dévorés par ce tourbillon de fer et de flamme qui les menaçait, quand tout à coup la porte de la maison à laquelle ils s'adossaient s'ouvrit, et un essaim de jeunes gens en habits, de ceux qu'on appelait les muscadins, armés tous d'un sabre et ayant chacun une paire de pistolets à la ceinture, fondit sur les Marseillais et engagea une mêlée terrible.

— Hurrah! crièrent ensemble Lorin et Maurice, ranimés par ce secours, et sans réfléchir qu'en combattant dans les rangs des nouveaux venus ils donnaient raison aux accusations de Simon. Hurrah!

Mais, s'ils ne pensaient pas à leur salut, un autre y pensa pour eux. Un petit jeune homme de vingt-cinq à vingt-six ans, à l'œil bleu, frappant sans relâche avec une adresse et une ardeur infinie avec un sabre de sapeur qu'on eût cru que sa main de femme ne pouvait soulever, s'apercevant que Maurice et Lorin, au lieu de fuir par la porte qu'il semblait avoir laissée ouverte avec intention, combattaient à ses côtés, se retourna en leur disant tout bas :

— Fuyez par cette porte ; ce que nous venons faire ici ne vous regarde pas, et vous vous compromettez inutilement.

Puis tout à coup et voyant que les deux amis hésitaient :

— Arrière! cria-t-il à Maurice, pas de patriotes avec nous. Municipal Lindey, nous sommes des aristocrates, nous!

A ce nom, à cette audace qu'avait un homme d'accuser une qualité qui, à cette époque-là, valait sentence de mort, la foule poussa un grand cri.

Mais le jeune homme blond, avec trois ou quatre amis, sans s'effrayer de ce cri, poussèrent Maurice et Lorin dans l'allée, dont ils refermèrent la porte derrière eux ; puis ils revinrent se jeter dans la mêlée, qui était encore augmentée de l'approche de la charrette.

Maurice et Lorin, si miraculeusement sauvés, se regardèrent étonnés, éblouis.

Mais ils comprirent qu'il n'y avait pas de temps à perdre, et cherchèrent une issue.

Cette issue semblait ménagée exprès; ils entrèrent dans une cour, et au fond de cette cour trouvèrent une petite porte dérobée qui donnait sur la rue Saint-Germain-l'Auxerrois.

A ce moment, du Pont-au-Change déboucha un détachement de gendarmes qui eut bientôt balayé le quai, quoique la rue transversale où se tenaient les deux amis on entendit, pendant un instant, le bruit d'une lutte acharnée.

Ils précédaient la charrette qui conduisait à la guillotine la pauvre Héloïse.

— Au galop! cria une voix ; au galop!

La charrette partit au galop. Lorin aperçut la malheureuse jeune fille, debout, le sourire sur les lèvres et l'œil fier. Mais il ne put même échanger un geste avec elle; elle passa sans le voir, au milieu d'un tourbillon de peuple qui criait :

— A mort! l'aristocrate! à mort!

Et le bruit s'éloigna, décroissant et gagnant les Tuileries.

En même temps, la petite porte par laquelle étaient sortis Maurice et Lorin se rouvrit, et trois ou quatre muscadins, les habits déchirés et sanglants, sortirent. C'était probablement tout ce qui restait de la petite troupe.

Le jeune homme blond sortit le dernier.

— Hélas! dit-il, cette cause est donc maudite?

Et, jetant son sabre ébréché et sanglant, il s'élança vers la rue des Lavandières.

CHAPITRE XXVIII.

LE CHEVALIER DE MAISON-ROUGE.

aurice se hâta de rentrer à la section pour y porter plainte contre Simon.

Il est vrai qu'avant de se séparer de Maurice Lorin avait trouvé un moyen plus expéditif : c'était de rassembler quelques Thermopyles, d'attendre Simon à sa première sortie du Temple, et de le tuer en bataille rangée.

Mais Maurice s'était formellement opposé à ce plan.

— Tu es perdu, lui dit-il, si tu en viens aux voies de fait. Écrasons Simon, mais écrasons-le par la légalité. Ce doit être chose facile à des légistes.

En conséquence, le lendemain matin, Maurice se rendit à la section, et formula sa plainte.

Mais il fut bien étonné quand, à la section, le président fit la sourde oreille, se récusant, disant qu'il ne pouvait prendre parti entre deux bons citoyens, animés tous deux de l'amour de la patrie.

— Bon ! dit Maurice, je sais maintenant ce qu'il faut faire pour mériter la réputation de bon citoyen. Ah ! ah ! rassembler le peuple pour assassiner un homme qui vous déplaît, vous appelez cela être animé de l'amour de la patrie. Alors, j'en reviens au sentiment de Lorin, que j'ai eu le tort de combattre. A partir d'aujourd'hui, je vais faire du patriotisme comme vous l'entendez, et j'expérimenterai sur Simon.

— Citoyen Maurice, répondit le président, Simon a peut-être moins de torts que toi dans cette affaire ; il a découvert une conspiration, sans y être appelé par ses fonctions, là où tu n'as rien vu, toi dont c'était le devoir de la découvrir ; de plus, tu as des connivences de hasard ou d'intention ; lesquelles ? nous n'en savons rien, mais tu en as avec les ennemis de la nation.

— Moi ! dit Maurice ; ah ! voilà du nouveau, par exemple, et avec qui donc, citoyen président ?

— Avec le citoyen Maison-Rouge.

— Moi ! dit Maurice stupéfait ; moi ! j'ai des connivences avec le chevalier de Maison-Rouge ? Je ne le connais pas, je ne l'ai jamais...

— On t'a vu lui parler.

— Moi !

— Lui serrer la main.

— Moi !

— Oui.

— Où cela ? quand cela ?... Citoyen président, dit Maurice emporté par la conviction de son innocence, tu en as menti.

— Ton zèle pour la patrie t'emporte un peu loin, citoyen Maurice, dit le président ; et tu seras fâché tout à l'heure de ce que tu viens de dire quand je te donnerai la preuve que je n'ai avancé que la vérité. Voici trois rapports différents qui t'accusent.

— Allons donc ! dit Maurice ; est-ce que vous pensez que je suis assez niais pour croire à votre chevalier de Maison-Rouge ?

— Et pourquoi n'y croirais-tu pas ?

— Parce que c'est un spectre de conspirateur avec lequel vous tenez toujours une conspiration prête pour y englober vos ennemis.

— Lis les dénonciations.

— Je ne lirai rien, dit Maurice ; je proteste que je n'ai jamais vu le chevalier de Maison-Rouge, et que je ne lui ai jamais parlé. Que celui qui ne croira pas à ma parole d'honneur vienne me le dire, je sais ce que j'aurai à lui répondre.

Le président haussa les épaules. Maurice, qui ne voulait pas être en reste avec personne, en fit autant.

Il y eut quelque chose de sombre et de réservé pendant le reste de la séance.

Après la séance, le président, qui était un brave patriote, élevé au premier rang du district par le suffrage de ses concitoyens, s'approcha de Maurice et lui dit :

— Viens, Maurice, j'ai à te parler.

Maurice suivit le président, qui le conduisit dans un petit cabinet attenant à la chambre des séances.

Arrivé là il le regarda en face, et lui posant la main sur l'épaule :

— Maurice, lui dit-il, j'ai connu, j'ai estimé ton père, ce qui fait que je t'estime et je t'aime. Maurice, crois-moi, tu cours un grand danger en te laissant aller au manque de foi, première décadence d'un esprit vraiment révolutionnaire. Maurice, mon ami, dès qu'on perd la foi, on perd la fidélité. Tu ne crois pas aux ennemis de la nation : de là vient que tu passes près d'eux sans les voir, et que tu deviens l'instrument de leurs complots sans t'en douter.

— Que diable ! citoyen, dit Maurice, je me connais, je suis homme de cœur, zélé patriote ; mais mon zèle ne me rend pas fanatique : voilà vingt conspirations prétendues que la République signe toutes du même nom. Je demande une fois pour toutes à voir l'éditeur responsable.

— Tu ne crois pas aux conspirateurs, Maurice, dit le président, eh bien ! dis-moi, crois-tu à l'œillet rouge pour lequel on a guillotiné hier la fille Tison ?

Maurice tressaillit.

— Crois-tu au souterrain pratiqué dans le jardin du Temple et communiquant de la cave de la citoyenne Plumeau à certaine maison de la rue de la Corderie ?

— Non, dit Maurice.

— Alors, fais comme Thomas l'apôtre, va voir.

— Je ne suis pas de garde au Temple, et l'on ne me laissera pas entrer.

— Tout le monde peut entrer au Temple maintenant.

— Comment cela ?

— Lis ce rapport ; puisque tu es si incrédule, je ne procéderai plus que par pièces officielles.

— Comment ! s'écria Maurice lisant le rapport, c'est à ce point ?

— Continue.

— On transporte la reine à la Conciergerie !

— Eh bien ! répondit le président.

— Ah ! ah ! fit Maurice.

— Crois-tu que ce soit sur un rêve, sur ce que tu appelles une imagination, sur une billevesée, que le comité de salut public ait adopté une si grave mesure ?

— Cette mesure a été adoptée, mais elle ne sera pas exécutée, comme une foule de mesures que j'ai vu prendre, et voilà tout...

— Lis donc jusqu'au bout, dit le président.

Et il lui présenta un dernier papier.

— Le récépissé de Richard, le geôlier de la Conciergerie ! s'écria Maurice.

— Elle y a été écrouée à deux heures.

Cette fois Maurice demeura pensif.

— La Commune, tu le sais, continua le président, agit dans des vues profondes. Elle s'est creusé un sillon large et droit ; ses mesures ne sont pas des enfantillages, et elle a mis en exécution ce principe de Cromwell :

« *Il ne faut frapper les rois qu'à la tête.* »

Lis cette note secrète du ministre de la police.

Maurice lut :

« Attendu que nous avons la certitude que le ci-
« devant chevalier de Maison-Rouge est à Paris ;
« qu'il a été vu en différents endroits ; qu'il a laissé
« des traces de son passage en plusieurs complots
« heureusement avortés, j'invite tous les chefs de
« sections à redoubler de surveillance... »

— Eh bien ? demanda le président.

— Il faut que je te croie, citoyen président, s'écria Maurice.

Et il continua :

« Signalement du chevalier de Maison-Rouge :
« cinq pieds trois pouces, cheveux blonds, yeux
« bleus, nez droit, barbe châtaine, menton rond,
« voix douce, mains de femme.

« Trente-cinq à trente-six ans. »

Au signalement, une lueur étrange passa à travers l'esprit de Maurice ; il songea à ce jeune homme qui commandait la troupe de muscadins qui les avait sauvés la veille Lorin et lui, et qui frappait si résolument sur les Marseillais avec son sabre de sapeur.

— Mordieu ! murmura Maurice ; serait-ce lui ? en ce cas la dénonciation qui dit qu'on m'a vu lui parler ne serait point fausse. Seulement je ne me rappelle pas lui avoir serré la main.

— Eh bien ! Maurice, demanda le président, que dites-vous de cela maintenant, mon ami ?

— Je dis que je vous crois, répondit Maurice en méditant avec tristesse ; car depuis quelque temps, sans savoir quelle mauvaise influence attristait sa vie, il voyait toutes choses s'assombrir autour de lui.

— Ne joue pas ainsi ta popularité, Maurice, continua le président. La popularité aujourd'hui, c'est la vie. L'impopularité, prends-y garde, c'est le soupçon de trahison, et le citoyen Maurice Lindey ne peut pas être soupçonné d'être un traître.

Maurice n'avait rien à répondre à une doctrine qu'il sentait bien être la sienne. Il remercia son vieil ami et quitta la section.

— Ah ! murmura-t-il, respirons un peu, c'est trop de soupçons et de luttes. Allons droit au repos, à l'innocence et à la joie ; allons à Geneviève.

Et Maurice prit le chemin de la vieille rue Saint-Jacques.

Lorsqu'il arriva chez le maître tanneur, Dixmer et Morand soutenaient Geneviève, en proie à une violente attaque de nerfs.

Aussi, au lieu de lui laisser l'entrée libre comme d'habitude, un domestique lui barra-t-il le passage.

— Annonce-moi toujours, dit Maurice inquiet, et, si Dixmer ne peut pas me recevoir en ce moment, je me retirerai.

Le domestique entra dans le petit pavillon, tandis que lui, Maurice, demeurait dans le jardin.

Il lui sembla qu'il se passait quelque chose d'étrange dans la maison. Les ouvriers tanneurs n'étaient point à leur ouvrage et traversaient le jardin d'un air inquiet.

Dixmer revint lui-même jusqu'à la porte.

— Entrez, dit-il, cher Maurice, entrez, vous n'êtes pas de ceux pour qui la porte est fermée.

— Mais qu'y a-t-il donc ? demanda le jeune homme.

— Geneviève est souffrante, dit Dixmer, plus que souffrante, car elle délire.

— Ah! mon Dieu! s'écria le jeune homme, ému de retrouver là encore le trouble et la souffrance. Qu'a-t-elle donc?

— Vous savez, mon cher, reprit Dixmer, aux maladies des femmes personne ne connaît rien, et surtout le mari.

Geneviève était renversée sur une espèce de chaise longue. Près d'elle était Morand, qui lui faisait respirer des sels.

— Eh bien? demanda Dixmer.

— Toujours la même chose, reprit Morand.

— Héloïse! Héloïse! murmura la jeune femme à travers ses lèvres blanches et ses dents serrées.

— Héloïse! répéta Maurice avec étonnement.

— Eh! mon Dieu oui, reprit vivement Dixmer; Geneviève a eu le malheur de sortir hier et de voir passer cette malheureuse charrette avec une pauvre fille, nommée Héloïse, que l'on conduisait à la guillotine. Depuis ce moment-là, elle a eu cinq ou six attaques de nerfs, et ne fait que répéter ce nom.

— Ce qui l'a frappée surtout, dit Morand, c'est qu'elle a reconnu dans cette fille la bouquetière qui lui a vendu les œillets que vous savez.

— Certainement que je sais, puisqu'ils ont failli me faire couper le cou.

— Oui, nous avons su tout cela, cher Maurice, et croyez bien que nous avons été on ne peut pas plus effrayés; mais Morand était à la séance, et il vous a vu sortir en liberté.

— Silence, dit Maurice, la voilà qui parle encore, je crois.

— Oh! des mots entrecoupés, inintelligibles, reprit Dixmer.

— Maurice, murmura Geneviève, ils vont tuer Maurice. A lui! chevalier, à lui!

Un silence profond succéda à ces quelques paroles.

— Maison-Rouge! murmura encore Geneviève; Maison-Rouge!

Maurice sentit comme un éclair de soupçon; mais ce n'était qu'un éclair. D'ailleurs il était trop ému de la souffrance de Geneviève pour commenter ses paroles.

— Avez-vous appelé un médecin? demanda-t-il.

— Oh! ce ne sera rien, reprit Dixmer; un peu de délire, voilà tout.

Et il serra si violemment le bras de sa femme, que Geneviève revint à elle et ouvrit, en jetant un léger cri, ses yeux qu'elle avait constamment tenus fermés jusque-là.

— Ah! vous voilà tous, dit-elle, et Maurice avec vous. Oh! je suis heureuse de vous voir, mon ami; si vous saviez comme j'ai... elle se reprit... comme nous avons souffert depuis deux jours.

— Oui, dit Maurice, nous voilà tous; rassurez-vous donc et ne nous faites plus de terreurs pareilles. Il y a surtout un nom, voyez-vous, qu'il faudrait vous déshabituer de prononcer, attendu qu'en ce moment il n'est pas en odeur de sainteté.

— Et lequel? demanda vivement Geneviève.

— C'est celui du chevalier de Maison-Rouge.

— J'ai nommé le chevalier de Maison-Rouge, moi! dit Geneviève épouvantée.

— Sans doute, répondit Dixmer avec un rire forcé; mais vous comprenez, Maurice, il n'y a rien là d'étonnant, puisqu'on dit publiquement qu'il était complice de la fille Tison, et que c'est lui qui a dirigé la tentative d'enlèvement qui par bonheur a échoué hier.

— Je ne dis pas qu'il y a quelque chose d'étonnant à cela, répondit Maurice; je dis seulement qu'il n'a qu'à se bien cacher.

— Qui? demanda Dixmer.

— Le chevalier de Maison-Rouge, parbleu! la Commune le cherche, et ses limiers ont le nez fin.

— Pourvu qu'on l'arrête, dit Morand, avant qu'il n'accomplisse quelque nouvelle entreprise qui réussira mieux que la dernière.

— En tout cas, dit Maurice, ce ne sera pas en faveur de la reine.

— Et pourquoi cela? demanda Morand.

— Parce que la reine est désormais à l'abri de ses coups de main.

— Et où est-elle donc? demanda Dixmer.

— A la Conciergerie, répondit Maurice; on l'y a transférée cette nuit.

Dixmer, Morand et Geneviève poussèrent un cri que Maurice prit pour une exclamation de surprise.

— Ainsi, vous voyez, continua-t-il, adieu les plans du chevalier de la reine! La Conciergerie est plus sûre que le Temple.

Morand et Dixmer échangèrent un regard qui échappa à Maurice.

— Ah! mon Dieu! s'écria-t-il, voilà encore madame Dixmer qui pâlit.

— Geneviève, dit Dixmer à sa femme, il faut te mettre au lit, mon enfant, tu souffres.

Maurice comprit qu'on le congédiait, il baisa la main de Geneviève et sortit.

Morand sortit avec lui et l'accompagna jusqu'à la vieille rue Saint-Jacques. Là, il le quitta pour aller dire quelques mots à une espèce de domestique qui tenait un cheval tout sellé.

Maurice était si préoccupé, qu'il ne demanda pas même à Morand, auquel d'ailleurs il n'avait pas adressé un mot depuis qu'ils étaient sortis ensemble de la maison, qui était cet homme et que faisait là ce cheval.

Il prit la rue des Fossés-Saint-Victor et gagna les quais.

— C'est étrange, se disait-il tout en marchant. Est-ce mon esprit qui s'affaiblit, sont-ce les événements qui prennent de la gravité? mais tout m'apparaît grossi comme à travers un microscope.

Et, pour retrouver un peu de calme, Maurice présenta son front à la brise du soir, et s'appuya sur le parapet du pont.

CHAPITRE XXIX.

LA PATROUILLE.

Comme il achevait en lui-même cette réflexion, tout en regardant l'eau couler avec cette attention mélancolique dont on retrouve les symptômes chez tout Parisien pur, Maurice, appuyé au parapet du pont, entendit une petite troupe qui venait à lui d'un pas égal, comme pourrait être celui d'une patrouille.

Il se retourna; c'était une compagnie de la garde nationale qui arrivait par l'autre extrémité. Au milieu de l'obscurité, Maurice crut reconnaître Lorin.

C'était lui, en effet. Dès qu'il l'aperçut, il courut à lui les bras ouverts.

— Enfin, s'écria Lorin, c'est toi. Morbleu! ce n'est pas sans peine que l'on te rejoint.

Mais, puisque je retrouve un ami si fidèle,
Ma fortune va prendre une face nouvelle.

Cette fois tu ne te plaindras pas, j'espère, je te donne du Racine au lieu de te donner du Lorin.

— Que viens-tu donc faire par ici en patrouille? demanda Maurice, que tout inquiétait.

— Je suis chef d'expédition, mon ami; il s'agit de rétablir sur sa base primitive notre réputation ébranlée.

Puis se retournant vers sa compagnie :

— Portez armes! présentez armes! haut les armes! dit-il. Là, mes enfants, il ne fait pas encore nuit assez noire. Causez de vos petites affaires, nous allons causer des nôtres.

Puis revenant à Maurice.

— J'ai appris aujourd'hui à la section deux grandes nouvelles, continua Lorin.

— Lesquelles?

— La première, c'est que nous commençons à être suspects, toi et moi.

— Je le sais. Après?

— Ah! tu le sais.

— Oui.

— La seconde, c'est que toute la conspiration à l'œillet a été conduite par le chevalier de Maison-Rouge.

— Je le sais encore.

— Mais ce que tu ne sais pas, c'est que la conspiration de l'œillet rouge et celle du souterrain ne faisaient qu'une seule conspiration.

— Je le sais encore.

— Alors, passons à une troisième nouvelle. Tu ne la sais pas, celle-là, j'en suis sûr. Nous allons prendre ce soir le chevalier de Maison-Rouge.

— Prendre le chevalier de Maison-Rouge?

— Oui.

— Tu t'es donc fait gendarme?

— Non, mais je suis patriote. Un patriote se doit à sa patrie. Or, ma patrie est abominablement ravagée par ce chevalier de Maison-Rouge qui fait complot sur complot. Or, la patrie ordonne à moi, qui suis un patriote, de la débarrasser du susdit chevalier de Maison-Rouge qui la gêne horriblement, et j'obéis à la patrie.

— C'est égal, dit Maurice, il est singulier que tu te charges d'une pareille commission.

— Je ne m'en suis pas chargé, on m'en a chargé; mais, d'ailleurs, je dois dire que je l'eusse briguée, la commission. Il nous faut un coup éclatant pour nous réhabiliter, attendu que notre réhabilitation, c'est non-seulement la sécurité de notre existence, mais encore le droit de mettre à la première occasion six pouces de lame dans le ventre de cet affreux Simon.

— Mais comment a-t-on su que c'était le chevalier de Maison-Rouge qui était à la tête de la conspiration du souterrain?

— Ce n'est pas encore bien sûr, mais on le présume.

— Ah! vous procédez par induction.

— Nous procédons par certitude.

— Comment arranges-tu tout cela, voyons, car enfin...

— Écoute bien.

— Je t'écoute.

— A peine ai-je entendu crier : Grande conspiration découverte par le citoyen Simon... (cette canaille de Simon! il est partout ce misérable!) que j'ai voulu juger de la vérité par moi-même. Or, on parlait d'un souterrain.

— Existe-t-il?

— Oh! il existe, je l'ai vu.

Vu de mes deux yeux, ce qui s'appelle vu.

Tiens, pourquoi ne siffles-tu pas?

— Parce que c'est du Molière, et que, je te l'avoue d'ailleurs, les circonstances me paraissent un peu graves pour plaisanter.

— Eh bien ! de quoi plaisantera-t-on alors, si l'on ne plaisante pas des choses graves ?

— Tu dis donc que tu as vu..

— ..... Le souterrain. Je répète que j'ai vu le souterrain, que je l'ai parcouru, et qu'il correspondait de la cave de la citoyenne Plumeau à une maison de la rue de la Corderie, à la maison n° 12 ou 14, je ne me rappelle plus bien.

— Vrai ! Lorin, tu l'as parcouru ?...

— Dans toute sa longueur, et, ma foi ! je t'assure que c'était un boyau fort joliment taillé ; de plus, il était coupé par trois grilles en fer, que l'on a été obligé de déchausser les unes après les autres ; mais qui, dans le cas où les conjurés auraient réussi, leur eussent donné tout le temps, en sacrifiant trois ou quatre des leurs, de mettre madame veuve Capet en lieu de sûreté. Heureusement il n'en est pas ainsi, et cet affreux Simon a encore découvert celle-là.

— Mais il me semble, dit Maurice, que ceux qu'on aurait dû arrêter d'abord étaient les habitants de cette maison de la rue de la Corderie.

— C'est ce que l'on aurait fait aussi si l'on n'eût pas trouvé la maison parfaitement dénuée de locataires.

— Mais enfin cette maison appartenait à quelqu'un ?

— Oui, à un nouveau propriétaire, mais personne ne le connaissait ; on savait que la maison avait changé de maître depuis quinze jours ou trois semaines, voilà tout. Les voisins avaient bien entendu du bruit ; mais, comme la maison était vieille, ils avaient cru qu'on travaillait aux réparations. Quant à l'autre propriétaire, il avait quitté Paris. J'arrivai sur ces entrefaites.

— Pour Dieu ! dis-je à Santerre en le tirant à part, vous êtes tous bien embarrassés.

— C'est vrai, répondit-il, nous le sommes.

— Cette maison a été vendue, n'est-ce pas ?

— Oui.

— Il y a quinze jours ?

— Il y a quinze jours ou trois semaines.

— Vendue par-devant un notaire ?

— Oui.

— Eh bien ! il faut chercher chez tous les notaires de Paris, savoir lequel a vendu cette maison, et se faire communiquer l'acte. On verra dessus le nom et le domicile de l'acheteur.

— A la bonne heure, c'est un conseil cela ! dit Santerre, et voilà pourtant un homme qu'on accuse d'être un mauvais patriote. Lorin ! Lorin ! je te réhabiliterai, ou le diable me brûle

— Bref ! continua Lorin, ce qui fut dit fut fait. On chercha le notaire, on trouva l'acte, et sur l'acte le nom et le domicile du coupable. Alors Santerre m'a tenu parole, il m'a désigné pour l'arrêter.

— Et cet homme c'était le chevalier de Maison-Rouge ?

— Non pas, son complice seulement, c'est-à-dire probablement.

— Mais alors comment dis-tu que vous allez arrêter le chevalier de Maison-Rouge ?

— Nous allons les arrêter tous ensemble.

— D'abord connais-tu ce chevalier de Maison-Rouge ?

— A merveille.

— Tu as donc son signalement ?

— Parbleu ! Santerre me l'a donné. Cinq pieds deux ou trois pouces, cheveux blonds, yeux bleus, nez droit, barbe châtaine ; d'ailleurs je l'ai vu.

— Quand ?

— Aujourd'hui même.

— Tu l'as vu ?

— Et toi aussi.

Maurice tressaillit.

— Ce petit jeune homme blond qui nous a délivrés ce matin, tu sais, celui qui commandait la troupe des muscadins qui tapait si dur.

— C'était donc lui ? demanda Maurice.

— Lui-même. On l'a suivi et on l'a perdu dans les environs du domicile de notre propriétaire de la rue de la Corderie ; de sorte qu'on présume qu'ils logent ensemble.

— En effet, c'est probable.

— C'est sûr.

— Mais il me semble, Lorin, ajouta Maurice, que, si tu arrêtes ce soir celui qui nous a sauvés ce matin, tu manques quelque peu de reconnaissance.

— Allons donc ! dit Lorin. Est-ce que tu crois qu'il nous a sauvés pour nous sauver ?

— Et pourquoi donc ?

— Pas du tout. Ils étaient embusqués là pour enlever la pauvre Héloïse Tison quand elle passerait. Nos égorgeurs les gênaient, ils sont tombés sur nos égorgeurs. Nous avons été sauvés par contre-coup. Or, comme tout est dans l'intention, et que l'intention n'y était pas, je n'ai pas à me reprocher la plus petite ingratitude. D'ailleurs, vois-tu, Maurice, le point capital, c'est la nécessité ; et il y a nécessité à ce que nous nous réhabilitions par un coup d'éclat. D'ailleurs, j'ai répondu de toi.

— A qui ?

— A Santerre ; il sait que tu commandes l'expédition.

— Comment cela ?

— Es-tu sûr d'arrêter les coupables ? a-t-il dit.

— Oui, ai-je répondu, si Maurice en est.

— Mais es-tu sûr de Maurice ? depuis quelque temps il tiédit.

— Ceux qui disent cela se trompent ; Maurice ne tiédit pas plus que moi.

— Et tu en réponds ?

— Et le mot d'ordre. — C'est juste. — *Œillet et souterrain.* — Page 122.

— Comme de moi-même. Alors j'ai passé chez toi, mais je ne t'ai pas trouvé ; j'ai pris ensuite ce chemin, d'abord parce que c'était le mien, et ensuite parce que c'était celui que tu prends d'ordinaire ; enfin, je t'ai rencontré, te voilà : en avant, marche !

        La victoire en chantant
        Nous ouvre la barrière...

— Mon cher Lorin, j'en suis désespéré, mais je ne me sens pas le moindre goût pour cette expédition ; tu diras que tu ne m'as pas rencontré.

— Impossible, tous nos hommes t'ont vu.

— Eh bien ! tu diras que tu m'as rencontré, et que je n'ai pas voulu être des vôtres.

— Impossible encore.

— Et pourquoi cela ?

— Parce que cette fois tu ne seras plus un tiède, mais un suspect... Et tu sais ce qu'on en fait des suspects : on les conduit sur la place de la Révolution, et on les invite à saluer la statue de la Liberté ; seulement, au lieu de saluer avec le chapeau, ils saluent avec la tête...

— Eh bien ! Lorin, il arrivera ce qu'il pourra

mais, en vérité, cela te paraîtra sans doute étrange, ce que je vais te dire là?

Lorin ouvrit de grands yeux et regarda Maurice.

— Eh bien! reprit Maurice, je suis dégoûté de la vie...

Lorin éclata de rire.

— Bon! dit-il; nous sommes en bisbille avec notre bien-aimée, et cela nous donne des idées mélancoliques. Allons, bel Amadis! redevenons un homme, et de là nous passerons au citoyen; moi, au contraire, je ne suis jamais meilleur patriote que lorsque je suis en brouille avec Arthémise. A propos, Sa Divinité la déesse Raison te dit des millions de choses gracieuses.

— Tu la remercieras de ma part. Adieu, Lorin.

— Comment, adieu!

— Oui, je m'en vais.

— Où vas-tu?

— Chez moi, parbleu!

— Maurice, tu te perds.

— Je m'en moque.

— Maurice, réfléchis, ami, réfléchis.

— C'est fait.

— Je ne t'ai pas tout répété...

— Tout, quoi?

— Tout ce que m'avait dit Santerre.

— Que t'a-t-il dit?

— Quand je t'ai demandé comme chef de l'expédition, il m'a dit: Prends garde!

— A qui?

— A Maurice.

— A moi?

— Oui. Maurice, a-t-il ajouté, va bien souvent dans ce quartier-là.

— Dans quel quartier?

— Dans celui de Maison-Rouge.

— Comment! s'écria Maurice, c'est par ici qu'il se cache?

— On le présume, du moins, puisque c'est par ici que loge son complice présumé, l'acheteur de la maison de la rue de la Corderie.

— Faubourg Victor? demanda Maurice.

— Oui, faubourg Victor.

— Et dans quelle rue du faubourg?

— Dans la vieille rue Saint-Jacques.

— Ah! mon Dieu! murmura Maurice ébloui comme par un éclair.

Et il porta sa main sur ses yeux.

Puis, au bout d'un instant, et comme si pendant cet instant il avait appelé son courage:

— Son état? dit-il.

— Maître tanneur.

— Et son nom?

— Dixmer.

— Tu as raison, Lorin, dit Maurice comprimant jusqu'à l'apparence de l'émotion par la force de sa volonté; je vais avec vous.

— Et tu fais bien. Es-tu armé?

— J'ai mon sabre comme toujours.

— Prends encore ces deux pistolets.

— Et toi?

— Moi, j'ai ma carabine. Portez armes! armes bras! en avant, marche!

La patrouille se remit en marche, accompagnée de Maurice, qui marchait près de Lorin, et précédée d'un homme vêtu de gris qui la dirigeait: c'était l'homme de la police.

De temps en temps on voyait se détacher des angles des rues ou des portes des maisons une espèce d'ombre qui venait échanger quelques paroles avec l'homme vêtu de gris; c'étaient des surveillants.

On arriva à la ruelle. L'homme gris n'hésita pas un seul instant; il était bien renseigné: il prit la ruelle.

Devant la porte du jardin par laquelle on avait fait entrer Maurice garrotté, il s'arrêta.

— C'est ici, dit-il.

— C'est ici. Quoi? demanda Lorin.

— C'est ici que nous trouverons les deux chefs.

Maurice s'appuya au mur, il lui sembla qu'il allait tomber à la renverse.

— Maintenant, dit l'homme gris, il y a trois entrées: l'entrée principale, celle-ci, et une autre entrée qui donne dans un pavillon. J'entrerai avec six ou huit hommes par l'entrée principale; gardez cette entrée-ci avec quatre ou cinq hommes, et mettez trois hommes sûrs à la sortie du pavillon.

— Moi, dit Maurice, je vais passer par-dessus le mur, et je veillerai dans le jardin.

— A merveille, dit Lorin, d'autant plus que de l'intérieur tu nous ouvriras la porte.

— Volontiers, dit Maurice. Mais n'allez pas dégarnir le passage et venir sans que je vous appelle. Tout ce qui se passera dans l'intérieur, je le verrai du jardin.

— Tu connais donc la maison? demanda Lorin.

— Autrefois, j'ai voulu l'acheter.

Lorin embusqua ses hommes dans les angles des haies, dans les encoignures des portes, tandis que l'agent de police s'éloignait avec huit ou dix gardes nationaux pour forcer, comme il l'avait dit, l'entrée principale.

Au bout d'un instant le bruit de leurs pas s'était éteint sans avoir, dans ce désert, éveillé la moindre attention.

Les hommes de Maurice étaient à leur poste et s'effaçaient de leur mieux. On eût juré que tout était tranquille, et qu'il ne se passait rien d'extraordinaire dans la vieille rue Saint-Jacques.

Maurice commença donc d'enjamber le mur.

— Attends donc, dit Lorin.

— Quoi?

— Et le mot d'ordre.

— C'est juste.

— *Œillet et souterrain*. Arrête tous ceux qui ne

te diront pas ces deux mots. Laisse passer tous ceux qui te les diront. Voilà la consigne.

— Merci, dit Maurice.

Et il sauta du haut du mur dans le jardin.

CHAPITRE XXX.

ŒILLET ET SOUTERRAIN.

Le premier coup avait été terrible, et il avait fallu à Maurice toute la puissance qu'il avait sur lui-même pour cacher à Lorin le bouleversement qui s'était fait dans toute sa personne; mais, une fois dans le jardin, une fois seul, une fois dans le silence de la nuit, son esprit devint plus calme, et ses idées, au lieu de rouler désordonnées dans son cerveau, se présentèrent à son esprit, et purent être commentées par sa raison.

Quoi! cette maison que Maurice avait si souvent visitée avec le plaisir le plus pur, cette maison, dont il avait fait son paradis sur la terre, n'était qu'un repaire de sanglantes intrigues! Tout ce bon accueil fait à son ardente amitié, c'était de l'hypocrisie; tout cet amour de Geneviève, c'était de la peur!

On connaît la distribution de ce jardin, où plus d'une fois nos lecteurs ont suivi nos deux jeunes gens. Maurice se glissa de massif en massif jusqu'à ce qu'il fût abrité contre les rayons de la lune par l'ombre de cette espèce de serre dans laquelle il avait été enfermé le premier jour où il avait pénétré dans la maison.

Cette serre était en face du pavillon qu'habitait Geneviève.

Mais ce soir là, au lieu d'éclairer, isolée et immobile, la chambre de la jeune femme, la lumière se promenait d'une fenêtre à l'autre. Maurice aperçut Geneviève à travers un rideau soulevé à moitié par accident; elle entassait à la hâte des effets dans un portemanteau, et il vit avec étonnement briller des armes dans ses mains.

Il se souleva sur une borne afin de mieux plonger ses regards dans la chambre. Un grand feu brillait dans l'âtre et attira son attention; c'étaient des papiers que Geneviève brûlait.

En ce moment, une porte s'ouvrit, et un jeune homme entra chez Geneviève.

La première idée de Maurice fut que cet homme était Dixmer.

La jeune femme courut à lui, saisit ses mains, et tous deux se tinrent un instant en face l'un de l'autre, paraissant en proie à une vive émotion. Quelle était cette émotion? Maurice ne pouvait le deviner, le bruit de leur parole n'arrivait pas jusqu'à lui.

Mais tout à coup Maurice mesura sa taille des yeux.

— Ce n'est pas Dixmer, murmura-t-il.

En effet, celui qui venait d'entrer était mince et de petite taille; Dixmer était grand et fort.

La jalousie est un actif stimulant; en une seconde, Maurice avait supputé la taille de l'inconnu à une ligne près, et analysé la silhouette du mari.

— Ce n'est pas Dixmer, murmura-t-il, comme s'il eût été obligé de se le redire à lui-même pour être convaincu de la perfidie de Geneviève.

Il se rapprocha de la fenêtre; mais, plus il se rapprochait, moins il voyait : son front était en feu.

Son pied heurta une échelle; la fenêtre avait sept ou huit pieds de hauteur; il prit l'échelle et alla la dresser contre la muraille.

Il monta, colla son œil à la fente du rideau.

L'inconnu de la chambre de Geneviève était un jeune homme de vingt-sept ou vingt-huit ans, à l'œil bleu, à la tournure élégante; il tenait les mains de la jeune femme, et lui parlait tout en essuyant les larmes qui voilaient le charmant regard de Geneviève.

Un léger bruit que fit Maurice amena le jeune homme à tourner la tête du côté de la fenêtre.

Maurice retint un cri de surprise; il venait de reconnaître son sauveur mystérieux de la place du Châtelet.

En ce moment, Geneviève retira ses mains de celles de l'inconnu. Geneviève s'avança vers la cheminée, et s'assura que tous les papiers étaient bien consumés.

Maurice ne put se contenir davantage; toutes les terribles passions qui torturent l'homme, l'amour, la vengeance, la jalousie, lui étreignaient le cœur de leurs dents de feu Il saisit son temps, repoussa violemment la croisée mal fermée et sauta dans la chambre.

Au même instant, deux pistolets se posèrent sur sa poitrine.

Geneviève s'était retournée au bruit; elle resta muette en apercevant Maurice.

— Monsieur, dit froidement le jeune républicain à celui qui tenait deux fois sa vie au bout de ces armes, monsieur, vous êtes le chevalier de Maison-Rouge?

— Et quand cela serait? répondit le chevalier.

— Oh! c'est que, si cela est, vous êtes un homme brave et par conséquent un homme calme, et je vais vous dire deux mots.

— Parlez, dit le chevalier sans détourner ses pistolets.

— Vous pouvez me tuer, mais vous ne me tuerez pas avant que j'aie poussé un cri, ou plutôt je ne mourrai pas sans l'avoir poussé. Si je pousse ce cri, mille hommes qui cernent cette maison l'auront réduite en cendres avant dix minutes; ainsi, abaissez vos pistolets, et écoutez ce que je vais dire à madame.

— A Geneviève? dit le chevalier.

— A moi? murmura la jeune femme.

— Oui! à vous.

Geneviève, plus pâle qu'une statue, saisit le bras de Maurice; le jeune homme la repoussa.

— Vous savez ce que vous m'avez affirmé, madame, dit Maurice avec un profond mépris. Je vois maintenant que vous avez dit vrai. En effet, vous n'aimez pas M. Morand.

— Maurice, écoutez-moi! s'écria Geneviève.

— Je n'ai rien à entendre, madame, dit Maurice. Vous m'avez trompé; vous avez brisé d'un seul coup tous les liens qui scellaient mon cœur au vôtre. Vous avez dit que vous n'aimiez pas M. Morand, mais vous ne m'aviez pas dit que vous en aimiez un autre.

— Monsieur, dit le chevalier, que parlez-vous de Morand, ou plutôt de quel Morand parlez-vous?

— De Morand le chimiste.

— Morand le chimiste est devant vous. Morand le chimiste et le chevalier de Maison-Rouge ne font qu'un.

Et, allongeant la main vers une table voisine, il eut en un instant coiffé cette perruque noire qui l'avait si longtemps rendu méconnaissable aux yeux du jeune républicain.

— Ah! oui, dit Maurice avec un redoublement de dédain; oui, je comprends, ce n'est pas Morand que vous aimez, puisque Morand n'existait pas; mais le subterfuge, pour en être plus adroit, n'en est pas moins méprisable.

Le chevalier fit un mouvement de menace.

— Monsieur, continua Maurice, veuillez me laisser causer un instant avec madame; assistez même à la causerie, si vous voulez; elle ne sera pas longue, je vous en réponds.

Geneviève fit un mouvement pour inviter Maison-Rouge à prendre patience.

— Ainsi, continua Maurice, ainsi, vous, Geneviève, vous m'avez rendu la risée de mes amis! l'exécration des miens! Vous m'avez fait servir, aveugle que j'étais, à tous vos complots! vous avez tiré de moi l'utilité que l'on tire d'un instrument? Écoutez: c'est une action infâme! mais vous en serez punie, madame! car monsieur que voici va me tuer sous vos yeux! Mais, avant cinq minutes, il sera là, lui aussi, gisant à vos pieds, ou, s'il vit, ce sera pour porter sa tête sur un échafaud.

— Lui, mourir! s'écria Geneviève; lui, porter sa tête sur l'échafaud! mais vous ne savez donc pas, Maurice, que lui, c'est mon protecteur, celui de ma famille; que je donnerais ma vie pour la sienne; que, s'il meurt, je mourrai, et que, si vous êtes mon amour, vous, lui est ma religion?

— Ah! dit Maurice, vous allez peut-être continuer de dire que vous m'aimez? En vérité, les femmes sont trop faibles et trop lâches.

Puis se retournant:

— Allons, monsieur, dit-il au jeune royaliste, il faut me tuer ou mourir.

— Pourquoi cela?

— Parce que, si vous ne me tuez pas, je vous arrête.

Maurice étendit la main pour le saisir au collet.

— Je ne vous disputerai pas ma vie, dit le chevalier de Maison-Rouge, tenez!

Et il jeta ses armes sur un fauteuil.

— Et pourquoi ne me disputerez-vous pas votre vie?

— Parce que ma vie ne vaut pas le remords que j'éprouverais de tuer un galant homme, et puis surtout, surtout parce que Geneviève vous aime.

— Ah! s'écria la jeune femme en joignant les mains! ah! que vous êtes toujours bon, grand, loyal et généreux, Armand!

Maurice les regardait tous deux avec un étonnement presque stupide.

— Tenez, dit le chevalier, je rentre dans ma chambre; je vous donne ma parole d'honneur que ce n'est point pour fuir, mais pour cacher un portrait.

Maurice porta vivement les yeux vers celui de Geneviève; il était à sa place.

Soit que Maison-Rouge eût deviné la pensée de Maurice, soit qu'il eût voulu pousser au comble la générosité:

— Allons! dit-il, je sais que vous êtes républicain; mais je sais que vous êtes en même temps un cœur pur et loyal. Je me confierai à vous jusqu'à la fin : regardez!

Et il tira de sa poitrine une miniature qu'il montra à Maurice : c'était le portrait de la reine.

Maurice baissa la tête et appuya la main sur son front.

— J'attends vos ordres, monsieur, dit Maison-Rouge; si vous voulez toujours mon arrestation, vous frapperez à cette porte quand il sera temps que je me livre. Je ne tiens plus à la vie, du moment où cette vie n'est plus soutenue par l'espérance de sauver la reine.

Le chevalier sortit sans que Maurice fît un seul signe pour le retenir.

A peine fut-il hors de sa chambre, que Geneviève se précipita aux pieds du jeune homme.

— Pardon! dit-elle, pardon! Maurice! pour tout le mal que je vous ai fait! pardon pour mes tromperies! pardon au nom de mes souffrances et de mes larmes! car, je vous le jure, j'ai bien pleuré, j'ai bien souffert. Ah! mon mari est parti ce matin; je ne sais où il est allé, et peut-être ne le reverrai-je plus; et maintenant un seul ami me reste, non pas un ami, un frère, et vous allez le faire tuer. Pardon! Maurice! pardon!

Maurice releva la jeune femme.

— Que voulez-vous? dit-il, il y a de ces fatalités-là; tout le monde joue sa vie à cette heure; le chevalier de Maison-Rouge a joué comme les autres, mais il a perdu; maintenant, il faut qu'il paye.

— C'est-à-dire qu'il meure, si je vous comprends bien?

— Oui.

— Il faut qu'il meure! et c'est vous qui me dites cela!

— Ce n'est pas moi, Geneviève, c'est la fatalité.

— La fatalité n'a pas dit son dernier mot dans cette affaire, puisque vous pouvez le sauver, vous.

— Aux dépens de ma parole, et par conséquent de mon honneur. Je comprends, Geneviève.

— Fermez les yeux, Maurice, voilà tout ce que je vous demande, et, jusqu'où la reconnaissance d'une femme peut aller, je vous promets que la mienne y montera.

— Je fermerais inutilement les yeux, madame; il y a un mot d'ordre donné, un mot d'ordre sans lequel personne ne peut sortir; car, je vous le répète, la maison est cernée.

— Et vous le savez?

— Sans doute que je le sais.

— Maurice!

— Eh bien?

— Mon ami! mon cher Maurice! ce mot d'ordre, dites-le-moi, il me le faut.

— Geneviève! s'écria Maurice, Geneviève! mais qui donc êtes-vous pour venir me dire : — Maurice, au nom de l'amour que j'ai pour toi, sois sans parole, sois sans honneur, trahis ta cause, tes opinions, renie. Que m'offrez-vous, Geneviève, en échange de tout cela, vous qui me tentez ainsi?

— Oh! Maurice! sauvez-le, sauvez-le d'abord, et ensuite demandez-moi la vie.

— Geneviève, répondit Maurice d'une voix sombre, écoutez-moi : — J'ai un pied dans le chemin de l'infamie; pour y descendre tout à fait, je veux avoir au moins une bonne raison contre moi-même : Geneviève, jurez-moi que vous n'aimez pas le chevalier de Maison-Rouge...

— J'aime le chevalier de Maison-Rouge comme une sœur, comme une amie, pas autrement, je vous le jure!

— Geneviève, m'aimez-vous?

— Maurice, je vous aime, aussi vrai que Dieu m'entend.

— Si je fais ce que vous me demandez, abandonnerez-vous parents, amis, patrie, pour fuir avec le traître?

— Maurice! Maurice!

— Elle hésite... oh! elle hésite!

Et Maurice se rejeta en arrière avec toute la violence du dédain.

Geneviève, qui s'était appuyée à lui, sentit tout à coup son appui manquer; elle tomba sur ses genoux.

— Maurice, dit-elle en se renversant en arrière et en tordant ses mains jointes; Maurice, tout ce que tu voudras, je te le jure; ordonne, j'obéis.

— Tu seras à moi, Geneviève?

— Quand tu l'exigeras.

— Jure sur le Christ!

Geneviève étendit le bras :

— Mon Dieu! dit-elle, vous avez pardonné à la femme adultère, j'espère que vous me pardonnerez.

Et de grosses larmes roulèrent sur ses joues, et tombèrent sur ses longs cheveux épars et flottants sur sa poitrine.

— Oh! pas ainsi, ne jurez pas ainsi, dit Maurice, ou je n'accepte pas votre serment.

— Mon Dieu! reprit-elle, je jure de consacrer ma vie à Maurice, de mourir avec lui, et, s'il le faut, pour lui, s'il sauve mon ami, mon protecteur, mon frère, le chevalier de Maison-Rouge.

— C'est bien; il sera sauvé, dit Maurice.

Il alla vers la chambre.

— Monsieur, dit-il, revêtez le costume du tanneur Morand. Je vous rends votre parole, vous êtes libre.

— Et vous, madame, dit-il à Geneviève, voilà les deux mots de passe : Œillet et souterrain.

Et, comme s'il eût eu horreur de rester dans la chambre où il avait prononcé ces deux mots qui le faisaient traître, il ouvrit la fenêtre et sauta de la chambre dans le jardin.

CHAPITRE XXXI.

PERQUISITION.

Maurice avait repris son poste dans le jardin, en face de la croisée de Geneviève : seulement cette croisée s'était éteinte, Geneviève étant entrée chez le chevalier de Maison-Rouge.

Il était temps que Maurice quittât la chambre; car, à peine avait-il atteint l'angle de la serre, que la porte du jardin s'ouvrit, et que l'homme gris parut, suivi de Lorin et de cinq ou six grenadiers.

— Eh bien? demanda Lorin.

— Vous le voyez, dit Maurice, je suis à mon poste.

— Personne n'a tenté de forcer la consigne? dit Lorin.

— Personne, répondit Maurice, heureux d'échapper à un mensonge par la manière dont la demande avait été posée; personne! et vous, qu'avez-vous fait?

— Nous, nous avons acquis la certitude que le chevalier de Maison-Rouge est rentré dans la maison, il y a une heure, et n'en est pas sorti depuis, répondit l'homme de la police.

— Et vous connaissez sa chambre? dit Lorin.

— Sa chambre n'est séparée de la chambre de la citoyenne Dixmer que par un corridor.

— Ah! ah! dit Lorin.

— Pardieu! il n'y avait pas besoin de séparation du tout; il paraît que ce chevalier de Maison-Rouge est un gaillard.

Maurice sentit le sang lui monter à la tête; il ferma les yeux et vit mille éclairs intérieurs.

— Eh bien! mais... et le citoyen Dixmer, que disait-il de cela? demanda Lorin.

— Il trouvait que c'était bien de l'honneur pour lui.

— Voyons! dit Maurice d'une voix étranglée, que décidons-nous?

— Nous décidons, dit l'homme de la police, que nous allons le prendre dans sa chambre, et peut-être même dans son lit.

— Il ne se doute donc de rien?

— De rien absolument.

— Quelle est la disposition du terrain? demanda Lorin.

— Nous en avons eu un plan parfaitement exact, dit l'homme gris : un pavillon situé à l'angle du jardin, le voilà; on monte quatre marches, les voyez-vous d'ici? on se trouve sur un palier; à droite, la porte de l'appartement de la citoyenne Dixmer : c'est sans doute celui dont nous voyons la fenêtre. En face de la fenêtre, au fond, une porte donnant sur le corridor, et, dans ce corridor, la porte de la chambre du traître.

— Bien! voilà une topographie un peu soignée, dit Lorin; avec un plan comme celui-là, on peut marcher les yeux bandés, à plus forte raison les yeux ouverts. Marchons donc.

— Les rues sont-elles bien gardées? demanda Maurice avec un intérêt que les assistants attribuèrent naturellement à la crainte que le chevalier ne s'échappât.

— Les rues, les passages, les carrefours, tout, dit l'homme gris : je défie qu'une souris passe si elle n'a point le mot d'ordre.

Maurice frissonna; tant de précautions prises lui faisaient craindre que sa trahison ne fût inutile à son bonheur.

— Maintenant, dit l'homme gris, combien demandez-vous d'hommes pour arrêter le chevalier?

— Combien d'hommes? dit Lorin, j'espère que Maurice et moi nous suffirons; n'est-ce pas Maurice?

— Oui, balbutia celui-ci, certainement que nous suffirons.

— Écoutez, dit l'homme de la police, pas de forfanteries inutiles; tenez-vous à le prendre?

— Morbleu! si nous y tenons, s'écria Lorin, je le crois bien! N'est-ce pas, Maurice, qu'il faut que nous le prenions?

Lorin appuya sur ce mot. Il l'avait dit, un commencement de soupçons commençait à planer sur eux, et il ne fallait pas laisser le temps aux soupçons, lesquels marchaient si vite à cette époque-là, de prendre une plus grande consistance; or, Lorin comprenait que personne n'oserait douter du patriotisme de deux hommes qui seraient parvenus à prendre le chevalier de Maison-Rouge.

— Eh bien! dit l'homme de police, si vous y tenez réellement, prenons plutôt avec nous trois hommes que deux, quatre que trois; le chevalier couche toujours avec une épée sous son traversin et deux pistolets sur sa table de nuit.

— Eh morbleu! dit un des grenadiers de la compagnie de Lorin, entrons tous, pas de préférence pour personne; s'il se rend, nous le mettrons en réserve pour la guillotine; s'il résiste, nous l'écharperons.

— Bien dit! fit Lorin; en avant! Passons-nous par la porte ou par la fenêtre?

— Par la porte, dit l'homme de la police; peut-être, par hasard, la clef y est-elle; tandis que si nous entrons par la fenêtre, il faudra casser quelques carreaux, et cela ferait du bruit.

— Va pour la porte, dit Lorin; pourvu que nous entrions, peu m'importe par où. Allons, sabre en main, Maurice!

Maurice tira machinalement son sabre hors du fourreau.

La petite troupe s'avança vers le pavillon. Comme l'homme gris avait indiqué que cela devait être, on rencontra les premières marches du perron, puis l'on se trouva sur le palier, puis dans le vestibule.

— Ah! s'écria Lorin joyeux, la clef est sur la porte.

En effet, il avait étendu la main dans l'ombre, et, comme il l'avait dit, il avait, du bout des doigts, senti le froid de la clef.

— Allons, ouvre donc, citoyen lieutenant, dit l'homme gris.

Lorin fit tourner avec précaution la clef dans la serrure; la porte s'ouvrit.

Maurice essuya de sa main son front humide de sueur.

— Nous y voilà, dit Lorin.

— Pas encore, fit l'homme gris. Si nos renseignements topographiques sont exacts, nous sommes ici dans l'appartement de la citoyenne Dixmer.

— Nous pouvons nous en assurer, dit Lorin; allumons des bougies, il reste du feu dans la cheminée.

— Allumons des torches, dit l'homme gris; les torches ne s'éteignent pas comme les bougies.

Et il prit des mains d'un grenadier deux torches, qu'il alluma au foyer mourant. Il en mit une à la main de Maurice, l'autre à la main de Lorin.

— Voyez-vous, dit-il, je ne me trompais pas: voici la porte qui donne dans la chambre à coucher de la citoyenne Dixmer, voilà celle qui donne sur le corridor.

— En avant! dans le corridor, dit Lorin.

On ouvrit la porte du fond, qui n'était pas plus fermée que la première, et l'on se trouva en face de la porte de l'appartement du chevalier. Maurice avait vingt fois vu cette porte, et n'avait jamais demandé où elle allait; pour lui, le monde se concentrait dans la chambre où le recevait Geneviève.

— Oh! oh! dit Lorin à voix basse, ici nous changeons de thèse, plus de clef et porte close.

— Mais, demanda Maurice, pouvant parler à peine, êtes-vous bien sûr que ce soit là?

— Si le plan est exact, ce doit être là, répondit l'homme de la police; d'ailleurs nous allons bien le voir. Grenadiers, enfoncez la porte; et vous, citoyens, tenez-vous prêts, aussitôt la porte enfoncée, à vous précipiter dans la chambre.

Quatre hommes, désignés par l'envoyé de la police, levèrent la crosse de leur fusil, et, sur un signe de celui qui conduisait l'entreprise, frappèrent un seul et même coup: la porte vola en éclats.

— Rends-toi, ou tu es mort! s'écria Lorin en s'élançant dans la chambre.

Personne ne répondit; les rideaux du lit étaient fermés.

— La ruelle, gare la ruelle! dit l'homme de la police; en joue, et, au premier mouvement des rideaux, faites feu.

— Attendez, dit Maurice, je vais les ouvrir.

Et sans doute dans l'espérance que Maison-Rouge était caché derrière les rideaux, et que le premier coup de poignard ou de pistolet serait pour lui, Maurice se précipita vers les courtines, qui glissèrent en criant le long de leur tringle.

Le lit était vide.

— Mordieu! dit Lorin, personne!

— Il se sera échappé, balbutia Maurice.

— Impossible, citoyens, impossible! s'écria l'homme gris; je vous dis qu'on l'a vu rentrer il y a une heure, que personne ne l'a vu sortir, et que toutes les issues sont gardées.

Lorin ouvrait les portes des cabinets et des armoires et regardait partout, là même où il était matériellement impossible qu'un homme pût se cacher.

— Personne! cependant, vous le voyez bien, personne!

— Personne! répéta Maurice avec une émotion facile à comprendre; vous le voyez, en effet, il n'y a personne.

— Dans la chambre de la citoyenne Dixmer, dit l'homme de la police, peut-être y est-il?

— Oh! dit Maurice, respectez la chambre d'une femme.

— Comment donc? dit Lorin, certainement qu'on la respectera, et la citoyenne Dixmer aussi: mais on la visitera.

— La citoyenne Dixmer? dit un des grenadiers enchanté de placer là une mauvaise plaisanterie.

— Non, dit Lorin, la chambre seulement.

— Alors, dit Maurice, laissez-moi passer le premier.

— Passe, dit Lorin, tu es capitaine: à tout seigneur tout honneur.

On laissa deux hommes pour garder la pièce que l'on venait de quitter; puis l'on revint dans celle où l'on avait allumé les torches.

Maurice s'approcha de la porte donnant dans la chambre à coucher de Geneviève.

C'était la première fois qu'il allait y entrer.

Son cœur battait avec violence.

— Ouvrez alors, dit Maurice en lâchant la clef, je n'arrête pas les femmes.

La clef était à la porte.
Maurice porta la main sur la clef, mais il hésita.
— Eh bien ! dit Lorin, ouvre donc !
— Mais, dit Maurice, si la citoyenne Dixmer est couchée ?
— Nous regarderons dans son lit, sous son lit, dans sa cheminée et dans ses armoires, dit Lorin, après quoi, s'il n'y a personne qu'elle, nous lui souhaiterons une bonne nuit.
— Non pas, dit l'homme de la police, nous l'arrêterons ; la citoyenne Geneviève Dixmer était une aristocrate qui a été reconnue complice de la fille Tison et du chevalier de Maison-Rouge.

— Ouvrez alors, dit Maurice en lâchant la clef, je n'arrête pas les femmes.
L'homme de la police regarda Maurice de travers, et les grenadiers murmurèrent entre eux.
— Oh ! oh ! dit Lorin, vous murmurez ? murmurez donc pour deux tandis que vous y êtes ; je suis de l'avis de Maurice. Et il fit un pas en arrière.
L'homme gris saisit la clef, tourna vivement, la porte céda, les soldats se précipitèrent dans la chambre.
Deux bougies brûlaient sur une petite table, mais la chambre de Geneviève, comme celle du chevalier de Maison-Rouge, était inhabitée.

A la tête de ce renfort brillait le panache enfumé de Henriot.

— Vide ! s'écria l'homme de la police
— Vide ! répéta Maurice en pâlissant, où est-elle donc ?
Lorin regarda Maurice avec étonnement.
— Cherchons, dit l'homme de la police
Et, suivi des miliciens, il se mit à fouiller la maison depuis les caves jusqu'aux ateliers.
A peine eurent-ils le dos tourné, que Maurice, qui les avait suivis impatiemment des yeux, s'élança à son tour dans la chambre, ouvrant les armoires qu'il avait déjà ouvertes, et appelant d'une voix pleine d'anxiété : Geneviève ! Geneviève !

Mais Geneviève ne répondit point, la chambre était bien réellement vide.
Alors Maurice, à son tour, se mit à fouiller la maison avec une espèce de frénésie. Serres, hangars, dépendances, il visita tout, mais inutilement.
Soudain l'on entendit un grand bruit ; une troupe d'hommes armés se présenta à la porte, échangea le mot de passe avec la sentinelle, envahit le jardin et se répandit dans la maison. A la tête de ce renfort brillait le panache enfumé de Henriot. (1)

(1) C'est à tort que dans ce récit on a fait figurer le nom de

— Eh bien ! dit-il à Lorin, où est le conspirateur ?

— Comment ? où est le conspirateur ?

— Oui. Je vous demande ce que vous en avez fait.

— Je vous le demanderai à vous-même : votre détachement, s'il a bien gardé les issues, doit l'avoir arrêté, puisqu'il n'était plus dans la maison quand nous y sommes entrés.

— Que dites-vous là ? s'écria le général furieux, vous l'avez donc laissé échapper ?

— Nous n'avons pu le laisser échapper, puisque nous ne l'avons jamais tenu.

— Alors, je n'y comprends plus rien, dit Henriot.

— A quoi ?

— A ce que vous m'avez fait dire par votre envoyé.

— Nous vous avons envoyé quelqu'un, nous ?

— Sans doute. Cet homme à habit brun, à cheveux noirs, à lunettes vertes, qui est venu nous prévenir de votre part que vous étiez sur le point de vous emparer de Maison-Rouge, mais qu'il se défendait comme un lion ; sur quoi je suis accouru.

— Un homme à habit brun, à cheveux noirs, à lunettes vertes ? répéta Lorin.

— Sans doute, tenant une femme au bras.

— Jeune, jolie ? s'écria Maurice en s'élançant vers le général.

— Oui, jeune et jolie.

— C'était lui ! et la citoyenne Dixmer..

— Qui lui ?

— Maison-Rouge... oh ! misérable que je suis de ne pas les avoir tués tous les deux !

— Allons, allons, citoyen Lindey, dit Henriot, on les rattrapera.

— Mais comment diable les avez-vous laissés passer ? demanda Lorin.

— Pardieu ! dit Henriot, je les ai laissés passer parce qu'ils avaient le mot de passe.

— Ils avaient le mot de passe ! s'écria Lorin ; mais il y a donc un traître parmi nous ?

— Non, non, citoyen Lorin, dit Henriot, on vous connaît, et l'on sait bien qu'il n'y a pas de traîtres parmi vous.

Lorin regarda tout autour de lui, comme pour chercher ce traître dont il venait de proclamer la présence.

Il rencontra le front sombre et l'œil vacillant de Maurice.

— Oh ! murmura-t-il, que veut dire ceci ?

— Cet homme ne peut être bien loin, dit Henriot, fouillons les environs, peut-être sera-t-il tombé dans quelque patrouille qui aura été plus habile que nous et qui ne s'y sera point laissé prendre.

— Oui, oui, cherchons, dit Lorin.

Et il saisit Maurice par le bras, et, sous prétexte de chercher, il l'entraîna hors du jardin.

— Oui, cherchons, dirent les soldats ; mais avant de chercher..

Et l'un d'eux jeta sa torche sous un hangar tout bourré de fagots et de planches sèches.

— Viens, dit Lorin, viens.

Maurice n'opposa aucune résistance. Il suivit Lorin comme un enfant ; tous deux coururent jusqu'au pont sans se parler davantage ; là, ils s'arrêtèrent, Maurice se retourna.

Le ciel était rouge à l'horizon du faubourg, et l'on voyait monter au-dessus des maisons de nombreuses étincelles.

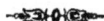

CHAPITRE XXXII.

LA FOI JURÉE.

aurice frissonna, il étendit la main vers la rue Saint-Jacques.

— Le feu ! dit-il, le feu !

— Eh bien ! oui, dit Lorin, le feu, après ?

— Oh ! mon Dieu, mon Dieu si elle était revenue !

— Qui cela ?

— Geneviève.

— Geneviève, c'est madame Dixmer, n'est-ce pas ?

— Oui, c'est elle.

— Il n'y a pas de danger qu'elle soit revenue, elle n'était point partie pour cela.

— Lorin, il faut que je la retrouve, il faut que je me venge.

— Oh ! oh ! dit Lorin.

— Tu m'aideras à la retrouver, n'est-ce pas, Lorin ?

Santerre. Henriot, depuis le 3 mai, avait pris le commandement de la garde nationale.

— Pardieu, ce ne sera pas difficile.

— Et comment?

— Sans doute, si tu t'intéresses, autant que je puis le croire, au sort de la citoyenne Dixmer, tu dois la connaître, et, la connaissant, tu dois savoir quels sont ses amis les plus familiers; elle n'aura pas quitté Paris, ils ont tous la rage d'y rester; elle s'est réfugiée chez quelque confidente, et demain matin tu recevras par quelque Rose ou quelque Marton un petit billet à peu près conçu en ces termes

Si Mars veut revoir Cythérée,
Qu'il emprunte à la Nuit sont écharpe azurée.

Et qu'il se présente chez le concierge, telle rue, tel numéro, en demandant madame trois étoiles, voilà.

Maurice haussa les épaules, il savait bien que Geneviève n'avait personne chez qui se réfugier.

— Nous ne la retrouverons pas, murmura-t-il.

— Permets-moi de te dire une chose, Maurice, fit Lorin.

— Laquelle?

— C'est que ce ne serait peut-être pas un si grand malheur que nous ne la retrouvassions pas.

— Si nous ne la retrouvons pas, Lorin, dit Maurice, j'en mourrai !

— Ah! diable! dit le jeune homme, c'est donc de cet amour-là que tu as déjà failli mourir.

— Oui, répondit Maurice.

Lorin réfléchit un instant.

— Maurice, dit-il, il est quelque chose comme onze heures, le quartier est désert, voici là un banc de pierre qui semble placé exprès pour recevoir deux amis. Accorde-moi la faveur d'un entretien particulier, comme on disait sous l'ancien régime. Je te donne ma parole que je ne parlerai qu'en prose.

Maurice regarda autour de lui, et alla s'asseoir sur le banc. Lorin regarda à son tour et alla s'asseoir auprès de son ami.

— Parle, dit Maurice en laissant tomber dans sa main son front alourdi.

— Écoute, cher ami, sans exorde, sans périphrase, sans commentaire, je te dirai une chose, c'est que nous nous perdons, ou plutôt que tu nous perds.

— Comment cela? demanda Maurice.

— Il y a, tendre ami, reprit Lorin, certain arrêté du comité de salut public qui déclare traître à la patrie quiconque entretient des relations avec les ennemis de ladite patrie. Hein! connais-tu cet arrêté?

— Sans doute, répondit Maurice.

— Tu le connais?

— Oui.

— Eh bien! il me semble que tu n'es pas mal traître à la patrie. Qu'en dis-tu? comme dit Manlius.

— Lorin!

— Sans doute; à moins que tu ne regardes toutefois comme idolâtrant la patrie ceux qui donnent le logement, la table et le lit à M. le chevalier de Maison-Rouge, lequel n'est pas un exalté républicain, à ce que je suppose, et n'est point accusé pour le moment d'avoir fait les journées de septembre.

— Ah! Lorin! fit Maurice en poussant un soupir.

— Ce qui fait, continua le moraliste, que tu me parais avoir été ou être encore un peu trop ami de l'ennemi de la patrie. Allons, allons, ne te révolte pas, cher ami; tu es comme feu Encelades, et tu remuerais une montagne quand tu te retournes. Je te le répète donc, ne te révolte pas, et avoue tout bonnement que tu n'es plus un zélé.

Lorin avait prononcé ces mots avec toute la douceur dont il était capable, et en glissant dessus avec un artifice tout à fait cicéronien.

Maurice se contenta de protester par un geste.

Mais le geste fut déclaré comme non avenu, et Lorin continua :

— Oh! si nous vivions dans une de ces températures de serre-chaude, température honnête où, selon les règles de la botanique, le baromètre marque invariablement seize degrés, je te dirais : Mon cher Maurice, c'est élégant, c'est comme il faut; soyons un peu aristocrates, de temps en temps, cela fait bien et cela sent bon; mais nous cuisons aujourd'hui dans trente-cinq à quarante degrés de chaleur! la nappe brûle, de sorte que l'on n'est que tiède; par cette chaleur-là on semble froid; lorsqu'on est froid on est suspect; tu sais cela, Maurice; et quand on est suspect, tu as trop d'intelligence, mon cher Maurice, pour ne pas savoir ce qu'on est bientôt, ou plutôt ce qu'on n'est plus.

— Eh bien! donc, alors qu'on me tue et que cela finisse! s'écria Maurice, aussi bien je suis las de la vie.

— Depuis un quart d'heure, dit Lorin; en vérité, il n'y a pas encore assez longtemps pour que je te laisse faire sur ce point-là à ta volonté; et puis, lorsqu'on meurt aujourd'hui, tu comprends, il faut mourir républicain; tandis que toi tu mourrais aristocrate.

— Oh! oh! s'écria Maurice, dont le sang commençait à s'enflammer par l'impatiente douleur qui résulte de la conscience de sa culpabilité; oh! oh! tu vas trop loin, mon ami.

— J'irai plus loin encore, car je te préviens que si tu te fais aristocrate...

— Tu me dénonceras?

— Fi donc! non : je t'enfermerai dans une cave, et je te ferai chercher au son du tambour comme un objet égaré; puis je proclamerai que les aristocrates, sachant ce que tu leur réservais, t'ont séquestré, martyrisé, affamé, de sorte que, comme le prévôt Élie de Beaumont, M. Latude et autres, lorsqu'on te retrouvera, tu seras couronné publiquement de fleurs par les dames de la Halle et les chiffonniers de la section Victor. Dépêche-toi donc de revenir un Aristide, ou ton affaire est claire.

— Lorin, Lorin, je sens que tu as raison, mais je suis entraîné, je glisse sur la pente. M'en veux-tu donc parce que la fatalité m'entraîne?

— Je ne t'en veux pas, mais je te querelle. Rappelle-toi un peu les scènes que Pylade faisait journellement à Oreste, scènes qui prouvent victorieusement que l'amitié n'est qu'un paradoxe, puisque ces modèles des amis se disputaient du matin au soir

— Abandonne-moi, Lorin, tu feras mieux.
— Jamais!
— Alors, laisse-moi aimer, être fou à mon aise; être criminel peut-être, car, si je la revois, je sens que je la tuerai.

— Ou que tu tomberas à ses genoux. Ah! Maurice! Maurice amoureux d'une aristocrate, jamais je n'eusse cru cela. Te voilà comme ce pauvre Osselin avec la marquise de Charry.

— Assez, Lorin, je t'en supplie!
— Maurice, je te guérirai, ou le diable m'emporte. Je ne veux pas que tu gagnes à la loterie de sainte guillotine, moi, comme dit l'épicier de la rue des Lombards. Prends garde, Maurice, tu vas m'exaspérer. Maurice, tu vas faire de moi un buveur de sang. Maurice, j'éprouve le besoin de mettre le feu à l'île Saint-Louis; une torche, un brandon!

> Mais non, ma peine est inutile,
> A quoi bon demander une torche, un flambeau?
> Ton feu, Maurice, est assez beau
> Pour embraser ton âme, et ces lieux, et la ville.

Maurice sourit malgré lui.

— Tu sais qu'il était convenu que nous ne parlerions qu'en prose? dit-il.

— Mais c'est qu'aussi tu m'exaspères avec ta folie, dit Lorin; c'est qu'aussi... Tiens, viens boire, Maurice; devenons ivrognes, faisons des motions, étudions l'économie politique; mais, pour l'amour de Jupiter, ne soyons pas amoureux, n'aimons que la liberté.

— Ou la Raison.
— Ah! c'est vrai, la déesse te dit bien des choses, et te trouve un charmant mortel.

— Et tu n'es pas jaloux?
— Maurice, pour sauver un ami, je me sens capable de tous les sacrifices.

— Merci, mon pauvre Lorin, et j'apprécie ton dévouement; mais le meilleur moyen de me consoler, vois-tu, c'est de me saturer de ma douleur. Adieu, Lorin, va voir Arthémise.

— Et toi, où vas-tu?
— Je rentre chez moi.

Et Maurice fit quelques pas vers le pont.

— Tu demeures donc du côté de la rue Vieille-Saint-Jacques, maintenant?

— Non, mais il me plaît de prendre par là.
— Pour revoir encore une fois les lieux qu'habitait ton inhumaine?

— Pour voir si elle n'est pas revenue où elle sait que je l'attends. Oh! Geneviève! Geneviève! je ne t'aurais pas crue capable d'une pareille trahison!

— Maurice, un tyran qui connaissait bien le beau sexe, puisqu'il est mort pour l'avoir trop aimé, disait:

> Souvent femme varie,
> Bien fol est qui s'y fie.

Maurice poussa un soupir, et les deux amis reprirent le chemin de la vieille rue Saint-Jacques.

A mesure que les deux amis approchaient, ils distinguaient un grand bruit, ils voyaient s'augmenter la lumière, ils entendaient les chants patriotiques, qui au grand jour, en plein soleil, dans l'atmosphère du combat, semblaient des hymnes héroïques, mais qui, la nuit, à la lueur de l'incendie, prenaient l'accent lugubre d'une ivresse de cannibale.

— O mon Dieu! mon Dieu! disait Maurice oubliant que Dieu était aboli.

Et il allait toujours la sueur au front.

Lorin le regardait aller, et murmurait entre ses dents

> Amour, amour, quand tu nous tiens,
> On peut bien dire : Adieu prudence!

Tout Paris semblait se porter vers le théâtre des événements que nous venons de raconter. Maurice fut obligé de traverser une haie de grenadiers, les rangs des sectionnaires, puis les bandes pressées de cette populace toujours furieuse, toujours éveillée, qui, à cette époque, courait en hurlant de spectacle en spectacle.

A mesure qu'il approchait, Maurice, dans son impatience furieuse, hâtait le pas. Lorin le suivait avec peine, mais il l'aimait trop pour le laisser seul en pareil moment.

Tout était presque fini; le feu s'était communiqué du hangar où le soldat avait jeté sa torche enflammée, aux ateliers construits en planches assemblées de façon à laisser de grands jours pour la circulation de l'air; les marchandises avaient brûlé, la maison commençait à brûler elle-même.

— O mon Dieu! se dit Maurice, si elle était revenue, si elle se trouvait dans quelque chambre enveloppée par le cercle de flammes, m'attendant, m'appelant...

Et Maurice, à demi insensé de douleur, aimant mieux croire à la folie de celle qu'il aimait qu'à sa trahison, Maurice donna tête baissée au milieu de la porte qu'il entrevoyait dans la fumée.

Lorin le suivait toujours; il l'eût suivi en enfer.

Maurice passa au milieu de la flamme

Le toit brûlait, le feu commençait à se communiquer à l'escalier.

Maurice, haletant, visita tout le premier, le salon, la chambre de Geneviève, la chambre du chevalier de Maison-Rouge, les corridors, appelant d'une voix étranglée :

— Geneviève ! Geneviève !

Personne ne répondit.

En revenant dans la première pièce, les deux amis virent des bouffées de flammes qui commençaient à entrer par la porte. Malgré les cris de Lorin, qui lui montrait la fenêtre, Maurice passa au milieu de la flamme

Puis il courut à la maison, traversa sans s'arrêter à rien la cour jonchée de meubles brisés, retrouva la salle à manger, le salon de Dixmer, le cabinet du chimiste Morand ; tout cela plein de fumée, de débris, de vitres cassées ; le feu venait d'atteindre aussi cette partie de la maison, et commençait à la dévorer.

Maurice fit comme il venait de faire du pavillon, il ne laissa pas une chambre sans l'avoir visitée, un corridor sans l'avoir parcouru. Il descendit jusqu'aux caves. Peut-être Geneviève, pour fuir l'incendie, s'était-elle réfugiée là.

Personne !

— Morbleu! dit Lorin, tu vois bien que personne ne tiendrait ici, à l'exception des salamandres, et ce n'est point cet animal fabuleux que tu cherches. Allons, viens, nous demanderons, nous nous informerons aux assistants; quelqu'un peut-être l'a-t-il vue.

Il eût fallu bien des forces réunies pour conduire Maurice hors de la maison; l'Espérance l'entraîna par un de ses cheveux.

Alors commencèrent les investigations; ils visitèrent les environs, arrêtant les femmes qui passaient, fouillant les allées, mais sans résultat. Il était une heure de matin; Maurice, malgré sa vigueur athlétique, était brisé de fatigue: il renonça enfin à ses courses, à ses ascensions, à ses conflits perpétuels avec la foule.

Un fiacre passait; Lorin l'arrêta.

— Mon cher, dit-il à Maurice, nous avons fait tout ce qu'il était humainement possible de faire pour retrouver ta Geneviève; nous nous sommes éreintés; nous nous sommes roussis; nous nous sommes gourmés pour elle; Cupidon, si exigeant qu'il soit, ne peut exiger davantage d'un homme qui est amoureux, et surtout d'un homme qui ne l'est pas; montons en fiacre, et rentrons chacun chez nous.

Maurice ne répondit point et se laissa faire. On arriva à la porte de Maurice sans que les deux amis eussent échangé une seule parole.

Au moment où Maurice descendait, on entendit une fenêtre de l'appartement de Maurice se refermer.

— Ah! bon! dit Lorin, on t'attendait, me voilà plus tranquille. Frappe maintenant.

Maurice frappa, la porte s'ouvrit.

— Bonsoir! dit Lorin, demain matin attends-moi pour sortir.

— Bonsoir! dit machinalement Maurice.

Et la porte se referma derrière lui.

Sur les premières marches de l'escalier il rencontra son officieux.

— Oh! citoyen Lindey, s'écria celui-ci, quelle inquiétude vous nous avez donnée!

Le mot *nous* frappa Maurice.

— A vous? dit-il.

— Oui, à moi et à la petite dame qui vous attend.

— La petite dame! répéta Maurice, trouvant le moment mal choisi pour correspondre au souvenir que lui donnait sans doute quelqu'une de ses anciennes amies; tu fais bien de me dire cela, je vais coucher chez Lorin.

— Oh! impossible, elle était à la fenêtre, elle vous a vu descendre, et s'est écriée: Le voilà!

— Eh! que m'importe qu'elle sache que c'est moi; je n'ai pas le cœur à l'amour. Remonte, et dis à cette femme qu'elle s'est trompée.

L'officieux fit un mouvement pour obéir, mais il s'arrêta.

— Ah! citoyen, dit-il, vous avez tort: la petite dame était déjà bien triste, ma réponse va la mettre au désespoir.

— Mais enfin, dit Maurice, quelle est cette femme?

— Citoyen, je n'ai pas vu son visage; elle est enveloppée d'une mante, et elle pleure, voilà ce que je sais.

— Elle pleure! dit Maurice.

— Oui, mais bien doucement, en étouffant ses sanglots.

— Elle pleure, répéta Maurice. Il y a donc quelqu'un au monde qui m'aime assez pour s'inquiéter à ce point de mon absence?

Et il monta lentement derrière l'officieux.

— Le voici, citoyenne, le voici! cria celui-ci en se précipitant dans la chambre.

Maurice entra derrière lui.

Il vit alors dans le coin du salon une forme palpitante qui se cachait le visage sous des coussins, une femme qu'on eût cru morte sans le gémissement convulsif qui la faisait tressaillir.

Il fit signe à l'officieux de sortir.

Celui-ci obéit et referma la porte.

Alors Maurice courut à la jeune femme, qui releva la tête.

— Geneviève! s'écria le jeune homme, Geneviève chez moi! suis-je donc fou, mon Dieu?

— Non, vous avez toute votre raison, mon ami, répondit la jeune femme. Je vous ai promis d'être à vous si vous sauviez le chevalier de Maison-Rouge. Vous l'avez sauvé, me voici! Je vous attendais.

Maurice se méprit au sens de ces paroles; il recula d'un pas, et regardant tristement la jeune femme:

— Geneviève, dit-il doucement, Geneviève, vous ne m'aimez donc pas?

Le regard de Geneviève se voila de larmes: elle détourna la tête, et, s'appuyant sur le dossier du sofa, elle éclata en sanglots.

— Hélas! dit Maurice, vous voyez bien que vous ne m'aimez plus, et non-seulement vous ne m'aimez plus, Geneviève, mais il faut que vous éprouviez une espèce de haine contre moi pour vous désespérer ainsi.

Maurice avait mis tant d'exaltation et de douleur dans ces derniers mots, que Geneviève se redressa et lui prit la main.

— Mon Dieu, dit-elle, celui qu'on croyait le meilleur sera donc toujours égoïste!

— Égoïste, Geneviève, que voulez-vous dire?

— Mais vous ne comprenez donc pas ce que je souffre? Mon mari en fuite, mon frère proscrit, ma maison en flammes, tout cela dans une nuit, et puis cette horrible scène entre vous et le chevalier!

Maurice l'écoutait avec ravissement, car il était impossible, même à la passion la plus folle, de ne pas admettre que de telles émotions accumulées pussent amener à l'état de douleur où Geneviève se trouvait.

— Ainsi, vous êtes venue, vous voilà, je vous tiens, vous ne me quitterez plus.

Geneviève tressaillit.

— Où serais-je allée? répondit-elle avec amertume. Ai-je un asile, un abri, un protecteur autre que celui qui a mis un prix à sa protection? Oh! furieuse et folle, j'ai franchi le pont Neuf, Maurice, et en passant je me suis arrêtée pour voir l'eau sombre bruire à l'angle des arches; cela m'attirait, me fascinait. Là, pour toi, me disais-je, pauvre femme, là est un abri; là est un repos inviolable; là est l'oubli.

— Geneviève! Geneviève! s'écria Maurice, vous avez dit cela?... Mais vous ne m'aimez donc pas?

— Je l'ai dit, répondit Geneviève à voix basse; je l'ai dit et je suis venue.

Maurice respira et se laissa glisser à ses pieds.

— Geneviève, murmura-t-il, ne pleurez plus. Geneviève, consolez-vous de tous vos malheurs, puisque vous m'aimez. Geneviève, au nom du ciel, dites-moi que ce n'est point la violence de mes menaces qui vous a amenée ici. Dites-moi que, quand même vous ne m'eussiez pas vu ce soir, en vous trouvant seule, isolée, sans asile, vous y fussiez venue, et acceptez le serment que je vous fais de vous délier du serment que je vous ai forcée de faire.

Geneviève abaissa sur le jeune homme un regard empreint d'une ineffable reconnaissance.

— Généreux! dit-elle. Oh! mon Dieu! je vous remercie, il est généreux!

— Écoutez, Geneviève, dit Maurice, Dieu que l'on chasse ici de ses temples, mais que l'on ne peut chasser de nos cœurs où il a mis l'amour, Dieu a fait cette soirée lugubre en apparence, mais étincelante au fond de joies et de félicités. Dieu vous a conduite à moi, Geneviève, il vous a mise entre mes bras, il vous parle par mon souffle; Dieu, enfin, Dieu veut récompenser ainsi tant de souffrances que nous avons endurées, tant de vertus que nous avons déployées en combattant cet amour qui semblait illégitime, comme si un sentiment si longtemps pur et toujours si profond pouvait être un crime. Ne pleurez donc plus, Geneviève! Geneviève, donnez-moi votre main. Voulez-vous être chez un frère, voulez-vous que ce frère baise avec respect le bas de votre robe, s'éloigne les mains jointes et franchisse le seuil sans retourner la tête? Eh bien! dites un mot, faites un signe, et vous allez me voir m'éloigner, et vous serez seule, libre et en sûreté comme une vierge dans une église. Mais, au contraire, ma Geneviève adorée, voulez-vous vous souvenir que je vous ai tant aimée, que j'ai failli en mourir; que, pour cet amour que vous pouvez faire fatal ou heureux, j'ai trahi les miens; que je me suis rendu odieux et vil à moi-même; voulez-vous songer à tout ce que l'avenir nous garde de bonheur; à la force et à l'énergie qu'il y a dans notre jeunesse et dans notre amour pour défendre ce bonheur qui commence contre quiconque voudrait l'attaquer? Oh! Geneviève, toi qui es un ange de bonté, veux-tu, dis? veux-tu rendre un homme si heureux, qu'il ne regrette plus la vie et qu'il ne désire plus le bonheur éternel? Alors, au lieu de me repousser, souris-moi, ma Geneviève, laisse-moi appuyer ta main sur mon cœur, penche-toi vers celui qui t'aspire de toute sa puissance, de tous ses vœux, de toute son âme, Geneviève, mon amour, ma vie, Geneviève, ne reprends pas ton serment!

Le cœur de la jeune femme se gonflait à ces douces paroles: la langueur de l'amour, la fatigue de ses souffrances passées, épuisaient ses forces, les larmes ne revenaient plus à ses yeux, et cependant les sanglots soulevaient encore sa poitrine brûlante.

Maurice comprit qu'elle n'avait plus de courage pour résister, il la saisit dans ses bras. Alors, elle laissa tomber sa tête sur son épaule, et ses longs cheveux se dénouèrent sur les joues ardentes de son amant.

En même temps, Maurice sentit bondir sa poitrine, soulevée encore comme les vagues après l'orage.

— Oh! tu pleures, Geneviève, lui dit-il avec une profonde tristesse, tu pleures. Oh! rassure-toi. Non, non, jamais je n'imposerai l'amour à une douleur dédaigneuse. Jamais mes lèvres ne se souilleront d'un baiser qu'empoisonnera une seule larme de regret.

Et il desserra l'anneau vivant de ses bras, il écarta son front de celui de Geneviève et se détourna lentement.

Mais aussitôt, par une de ces réactions si naturelles à la femme qui se défend et qui désire tout en se défendant, Geneviève jeta au cou de Maurice ses bras tremblants, l'étreignit avec violence, et colla sa joue glacée et humide encore des larmes qui venaient de se tarir sur la joue ardente du jeune homme.

— Oh! murmura-t-elle, ne m'abandonne pas, Maurice, car je n'ai plus que toi au monde!

Oh! ne m'abandonne pas, Maurice, car je n'ai plus que toi au monde! — Page 135.

CHAPITRE XXXIII.

LE LENDEMAIN.

Un beau soleil venait, à travers les persiennes vertes, dorer les feuilles de trois grands rosiers placés dans des caisses de bois sur la fenêtre de Maurice.

Ces fleurs, d'autant plus précieuses à la vue, que la saison commençait à fuir, embaumaient une petite salle à manger dallée, reluisante de propreté, dans laquelle, à une table servie sans profusion, mais élégamment, venaient de s'asseoir Geneviève et Maurice.

La porte était fermée, car la table supportait tout ce dont les convives avaient besoin. On comprenait qu'ils s'étaient dit:

— Nous nous servirons nous-mêmes.

On entendait dans la pièce voisine remuer l'offi-

— Regarde madame ; tu es détrôné, Lorin ! — Page 138.

cieux, empressé comme l'ardélion de Phèdre. La chaleur et la vie des derniers beaux jours entraient par les lames entre-bâillées de la jalousie, et faisaient briller comme de l'or et de l'émeraude les feuilles des rosiers caressées par le soleil.

Geneviève laissa tomber de ses doigts sur son assiette le fruit doré qu'elle tenait, et, rêveuse, souriant des lèvres seulement, tandis que ses grands yeux languissaient dans la mélancolie, elle demeura ainsi silencieuse, inerte, engourdie, bien que vivante et heureuse au soleil de l'amour, comme l'étaient ces belles fleurs au soleil du ciel.

Bientôt ses yeux cherchèrent ceux de Maurice, et ils les rencontrèrent fixés sur elle : lui aussi la regardait et rêvait.

Alors, elle posa son bras si doux et si blanc sur l'épaule du jeune homme, qui tressaillit; puis elle y appuya sa tête avec cette confiance et cet abandon qui sont bien plus que de l'amour.

Geneviève le regardait sans lui parler, et rougissait en le regardant.

Maurice n'avait qu'à incliner légèrement la tête pour appuyer ses lèvres sur les lèvres entr'ouvertes de sa maîtresse.

Il inclina la tête; Geneviève pâlit, et ses yeux se fermèrent comme les pétales de la fleur qui cache son calice aux rayons de la lumière.

Ils demeuraient ainsi endormis dans cette félicité inaccoutumée, quand le bruit aigu de la sonnette les fit tressaillir.

Ils se détachèrent l'un de l'autre.

L'officieux entra et referma mystérieusement la porte.

— C'est le citoyen Lorin, dit-il.

— Ah! ce cher Lorin, dit Maurice; je vais aller le congédier. Pardon, Geneviève.

Geneviève l'arrêta.

— Congédier votre ami, Maurice! dit-elle, un ami, un ami qui vous a consolé, aidé, soutenu. Non, je ne veux pas plus chasser un tel ami de votre maison que de votre cœur; qu'il entre, Maurice, qu'il entre.

— Comment! vous permettez?... dit Maurice.

— Je le veux, dit Geneviève.

— Oh! mais vous trouvez donc que je ne vous aime pas assez! s'écria Maurice ravi de cette délicatesse, et c'est de l'idolâtrie qu'il vous faut!

Geneviève tendit son front rougissant au jeune homme, Maurice ouvrit la porte, et Lorin entra, beau comme le jour, dans son costume de demi-muscadin. En apercevant Geneviève, il manifesta une surprise à laquelle succéda aussitôt un respectueux salut.

— Viens, Lorin, viens, dit Maurice, et regarde madame; tu es détrôné, Lorin; il y a maintenant quelqu'un que je te préfère. J'eusse donné ma vie pour toi; pour elle, je ne t'apprends rien de nouveau, Lorin, pour elle j'ai donné mon honneur.

— Madame, dit Lorin avec un sérieux qui accusait en lui une émotion bien profonde, je tâcherai d'aimer plus que vous Maurice, pour que lui ne cesse pas de m'aimer tout à fait.

— Asseyez-vous, monsieur, dit en souriant Geneviève.

— Oui, assieds-toi, dit Maurice, qui, ayant serré à droite la main de son ami, à gauche celle de sa maîtresse, venait de s'emplir le cœur de toute la félicité qu'un homme peut ambitionner sur la terre.

— Alors tu ne veux donc plus mourir, tu ne veux donc plus te faire tuer?

— Comment cela? demanda Geneviève.

— Oh! mon Dieu! dit Lorin, que l'homme est un animal versatile, et que les philosophes ont bien raison de mépriser sa légèreté! En voilà un, croiriez-vous cela, madame, qui voulait hier soir se jeter au feu, se jeter à l'eau, qui déclarait qu'il n'y avait plus de félicité possible pour lui en ce monde, et voilà que je le retrouve ce matin gai, joyeux, le sourire sur les lèvres, le bonheur sur le front, la vie dans le cœur, en face d'une table bien servie; il est vrai qu'il ne mange pas, mais cela ne prouve pas qu'il en soit plus malheureux.

— Comment! dit Geneviève, il voulait faire tout cela?

— Tout cela, et bien d'autres choses encore; je vous raconterai tout cela plus tard, mais, pour le moment, j'ai très-faim; c'est la faute de Maurice, qui m'a fait courir tout le quartier Saint-Jacques hier soir; permettez donc que j'entame votre déjeuner, auquel vous n'avez touché ni l'un ni l'autre.

— Tiens! il a raison! s'écria Maurice avec une joie d'enfant; déjeunons, je n'ai pas mangé, ni vous non plus, Geneviève.

Il guettait l'œil de Lorin à ce nom, mais Lorin ne sourcilla point.

— Ah çà, mais tu avais donc deviné que c'était elle? lui demanda Maurice.

— Parbleu! répondit Lorin en se coupant une large tranche de jambon blanc et rose.

— J'ai faim aussi, dit Geneviève en tendant son assiette.

— Lorin, dit Maurice, j'étais malade hier soir.

— Tu étais plus que malade, tu étais fou.

— Eh bien! je crois que c'est toi qui es souffrant ce matin.

— Comment cela?

— Tu n'as pas encore fait de vers!

— J'y songeais à l'instant même, dit Lorin.

> Lorsqu'il siége au milieu des Grâces,
> Phébus tient sa lyre à la main;
> Mais de Vénus s'il suit les traces,
> Phébus perd sa lyre en chemin.

— Bon! voilà toujours un quatrain, dit Maurice en riant.

— Et il faudra que tu t'en contentes, vu que nous allons causer de choses un peu moins gaies.

— Qu'y a-t-il encore? demanda Maurice avec inquiétude.

— Il y a que je suis prochainement de garde à la Conciergerie.

— A la Conciergerie! dit Geneviève; près de la reine?

— Près de la reine... je crois que oui, madame.

Geneviève pâlit, Maurice fronça le sourcil et fit un signe à Lorin.

Celui-ci se coupa une nouvelle tranche de jambon, double de la première.

La reine avait, en effet, été conduite à la Conciergerie, où nous allons la suivre.

CHAPITRE XXXIV.

LA CONCIERGERIE.

A l'angle du pont au Change et du quai aux Fleurs s'élèvent les restes du vieux palais de saint Louis, qui s'appelait par excellence le Palais, comme Rome s'appelait la Ville, et qui continue à garder ce nom souverain depuis que les seuls rois qui l'habitent sont les greffiers, les juges et les plaideurs.

C'est une grande et sombre maison que celle de la justice, et qui fait plus craindre qu'aimer la rude déesse. On y voit tout l'attirail et toutes les attributions de la vengeance humaine réunis en un étroit espace. Ici les salles où l'on garde les prévenus, plus loin celles où on les juge, plus bas les cachots où on les enferme quand ils sont condamnés; à la porte, la petite place où on les marque du fer rouge et infamant; enfin, à cent cinquante pas de la première, l'autre place plus grande où on les tue, c'est-à-dire la Grève, où l'on achève ce qui a été ébauché au Palais.

La justice, comme on le voit, a tout sous la main.

Toute cette partie d'édifices accolés les uns aux autres, mornes, gris, percés de petites fenêtres grillées où les voûtes béantes ressemblent à des antres grillés qui longent le quai des Lunettes, c'est la Conciergerie.

Cette prison a des cachots que l'eau de la Seine vient humecter de son noir limon; elle a des issues mystérieuses qui conduisaient autrefois au fleuve les victimes qu'on avait intérêt à faire disparaître.

Vue en 1793, la Conciergerie, pourvoyeuse infatigable de l'échafaud, la Conciergerie, disons-nous, regorgeait de prisonniers dont on faisait en une heure des condamnés. A cette époque, la vieille prison de saint Louis était bien réellement l'hôtellerie de la mort.

Sous les voûtes des portes se balançait, la nuit, une lanterne au feu rouge, sinistre enseigne de ce lieu de douleurs.

La veille de ce jour où Maurice, Lorin et Geneviève déjeunaient ensemble, un sourd roulement avait ébranlé le pavé du quai et les vitres de la prison; puis le roulement avait cessé en face de la porte ogive; des gendarmes avaient frappé à cette porte avec la poignée de leur sabre, cette porte s'était ouverte, la voiture était entrée dans la cour, et, quand les gonds avaient tourné derrière elle, quand les verrous avaient grincé, une femme en était descendue.

Aussitôt le guichet béant devant elle l'engloutit. Trois ou quatre têtes curieuses qui s'étaient avancées à la lueur des flambeaux pour considérer la prisonnière, et qui étaient apparues dans la demi-teinte, se plongèrent dans l'obscurité; puis on entendit quelques rires vulgaires et quelques adieux grossiers échangés entre les hommes qui s'éloignaient et qu'on entendait sans les voir.

Celle qu'on amenait ainsi était restée en dedans du premier guichet avec ses gendarmes; elle vit qu'il fallait en franchir un second, mais elle oublia que, pour passer un guichet, on doit à la fois hausser le pied et baisser la tête, car on trouve en bas une marche qui monte, et en haut une voûte qui descend.

La prisonnière, encore mal habituée sans doute à l'architecture des prisons, malgré le long séjour qu'elle y avait fait, oublia de baisser son front et se heurta violemment à la barre de fer.

— Vous êtes-vous fait mal, citoyenne? demanda un des gendarmes.

— Rien ne me fait plus mal à présent, répondit-elle tranquillement.

Et elle passa sans proférer aucune plainte, quoique l'on vît au-dessus du sourcil la trace presque sanglante qu'y avait laissée le contact de la barre de fer.

Bientôt on aperçut le fauteuil du concierge, fauteuil plus vénérable aux yeux des prisonniers que ne l'est aux yeux des courtisans le trône d'un roi, car le concierge d'une prison est le dispensateur des grâces, et toute grâce est importante pour un prisonnier; souvent la moindre faveur change son ciel sombre en un firmament lumineux.

Le concierge Richard, installé dans son fauteuil, que, bien convaincu de son importance, il n'avait pas quitté malgré le bruit des grilles et le roulement de la voiture qui lui annonçaient un nouvel hôte, le concierge Richard prit son tabac, regarda la prisonnière, ouvrit un registre fort gras, et chercha une plume dans le petit encrier de bois noir où l'encre, pétrifiée sur les bords, conservait encore au milieu un peu de bourbeuse humidité, comme, au milieu du cratère d'un volcan, il reste toujours un peu de matière en fusion.

— Citoyen concierge, dit le chef de l'escorte, fais-nous l'écrou et vivement, car on nous attend avec impatience à la commune.

— Oh! ce ne sera pas long, dit le concierge en versant dans son encrier quelques gouttes de vin qui restaient au fond d'un verre; on a la main faite à cela, Dieu merci! Tes nom et prénoms, citoyenne?

Et, trempant sa plume dans l'encre improvisée, il s'apprêta à écrire au bas de la page, déjà pleine aux sept huitièmes, l'écrou de la nouvelle venue; tandis que, debout derrière son fauteuil, la citoyenne Richard, femme aux regards bienveillants, contemplait avec un étonnement presque respectueux cette femme à l'aspect à la fois si triste, si noble et si fier, que son mari interrogeait.

— Marie-Antoinette-Jeanne-Josèphe de Lorraine, répondit la prisonnière, archiduchesse d'Autriche, reine de France!

— Reine de France! répéta le concierge en se soulevant étonné sur le bras de son fauteuil.

— Reine de France! répéta la prisonnière du même ton.

— Autrement dit veuve Capet, dit le chef de l'escorte.

— Sous lequel de ces deux noms dois-je l'inscrire? demanda le concierge.

— Sous celui des deux que tu voudras, pourvu que tu l'inscrives vite, dit le chef de l'escorte.

Le concierge retomba sur son fauteuil; et, avec un léger tremblement, il écrivit sur son registre les prénoms, le nom et le titre que s'était donnés la prisonnière, inscriptions dont l'encre apparaît encore rougeâtre aujourd'hui sur ce registre, dont les rats de la Conciergerie révolutionnaire ont grignoté la feuille à l'endroit le plus précieux.

La femme Richard se tenait toujours debout derrière le fauteuil de son mari; seulement un sentiment de religieuse commisération lui avait fait joindre les mains.

— Votre âge? continua le concierge.

— Trente-sept ans et neuf mois, répondit la reine.

Richard se remit à écrire, puis détailla le signalement, et termina par les formules et les notes particulières.

— Bien, dit-il, c'est fait.

— Où conduit-on la prisonnière? demanda le chef de l'escorte.

Richard prit une seconde prise de tabac et regarda sa femme.

— Dame! dit celle-ci, nous n'étions pas prévenus, de sorte que nous ne savons guère

— Cherche! dit le brigadier.

— Il y a la chambre du conseil, reprit la femme.

— Hum! c'est bien grand, murmura Richard.

— Tant mieux si elle est grande, on pourra plus facilement y placer des gardes.

— Va pour la chambre du conseil, dit Richard; mais elle est inhabitable pour le moment, car il n'y a pas de lit.

— C'est vrai, répondit la femme, je n'y avais pas songé.

— Bah! dit un des gendarmes, on y mettra un lit demain, et demain sera bientôt venu.

— D'ailleurs la citoyenne peut passer cette nuit dans notre chambre; n'est-ce pas, notre homme? dit la femme Richard.

— Eh bien! et nous donc? dit le concierge.

— Nous ne nous coucherons pas; comme l'a dit le citoyen gendarme, une nuit est bientôt passée.

— Alors, dit Richard, conduisez la citoyenne dans ma chambre.

— Pendant ce temps-là vous préparerez notre reçu, n'est-ce pas?

— Vous le trouverez en revenant.

La femme Richard prit une chandelle qui brûlait sur la table, et marcha la première.

Marie-Antoinette la suivit sans mot dire, calme et pâle comme toujours; deux guichetiers, auxquels la femme Richard fit un signe, fermèrent la marche. On montra à la reine un lit auquel la femme Richard s'empressa de mettre des draps blancs. Les guichetiers s'installèrent aux issues, puis la porte fut refermée à double tour, et Marie-Antoinette se trouva seule.

Comment elle passa cette nuit, nul ne le sait, puisqu'elle la passa face à face avec Dieu.

Ce fut le lendemain seulement que la reine fut conduite dans la chambre du conseil, quatrilatère allongé dont le guichet d'entrée donne sur un corridor de la Conciergerie, et que l'on avait coupé dans toute sa longueur par une cloison qui n'atteignait pas à la hauteur du plafond.

L'un des compartiments était la chambre des hommes de garde.

L'autre était celle de la reine.

Une fenêtre grillée de barreaux épais éclairait chacune de ces deux cellules.

Un paravent, substitué à une porte, isolait la reine de ses gardiens, et fermait l'ouverture du milieu.

La totalité de cette chambre était carrelée de briques sur champ.

Enfin les murs avaient été décorés autrefois d'un cadre de bois doré d'où pendaient encore des lambeaux de papier fleurdelisé.

Un lit dressé en face de la fenêtre, une chaise placée près du jour, tel était l'ameublement de la prison royale.

En y entrant la reine demanda qu'on lui apportât ses livres et son ouvrage.

On lui apporta les *Révolutions d'Angleterre*,

Duchesne et Gilbert.

qu'elle avait commencées au Temple, les *Voyages du jeune Anacharsis* et sa tapisserie.

De leur côté, les gendarmes s'établirent dans la cellule voisine. L'histoire a conservé leurs noms, comme elle fait des êtres les plus infimes que la fatalité associe aux grandes catastrophes, et qui voient refléter sur eux un fragment de cette lumière que jette la foudre en brisant, soit les trônes des rois, soit les rois eux-mêmes.

Ils s'appelaient Duchesne et Gilbert.

La Commune avait désigné ces deux hommes, qu'elle connaissait pour bons patriotes, et ils devaient rester à poste fixe dans leur cellule jusqu'au jugement de Marie-Antoinette : on espérait éviter par ce moyen les irrégularités presque inévitables d'un service qui change plusieurs fois le jour, et l'on conférait une responsabilité terrible aux gardiens.

La reine fut dès ce jour même, par la conversation de ces deux hommes, dont toutes les paroles arrivaient jusqu'à elle lorsqu'aucun motif ne les portait à baisser la voix, la reine, disons-nous, fut instruite de cette mesure ; elle en ressentit à la fois de la joie et de l'inquiétude ; car, si d'un côté elle se disait que ces hommes devaient être bien sûrs, puisqu'on les avait choisis entre tant d'hommes, d'un autre côté elle réfléchissait que ses amis trouveraient bien plus d'occasions de corrompre deux gardiens connus et à poste fixe que cent inconnus désignés par le hasard et passant auprès d'elle à l'improviste et pour un seul jour.

La première nuit, avant de se coucher, un des deux gendarmes avaient fumé selon son habitude ; la vapeur du tabac glissa par les ouvertures de la cloison et vint assiéger la malheureuse reine, dont l'infortune avait irrité toutes les délicatesses au lieu de les émousser.

Bientôt elle se sentit prise de vapeurs et de nausées : sa tête s'embarrassa des pesanteurs de l'asphyxie; mais, fidèle à son système d'indomptable fierté, elle ne se plaignit point.

Tandis qu'elle veillait de cette veille douloureuse, et que rien ne troublait le silence de la nuit, elle crut entendre comme un gémissement qui venait du dehors; ce gémissement était lugubre et prolongé : c'était quelque chose de sinistre et de perçant comme les bruits du vent dans les corridors déserts, quand la tempête emprunte une voix humaine pour donner la vie aux passions des éléments.

Bientôt elle reconnut que ce bruit qui l'avait fait tressaillir d'abord, que ce cri douloureux et persévérant était la plainte lugubre d'un chien hurlant sur le quai. Elle pensa aussitôt à son pauvre Black, auquel elle n'avait pas songé au moment où elle avait été enlevée du Temple, et dont elle crut reconnaître la voix. En effet, le pauvre animal, qui, par trop de vigilance, avait perdu sa maîtresse, était descendu invisible derrière elle, avait suivi sa voiture jusqu'aux grilles de la Conciergerie, et là ne s'en était éloigné que parce qu'il avait failli être coupé en deux par la double lame de fer qui s'était refermée derrière elle.

Mais bientôt le pauvre animal était revenu, et, comprenant que sa maîtresse était enfermée dans ce grand tombeau de pierre, il l'appelait en hurlant et attendait à dix pas de la sentinelle la caresse d'une réponse.

La reine répondit par un soupir qui fit dresser l'oreille à ses gardiens.

Mais, comme ce soupir fut le seul, et qu'aucun bruit ne lui succéda dans la chambre de Marie-Antoinette, les gardiens se rassurèrent bientôt et retombèrent dans leur assoupissement.

Le lendemain, au point du jour, la reine était levée et habillée. Assise près de la fenêtre grillée, dont le jour, tamisé par les barreaux, descendait bleuâtre sur ses mains amaigries, elle lisait en apparence, mais sa pensée était bien loin du livre.

Le gendarme Gilbert entr'ouvrit le paravent et la regarda en silence. Marie-Antoinette entendit le cri du meuble qui se repliait sur lui-même en frôlant le parquet, mais elle ne leva point la tête.

Elle était placée de manière à ce que les gendarmes pussent voir sa tête entièrement baignée de cette lumière matinale.

Le gendarme Gilbert fit signe à son camarade de venir regarder avec lui par l'ouverture.

Duchesne se rapprocha.

— Vois donc, dit Gilbert à voix basse, comme elle est pâle; c'est effrayant, ses yeux bordés de rouge annoncent qu'elle souffre; on dirait qu'elle a pleuré.

— Tu sais bien, dit Duchesne, que la veuve Capet ne pleure jamais : elle est trop fière pour cela.

— Alors, c'est qu'elle est malade, dit Gilbert.

Puis, haussant la voix :

— Dis donc, citoyenne Capet, demanda-t-il, est-ce que tu es malade?

La reine leva lentement les yeux, et son regard se fixa, clair et interrogateur, sur ces deux hommes

— Est-ce que c'est à moi que vous parlez, messieurs? demanda-t-elle d'une voix pleine de douceur, car elle avait cru remarquer une nuance d'intérêt dans l'accent de celui qui lui avait adressé la parole.

— Oui, citoyenne, c'est à toi, reprit Gilbert, et nous te demandons si tu es malade.

— Pourquoi cela?

— Parce que tu as les yeux bien rouges.

— Et que tu es bien pâle en même temps, ajouta Duchesne.

— Merci, messieurs. Non, je ne suis point malade; seulement, j'ai beaucoup souffert cette nuit.

— Ah! oui, tes chagrins.

— Non, messieurs, mes chagrins étant toujours les mêmes, et la religion m'ayant appris à les mettre au pied de la croix, mes chagrins ne me rendent pas plus souffrante un jour que l'autre; non, je suis malade, parce que je n'ai pas dormi cette nuit.

— Ah! la nouveauté du logement, le changement de lit, dit Duchesne.

— Et puis le logement n'est pas beau, ajouta Gilbert.

— Ce n'est pas non plus cela, messieurs, dit la reine en secouant la tête. Laide ou belle, ma demeure m'est indifférente.

— Qu'est-ce donc, alors?

— Ce que c'est?

— Oui.

— Je vous demande pardon de vous le dire; mais j'ai été fort incommodée de cette odeur de tabac que monsieur exhale encore en ce moment.

En effet, Gilbert fumait, ce qui, au reste, était sa plus habituelle occupation.

— Ah! mon Dieu, s'écria-t-il tout troublé de la douceur avec laquelle la reine lui parlait. C'est cela! que ne le disais-tu, citoyenne?

— Parce que je ne me suis pas cru le droit de vous gêner dans vos habitudes, monsieur.

— Oh bien ! tu ne seras plus incommodée, par moi du moins, dit Gilbert en jetant sa pipe, qui alla se briser sur le carreau, car je ne fumerai plus.

Et il se retourna, emmenant son compagnon, et refermant le paravent.

— Possible qu'on lui coupe la tête, c'est l'affaire de la nation, cela; mais à quoi bon la faire souffrir, cette femme? Nous sommes des soldats, et non pas des bourreaux comme Simon.

— C'est un peu aristocrate, ce que tu fais là, compagnon, dit Duchesne en secouant la tête.

— Qu'appelles-tu aristocrate? voyons, explique-moi un peu cela.

— J'appelle aristocrate tout ce qui vexe la nation et qui fait plaisir à ses ennemis.

— Ainsi, selon toi, dit Gilbert, je vexe la nation, parce que je ne continue pas d'enfumer la veuve Capet? Allons donc! Vois-tu, moi, continua le brave homme, je me rappelle mon serment à la patrie et la consigne de mon brigadier, voilà tout. Or, ma consigne, je la sais par cœur:

« Ne pas laisser évader la prisonnière, ne laisser pénétrer personne auprès d'elle, écarter toute correspondance qu'elle voudrait nouer ou entretenir, et mourir à mon poste. » Voilà ce que j'ai promis et je le tiendrai. Vive la nation!

— Ce que je t'en dis, reprit Duchesne, n'est pas que je t'en veuille, au contraire; mais cela me ferait de la peine que tu te compromisses.

— Chut! voilà quelqu'un.

La reine n'avait pas perdu un mot de cette conversation, quoiqu'elle eût été faite à voix basse. La captivité double l'acuité des sens.

Le bruit qui avait attiré l'attention des deux gardiens était celui des pas de plusieurs personnes qui s'approchaient de la porte.

Elle s'ouvrit.

Deux municipaux entrèrent, suivis du concierge et de quelques guichetiers.

— Eh bien! demandèrent-ils, la prisonnière?

— Elle est là, répondirent les deux gendarmes.

— Comment est-elle logée?

— Voyez.

Et Gilbert alla heurter au paravent.

— Que voulez-vous? demanda la reine.

— C'est la visite de la Commune, citoyenne Capet.

— Cet homme est bon, pensa Marie-Antoinette, et si mes amis le veulent bien...

— C'est bon, c'est bon, dirent les municipaux en écartant Gilbert et en entrant chez la reine; il n'est pas besoin de tant de façons!

La reine ne leva point la tête, et l'on eût pu croire, à son impassibilité, qu'elle n'avait ni vu ni entendu ce qui venait de se passer, et qu'elle se croyait toujours seule.

Les délégués de la Commune observèrent curieusement tous les détails de la chambre, sondèrent les boiseries, le lit, les barreaux de la fenêtre qui donnait sur la cour des femmes, et, après avoir recommandé la plus minutieuse vigilance aux gendarmes, sortirent sans avoir adressé la parole à Marie-Antoinette, et sans que celle-ci eût paru s'apercevoir de leur présence.

CHAPITRE XXXV.

LA SALLE DES PAS-PERDUS.

Vers la fin de cette même journée où nous avons vu les municipaux visiter avec un soin si minutieux la prison de la reine, un homme, vêtu d'une carmagnole grise, la tête couverte d'épais cheveux noirs, et, par-dessus ces cheveux noirs, d'un de ces bonnets à poils qui distinguaient alors parmi le peuple les patriotes exagérés, se promenait dans la grande salle si philosophiquement appelée la salle des Pas-Perdus, et semblait fort attentif à regarder les allants et les venants qui forment la population ordinaire de cette salle, population fort augmentée à cette époque, où les procès avaient acquis une importance majeure et où l'on ne plaidait plus guère que pour disputer sa tête aux bourreaux et au citoyen Fouquier-Tinville, leur infatigable pourvoyeur.

C'était une attitude de fort bon goût que celle qu'avait prise l'homme dont nous venons d'esquisser le portrait. La société, à cette époque, était divisée en deux classes, les moutons et les loups; les uns devaient naturellement faire peur aux autres, puisque la moitié de la société dévorait l'autre moitié.

Notre farouche promeneur était de petite taille; il brandissait d'une main noire et sale un de ces gourdins qu'on appelait *constitution;* il est vrai que

L'homme au gourdin.

la main qui faisait voltiger cette arme terrible eût paru bien petite à quiconque se fût amusé à jouer vis-à-vis de l'étrange personnage le rôle d'inquisiteur qu'il s'était arrogé à l'égard des autres; mais personne ne se fût avisé d'oser contrôler, en quelque chose que ce fût, un homme d'un aspect aussi terrible.

En effet, ainsi posé, l'homme au gourdin causait une grave inquiétude à certains groupes de scribes à cahutes qui dissertaient sur la chose publique, laquelle, à cette époque, commençait à aller de mal en pis, ou de mieux en mieux, selon qu'on examinera la question au point de vue conservateur ou révolutionnaire. Ces braves gens examinaient du coin de l'œil sa longue barbe noire, son œil verdâtre enchâssé dans des sourcils touffus comme des brosses, et frémissaient à chaque fois que la promenade du terrible patriote, promenade qui comprenait la salle des Pas-Perdus dans toute sa longueur, le rapprochait d'eux.

Cette terreur leur était surtout venue de ce que, chaque fois qu'ils s'étaient avisés de s'approcher de lui ou même de le regarder trop attentivement, l'homme au gourdin avait fait retentir sur les dalles

Fouquier attacha son regard intelligent sur le patriote. — Page 146

son arme pesante, qui arrachait aux pierres sur lesquelles elle retombait un son tantôt mat et sourd, tantôt éclatant et sonore.

Mais ce n'était pas seulement les braves gens à cahutes dont nous avons parlé, et qu'on désigne généralement sous le nom de rats du Palais, qui éprouvaient cette formidable impression, c'étaient encore les différents individus qui entraient dans la salle des Pas-Perdus par sa large porte ou par quelqu'un de ses étroits vomitoires, et qui passaient avec précipitation en apercevant l'homme au gourdin, lequel continuait à faire obstinément son trajet d'un bout de la salle à l'autre, trouvant à chaque moment un prétexte de faire résonner son gourdin sur les dalles.

Si les écrivains eussent été moins effrayés et les promeneurs plus clairvoyants, ils eussent sans doute découvert que notre patriote, capricieux comme toutes les natures excentriques ou extrêmes, semblait avoir des préférences pour certaines dalles, celles, par exemple, qui, situées à peu de distance du mur de droite, et au milieu de la salle à peu près, rendaient les sons les plus purs et les plus bruyants

Il finit même par concentrer sa colère sur quelques dalles seulement, et c'était surtout sur les dalles du centre. Un instant même il s'oublia jusqu'à s'arrêter pour mesurer de l'œil quelque chose comme une distance.

Il est vrai que cette absence dura peu, et qu'il reprit aussitôt la farouche expression de son regard, qu'un éclair de joie avait remplacée.

Presque au même instant, un autre patriote, à cette époque chacun avait son opinion écrite sur son front, ou plutôt sur ses habits; presque au même instant, disons-nous, un autre patriote entrait par la porte de la galerie, et sans paraître partager le moins du monde l'impression générale de terreur qu'inspirait le premier occupant, venait croiser sa promenade d'un pas à peu près égal au sien; de sorte qu'à moitié de la salle ils se rencontrèrent.

Le nouveau venu avait, comme l'autre, un bonnet à poils, une carmagnole grise, des mains sales et un gourdin; il avait, en outre, de plus que l'autre, un grand sabre qui lui battait les mollets; mais, ce qui faisait surtout le second plus à craindre que le premier, c'est qu'autant le premier avait l'air terrible, autant le second avait l'air faux, haineux et bas.

Aussi, quoique ces deux hommes parussent appartenir à la même cause et partager la même opinion, les assistants risquèrent-ils un œil pour voir ce qui résulterait, non pas de leur rencontre, car ils ne marchaient pas précisément sur la même ligne, mais de leur rapprochement. Au premier tour, leur attente fut déçue : les deux patriotes se contentèrent d'échanger un regard, et même ce regard fit légèrement pâlir le plus petit des deux; seulement, au mouvement involontaire de ses lèvres, il était visible que cette pâleur était occasionnée, non point par un sentiment de crainte, mais de dégoût.

Et cependant, au second tour, comme si le patriote eût fait un violent effort, sa figure, si rébarbative jusque-là, s'éclaircit; quelque chose comme un sourire qui essayait d'être gracieux passa sur ses lèvres, et il appuya légèrement sa promenade à gauche, dans le but évident d'arrêter le second patriote dans la sienne.

A peu près au centre, ils se joignirent.

— Eh pardieu! c'est le citoyen Simon! dit le premier patriote.

— Lui-même! Mais que lui veux-tu au citoyen Simon, et qui es-tu, d'abord?

— Fais donc semblant de ne pas me reconnaître!

— Je ne te reconnais pas du tout, par une excellente raison, c'est que je ne t'ai jamais vu.

— Allons donc! tu ne reconnaîtrais pas celui qui a eu l'honneur de porter la tête de la Lamballe?

Et ces mots, prononcés avec une sourde fureur, s'élancèrent brûlants de la bouche du patriote à carmagnole. Simon tressaillit.

— Toi! fit-il, toi?

— Eh bien! cela t'étonne? Ah! citoyen, je te croyais plus connaisseur en amis, en fidèles!... Tu me fais de la peine.

— C'est fort bien ce que tu as fait, dit Simon, mais je ne te connaissais pas.

— Il y a plus d'avantage à garder le petit Capet, on est plus en vue, car moi je te connais, et je t'estime.

— Ah! merci.

— Il n'y a pas de quoi... Donc tu te promènes?

— Oui, j'attends quelqu'un.. et toi?

— Moi aussi.

— Comment donc t'appelles-tu? je parlerai de toi au club.

— Je m'appelle Théodore.

— Et puis?

— Et puis, c'est tout, ça ne te suffit pas?

— Oh! parfaitement. Qui attends-tu, citoyen Théodore?

— Un ami auquel je veux faire une bonne petite dénonciation.

— En vérité! conte-moi cela.

— Une couvée d'aristocrates.

— Qui s'appellent?

— Non, vrai, je ne peux dire cela qu'à mon ami.

— Tu as tort, car voici le mien qui s'avance vers nous, et il me semble que celui-là connaît assez la procédure pour arranger tout de suite ton affaire, hein?

— Fouquier-Tinville! s'écria le premier patriote.

— Rien que cela, cher ami.

— Eh bien! c'est bon.

— Eh oui, c'est bon... Bonjour, citoyen Fouquier.

Fouquier-Tinville, pâle, calme, ouvrant, selon son habitude, des yeux noirs enfoncés sous d'épais sourcils, venait de déboucher d'une porte latérale de la salle, son registre à la main, ses liasses sous le bras.

— Bonjour, Simon, dit-il; quoi de nouveau?

— Beaucoup de choses. D'abord une dénonciation du citoyen Théodore, qui a porté la tête de la Lamballe. Je te le présente.

Fouquier attacha son regard intelligent sur le patriote, que cet examen troubla, malgré la tension courageuse de ses nerfs.

— Théodore, dit-il. Qui est ce Théodore?

— Moi, dit l'homme à la carmagnole.

— Tu as porté la tête de la Lamballe, toi? fit l'accusateur public avec une expression très-prononcée de doute.

— Moi, rue Saint-Antoine.

— Mais j'en connais un qui s'en vante, dit Fouquier.

— Moi, j'en connais dix, reprit courageusement le citoyen Théodore; mais enfin, comme ceux-là demandent quelque chose, et que, moi, je ne demande rien, j'espère avoir la préférence.

Ce trait fit rire Simon et dérida Fouquier.

— Tu as raison, dit-il, et, si tu ne l'as pas fait, tu aurais dû le faire. Laisse-nous, je te prie, Simon a quelque chose à me dire.

Théodore s'éloigna, fort peu blessé de la franchise du citoyen accusateur public.

— Un moment, cria Simon, ne le renvoie pas comme cela, entends d'abord la dénonciation qu'il nous apporte.

— Ah! fit d'un air distrait Fouquier-Tinville, une dénonciation!

— Oui, une couvée, ajouta Simon.

— A la bonne heure, parle; de quoi s'agit-il?

— Oh! presque rien, le citoyen Maison-Rouge et quelques amis.

Fouquier fit un bond en arrière, Simon leva les bras au ciel.

— En vérité! dirent-ils tous ensemble.

— Pure vérité; voulez-vous les prendre?

— Tout de suite, où sont-ils?

— J'ai rencontré le Maison-Rouge rue de la Grande-Truanderie.

— Tu te trompes; il n'est pas à Paris, répliqua Fouquier.

— Je l'ai vu, te dis-je.

— Impossible, on a mis cent hommes à sa poursuite, ce n'est pas lui qui se montrerait dans les rues.

— Lui, lui, lui, fit le patriote, un grand brun, fort comme trois forts, et barbu comme un ours.

Fouquier haussa les épaules avec dédain.

— Encore une sottise, dit-il, Maison-Rouge est petit, maigre, et n'a pas un poil de barbe.

Le patriote laissa retomber ses bras d'un air consterné.

— N'importe, la bonne intention est réputée pour le fait. Eh bien! Simon, à nous deux, hâte-toi, l'on m'attend au greffe, voilà l'heure des charrettes

— Eh bien! rien de nouveau, l'enfant va bien.

Le patriote tournait le dos de façon à ne pas paraître indiscret, mais de façon à entendre

— Je m'en vais si je vous gêne, dit-il.

— Adieu, dit Simon.

— Bonjour, fit Fouquier.

— Dis à ton ami que tu t'es trompé, ajouta Simon.

— Bien, je l'attends.

Et Théodore s'écarta un peu et s'appuya sur son gourdin

— Ah! le petit va bien, dit alors Fouquier; mais le moral?

— Je le pétris à volonté.

— Il parle donc?

— Quand je veux.

— Je crois qu'il pourrait témoigner dans le procès d'Antoinette.

— Je ne le crois pas, j'en suis sûr.

Théodore s'adossa au pilier, l'œil tourné vers les portes; mais cet œil était vague, tandis que les oreilles du citoyen venaient d'apparaître nues et dressées sous le vaste bonnet à poils. Peut-être ne voyait-il rien, mais à coup sûr il entendait quelque chose.

— Réfléchis bien, dit Fouquier, ne fais pas faire à la commission ce qu'on appelle un pas de clerc. Tu es sûr que Capet parlera?

— Il dira tout ce que je voudrai.

— Il t'a dit, à toi, ce que nous allons lui demander?

— Il me l'a dit.

— C'est important, citoyen Simon, ce que tu promets là. Cet aveu de l'enfant est mortel pour la mère.

— J'y compte, pardieu!

— On n'aura pas encore vu pareille chose depuis les confidences que Néron faisait à Narcisse, murmura Fouquier d'une voix sombre. Encore une fois, réfléchis, Simon.

— On dirait, citoyen, que tu me prends pour une brute; tu me répètes toujours la même chose. Voyons, écoute cette comparaison : — Quand je mets un cuir dans l'eau, devient-il souple?

— Mais... je ne sais pas, répliqua Fouquier.

— Il devient souple. Eh bien! le petit Capet devient en mes mains aussi souple que le cuir le plus mou. J'ai mes procédés pour cela.

— Soit, balbutia Fouquier. Voilà tout ce que tu voulais dire?

— Tout... J'oubliais : voici une dénonciation.

— Toujours! tu veux donc me surcharger de besogne?

— Il faut servir la patrie.

Le Simon présenta un petit papier aussi noir que l'un de ces cuirs dont il parlait tout à l'heure, mais moins souple assurément. Fouquier le prit et le lut.

— Encore ton citoyen Lorin; tu hais donc bien cet homme?

— Je le trouve toujours en hostilité avec la loi. Il a dit : — Adieu, madame, à une femme qui le saluait d'une fenêtre, hier soir... Demain, j'espère te donner quelques mots sur un autre suspect : ce Maurice, qui était municipal au Temple lors de l'œillet rouge.

— Précise! précise! dit Fouquier en souriant à Simon.

Il lui tendit la main, et tourna le dos avec un empressement qui témoignait peu en faveur du cordonnier.

— Que diable veux-tu que je précise? on en a guillotiné qui avaient fait moins.

— Eh! patience! répondit Fouquier avec tranquillité; on ne peut pas tout faire à la fois.

Et il rentra d'un pas rapide sous les guichets. Simon chercha des yeux son citoyen Théodore pour se consoler avec lui. Il ne le vit plus dans la salle.

Il franchissait à peine la grille de l'ouest que

Théodore reparut à l'angle d'une cahute d'écrivain. L'habitant de la cahute l'accompagnait.

— A quelle heure ferme-t-on les grilles? dit Théodore à cet homme.

— Cinq heures.

— Et ensuite, que se fait-il ici?

— Rien; la salle est vide jusqu'au lendemain.

— Pas de rondes, pas de visites?

— Non, monsieur, nos baraques ferment à clef.

Ce mot de monsieur fit froncer le sourcil à Théodore, qui regarda aussitôt avec défiance autour de lui.

— La pince et les pistolets sont dans la baraque? dit-il.

— Oui, sous le tapis.

— Retourne chez nous... A propos, montre-moi encore la chambre de ce tribunal dont la fenêtre n'est pas grillée, et qui donne sur une cour près la place Dauphine.

— A gauche entre les piliers, sous la lanterne.

— Bien. Va-t'en, et tiens les chevaux à l'endroit désigné.

— Oh! bonne chance! monsieur, bonne chance!... Comptez sur moi!

— Voici le bon moment... personne ne regarde... ouvre ta baraque.

— C'est fait, monsieur; je prierai pour vous!

— Ce n'est pas pour moi qu'il faut prier! Adieu.

Et le citoyen Théodore, après un éloquent regard, se glissa si adroitement sous le petit toit de la baraque, qu'il disparut comme eût fait l'ombre même de l'écrivain qui fermait la porte.

Ce digne scribe retira la clef de sa serrure, prit des papiers sous son bras, et sortit de la vaste salle avec les rares employés que le coup de cinq heures faisait sortir des greffes comme une arrière-garde d'abeilles attardées.

CHAPITRE XXXVI.

LE CITOYEN THÉODORE.

a nuit avait enveloppé de son grand voile grisâtre cette salle immense dont les malheureux échos ont pour tâche de répéter l'aigre parole des avocats et les paroles suppliantes des plaideurs.

De loin en loin, au milieu de l'obscurité, droite et immobile, une colonne blanche semblait veiller au milieu de la salle comme un fantôme protecteur de ce lieu sacré.

Le seul bruit qui se fît entendre dans cette obscurité était le grignotement et le galop quadruple des rats qui rongeaient les paperasses enfermées dans les cahutes des écrivains après avoir commencé par en ronger le bois.

On entendait bien parfois aussi le bruit d'une voiture pénétrant jusqu'à ce sanctuaire de Thémis, comme dirait un académicien, et de vagues cliquetis de clefs qui semblaient sortir de dessous terre; mais tout cela bruissait dans le lointain, et rien ne fait ressortir comme un bruit éloigné l'opacité du silence, de même que rien ne fait ressortir l'obscurité comme l'apparition d'une lumière lointaine.

Certes, il eût été saisi d'une vertigineuse terreur celui qui, à cette heure, se fût hasardé dans la vaste salle du Palais, dont les murs étaient encore à l'extérieur rouges du sang des victimes de septembre, dont les escaliers avaient vu le jour même passer vingt-cinq condamnés à mort, et dont une épaisseur de quelques pieds seulement séparait les dalles des cachots de la Conciergerie peuplés de squelettes blanchis.

Cependant, au milieu de cette nuit effrayante, au milieu de ce silence presque solennel, un faible grincement se fit entendre, la porte d'une cahute d'écrivain roula sur ses gonds criards, et une ombre, plus noire que l'ombre de la nuit, se glissa avec précaution hors de la baraque.

Alors ce patriote enragé, qu'on appelait tout bas Monsieur, et qui prétendait bien haut se nommer Théodore, frôla d'un pied léger les dalles raboteuses.

Il tenait à la main droite une lourde pince de fer, et, de la gauche, il assurait dans sa ceinture un pistolet à deux coups.

— J'ai compté douze dalles à partir de l'échoppe, murmura-t-il; voyons, voici l'extrémité de la première.

Les quatre hommes entrèrent — Page 150.

Et, tout en calculant, il tâtait de la pointe du pied cette fente que le temps rend plus sensible entre chaque jointure de pierre

— Voyons, murmura-t-il en s'arrêtant, ai-je bien pris mes mesures, serai-je assez fort, et elle, aura-t-elle assez de courage? oh! oui, car son courage m'est connu Oh! mon Dieu! quand je prendrai sa main, quand je lui dirai :

« Madame, vous êtes sauvée ! »

Il s'arrêta comme écrasé sous le poids d'une pareille espérance.

— Oh! reprit-il, projet téméraire, insensé, diront les autres en s'enfonçant sous leurs couvertures, ou en se contentant d'aller rôder vêtus en laquais autour de la Conciergerie ; mais c'est qu'ils n'ont pas ce que j'ai pour oser, c'est que je veux non seulement sauver la reine, mais surtout la femme.

Allons, à l'œuvre, et récapitulons.

Lever la dalle, ce n'est rien ; la laisser ouverte, là est le danger, car une ronde peut venir ; mais jamais il ne vient de rondes. On n'a pas de soupçons, car je n'ai pas de complices ; et puis, que faut-il de temps à une ardeur comme la mienne pour franchir le couloir sombre? en trois minutes je suis sous sa chambre, en cinq autres minutes je lève la pierre qui sert de foyer à la cheminée ; elle m'entendra travailler, mais elle a tant de fermeté qu'elle ne s'effrayera point ; au contraire, elle comprendra que c'est un libérateur qui s'avance ; elle est gardée par deux hommes, sans doute ces deux hommes accourront. Eh bien ! après tout, deux hommes, dit le patriote avec un sombre sourire, regardant tour à tour l'arme qu'il avait à sa ceinture et celle qu'il tenait à sa main ; deux hommes, c'est un coup double de ce pistolet, ou deux coups de cette barre de fer. Pauvres gens !... Oh ! il en est mort bien d'autres, et qui n'étaient pas plus coupables.

Allons !

Et le citoyen Théodore appuya résolûment sa pince entre la jointure des deux dalles.

Au même moment une vive lumière glissa comme un sillon d'or sur les dalles, et un bruit répété par l'écho de la voûte fit tourner la tête au conspirateur, qui, d'un seul bond, revint se tapir dans l'échoppe.

Bientôt des voix, affaiblies par l'éloignement, affaiblies par l'émotion que tous les hommes ressentent la nuit dans un vaste édifice, arrivèrent à l'oreille de Théodore.

Il se baissa, et par une ouverture de l'échoppe, il aperçut d'abord un homme en costume militaire, dont le grand sabre, résonnant sur les dalles, était un des bruits qui avaient attiré son attention ; puis un homme en habit pistache, tenant une règle à la main et des rouleaux de papier sous son bras ; puis un troisième, en grosse veste de ratine et en bonnet fourré ; puis enfin un quatrième, en sabots et en carmagnole.

La grille des Merciers grinça sur ses gonds sonores, et vint claquer sur la chaîne de fer destinée à la tenir ouverte le jour.

Les quatre hommes entrèrent.

— Une ronde, murmura Théodore, Dieu soit béni ! dix minutes plus tard, j'étais perdu.

Puis, avec une attention profonde, il s'appliqua à reconnaître les personnes qui composaient cette ronde.

Il en reconnut trois en effet.

Celui qui marchait en tête, vêtu d'un costume de général, était Henriot ; l'homme à la veste de ratine et au bonnet fourré était le concierge Richard ; l'homme en sabots et en carmagnole était probablement un guichetier.

Mais il n'avait jamais vu l'homme à l'habit pistache, qui tenait une règle à la main et des papiers sous son bras.

Quel pouvait être cet homme, et que venaient faire à dix heures du soir dans la salle des Pas-Perdus le général de la Commune, le gardien de la Conciergerie, un guichetier et cet homme inconnu ?

Le citoyen Théodore s'appuya sur un genou, tenant d'une main son pistolet tout armé, et de l'autre arrangeant son bonnet sur ses cheveux, que le mouvement précipité qu'il venait de faire avait beaucoup trop dérangés à leur base pour qu'ils fussent naturels.

Jusque-là, les quatre visiteurs nocturnes avaient gardé le silence, ou du moins les paroles qu'ils avaient prononcées n'étaient parvenues aux oreilles du conspirateur que comme un vain bruit.

Mais, à dix pas de la cachette, Henriot parla, et sa voix arriva distincte jusqu'au citoyen Théodore.

— Voyons, dit-il, nous voici dans la salle des Pas-Perdus. C'est à toi de nous guider maintenant, citoyen architecte, et de tâcher surtout que ta révélation ne soit pas une baliverne, car, vois-tu, la Révolution a fait justice de toutes ces bêtises-là, et nous ne croyons pas plus aux souterrains qu'aux esprits. Qu'en dis-tu, citoyen Richard ? ajouta Henriot en se tournant vers l'homme au bonnet fourré et à la veste de ratine.

— Je n'ai jamais dit qu'il n'y eût point de souterrain sous la Conciergerie, répondit celui-ci ; et voici Gracchus, qui est guichetier depuis dix ans, qui, par conséquent, connaît la Conciergerie comme sa poche, et qui cependant ignore l'existence du souterrain dont parle le citoyen Giraud ; cependant, comme le citoyen Giraud est architecte de la ville, il doit savoir ça mieux que nous, puisque c'est son état.

Théodore frissonna des pieds à la tête en entendant ces paroles.

— Heureusement, murmura-t-il, la salle est grande, et, avant de trouver ce qu'ils cherchent, ils chercheront deux jours au moins.

Mais l'architecte ouvrit son grand rouleau de papier, mit ses lunettes et s'agenouilla devant un plan, qu'il examina aux tremblantes clartés de la lanterne que tenait Gracchus.

— J'ai peur, dit Henriot en goguenardant, que le citoyen Giraud n'ait rêvé.

— Tu vas voir, citoyen général, dit l'architecte, tu vas voir si je suis un rêveur ; attends, attends.

— Tu vois bien, nous attendons, dit Henriot.

— Bien, fit l'architecte.

Puis calculant :

— Douze et quatre font seize, dit-il, et huit vingt-quatre, qui, divisés par six, donnent quatre, après quoi il nous reste une demie ; c'est cela, je tiens mon endroit, et, si je me trompe d'un pied, dites que je suis un ignare.

L'architecte prononça ces paroles avec une assurance qui glaça de terreur le citoyen Théodore.

Henriot regardait le plan avec une sorte de respect ; on voyait qu'il admirait d'autant plus qu'il ne comprenait rien.

— Suivez bien ce que je vais dire.

— Où cela ? demanda Henriot.

— Sur cette carte que j'ai dressée, pardieu ! Y êtes-vous ? A treize pieds du mur, une dalle mobile, je l'ai marquée A. La voyez-vous ?

— Certainement je vois un A, dit Henriot, est-ce que tu crois que je ne sache pas lire?

— Sous cette dalle est un escalier, continua l'architecte; voyez, je l'ai marqué B.

— B, répéta Henriot; je vois le B, mais je ne vois pas l'escalier.

Et le général se mit à rire bruyamment de la facétie.

— Une fois la dalle levée, une fois le pied sur la dernière marche, reprit l'architecte, comptez cinquante pas de trois pieds et regardez en l'air, vous vous trouverez juste au greffe, où ce souterrain aboutit en passant sous le cachot de la reine.

— De la veuve Capet, tu veux dire, citoyen Giraud, riposta Henriot en fronçant le sourcil.

— Eh! oui, de la veuve Capet.

— C'est que tu avais dit de la reine.

— Vieille habitude.

— Et vous dites qu'on se trouvera sous le greffe? demanda Richard.

— Non-seulement sous le greffe, mais encore je vous dirai dans quelle partie du greffe on se trouvera: sous le poêle.

— Tiens, c'est curieux, dit Gracchus; en effet, chaque fois que je laisse tomber une bûche en cet endroit-là, la pierre résonne.

— En vérité, si nous trouvons ce que tu dis là, citoyen architecte, j'avouerai que la géométrie est une belle chose.

— Eh bien! avoue, citoyen Henriot, car je vais te conduire à l'endroit désigné par la lettre A.

Le citoyen Théodore s'enfonçait les ongles dans la chair

— Quand j'aurai vu, quand j'aurai vu, dit Henriot; je suis comme saint Thomas, moi.

— Ah! tu as dit saint Thomas!

— Ah! ma foi oui, comme tu as dit la reine, par habitude; mais on ne m'accusera pas de conspirer pour saint Thomas.

— Ni moi pour la reine.

Et, sur cette réponse, l'architecte prit délicatement sa règle, compta les toises, et, une fois arrêté, après qu'il parut avoir bien calculé toutes ses distances, il frappa sur une dalle

Cette dalle était précisément la même qu'avait frappée le citoyen Théodore dans ses furieuses colères.

— C'est ici, citoyen général, dit l'architecte.

— Tu crois, citoyen Giraud?

Le patriote de l'échoppe s'oublia jusqu'à frapper violemment sa cuisse de son poing fermé, en poussant un sourd rugissement.

— J'en suis sûr, reprit Giraud; et votre expertise, combinée avec mon rapport, prouvera à la Convention que je ne me trompais pas. Oui, citoyen général, continua l'architecte avec emphase, cette dalle ouvre sur un souterrain qui aboutit au greffe, en passant sous le cachot de la veuve Capet. Levons cette dalle, descendez dans le souterrain avec moi, et je vous prouverai que deux hommes, qu'un seul même, pouvait en une nuit l'enlever, sans que personne s'en doutât.

Un murmure de frayeur et d'admiration arraché par les paroles de l'architecte parcourut tout le groupe, et vint mourir à l'oreille du citoyen Théodore, qui semblait changé en statue.

— Voilà le danger que nous courions, reprit Giraud. Eh bien! maintenant, avec une grille que je place dans le couloir souterrain, et qui le coupe par la moitié avant qu'il n'arrive au cachot de la veuve Capet, je sauve la patrie.

— Oh! fit Henriot, citoyen Giraud, tu as eu là une idée sublime.

— Que l'enfer te confonde, triple sot! grommela le patriote avec un redoublement de fureur.

— Maintenant, lève la dalle, dit l'architecte au citoyen Gracchus, qui, outre sa lanterne, portait encore une pince.

Le citoyen Gracchus se mit à l'œuvre, et au bout d'un instant la dalle fut levée.

Alors le souterrain apparut béant, avec l'escalier qui se perdait dans ses profondeurs, et une bouffée d'air moisi s'en échappa épaisse comme une vapeur.

— Encore une tentative avortée! murmura le citoyen Théodore. Oh! le ciel ne veut donc pas qu'elle en échappe, et sa cause est donc une cause maudite!

— Maintenant, lève la dalle, dit l'architecte. — Page 151.

CHAPITRE XXXVII.

LE CITOYEN GRACCHUS.

Un instant le groupe des trois hommes resta immobile à l'orifice du souterrain, pendant que le guichetier plongeait dans l'ouverture sa lanterne, qui ne pouvait en éclairer les profondeurs.

L'architecte triomphant dominait ses trois compagnons de toute la hauteur de son génie. — Eh bien? dit-il au bout d'un instant.

— Ma foi, oui! répondit Henriot, voilà bien le souterrain, c'est incontestable. Seulement, reste à savoir où il conduit.

— Oui, répéta Richard, reste à savoir cela.

— Eh bien! descends, citoyen Richard, et tu verras toi-même si j'ai dit la vérité.

— Il y a quelque chose de mieux à faire que d'en-

Un pistolet s'appuya glacé sur son front. — Page 154.

trer par là, dit le concierge. Nous allons retourner avec toi et le général à la Conciergerie. Là, tu lèveras la dalle du poêle, et nous verrons.

— Très bien! dit Henriot. Allons!

— Mais prends garde, reprit l'architecte, la dalle demeurée ouverte peut donner ici des idées à quelqu'un.

— Qui diable veux-tu qui vienne ici à cette heure? dit Henriot.

— D'ailleurs, reprit Richard, cette salle est déserte, et, en y laissant Gracchus, cela suffira. Reste ici, citoyen Gracchus, et nous viendrons te rejoindre par l'autre côté du souterrain.

— Soit! dit Gracchus.

— Es-tu armé? demanda Henriot.

— J'ai mon sabre et cette pince, citoyen général.

— A merveille! fais bonne garde. Dans dix minutes nous sommes à toi.

Et tous trois, après avoir fermé la grille, s'en allèrent par la galerie des Merciers retrouver l'entrée particulière de la Conciergerie.

Le guichetier les avait regardés s'éloigner; il les avait suivis des yeux tant qu'il avait pu les voir; il les avait écoutés tant qu'il avait pu les entendre; puis enfin, tout étant rentré dans le silence et paraissant être rentré dans la solitude, il posa sa lanterne à terre, s'assit les jambes pendantes dans les profondeurs du souterrain et se mit à rêver.

Les guichetiers rêvent aussi parfois; seulement, en général, on ne se donne pas la peine de chercher ce à quoi ils rêvent.

Tout à coup, et comme il était au plus profond de sa rêverie, il sentit une main s'appesantir sur son épaule.

Il se retourna, vit une figure inconnue et voulut crier ; mais à l'instant même un pistolet s'appuya glacé sur son front.

Sa voix s'arrêta dans sa gorge, ses bras retombèrent inertes, ses yeux prirent l'expression la plus suppliante qu'ils purent trouver.

— Pas un mot, dit le nouveau venu, ou tu es mort.

— Que voulez-vous, monsieur? balbutia le guichetier.

Même en 93, il y avait, comme on le voit, des moments où l'on ne se tutoyait pas et où l'on oubliait de s'appeler citoyen.

— Je veux, répondit le citoyen Théodore, que tu me laisses entrer là-dedans.

— Pourquoi faire?

— Que t'importe?

Le guichetier regarda celui qui lui faisait cette demande avec le plus profond étonnement.

Cependant, au fond de ce regard, son interlocuteur crut remarquer un éclair d'intelligence.

Il abaissa son arme.

— Refuserais-tu de faire ta fortune?

— Je ne sais pas ; personne ne m'a jamais fait de proposition à ce sujet.

— Eh bien! je commencerai, moi.

— Vous m'offrez de faire fortune, à moi?

— Oui.

— Qu'entendez-vous par une fortune?

— Cinquante mille livres en or, par exemple : l'argent est rare, et cinquante mille livres en or aujourd'hui valent un million. Eh bien ! je t'offre cinquante mille livres.

— Pour entrer là-dedans?

— Oui, mais à la condition que tu y viendras avec moi et que tu m'aideras dans ce que j'y veux faire.

— Mais qu'y ferez-vous? dans cinq minutes ce souterrain sera rempli de soldats qui vous arrêteront.

Le citoyen Théodore fut frappé de la gravité de ces paroles.

— Peux-tu empêcher que ces soldats n'y descendent?

— Je n'ai aucun moyen, je n'en connais pas : j'en cherche inutilement.

Et l'on voyait que le guichetier réunissait toutes les perspicacités de son esprit pour trouver ce moyen, qui devait lui valoir cinquante mille livres.

— Mais demain, demanda le citoyen Théodore, pourrons-nous y entrer?

— Oui, sans doute; mais d'ici à demain on va poser dans ce souterrain une grille de fer qui prendra toute sa largeur, et pour plus grande sûreté il est convenu que cette grille sera pleine, solide, et n'aura point de porte.

— Alors il faut trouver autre chose, dit le citoyen Théodore.

— Oui, il faut trouver autre chose, dit le guichetier. Cherchons.

Comme on le voit par la façon collective dont s'exprimait le citoyen Gracchus, il y avait déjà alliance entre lui et le citoyen Théodore.

— Cela me regarde, dit Théodore. Que fais-tu à la Conciergerie?

— Je suis guichetier.

— C'est-à-dire?

— Que j'ouvre des portes et que j'en ferme.

— Tu y couches?

— Oui, monsieur.

— Tu y manges?

— Pas toujours. J'ai mes heures de récréation.

— Et alors?

— J'en profite.

— Pourquoi faire?

— Pour aller faire la cour à la maîtresse du cabaret du Puits-de-Noé, qui m'a promis de m'épouser quand je posséderais douze cents francs.

— Où est situé le cabaret du Puits-de-Noé?

— Près de la rue de la Vieille-Draperie.

— Fort bien.

— Chut, monsieur!

Le patriote prêta l'oreille.

— Ah! ah! dit-il.

— Entendez-vous?

— Oui... des voix, des pas

— Ils reviennent.

— Vous voyez bien que nous n'aurions pas eu le temps.

Ce *nous* devenait de plus en plus concluant.

— C'est vrai. Tu es un brave garçon, citoyen, et tu me fais l'effet d'être prédestiné.

— A quoi?

— A être riche un jour.

— Dieu vous entende!

— Tu crois donc encore en Dieu?

— Quelquefois, par-ci par-là. Aujourd'hui, par exemple..

— Eh bien?

— J'y croirais volontiers.

— Crois-y donc, dit le citoyen Théodore en mettant dix louis dans la main du guichetier.

— Diable! dit celui-ci en regardant l'or à la lueur de sa lanterne ; c'est donc sérieux?

— On ne peut plus sérieux.

— Que faut-il faire?

— Trouve-toi demain au Puits-de-Noé, je te dirai ce que je veux de toi. Comment t'appelles-tu?

— Gracchus.

— Eh bien! citoyen Gracchus, d'ici à demain fais-toi chasser par le concierge Richard.

— Chasser! et ma place?

— Comptes-tu rester guichetier avec cinquante mille francs à toi?

— Non, mais étant guichetier et pauvre, je suis sûr de ne pas être guillotiné.

— Sûr.

— Ou à peu près ; tandis qu'étant libre et riche...

— Tu cacheras ton argent et tu feras la cour à une tricoteuse au lieu de la faire à la maîtresse du Puits-de-Noé.

— Eh bien! c'est dit.

— Demain au cabaret.

— A quelle heure?

— A six heures du soir.

— Envolez-vous vite, les voilà... Je dis envolez-vous, parce que je présume que vous descendez à travers les voûtes.

— A demain, répéta Théodore en s'enfuyant.

En effet, il était temps ; le bruit des pas et des voix se rapprochait. On voyait déjà dans le souterrain obscur briller la lueur des lumières qui s'approchaient.

Théodore gagna la porte que lui avait indiquée l'écrivain dont il avait pris la cahute : il en fit sauter la serrure avec sa pince, gagna la fenêtre indiquée, l'ouvrit, se laissa glisser dans la rue, et se retrouva sur le pavé de la République.

Mais, avant d'avoir quitté la salle des Pas-Perdus, il put encore entendre le citoyen Gracchus interroger Richard, et celui-ci lui répondre :

— Le citoyen architecte avait parfaitement raison; le souterrain passe sous la chambre de la veuve Capet ; c'était dangereux.

— Je le crois bien, dit Gracchus, lequel avait la conscience de dire une haute vérité.

Henriot reparut à l'orifice de l'escalier.

— Et tes ouvriers, citoyen architecte? demanda-t-il à Giraud.

— Avant le jour ils seront ici, et, séance tenante, la grille sera posée, répondit une voix qui semblait sortir des profondeurs de la terre.

— Et tu auras sauvé la patrie! dit Henriot, moitié railleur, moitié sérieux.

— Tu ne crois pas dire si juste, citoyen général, murmura Gracchus.

———≻❋≺———

CHAPITRE XXXVIII.

L'ENFANT ROYAL.

Cependant le procès de la reine avait commencé à s'instruire, comme on a pu le voir dans le chapitre précédent.

Déjà on laissait entrevoir que, par le sacrifice de cette tête illustre, la haine populaire, grondante depuis si longtemps, serait enfin assouvie.

Les moyens ne manquaient pas pour faire tomber cette tête, et cependant Fouquier-Tinville, l'accusateur mortel, avait résolu de ne pas négliger les nouveaux moyens d'accusation que Simon avait promis de mettre à sa disposition.

Le lendemain du jour où Simon et lui s'étaient rencontrés dans la salle des Pas-Perdus, le bruit des armes vint encore faire tressaillir, dans le Temple, les prisonniers qui avaient continué de l'habiter.

Ces prisonniers étaient madame Élisabeth, madame Royale, et l'enfant, qui, après avoir été appelé Majesté au berceau, n'était plus appelé que le petit Louis Capet.

Le général Henriot, avec son panache tricolore, son gros cheval et son grand sabre, entra, suivi de plusieurs gardes nationaux, dans le donjon où languissait l'enfant royal.

Aux côtés du général marchait un greffier de mauvaise mine, chargé d'une écritoire, d'un rouleau de papier, et s'escrimant avec une plume démesurément longue.

Derrière le scribe venait l'accusateur public Nous avons vu, nous connaissons et nous retrouverons plus tard encore cet homme sec, jaune et froid, dont l'œil sanglant faisait frissonner le farouche Henriot lui-même dans son harnais de guerre.

Quelques gardes nationaux et un lieutenant les suivaient.

Simon, souriant d'un air faux et tenant d'une

main son bonnet d'ourson et de l'autre son tire-pied, monta devant pour indiquer le chemin à la commission.

Ils arrivèrent à une chambre assez noire, spacieuse et nue, au fond de laquelle, assis sur son lit, se tenait le jeune Louis dans un état d'immobilité parfaite.

Quand nous avons vu le pauvre enfant fuyant devant la brutale colère de Simon, il y avait encore en lui une espèce de vitalité réagissant contre les indignes traitements du cordonnier du Temple : il fuyait, il criait, il pleurait ; donc il avait peur, donc il souffrait, donc il espérait.

Aujourd'hui, crainte et espoir avaient disparu : sans doute la souffrance existait encore ; mais, si elle existait, l'enfant martyr à qui l'on faisait, d'une façon si cruelle, payer les fautes de ses parents, l'enfant martyr la cachait au plus profond de son cœur et la voilait sous les apparences d'une complète insensibilité.

Il ne leva pas même la tête lorsque les commissaires marchèrent à lui.

Eux, sans autres préambules, prirent des sièges et s'installèrent. L'accusateur public au chevet du lit, Simon au pied, le greffier près de la fenêtre, les gardes nationaux et leur lieutenant sur le côté et un peu dans l'ombre.

Ceux d'entre les assistants qui regardaient le petit prisonnier avec quelque intérêt ou même quelque curiosité remarquèrent la pâleur de l'enfant, son embonpoint singulier, qui n'était que de la bouffissure, et le fléchissement de ses jambes dont les articulations commençaient à se tuméfier.

— Cet enfant est bien malade, dit le lieutenant avec une assurance qui fit retourner Fouquier-Tinville, déjà assis et prêt à interroger.

Le petit Capet leva les yeux et chercha dans la pénombre celui qui avait prononcé ces paroles, et il reconnut le même jeune homme qui, une fois déjà, avait, dans la cour du Temple, empêché Simon de le battre. Un rayonnement doux et intelligent circula dans ses prunelles d'un bleu foncé, mais ce fut tout.

— Ah ! ah ! c'est toi, citoyen Lorin, dit Simon, appelant ainsi l'attention de Fouquier-Tinville sur l'ami de Maurice.

— Moi-même, citoyen Simon, répliqua Lorin avec son imperturbable aplomb.

Et comme Lorin, quoique toujours prêt à faire face au danger, n'était point homme à le chercher inutilement, il profita de la circonstance pour saluer Fouquier-Tinville, qui lui rendit poliment son salut.

— Tu fais observer, je crois, citoyen, dit alors l'accusateur public, que l'enfant est malade ; es-tu médecin ?

— J'ai étudié la médecine, au moins, si je ne suis pas docteur.

— Eh bien ! que lui trouves-tu ?

— Comme symptôme de maladie ? demanda Lorin.

— Oui.

— Je lui trouve les joues et les yeux bouffis, les mains pâles et maigres, les genoux tuméfiés ; et, si je lui tâtais le pouls, un mouvement, j'en suis sûr, de quatre-vingt-cinq à quatre-vingt-dix pulsations à la minute.

L'enfant parut insensible à l'énumération de ses souffrances.

— Et à quoi la science peut-elle attribuer l'état du prisonnier ? demanda l'accusateur public.

Lorin se gratta le bout du nez en murmurant :

> Philis veut me faire parler,
> Je n'en ai pas la moindre envie

— Ma foi, citoyen, répliqua-t-il, je ne connais pas assez le régime du petit Capet pour te répondre... Cependant...

Simon prêtait une oreille attentive, et riait sous cape de voir son ennemi si près de se compromettre.

— Cependant, continua Lorin, je crois qu'il ne prend pas assez d'exercice.

— Je crois bien, le petit gueux, dit Simon, il ne veut plus marcher !

L'enfant resta insensible à l'apostrophe du cordonnier.

Fouquier-Tinville se leva, vint à Lorin, et lui parla tout bas.

Personne n'entendit les paroles de l'accusateur public, mais il était évident que ces paroles avaient la forme de l'interrogation.

— Oh ! oh ! crois-tu cela, citoyen ? c'est bien grave pour une mère...

— En tout cas nous allons le savoir, dit Fouquier ; Simon prétend le lui avoir entendu dire à lui-même, et s'est engagé à le lui faire avouer.

— Ce serait hideux, dit Lorin ; mais enfin cela est possible : l'Autrichienne n'est pas exempte de péché ; et, à tort ou à raison, cela ne me regarde pas... on en a fait une Messaline, mais ne pas se contenter de cela et vouloir en faire une Agrippine, cela me paraît un peu fort, je l'avoue.

— Voilà ce qui a été rapporté par Simon, dit Fouquier impassible.

— Je ne doute pas que Simon ait dit cela... il y a des hommes qu'aucune accusation n'effraye, même les accusations impossibles... Mais ne trouves-tu pas, continua Lorin en regardant fixement Fouquier, ne trouves-tu pas, toi qui es un homme intelligent et probe, toi qui es un homme fort enfin, que demander à un enfant de pareils détails sur celle que les lois les plus naturelles et les plus sacrées de la nature lui ordonnent de respecter, c'est presque insulter à l'humanité tout entière dans la personne de cet enfant ?

L'accusateur ne sourcilla point, et il tira une note de sa poche et la fit voir à Lorin.

— La Convention m'ordonne d'informer, dit-il, le reste ne me regarde pas, j'informe.

— C'est juste, dit Lorin ; et j'avoue que si cet enfant avouait...

Et le jeune homme secoua la tête avec dégoût.

— D'ailleurs, continua Fouquier, ce n'est pas sur la seule dénonciation de Simon que nous procédons ; tiens, l'accusation est publique.

Et Fouquier tira un second papier de sa poche. Celui-là c'était un numéro de la feuille qu'on appelait *le Père Duchesne*, et qui, comme on le sait, était rédigée par Hébert.

L'accusation, en effet, y était formulée en toutes lettres.

— C'est écrit, c'est même imprimé, dit Lorin ; mais n'importe, jusqu'à ce que j'aie entendu une pareille accusation sortir de la bouche de l'enfant, je m'entends, sortir volontairement, librement, sans menaces... Eh bien !...

— Eh bien ?...

— Eh bien ! malgré Simon et Hébert, je douterai comme tu doutes toi-même.

Simon guettait impatiemment l'issue de cette conversation ; le misérable ignorait le pouvoir qu'exerce sur l'homme intelligent le regard qu'il démêle dans la foule : c'est un attrait tout de sympathie ou une impression de haine subtile. Parfois c'est une puissance qui repousse, parfois c'est une force qui attire, qui fait découler la pensée et dériver la personne même de l'homme jusqu'à cet autre homme de force égale ou de force supérieure qu'il reconnaît dans la foule.

Mais Fouquier avait senti le poids du regard de Lorin, et voulait être compris de cet observateur.

— L'interrogatoire va commencer, dit l'accusateur public ; greffier, prends la plume.

Celui-ci venait d'écrire les préliminaires d'un procès-verbal, et attendait, comme Simon, comme Henriot, comme tous enfin, que le colloque de Fouquier-Tinville et de Lorin eût cessé.

L'enfant seul paraissait complétement étranger à la scène dont il était le principal acteur, et avait repris ce regard atone qu'avait un instant illuminé l'éclair d'une suprême intelligence.

— Silence ! dit Henriot, le citoyen Fouquier-Tinville va interroger l'enfant.

— Capet, dit l'accusateur, sais-tu ce qu'est devenue ta mère ?

Le petit Louis passa d'une pâleur de marbre à une rougeur brûlante.

Mais il ne répondit pas.

— M'as-tu entendu, Capet ? reprit l'accusateur.

Même silence.

— Oh ! il entend bien, dit Simon ; mais il est comme les singes, il ne veut pas répondre de peur qu'on ne le prenne pour un homme et qu'on ne le fasse travailler.

— Réponds, Capet, dit Henriot, c'est la commission de la Convention qui t'interroge, et tu dois obéissance aux lois.

L'enfant pâlit, mais ne répondit pas.

Simon fit un geste de rage ; chez ces natures brutales et stupides, la fureur est une ivresse, accompagnée des hideux symptômes de l'ivresse du vin.

— Veux-tu répondre, louveteau ! dit-il en lui montrant le poing.

— Tais-toi, Simon, dit Fouquier-Tinville, tu n'as pas la parole.

Ce mot, dont il avait pris l'habitude au tribunal révolutionnaire, lui échappa.

— Entends-tu, Simon, dit Lorin, tu n'as pas la parole ; c'est la seconde fois qu'on te dit cela devant moi : la première, c'était quand tu accusais la fille de la mère Tison, à laquelle tu as eu le plaisir de faire couper le cou.

Simon se tut.

— Ta mère t'aimait-elle, Capet ? demanda Fouquier.

Même silence.

— On dit que non, continua l'accusateur.

Quelque chose comme un pâle sourire passa sous les lèvres de l'enfant.

— Mais quand je vous dis, hurla Simon, qu'il m'a dit à moi qu'elle l'aimait trop.

— Regarde, Simon, comme c'est fâcheux que le petit Capet, si bavard dans le tête-à-tête, devienne muet devant le monde, dit Lorin.

— Oh ! si nous étions seuls ! dit Simon.

— Oui, si vous étiez seuls, mais vous n'êtes pas seuls, malheureusement. Oh ! si vous étiez seuls, brave Simon, excellent patriote, comme tu rosserais le pauvre enfant, hein ? Mais tu n'es pas seul, et tu n'oses pas être infâme devant nous autres, honnêtes gens, qui savons que les anciens, sur lesquels nous essayons de nous modeler, respectaient tout ce qui était faible ; tu n'oses pas, car tu n'es pas seul et tu n'es pas vaillant, mon digne homme, quand tu as des enfants de cinq pieds six pouces à combattre.

— Oh !... murmura Simon en grinçant des dents.

— Capet, reprit Fouquier, as-tu fait quelque confidence à Simon ?

Le regard de l'enfant prit, sans se détourner, une expression d'ironie impossible à décrire.

— Sur ta mère ? continua l'accusateur.

Un éclair de mépris passa dans le regard.

— Réponds oui ou non, s'écria Henriot.

— Réponds oui ! hurla Simon en levant son tire-pied sur l'enfant.

L'enfant frissonna, mais ne fit aucun mouvement pour éviter le coup.

Les assistants poussèrent une espèce de cri de répulsion.

Lorin fit mieux, il s'élança, et, avant que le bras de Simon ne se fût abaissé, il le saisit par le poignet.

— Veux-tu me lâcher? vociféra Simon devenant pourpre de rage.

— Voyons, dit Fouquier, il n'y a point de mal à ce qu'une mère aime son enfant ; dis-nous de quelle manière ta mère t'aimait, Capet? Cela peut lui être utile.

Le jeune prisonnier tressaillit à cette idée qu'il pouvait être utile à sa mère.

— Elle m'aimait comme une mère aime son fils, monsieur, dit-il ; il n'y a pas deux manières pour les mères d'aimer leurs enfants, ni pour les enfants d'aimer leur mère.

— Et moi, petit serpent, je soutiens que tu m'as dit que ta mère...

— Tu auras rêvé cela, interrompit tranquillement Lorin ; tu dois avoir souvent le cauchemar, Simon?

— Lorin ! Lorin! grinça Simon.

— Eh bien ! oui, Lorin, après? Il n'y a pas moyen de le battre Lorin, c'est lui qui bat les autres quand ils sont méchants ; il n'y a pas moyen de le dénoncer, car ce qu'il vient de faire en arrêtant ton bras, il l'a fait devant le général Henriot et le citoyen Fouquier-Tinville qui l'approuvent, et ils ne sont pas des tièdes, ceux-là! Il n'y a donc pas moyen de le faire guillotiner un peu, comme Héloïse Tison ; c'est fâcheux, c'est même enrageant, mais c'est comme cela, mon pauvre Simon !

— Plus tard ! plus tard ! répondit le cordonnier avec son ricanement d'hyène.

— Oui, cher ami, dit Lorin ; mais j'espère avec l'aide de l'Être-Suprême !... Ah ! tu t'attendais que j'allais dire avec l'aide de Dieu? mais j'espère, avec l'aide de l'Être-Suprême et de mon sabre, t'avoir éventré auparavant ; mais range-toi, Simon, tu m'empêches de voir..

— Brigand !

— Tais-toi, tu m'empêches d'entendre.

Et Lorin écrasa Simon de son regard.

Simon crispait ses poings dont les noires bigarrures le rendaient fier ; mais, comme l'avait dit Lorin, il lui fallait se borner là.

— Maintenant qu'il a commencé de parler, dit Henriot, il continuera sans doute; continue, citoyen Fouquier.

— Veux-tu répondre maintenant? demanda Fouquier.

L'enfant rentra dans son silence.

— Tu vois, citoyen, tu vois! dit Simon.

— L'obstination de cet enfant est étrange, dit Henriot, troublé malgré lui par cette fermeté toute royale.

— Il est mal conseillé, dit Lorin.

— Par qui? demanda Henriot.

— Dame ! par son patron.

— Tu m'accuses? s'écria Simon... tu me dénonces?... Ah! c'est curieux...

— Prenons-le par la douceur, dit Fouquier.

Se retournant alors vers l'enfant, qu'on eût dit complétement insensible :

— Voyons, mon enfant, dit-il, répondez à la commission nationale ; n'aggravez pas votre situation en refusant des éclaircissements utiles ; vous avez parlé au citoyen Simon des caresses que vous faisait votre mère, de la façon dont elle vous faisait ces caresses, de sa façon de vous aimer.

Louis promena sur l'assemblée un regard qui devint haineux en s'arrêtant sur Simon, mais il ne répondit pas.

— Vous trouvez-vous malheureux? demanda l'accusateur ; vous trouvez-vous mal logé, mal nourri, mal traité? voulez-vous plus de liberté, un autre ordinaire, une autre prison, un autre gardien? voulez-vous un cheval pour vous promener ; voulez-vous qu'on vous accorde la société d'enfants de votre âge ?

Louis reprit le profond silence dont il n'était sorti que pour défendre sa mère.

La commission demeura interdite d'étonnement ; tant de fermeté, tant d'intelligence, étaient incroyables dans un enfant.

— Hein! ces rois, dit Henriot à voix basse, quelle race ! c'est comme les tigres, tout petits ils ont de la méchanceté.

— Comment rédiger le procès-verbal ? demanda le greffier embarrassé.

— Il n'y a qu'à en charger Simon, dit Lorin, il n'y a rien à écrire, cela fera son affaire à merveille.

Simon montra le poing à son implacable ennemi.

Lorin se mit à rire.

— Tu ne riras point comme cela le jour où tu éternueras dans le sac! dit Simon ivre de fureur.

— Je ne sais si je te précéderai ou si je te suivrai dans la petite cérémonie dont tu me menaces, dit Lorin ; mais ce que je sais, beaucoup riront le jour où ce sera ton tour. Dieux ! j'ai dit dieux au pluriel; dieux; seras-tu laid ce jour-là, Simon ! tu seras hideux.

Et Lorin se retira derrière la commission avec un franc éclat de rire.

La commission n'avait plus rien à faire, elle sortit.

Quant à l'enfant, une fois délivré de ses interrogateurs, il se mit à chantonner sur son lit un petit refrain mélancolique qui était la chanson favorite de son père.

CHAPITRE XXXIX.

LE BOUQUET DE VIOLETTES

La paix, comme on a dû le prévoir, ne pouvait habiter longtemps cette demeure si heureuse qui renfermait Geneviève et Maurice.

Dans les tempêtes qui déchaînent le vent et la foudre, le nid des colombes est agité avec l'arbre qui les recèle.

Geneviève tomba d'un effroi dans un autre ; elle ne craignait plus pour Maison-Rouge, elle trembla pour Maurice.

Elle connaissait assez son mari pour savoir que du moment où il avait disparu il était sauvé ; sûre de son salut, elle trembla pour elle-même.

Elle n'osait confier ses douleurs à l'homme le moins timide de cette époque où personne n'avait peur ; mais elles apparaissaient manifestées dans ses yeux rougis et sur ses lèvres pâlissantes.

Un jour Maurice rentra doucement et sans que Geneviève, plongée dans une rêverie profonde, l'entendît rentrer. Maurice s'arrêta sur le seuil, et vit Geneviève assise, immobile, les yeux fixes, ses bras inertes étendus sur ses genoux, sa tête pensive inclinée sur sa poitrine.

Il la regarda un instant avec une profonde tristesse ; car tout ce qui se passait dans le cœur de la jeune femme lui fut révélé comme s'il eût pu y lire jusqu'à sa dernière pensée.

Puis, faisant un pas vers elle :

— Vous n'aimez plus la France, Geneviève, lui dit-il, avouez-le-moi. Vous fuyez jusqu'à l'air qu'on y respire, et ce n'est pas sans répugnance que vous vous approchez de la fenêtre.

— Hélas ! dit Geneviève, je sais bien que je ne puis vous cacher ma pensée ; vous avez deviné juste, Maurice.

— C'est pourtant un beau pays, dit le jeune homme ; la vie y est importante et bien remplie aujourd'hui : cette activité bruyante de la tribune, des clubs, des conspirations, rend bien douces les heures du foyer. On aime si ardemment quand on rentre chez soi avec la crainte de ne plus aimer le lendemain, parce que le lendemain on aura cessé de vivre !

Geneviève secoua la tête.

— Pays ingrat à servir ! dit-elle
— Comment cela ?
— Oui, vous qui avez tant fait pour sa liberté, n'êtes-vous pas aujourd'hui à moitié suspect ?
— Mais vous, chère Geneviève, dit Maurice avec un regard ivre d'amour, vous, l'ennemie jurée de cette liberté, vous qui avez tant fait contre elle, vous dormez paisible et inviolable sous le toit du républicain ; il y a compensation, comme vous voyez.
— Oui, dit Geneviève, oui, mais cela ne durera point longtemps, car ce qui est injuste ne peut durer.
— Que voulez-vous dire ?
— Je veux dire que moi, c'est-à-dire une aristocrate, moi qui rêve sournoisement la défaite de votre parti et la ruine de vos idées, moi qui conspire jusque dans votre maison le retour de l'ancien régime, moi qui, reconnue, vous condamne à la mort et à la honte, selon vos opinions, du moins ; moi, Maurice, je ne resterai pas ici comme le mauvais génie de la maison ; je ne vous entraînerai pas à l'échafaud.
— Et où irez-vous, Geneviève ?
— Où j'irai ? Un jour que vous serez sorti, Maurice, j'irai me dénoncer moi-même sans dire d'où je viens.
— Oh ! cria Maurice atteint jusqu'au fond du cœur, de l'ingratitude, déjà !
— Non, répondit la jeune femme en jetant ses bras au cou de Maurice ; non, mon ami, de l'amour, et de l'amour le plus dévoué, je vous le jure. Je n'ai pas voulu que mon frère fût pris et tué comme un rebelle ; je ne veux pas que mon amant soit pris et tué comme un traître.
— Vous ferez cela, Geneviève ? s'écria Maurice.
— Aussi vrai qu'il y a un Dieu au ciel ! répondit la jeune femme. D'ailleurs, ce n'est rien que d'avoir la crainte, j'ai le remords.

Et elle inclina sa tête comme si le remords était trop lourd à porter.

— Oh ! Geneviève ! dit Maurice.
— Vous comprenez bien ce que je dis et surtout ce que j'éprouve, Maurice, continua Geneviève, car ce remords, vous l'avez aussi. Vous savez, Maurice, que je me suis donnée sans m'appartenir ; que vous m'avez prise sans que j'eusse le droit de me donner.
— Assez ! dit Maurice, assez !

Son front se plissa, et une sombre résolution brilla dans ses yeux si purs.

— Je vous montrerai, Geneviève, continua le jeune homme, que je vous aime uniquement. Je vous donnerai la preuve que nul sacrifice n'est au-dessus de mon amour. Vous haïssez la France, eh bien! soit, nous quitterons la France.

Geneviève joignit les mains, et regarda son amant avec une expression d'admiration enthousiaste.

— Vous ne me trompez pas, Maurice? balbutiat-elle.

— Quand vous ai-je trompée? demanda Maurice; est-ce le jour où je me suis déshonoré pour vous acquérir?

Geneviève rapprocha ses lèvres des lèvres de Maurice, et resta pour ainsi dire suspendue au cou de son amant.

— Oui, tu as raison, Maurice, dit-elle, et c'est moi qui me trompais. Ce que j'éprouve, ce n'est plus du remords; peut-être est-ce une dégradation de mon âme; mais toi, du moins, tu la comprendras, je t'aime trop pour éprouver un autre sentiment que la frayeur de te perdre. Allons bien loin, mon ami, allons là où personne ne pourra nous atteindre.

— Oh! merci! dit Maurice, transporté de joie.

— Mais comment fuir? dit Geneviève, tressaillant à cette horrible pensée. On n'échappe pas facilement aujourd'hui au poignard des assassins du 2 septembre, ou à la hache des bourreaux du 21 janvier.

— Geneviève! dit Maurice, Dieu nous protège. Écoute, une bonne action que j'ai voulu faire à propos de ce 2 septembre dont tu parlais tout à l'heure va porter sa récompense aujourd'hui. J'avais le désir de sauver un pauvre prêtre qui avait étudié avec moi. J'allai trouver Danton, et, sur sa demande, le comité de salut public a signé un passe-port pour ce malheureux et pour sa sœur. Ce passe-port, Danton me le remit; mais le malheureux prêtre, au lieu de venir le chercher chez moi comme je le lui avais recommandé, a été s'enfermer aux Carmes: il y est mort.

— Et ce passe-port? dit Geneviève.

— Je l'ai toujours; il vaut un million aujourd'hui; il vaut plus que cela, Geneviève, il vaut la vie, il vaut le bonheur!

— Oh! mon Dieu! mon Dieu! s'écria la jeune femme, soyez béni!

— Maintenant ma fortune consiste, tu le sais, en une terre que régit un vieux serviteur de la famille, patriote pur, âme loyale dans laquelle nous pouvons nous confier. Il m'en fera passer les revenus où je voudrai. En gagnant Boulogne, nous passerons chez lui.

— Où demeure-t-il donc?

— Près d'Abbeville.

— Quand partirons-nous, Maurice?

— Dans une heure.

— Il ne faut pas qu'on sache que nous partons.

— Personne ne le saura. Je cours chez Lorin; il a un cabriolet sans cheval, moi j'ai un cheval sans voiture; nous partirons aussitôt que je serai revenu. Toi, reste ici, Geneviève, et prépare toutes choses pour ce départ. Nous avons besoin de peu de bagages: nous rachèterons ce qui nous manquera en Angleterre. Je vais donner à Scévola une commission qui l'éloigne. Lorin lui expliquera ce soir notre départ; et, ce soir, nous serons déjà loin.

— Mais en route, si l'on nous arrête?

— N'avons-nous point notre passe-port? nous allons chez Hubert, c'est le nom de cet intendant. Hubert fait partie de la municipalité d'Abbeville; d'Abbeville à Boulogne, il nous accompagne et nous sauvegarde; à Boulogne, nous achèterons ou nous fréterons une barque. Je puis, d'ailleurs, passer au comité et me faire donner une mission pour Abbeville. Mais non, pas de supercherie, n'est-ce pas, Geneviève? gagnons notre bonheur en risquant notre vie.

— Oui, oui, mon ami, et nous réussirons. Mais comme tu es parfumé, ce matin, mon ami! dit la jeune femme en cachant son visage dans la poitrine de Maurice.

— C'est vrai; j'avais acheté un bouquet de violettes à ton intention ce matin en passant devant le Palais-Égalité; mais en entrant ici, en te voyant si triste, je n'ai plus pensé qu'à te demander les causes de cette tristesse.

— Oh! donne-le-moi, je te le rendrai.

Geneviève respira l'odeur du bouquet avec cette espèce de fanatisme que les organisations nerveuses ont presque toujours pour les parfums.

Tout à coup ses yeux se mouillèrent de larmes.

— Qu'as-tu? demanda Maurice.

— Pauvre Héloïse! murmura Geneviève.

— Ah! oui, fit Maurice avec un soupir. Mais pensons à nous, chère amie, et laissons les morts, de quelque parti qu'ils soient, dormir dans la tombe que le dévouement leur a creusée. Adieu! je pars.

— Reviens bien vite.

— En moins d'une demi-heure je suis ici.

— Mais si Lorin n'était pas chez lui?

— Qu'importe! son domestique me connaît, ne puis-je prendre chez lui tout ce qui me plaît, même en son absence, comme lui ferait ici?

— Bien! bien!

— Toi, ma Geneviève, prépare tout, en te bornant, comme je te le dis, au strict nécessaire; il ne faut pas que notre départ ait l'air d'un déménagement.

— Sois tranquille.

Le jeune homme fit un pas vers la porte.

— Maurice! dit Geneviève.

Il se retourna, et vit la jeune femme les bras étendus vers lui.

— Au revoir! au revoir! dit-il, mon amour, et

— Mon mari ! s'écria-t-elle. — Page 162.

bon courage ; dans une demi-heure je suis de retour ici.

Geneviève demeura seule chargée, comme nous l'avons dit, des préparatifs du départ.

Ces préparatifs, elle les accomplissait avec une espèce de fièvre. Tant qu'elle resterait à Paris elle se faisait à elle-même l'effet d'être doublement coupable. Une fois hors de la France, une fois à l'étranger, il lui semblait que son crime, crime qui était plutôt celui de la fatalité que le sien, il lui semblait que son crime lui pèserait moins.

Elle allait même jusqu'à espérer que, dans la solitude et l'isolement, elle finirait par oublier qu'il existât d'autre homme que Maurice.

Ils devaient fuir en Angleterre, c'était chose convenue. Ils auraient là une petite maison, un petit cottage bien seul, bien isolé, bien fermé à tous les yeux ; ils changeraient de nom, et de leurs deux noms ils en feraient un seul.

Là ils prendraient deux serviteurs qui ignoreraient complétement leur passé. Le hasard faisait que Maurice et Geneviève parlaient tous deux anglais.

L un ni l'autre ne laissait rien en France qu'il eût

à regretter, si ce n'est cette mère que l'on regrette toujours, fût-elle une marâtre, et qu'on appelle la patrie.

Geneviève commença donc à disposer les objets qui étaient indispensables à leur voyage, ou plutôt à leur fuite.

Elle éprouvait un plaisir indicible à distinguer des autres, parmi ces objets, ceux qui avaient la prédilection de Maurice : l'habit qui lui prenait le mieux la taille, la cravate qui seyait le mieux à son teint, les livres qu'il avait feuilletés le plus souvent.

Elle avait déjà fait son choix; déjà, dans l'attente des coffres qui devaient les renfermer, habits, linge, volumes, couvraient les chaises, les canapés, le piano.

Soudain elle entendit la clef grincer dans la serrure.

— Bon! dit-elle, c'est Scévola qui rentre. Maurice ne l'aurait-il pas rencontré?

Et elle continua sa besogne.

Les portes du salon étaient ouvertes, elle entendit l'officieux remuer dans l'antichambre.

Justement elle tenait un rouleau de musique et cherchait un lien pour l'assujettir.

— Scévola! ajouta-t-elle.

Un pas, qui allait se rapprochant, retentit dans la pièce voisine.

— Scévola! répéta Geneviève, venez, je vous prie.
— Me voici! dit une voix.

A l'accent de cette voix, Geneviève se retourna brusquement et poussa un cri terrible.

— Mon mari! s'écria-t-elle.
— Moi-même, dit avec calme Dixmer.

Geneviève était sur une chaise, élevant les bras pour chercher dans une armoire un lien quelconque; elle sentit que la tête lui tournait, elle étendit les bras et se laissa aller à la renverse, souhaitant de trouver un abîme au-dessous d'elle pour s'y précipiter.

Dixmer la retint dans ses bras, et la porta sur un canapé où il l'assit.

— Eh bien! qu'avez-vous donc, ma chère? et qu'y a-t-il? demanda Dixmer; ma présence produit-elle donc sur vous un si désagréable effet?

— Je me meurs, balbutia Geneviève en se renversant en arrière et en appuyant ses deux mains sur ses yeux, pour ne pas voir la terrible apparition.

— Bon! dit Dixmer, me croyiez-vous déjà trépassé, ma chère? et vous fais-je l'effet d'un fantôme?

Geneviève regarda autour d'elle d'un air égaré, et, apercevant le portrait de Maurice, elle se laissa glisser du canapé, tomba à genoux comme pour demander assistance à cette impuissante et insensible image qui continuait de sourire.

La pauvre femme comprenait tout ce que Dixmer cachait de menaces sous le calme qu'il affectait.

— Oui, ma chère enfant, continua le maître tanneur, c'est bien moi; peut-être me croyiez-vous bien loin de Paris; mais non, j'y suis resté. Le lendemain du jour où j'avais quitté la maison, j'y suis retourné et j'ai vu à sa place un fort beau tas de cendres. Je me suis informé de vous, personne ne vous avait vue. Je me suis mis à votre recherche et j'ai eu beaucoup de peine à vous trouver. J'avoue que je ne vous croyais pas ici; cependant, j'en eus soupçon, puisque, comme vous le voyez, je suis venu. Mais le principal est que me voici et que vous voilà. Comment se porte ce cher Maurice? En vérité, je suis sûr que vous avez beaucoup souffert, vous, si bonne royaliste, d'avoir été forcée de vivre sous le même toit qu'un républicain si fanatique.

— Mon Dieu! murmura Geneviève, mon Dieu! ayez pitié de moi!

— Après cela, continua Dixmer en regardant autour de lui, ce qui me console, ma chère, c'est que vous êtes très-bien logée ici, et que vous ne me paraissez pas avoir beaucoup souffert de la proscription. Moi, depuis l'incendie de notre maison et la ruine de notre fortune, j'ai erré assez à l'aventure, habitant le fond des caves, la cale des bateaux, quelquefois même les cloaques qui aboutissent à la Seine.

— Monsieur! fit Geneviève.

— Vous avez là de forts beaux fruits; moi, j'ai dû souvent me passer de dessert, étant forcé de me passer de dîner.

Geneviève cacha en sanglotant sa tête dans ses mains.

— Non pas, continua Dixmer, que je manquasse d'argent; j'ai, Dieu merci! emporté sur moi une trentaine de mille francs en or, ce qui vaut aujourd'hui cinq cent mille francs; mais le moyen qu'un charbonnier, un pêcheur ou un chiffonnier tire des louis de sa poche pour acheter un morceau de fromage ou un saucisson! Eh! mon Dieu! oui, madame; j'ai successivement adopté ces trois costumes. Aujourd'hui, pour mieux me déguiser, je suis en patriote, en exagéré, en Marseillais. Je grasseye et je jure. Dame! un proscrit ne circule pas dans Paris aussi facilement qu'une jeune et jolie femme, et je n'avais pas le bonheur de connaître une républicaine ardente qui pût nous cacher à tous les yeux.

— Monsieur, monsieur, s'écria Geneviève, ayez pitié de moi! vous voyez bien que je me meurs!

— D'inquiétude, je comprends cela, vous avez été fort inquiète de moi; mais, consolez-vous, me voilà; je reviens, et nous ne nous quitterons plus, madame.

— Oh! vous allez me tuer! s'écria Geneviève.

Dixmer la regarda avec un sourire effrayant.

— Tuer une femme innocente! Oh! madame, que dites-vous donc là? Il faut que le chagrin que vous a inspiré mon absence vous ait fait perdre l'esprit.

— Monsieur, s'écria Geneviève, monsieur, je vous demande à mains jointes de me tuer plutôt que de me torturer par de si cruelles railleries. Non, je ne suis pas innocente; oui, je suis criminelle; oui, je mérite la mort. Tuez-moi, monsieur, tuez-moi!...

— Alors, vous avouez que vous méritez la mort?
— Oui, oui.
— Et que, pour expier je ne sais quel crime dont vous vous accusez, vous subirez cette mort sans vous plaindre?
— Frappez, monsieur, je ne pousserai pas un cri; et au lieu de la maudire, je bénirai la main qui me frappera.
— Non, madame, je ne veux pas vous frapper; cependant vous mourrez, c'est probable. Seulement votre mort, au lieu d'être ignominieuse, comme vous pourriez le craindre, sera glorieuse à l'égal des plus belles morts. Remerciez-moi, madame, je vous punirai en vous immortalisant.
— Monsieur, que ferez-vous donc?
— Vous poursuivrez le but vers lequel nous tendions quand nous avons été interrompus dans notre route. Pour vous et pour moi vous tomberez coupable, pour tous vous mourrez martyre.
— Oh! mon Dieu! vous me rendez folle en me parlant ainsi. Où me conduisez-vous? où m'entraînez-vous?
— A la mort, probablement.
— Laissez-moi faire une prière, alors.
— Votre prière?
— Oui.
— A qui?
— Peu vous importe! du moment où vous me tuez, je paye ma dette, et si j'ai payé je ne vous dois rien.
— C'est juste, dit Dixmer en se retirant dans l'autre chambre; je vous attends.

Il sortit du salon.

Geneviève alla s'agenouiller devant le portrait, en serrant de ses deux mains son cœur prêt à se briser.

— Maurice, dit-elle tout bas, pardonne-moi. Je ne m'attendais pas à être heureuse, mais j'espérais pouvoir te rendre heureux. Maurice, je t'enlève un bonheur qui faisait ta vie; pardonne-moi ta mort, mon bien-aimé.

Et, coupant une boucle de ses longs cheveux, elle la noua autour du bouquet de violettes et le déposa au bas du portrait, qui parut prendre, tout insensible qu'était cette toile muette, une expression douloureuse pour la voir partir.

Du moins cela parut ainsi à Geneviève à travers ses larmes.

— Eh bien! êtes-vous prête, madame? demanda Dixmer.
— Déjà! murmura Geneviève.
— Oh! prenez votre temps, madame, répliqua Dixmer; je ne suis pas pressé, moi! D'ailleurs, Maurice ne tardera probablement pas à rentrer, et je serai charmé de le remercier de l'hospitalité qu'il vous a donnée.

Geneviève tressaillit de terreur à cette idée que son amant et son mari pouvaient se rencontrer.

Elle se releva comme mue par un ressort.

— C'est fini, monsieur, dit-elle, je suis prête!

Dixmer passa le premier. La tremblante Geneviève le suivit, les yeux à moitié fermés, la tête renversée en arrière; ils montèrent dans un fiacre qui attendait à la porte; la voiture roula.

Comme l'avait dit Geneviève, c'était fini.

CHAPITRE XL.

LE CABARET DU PUITS-DE-NOÉ.

L'homme vêtu d'une carmagnole, que nous avons vu arpenter en long et en large la salle des Pas-Perdus, et que nous avons entendu, pendant l'expédition de l'architecte Giraud, du général Henriot et du père Richard, échanger quelques paroles avec le guichetier resté de garde à la porte du souterrain; ce patriote enragé, avec son bonnet d'ours et ses moustaches épaisses, qui s'était donné à Simon comme ayant porté la tête de la princesse de Lamballe, se trouvait le lendemain de cette soirée si variée en émotions, vers sept heures du soir, au cabaret du Puits-de-Noé, situé, comme nous l'avons dit, au coin de la rue de la Vieille-Draperie.

Il était là, chez le marchand, ou plutôt chez la marchande de vin, au fond d'une salle noire et enfumée par le tabac et les chandelles, faisant semblant de dévorer un plat de poisson au beurre noir.

La salle où il soupait était à peu près déserte;

deux ou trois habitués de la maison seulement étaient demeurés après les autres, jouissant du privilége que leur donnait leur visite quotidienne dans l'établissement.

La plupart des tables étaient donc vides; mais, il faut le dire en l'honneur du cabaret du Puits-de-Noé, les nappes rouges, ou plutôt violacées, révélaient le passage d'un nombre satisfaisant de convives rassasiés.

Les trois derniers convives disparurent successivement, et, vers huit heures moins un quart, la patriote se trouva seul.

Alors il éloigna, avec un dégoût des plus aristocratiques, le plat grossier dont il paraissait faire un instant auparavant ses délices, et tira de sa poche une tablette de chocolat d'Espagne, qu'il mangea lentement, et avec une expression bien différente de celle que nous lui avons vu essayer de donner à sa physionomie.

De temps en temps, tout en croquant son chocolat d'Espagne et son pain noir, il jetait sur la porte vitrée, fermée d'un rideau à carreaux blancs et rouges, des regards pleins d'une anxieuse impatience. Quelquefois il prêtait l'oreille et interrompait son frugal repas avec une distraction qui donnait fort à penser à la maîtresse de la maison, assise à son comptoir, assez près de la porte sur laquelle le patriote fixait les yeux pour qu'elle pût, sans trop de vanité, se croire l'objet de ses préoccupations.

Enfin, la sonnette de la porte d'entrée retentit d'une certaine façon qui fit tressaillir notre homme; il reprit son poisson, sans que la maîtresse du cabaret remarquât qu'il en jetait la moitié à un chien qui le regardait faméliquement, et l'autre moitié à un chat qui lançait au chien de délicats, mais meurtriers coups de griffes.

La porte au rideau rouge et blanc s'ouvrit à son tour, un homme entra, vêtu à peu près comme le patriote, à l'exception du bonnet à poil, qu'il avait remplacé par le bonnet rouge.

Un énorme trousseau de clefs pendait à la ceinture de cet homme, ceinture de laquelle tombait aussi un large sabre d'infanterie à coquille de cuivre.

— Ma soupe! ma chopine! cria cet homme en entrant dans la salle commune, sans toucher à son bonnet rouge et en se contentant de faire à la maîtresse de l'établissement un signe de tête.

Puis, avec un soupir de lassitude, il alla s'installer à la table voisine de celle où soupait notre patriote.

La maîtresse du cabaret, par une suite de la déférence qu'elle portait au nouvel arrivant, se leva et alla commander elle-même les objets demandés.

Les deux hommes se tournaient le dos, l'un regardait dans la rue, l'autre vers le fond de la chambre. Pas un mot ne s'échangea entre les deux hommes tant que la maîtresse du cabaret n'eut pas complétement disparu.

Lorsque la porte se fut refermée derrière elle, et qu'à la lueur d'une seule chandelle suspendue à un bout de fil de fer, dans des proportions assez savantes pour que le luminaire fût divisible entre les deux convives, quand enfin l'homme au bonnet à poil se fut aperçu, grâce à la glace placée en face de lui, que la chambre était parfaitement déserte:

— Bonsoir, dit-il à son compagnon sans se retourner.

— Bonsoir, monsieur, dit le nouveau venu.

— Eh bien! demanda le patriote avec la même indifférence affectée, où en sommes-nous?

— Eh bien! c'est fini.

— Qu'est-ce qui est fini?

— Comme nous en sommes convenus, j'ai eu des raisons avec le père Richard pour le service. J'ai prétexté ma faiblesse d'ouïe, mes éblouissements, et je me suis trouvé mal en plein greffe.

— Très-bien; après?

— Après, le père Richard a appelé sa femme, et sa femme m'a frotté les tempes avec du vinaigre, ce qui m'a fait revenir.

— Bon! ensuite?

— Ensuite, comme il était convenu entre nous, j'ai dit que le manque d'air me produisait ces étourdissements, attendu que j'étais sanguin, et que le service de la Conciergerie, où il se trouve en ce moment quatre cents prisonniers, me tuait.

— Qu'ont-ils dit?

— La mère Richard m'a plaint.

— Et le père Richard?

— Il m'a mis à la porte.

— Mais ce n'est point assez qu'il t'ait mis à la porte.

— Attendez donc; alors la mère Richard, qui est une bonne femme, lui a reproché de n'avoir pas de cœur, attendu que j'étais père de famille.

— Et il a dit à cela?

— Il a dit qu'elle avait raison; mais que la première condition inhérente à l'état de guichetier était de demeurer dans la prison à laquelle il était attaché; que la République ne plaisantait pas, et qu'elle coupait le cou à ceux qui avaient des éblouissements dans l'exercice de leurs fonctions.

— Diable! fit le patriote.

— Et il n'avait pas tort, le père Richard; depuis que l'Autrichienne est là, c'est un enfer de surveillance; on y dévisage son père.

Le patriote donna son assiette à lécher au chien, qui fut mordu par le chat.

— Achevez, dit-il sans se retourner.

— Enfin, monsieur, je me suis mis à gémir, c'est-à-dire que je me sentais très-mal; j'ai demandé l'infirmerie, et j'ai assuré que mes enfants mourraient de faim si ma paye m'était supprimée.

— Et le père Richard?

— Le père Richard m'a répondu que quand on était guichetier on ne faisait pas d'enfants.

— Mais vous avez la mère Richard pour vous, je suppose?

— Heureusement! elle a fait une scène à son mari, lui reprochant d'avoir un mauvais cœur, et le père Richard a fini par me dire :

« Eh bien! citoyen Gracchus, entends-toi avec quelqu'un de tes amis qui te donnera quelque chose sur tes gages, présente-le-moi comme remplaçant et je te promets de le faire accepter. »

Sur quoi je sorti en disant.

« C'est bon, père Richard, je vais chercher. »

— Et tu as trouvé, mon brave?

En ce moment, la maîtresse de l'établissement rentra, apportant au citoyen Gracchus sa soupe et sa chopine. Ce n'était l'affaire ni de Gracchus ni du patriote, qui avaient encore quelques communications à se faire.

— Citoyenne, dit le guichetier, j'ai reçu une petite gratification du père Richard, de sorte que je me permettrai aujourd'hui la côtelette de porc aux cornichons et la bouteille de vin de Bourgogne; envoie ta servante me chercher l'une chez le charcutier, et va me chercher l'autre à la cave.

L'hôtesse donna aussitôt ses ordres. La servante sortit par la porte de la rue, et elle sortit, elle, par la porte de la cave.

— Bien, dit le patriote, tu es un garçon intelligent.

— Si intelligent que je ne me cache pas, malgré vos belles promesses, de quoi il retourne pour nous deux. Vous vous doutez de quoi il retourne?

— Oui, parfaitement.

— C'est notre cou à tous deux que nous jouons.

— Ne t'inquiète pas du mien.

— Ce n'est pas le vôtre non plus, monsieur, qui me cause, je l'avoue, la plus vive inquiétude.

— C'est le tien?

— Oui.

— Mais si je l'estime le double de ce qu'il vaut?

— Eh! monsieur, c'est une chose très-précieuse que le cou.

— Pas le tien.

— Comment! pas le mien?

— En ce moment du moins.

— Que voulez-vous dire?

— Je veux dire que ton cou ne vaut pas une obole, attendu que si, par exemple, j'étais un agent du Comité de salut public, tu serais guillotiné demain.

Le guichetier se retourna d'un mouvement si brusque, que le chien aboya contre lui.

Il était pâle comme la mort.

— Ne te tourne pas et ne pâlis pas, dit le patriote, achève tranquillement ta soupe au contraire : je ne suis pas un agent provocateur, l'ami. Fais-moi entrer à la Conciergerie, installe-moi à ta place, donne-moi les clefs, et demain je te compte cinquante mille livres en or.

— C'est bien vrai, au moins?

— Oh! tu as une fameuse caution, tu as ma tête.

Le guichetier médita quelques secondes.

— Allons! dit le patriote qui le voyait dans sa glace, allons! ne fais pas de mauvaises réflexions; si tu me dénonces, comme tu n'auras fait que ton devoir, la République ne te donnera pas un sou; si tu me sers, comme au contraire tu auras manqué à ce même devoir, et qu'il est injuste dans ce monde de faire quelque chose pour rien, je te donnerai les cinquante mille livres.

— Oh! je comprends bien, dit le guichetier, j'ai tout bénéfice à faire ce que vous demandez, mais je crains les suites...

— Les suites... et qu'as-tu à craindre? voyons, ce n'est pas moi qui te dénoncerai; au contraire.

— Sans doute.

— Le lendemain du jour où je suis installé, tu viens faire un tour à la Conciergerie, je te compte vingt-cinq rouleaux contenant chacun deux mille francs; ces vingt-cinq rouleaux tiendront à l'aise dans tes deux poches. Avec l'argent je te donne une carte pour sortir de France; tu pars, et partout où tu vas, tu es, sinon riche, du moins indépendant.

— Eh bien! c'est dit, monsieur, arrive qu'arrive. Je suis un pauvre diable, moi; je ne me mêle pas de politique, la France a toujours bien marché sans moi, et ne périra pas faute de moi; si vous faites une méchante action, tant pis pour vous.

— En tout cas, dit le patriote, je ne crois pas pouvoir faire pis que l'on fait en ce moment.

— Monsieur me permettra de ne pas juger la politique de la Convention nationale.

— Tu es un homme admirable de philosophie et d'insouciance; maintenant, voyons, quand me présentes-tu au père Richard?

— Ce soir, si vous voulez.

— Oui, certainement. Qui suis-je?

— Mon cousin Mardoche.

— Mardoche, soit; le nom me plaît. Quel état?

— Culottier.

— De culottier à tanneur, il n'y a que la main.

— Êtes-vous tanneur?

— Je pourrais l'être.

— C'est vrai.

— A quelle heure la présentation?

— Dans une demi-heure, si vous voulez.

— A neuf heures alors.

— Quand aurai-je l'argent?

— Demain.

— Vous êtes donc énormément riche?

— Je suis à mon aise.

— Un ci-devant, n'est-ce pas?

— Que m'importe!

— Avoir de l'argent, et donner son argent pour

courir le risque d'être guillotiné, en vérité, il faut que les ci-devant soient bien bêtes!

— Que veux-tu? les sans-culottes ont tant d'esprit, qu'il n'en reste pas aux autres.

— Chut! voilà mon vin.

— A ce soir, en face la Conciergerie.

— Oui.

Le patriote paya son écot et sortit.

De la porte on l'entendit crier de sa voix de tonnerre :

— Allons donc, citoyenne! les côtelettes aux cornichons! mon cousin Gracchus meurt de faim.

— Ce bon Mardoche! dit le guichetier en dégustant le verre de Bourgogne que venait de lui verser la cabaretière en le regardant tendrement.

CHAPITRE XLI.

LE GREFFIER DU MINISTÈRE DE LA GUERRE.

Le patriote était sorti, mais ne s'était pas éloigné. A travers les vitres enfumées, il guettait le guichetier, pour voir s'il n'entrerait pas en communication avec quelques-uns de ces agents de la police républicaine, l'une des meilleures qui eût jamais existé, car la moitié de la société espionnait l'autre, moins encore pour la plus grande gloire du gouvernement que pour la plus grande sûreté de sa tête.

Mais rien de ce que craignait le patriote n'arriva; à neuf heures moins quelques minutes, le guichetier se leva, prit le menton de la cabaretière et sortit.

Le patriote le rejoignit sur le quai de la Conciergerie, et tous deux entrèrent dans la prison.

Dès le soir même le marché fut conclu; le père Richard accepta le guichetier Mardoche en remplacement du citoyen Gracchus.

Deux heures avant que cette affaire ne s'arrangeât dans la geôle, une scène se passait dans une autre partie de la prison qui, quoique sans intérêt apparent, avait une importance non moins grande pour les principaux personnages de cette histoire.

Le greffier de la Conciergerie, fatigué de sa journée, allait plier les registres et sortir, quand un homme, conduit par la citoyenne Richard, se présenta devant son bureau.

— Citoyen greffier, dit-elle, voici votre confrère du ministère de la guerre qui vient de la part du citoyen ministre pour relever quelques écrous militaires.

— Ah! citoyen, dit le greffier, vous arrivez un peu tard, je pliais bagage.

— Cher confrère, pardonnez-moi, répondit le nouvel arrivant, mais nous avons tant de besogne, que nos courses ne peuvent guère se faire qu'à nos moments perdus, et nos moments perdus, à nous, ne sont guère que ceux où les autres mangent et dorment.

— S'il en est ainsi, faites, mon cher confrère, mais hâtez-vous, car, ainsi que vous le dites, c'est l'heure du souper, et j'ai faim. Avez-vous vos pouvoirs?

— Les voici, dit le greffier du ministère de la guerre en exhibant un portefeuille que son confrère, tout pressé qu'il était, examina avec une scrupuleuse attention.

— Oh! tout cela est en règle, dit la femme Richard, et mon mari a déjà passé l'inspection.

— N'importe, n'importe, dit le greffier en continuant son examen.

Le greffier de la guerre attendit patiemment et en homme qui s'était attendu au strict accomplissement de ces formalités.

— A merveille, dit le greffier de la Conciergerie, et vous pouvez maintenant commencer quand vous voudrez. Avez-vous beaucoup d'écrous à relever?

— Une centaine.

— Alors, vous en avez pour plusieurs jours?

— Aussi, cher confrère, est-ce une espèce de petit établissement que je viens fonder chez vous, si vous le permettez toutefois.

— Comment l'entendez-vous? demanda le greffier de la Conciergerie.

— C'est ce que je vous expliquerai en vous emmenant souper ce soir avec moi; vous avez faim : vous l'avez dit.

— Et je ne m'en dédis pas.

— Eh bien! vous verrez ma femme, c'est une

bonne cuisinière ; puis vous ferez connaissance avec moi, je suis un bon garçon.

— Ma foi, oui, vous me faites cet effet-là; cependant, cher confrère...

— Oh! acceptez sans façon des huîtres que j'achèterai sur la place du Châtelet, un poulet de chez notre rôtisseur, et deux ou trois petits plats que madame Durand fait dans la perfection.

— Vous me séduisez, cher confrère, dit le greffier de la Conciergerie, ébloui par ce menu auquel n'était pas accoutumé un greffier payé par le tribunal révolutionnaire à raison de 10 livres en assignats, lesquelles valaient en réalité 2 francs à peine.

— Ainsi vous acceptez?
— J'accepte.
— En ce cas, à demain le travail ; pour ce soir, partons.
— Partons.
— Venez-vous?
— A l'instant ; laissez moi seulement prévenir les gendarmes qui gardent l'Autrichienne.
— Pourquoi faire les prévenez-vous?
— Afin qu'ils soient avertis que je sors et que, sachant par conséquent qu'il n'y a plus personne au greffe, tous les bruits leur deviennent suspects.
— Ah! fort bien; excellente précaution, ma foi !
— Vous comprenez, n'est-ce pas ?
— A merveille; allez!

Le greffier de la Conciergerie alla en effet heurter au guichet, et l'un des gendarmes ouvrit en disant :
— Qui est là?
— Moi! le greffier, vous savez, je pars. Bonsoir, citoyen Gilbert.
— Bonsoir, citoyen greffier.

Et le guichet se referma.

Le greffier de la guerre avait examiné toute cette scène avec la plus grande attention, et, quand la porte de la prison de la reine restait ouverte, son regard avait rapidement plongé jusqu'au fond du premier compartiment : il avait vu le gendarme Duchesne à table, et s'était en conséquence assuré que la reine n'avait que deux gardiens.

Il va sans dire que, lorsque le greffier de la Conciergerie se retourna, son confrère avait reprit l'aspect le plus indifférent qu'il avait pu donner à sa physionomie.

Comme ils sortaient de la Conciergerie, deux hommes y allaient entrer.

Ces deux hommes qui y allaient entrer étaient le citoyen Gracchus et son cousin Mardoche.

Le cousin Mardoche et le greffier de la guerre, chacun par un mouvement qui semblait émaner d'un sentiment pareil, enfoncèrent en s'apercevant, l'un son bonnet à poil, l'autre son chapeau à larges bords sur les yeux.

— Quels sont ces hommes? demanda le greffier de la guerre.

— Je n'en connais qu'un, c'est un guichetier nommé Gracchus.

— Ah! fit l'autre avec une indifférence affectée; les guichetiers sortent donc à la Conciergerie?

— Ils ont leur jour.

L'investigation ne fut pas poussée plus loin, les deux nouveaux amis prirent le pont au Change. Au coin de la place du Châtelet, le greffier de la guerre, selon son programme annoncé, acheta une cloyère de douze douzaines d'huîtres : puis on continua de s'avancer par le quai de Gêvres.

La demeure du greffier du ministère de la guerre était fort simple : le citoyen Durand habitait trois petites pièces sur la place de Grève, dans une maison sans portier. Chaque locataire avait une clef de la porte de l'allée, et il était convenu que l'on s'avertirait quand on n'avait pas pris cette clef avec soi, par un, deux ou trois coups de marteau, selon l'étage que l'on habitait : la personne qui en attendait une autre, et qui reconnaissait le signal, descendait alors et ouvrait la porte.

Le citoyen Durand avait sa clef dans sa poche, il n'eut donc pas besoin de frapper.

On monta deux étages, le citoyen Durand tira une seconde clef de sa poche et entra.

Le greffier du Palais trouva madame la greffière de la guerre fort à son goût : c'était une charmante femme, en effet, à laquelle une profonde expression de tristesse répandue sur sa physionomie donnait à la première vue un puissant intérêt. Il est à remarquer que la tristesse est un des plus sûrs moyens de séduction des jolies femmes : la tristesse rend amoureux tous les hommes, sans exception, même les greffiers; car, quoi qu'on dise, les greffiers sont des hommes, et il n'est aucun amour-propre féroce ou aucun cœur sensible qui n'espère consoler une jolie femme affligée, et changer les roses blanches d'un teint pâle en des roses plus riantes, comme disait le citoyen Dorat.

Les deux greffiers soupèrent de fort bon appétit, il n'y eut que madame Durand qui ne mangea point.

Les questions cependant marchaient de part et d'autre.

Le greffier de la guerre demandait à son confrère, avec une curiosité bien remarquable dans ces temps de drames quotidiens, quels étaient les usages du Palais, les jours de jugement, les moyens de surveillance.

Le greffier du Palais, enchanté d'être écouté avec tant d'attention, répondait avec complaisance et disait les mœurs des geôliers, celles de Fouquier-Tinville, et enfin celles du citoyen Sanson, le principal acteur de cette tragédie qu'on jouait chaque soir sur la place de la Révolution.

Puis, s'adressant à son collègue et à son hôte, il lui demandait à son tour des renseignements sur son ministère à lui.

— Oh! dit Durand, je suis moins bien renseigné

Le greffier de la conciergerie.

que vous, étant un personnage infiniment moins important que vous, attendu que je suis plutôt secrétaire de greffier que titulaire de la place ; je fais la besogne du greffier en chef; obscur employé, à moi la peine, aux illustres le profit. c'est l'habitude de toutes les bureaucraties, même révolutionnaires. La terre et le ciel changeront peut-être un jour, mais les bureaux ne changeront pas.

— Eh bien ! je vous aiderai, citoyen, dit le greffier du Palais charmé du bon vin de son hôte et surtout charmé des beaux yeux de madame Durand.

— Oh! merci, dit celui à qui cette offre gracieuse était faite, tout ce qui change les habitudes et les localités est une distraction pour un pauvre employé, et je crains plutôt de voir finir mon travail à la Conciergerie que de le voir traîner en longueur, et, pourvu que chaque soir je puisse amener au greffe madame Durand qui s'ennuierait ici...

— Je n'y vois pas d'inconvénient, dit le greffier du Palais, enchanté de l'aimable distraction que lui promettait son confrère.

— Elle me dictera les écrous, continua le citoyen Durand ; et puis de temps en temps, la besogne faite, si vous n'avez pas trouvé le souper de ce soir trop mauvais, vous en reviendrez prendre un pareil.

— Oui, mais pas trop souvent, dit avec fatuité le

Le citoyen Durand reconduisit son hôte jusque sur le palier.

greffier du Palais, car je vous avouerai que je serais grondé si je rentrais plus tard que d'habitude dans une certaine petite maison de la rue du Petit-Musc.

— Eh bien ! voilà qui s'arrangera merveilleusement bien, dit Durand ; n'est-ce pas, ma chère amie ?

Madame Durand, fort pâle et fort triste toujours, leva les yeux sur son mari, et répondit :

— Que votre volonté soit faite.

Onze heures sonnaient, il était temps de se retirer.

Le greffier du Palais se leva et prit congé de ses nouveaux amis, en leur exprimant tout le plaisir qu'il avait de faire connaissance avec eux et leur dîner.

Le citoyen Durand reconduisit son hôte jusque sur le palier, puis rentrant dans la chambre :

— Allons, Geneviève, dit-il, couchez-vous.

La jeune femme, sans répondre, se leva, prit une lampe, et passa dans la chambre à droite.

Durand, ou plutôt Dixmer, la regarda sortir, resta un instant pensif et le front sombre après son départ ; puis, à son tour, il passa dans la sienne, qui était du côté opposé

CHAPITRE XLII.

LES DEUX BILLETS.

A partir de ce moment, le greffier du ministère de la guerre vint chaque soir travailler assidûment dans le bureau de son collègue du Palais; madame Durand relevait les écrous sur les registres préparés à l'avance, et Durand copiait avec ardeur.

Durand examinait tout sans paraître faire attention à rien. Il avait remarqué que chaque soir, à neuf heures, un panier de provisions apporté par Richard ou sa femme était déposé à la porte.

Au moment où le greffier disait au gendarme : « Je m'en vais, citoyen, » le gendarme, soit Gilbert, soit Duchesne, sortait, prenait le panier et le portait chez Marie-Antoinette.

Pendant les trois soirées consécutives où Durand était resté plus tard à son poste, le panier aussi était resté plus tard au sien, puisque ce n'était qu'en ouvrant la porte pour dire adieu au greffier que le gendarme récoltait les provisions.

Un quart d'heure après avoir introduit le panier plein, un des deux gendarmes remettait à la porte un panier vide de la veille, le déposant à la même place où était l'autre.

Le soir du quatrième jour, c'était au commencement d'octobre, après la séance habituelle et quand le greffier du Palais se fut retiré, et que Durand ou plutôt Dixmer fut resté seul avec sa femme, il laissa tomber sa plume, regarda autour de lui, et, prêtant l'oreille avec la même attention que si sa vie en eût dépendu, il se leva vivement, et, courant à pas étouffés vers la porte du guichet, il souleva la serviette qui recouvrait le panier et enfonça dans le pain tendre destiné à la prisonnière un petit étui d'argent.

Puis, pâle et tremblant de l'émotion qui, même chez la plus puissante organisation, trouble l'homme qui vient d'accomplir un acte suprême, et dont le moment a été longuement préparé et est fortement attendu, il revint prendre sa place, appuyant une main sur son front, l'autre sur son cœur.

Geneviève le regardait faire, mais sans lui adresser la parole ; ordinairement, depuis que son mari l'avait reprise chez Maurice, elle attendait toujours qu'il lui parlât le premier.

Cependant cette fois elle rompit son silence.

— Est-ce pour ce soir ? demanda-t-elle.

— Non, c'est pour demain, répondit Dixmer.

Et, se levant après avoir regardé et écouté de nouveau, il ferma les registres, et, se rapprochant du guichet, il frappa à la porte.

— Hein ? fit Gilbert.

— Citoyen, dit-il, je m'en vais.

— Bien, dit le gendarme du fond de la cellule Bonsoir.

— Bonsoir, citoyen Gilbert.

Durand entendit le grincement des verrous, il comprit que le gendarme allait ouvrir la porte, il sortit.

Dans le couloir qui conduisait de l'appartement du père Richard à la cour, il heurta un guichetier coiffé d'un bonnet à poil, et brandissant un lourd trousseau de clefs.

La peur saisit Dixmer ; cet homme, brutal comme les gens de son état, allait l'interpeller, le regarder, le reconnaître peut-être. Il enfonça son chapeau, tandis que Geneviève tirait sur ses yeux la garniture de son mantelet noir.

Il se trompait.

— Ah! pardon, dit seulement le guichetier, quoique ce fût lui qui eût été heurté.

Dixmer tressaillit au son de cette voix qui était douce et polie. Mais le guichetier était pressé sans doute, il se glissa dans le couloir, ouvrit la porte du père Richard et disparut. Dixmer continua son chemin entraînant Geneviève.

— C'est étrange, dit-il lorsqu'il fut dehors, que la porte se fût refermée derrière lui, et que l'impression de l'air eut rafraîchi son front brûlant.

— Oh! oui, bien étrange, murmura Geneviève.

Au temps de leur intimité, les deux époux se fussent communiqué l'un à l'autre la cause de leur étonnement. Mais Dixmer enferma ses pensées dans son esprit, les combattant comme une hallucination, tandis que Geneviève se contentait, en tournant l'angle du Pont-au-Change, de jeter un dernier regard sur le sombre Palais où quelque chose de pareil au fantôme d'un ami perdu venait de réveiller en elle tant de souvenirs doux et amers à la fois.

Tous deux arrivèrent à la Grève sans avoir prononcé une seule parole.

Pendant ce temps, le gendarme Gilbert était sorti et s'était emparé du panier de provisions destiné à la reine. Il contenait des fruits, un poulet froid, une bouteille de vin blanc, une carafe d'eau et la moitié d'un pain de deux livres.

Gilbert leva la serviette et reconnut la disposition ordinaire des objets placés dans le panier par la citoyenne Richard. Puis dérangeant le paravent :

— Citoyenne, dit-il tout haut, voici le souper.

Marie-Antoinette rompit le pain ; mais à peine ses doigts s'y étaient-ils imprimés, qu'elle sentit le froid contact de l'argent, et qu'elle comprit que ce pain renfermait quelque chose d'extraordinaire.

Alors elle regarda autour d'elle, mais le gendarme s'était déjà retiré.

La reine resta un instant immobile ; elle calculait son éloignement progressif.

Quand elle crut être certaine qu'il était allé s'asseoir près de son camarade, elle tira l'étui du pain. L'étui contenait un billet. Elle le déplia et lut ce qui suit :

« Madame, tenez-vous prête demain à l'heure où vous recevrez ce billet, car demain à cette heure une femme sera introduite dans le cachot de Votre Majesté. Cette femme prendra vos habits et vous donnera les siens ; puis vous sortirez de la Conciergerie au bras d'un de vos plus dévoués serviteurs.

« Ne vous inquiétez pas du bruit qui se passera dans la première pièce, ne vous arrêtez ni aux cris ni aux gémissements ; ne vous occupez que de passer promptement la robe et le mantelet de la femme qui doit prendre la place de Votre Majesté. »

— Un dévouement ! murmura la reine ; merci, mon Dieu ! je ne suis donc pas, comme on le disait, un objet d'exécration pour tous.

Elle relut le billet. Alors le second paragraphe la frappa.

— « Ne vous arrêtez ni aux cris ni aux gémissements, » murmura-t-elle ; oh ! cela veut dire que l'on frappera mes deux gardiens, pauvres gens ! qui m'ont montré tant de pitié ; oh ! jamais, jamais !

Elle déchira alors la seconde moitié du billet qui était blanche, et, comme elle n'avait ni crayon ni plume pour répondre à l'ami inconnu qui s'occupait d'elle, elle prit l'épingle de son fichu et piqua dans le papier des lettres qui composèrent les mots suivants :

« Je ne puis ni ne dois accepter le sacrifice de la vie de personne en échange de la mienne.

« M. A »

Puis elle replaça le papier dans l'étui, qu'elle enfouit dans la seconde partie du pain brisé.

Cette opération était achevée à peine, dix heures sonnaient, et la reine, tenant le morceau de pain à la main, comptait tristement les heures qui vibraient lentes et espacées, quand elle entendit à une des fenêtres donnant sur la cour que l'on appelait la Cour des femmes un bruit strident pareil à celui que produirait un diamant grinçant sur le verre. Ce bruit fut suivi d'un choc léger à la vitre, choc plusieurs fois répété et que couvrait avec intention la toux d'un homme. Puis, à l'angle de la vitre, apparut un petit papier roulé qui glissa lentement et tomba au pied de la muraille. Puis la reine entendit le bruit du trousseau de clefs sautillant les unes sur les autres et des pas qui s'éloignaient en retentissant sur le pavé.

Elle reconnut que la vitre venait d'être trouée à son angle, et que par cet angle l'homme qui s'éloignait avait glissé un papier ; qui sans doute était un billet. Ce billet était à terre. La reine le couva des yeux, tout en écoutant si l'un de ses gardiens ne se rapprochait pas d'elle, mais elle les entendit qui parlaient à voix basse comme ils faisaient d'habitude et par une espèce de convention tacite pour ne pas l'importuner. Alors elle se leva doucement, retenant son haleine, et alla ramasser le papier.

Un objet mince et dur en glissa comme d'un fourreau, et en tombant sur la brique résonna métalliquement. C'était une lime de la plus grande finesse, un bijou plutôt qu'un outil, un de ces ressorts d'acier avec lesquels une main, si faible et si inhabile qu'elle soit, peut couper en un quart d'heure le fer du plus épais barreau.

« Madame, disait le papier, demain à neuf heures et demie un homme viendra causer avec les gendarmes qui vous gardent, par la fenêtre de la Cour des femmes. Pendant ce temps Votre Majesté sciera le troisième barreau de sa fenêtre, en allant de gauche à droite... Coupez en biaisant, un quart d'heure doit suffire à Votre Majesté ; puis tenez-vous prête à passer par la fenêtre... L'avis vous vient d'un de vos plus dévoués et de vos plus fidèles sujets, lequel a consacré sa vie au service du Votre Majesté, et sera heureux de la sacrifier pour elle. »

— Oh ! murmura la reine, est-ce un piége ? Mais non, il me semble que je connais cette écriture ; c'est la même qu'au Temple ; c'est celle du chevalier de Maison-Rouge. Allons, Dieu veut peut-être que j'échappe.

Et la reine tomba à genoux et se réfugia dans la prière, ce baume souverain des prisonniers.

CHAPITRE XLIII.

LES PRÉPARATIFS DE DIXMER.

e lendemain, préparé par une nuit d'insomnie, vint enfin terrible et, l'on peut dire sans exagération, couleur de sang.

Chaque jour, en effet, à cette époque et dans cette année, le plus beau soleil avait ses taches livides.

La reine dormit à peine et d'un sommeil sans repos ; à peine avait-elle les yeux fermés qu'il lui semblait voir couler le sang, qu'il lui semblait entendre pousser des cris.

Elle s'était endormie, sa lime dans sa main.

Une partie de la journée fut donnée par elle à la prière. Ses gardiens la voyaient prier si souvent qu'ils ne prirent aucune inquiétude de ce surcroît de dévotion.

De temps en temps la prisonnière tirait de son sein la lime qui lui avait été transmise par un de ses sauveurs, et elle comparait la faiblesse de l'instrument à la force des barreaux.

Heureusement ces barreaux n'étaient scellés dans le mur que d'un côté, c'est-à-dire par en bas.

La partie supérieure s'emboîtait dans un barreau transversal ; la partie inférieure sciée, on n'avait donc qu'à tirer le barreau et le barreau venait.

Mais ce n'étaient pas les difficultés physiques qui arrêtaient la reine : elle comprenait parfaitement que la chose était possible, et c'est cette possibilité même qui faisait de l'espérance une flamme sanglante qui éblouissait ses yeux.

Elle sentait que pour arriver à elle il faudrait que ses amis tuassent les hommes qui la gardaient, et elle n'eût consenti leur mort à aucun prix ; ces hommes étaient les seuls qui depuis si longtemps lui avaient montré quelque pitié.

D'un autre côté, au delà de ces barreaux qu'on lui disait de scier, de l'autre côté du corps de ces deux hommes qui devaient succomber en empêchant ses sauveurs d'arriver jusqu'à elle, étaient la vie, la liberté, et peut-être la vengeance, trois choses si douces, pour une femme surtout, qu'elle demandait à Dieu pardon de les désirer si ardemment.

Elle crut, au reste, remarquer que nul soupçon n'agitait ses gardiens et qu'ils n'avaient pas même la conscience du piége où l'on voulait faire tomber leur prisonnière, en supposant que le complot fût un piége.

Ces hommes simples se fussent trahis à des yeux aussi exercés que l'étaient ceux d'une femme habituée à deviner le mal à force de l'avoir souffert.

La reine renonçait donc presque entièrement à la portion de ses idées qui lui faisait examiner la double ouverture qui lui avait été faite comme un piége ; mais, à mesure que la honte d'être prise dans ce piége la quittait, elle tombait dans l'appréhension plus grande encore de voir couler sous ses yeux un sang versé pour elle.

— Bizarre destinée, et sublime spectacle ! murmurait-elle ; deux conspirations se réunissent pour sauver une pauvre reine ou plutôt une pauvre femme prisonnière qui n'a rien fait pour séduire ou encourager les conspirateurs, et elles vont éclater en même temps.

Qui sait ! elles ne font qu'une, peut-être. Peut-être est-ce une double mine qui doit aboutir à un seul point.

Si je voulais, je serais donc sauvée !

Mais une pauvre femme sacrifiée à ma place ;

Mais deux hommes tués pour que cette femme arrive jusqu'à moi ;

Dieu et l'avenir ne me pardonneraient pas.

Impossible, impossible !...

Mais alors passaient et repassaient dans son esprit ces grandes idées de dévouement des serviteurs pour les maîtres, et ces antiques traditions du droit des maîtres sur la vie des serviteurs ; fantômes presque effacés de la royauté mourante.

— Anne d'Autriche eût accepté, se disait-elle, Anne d'Autriche eût mis au-dessus de toutes choses ce grand principe du salut des personnes royales.

Anne d'Autriche était du même sang que moi, et presque dans la même situation que moi.

Folie d'être venue poursuivre la royauté d'Anne d'Autriche en France !

Aussi n'est-ce point moi qui suis venue ; deux rois ont dit : Il est important que deux enfants royaux qui ne se sont jamais vus, qui ne s'aiment pas, qui ne s'aimeront peut-être jamais, soient mariés au même autel, pour aller mourir sur le même échafaud.

Et puis ma mort n'entraînera-t-elle pas celle du pauvre enfant qui, aux yeux de mes rares amis, est encore roi de France ?

— Avec ce poignard je le tuerai. — Page 174.

Et, quand mon fils sera mort comme est mort mon mari, leurs deux ombres ne souriront-elles pas de pitié en me voyant, pour ménager quelques gouttes de sang vulgaire, tacher de mon sang les débris du trône de saint Louis?

Ce fut dans ces angoisses toujours croissantes, dans cette fièvre du doute, dont les pulsations vont sans cesse redoublant, dans l'horreur de ces craintes, enfin, que la reine atteignit le soir.

Plusieurs fois elle avait examiné ses deux gardiens; jamais ils n'avaient eu l'air plus calme.

Jamais non plus les petites attentions de ces hommes grossiers, mais bons, ne l'avaient frappée davantage.

Quand les ténèbres se firent dans le cachot, quand retentit le pas des rondes, quand le bruit des armes et le hurlement des chiens alla éveiller l'écho des sombres voûtes, quand enfin toute la prison se révéla effrayante et sans espérances, Marie-Antoinette, domptée par la faiblesse inhérente à la nature de la femme, se leva épouvantée.

— Oh! je fuirai, dit-elle; oui, oui, je fuirai. Quand on viendra, quand on parlera, je scierai un barreau, et j'attendrai ce que Dieu et mes libérateurs ordonneront de moi. Je me dois à mes enfants, on ne les tuera pas, et si on les tue et que je sois libre, oh! alors au moins...

Elle n'acheva pas, ses yeux se fermèrent; sa bouche étouffa sa voix. Ce fut un rêve effrayant que celui de cette pauvre reine dans une chambre fermée de verrous et de grilles. Mais bientôt, dans son rêve toujours, grilles et verrous tombèrent; elle se vit au milieu d'une armée sombre, impitoyable; elle ordonnait à la flamme de briller, au fer de sortir du fourreau; elle se vengeait d'un peuple qui au bout du compte n'était pas le sien.

Pendant ce temps Gilbert et Duchesne causaient tranquillement et préparaient leur repas du soir.

Pendant ce temps aussi Dixmer et Geneviève entraient à la Conciergerie, et, comme d'habitude, s'installaient dans le greffe. Au bout d'une heure de cette installation, comme d'habitude encore, le greffier du Palais achevait sa tâche et les laissait seuls.

Dès que la porte se fut refermée sur son collègue, Dixmer se précipita vers le panier vide déposé à la porte en échange du panier du soir.

Il saisit le morceau de pain, le brisa et retrouva l'étui.

Le mot de la reine y était renfermé : il le lut en pâlissant.

Et, comme Geneviève l'observait, il déchira le papier en mille morceaux, qu'il vint jeter dans la gueule enflammée du poêle.

— C'est bien, dit-il; tout est convenu.

Puis, se retournant vers Geneviève :

— Venez, madame, dit-il.

— Moi?

— Oui, il faut que je vous parle bas.

Geneviève, immobile et froide comme le marbre, fit un geste de résignation et s'approcha.

— Voici l'heure venue, madame, dit Dixmer, écoutez-moi.

— Oui, monsieur.

— Vous préférez une mort utile à votre cause, une mort qui vous fasse bénir de tout un parti et plaindre de tout un peuple, à une mort ignominieuse et toute de vengeance, n'est-ce pas?

— Oui, monsieur.

— J'eusse pu vous tuer sur la place lorsque je vous ai rencontrée chez votre amant; mais un homme qui a, comme moi, consacré sa vie à une œuvre honorable et sainte, doit savoir tirer parti de ses propres malheurs en les consacrant à cette cause, c'est ce que j'ai fait, ou plutôt ce que je compte faire. Je me suis, comme vous l'avez vu, refusé le plaisir de me faire justice. J'ai aussi épargné votre amant.

Quelque chose comme un sourire fugitif, mais terrible, passa sur les lèvres décolorées de Geneviève.

— Mais, quant à votre amant, vous devez comprendre, vous qui me connaissez, que je n'ai attendu que pour trouver mieux.

— Monsieur, dit Geneviève, je suis prête; pourquoi donc alors ce préambule?

— Vous êtes prête?

— Oui, vous me tuez. Vous avez raison, j'attends.

Dixmer regarda Geneviève et tressaillit malgré lui; elle était sublime en ce moment : une auréole l'éclairait, la plus brillante de toutes, celle qui vient de l'amour.

— Je continue, reprit Dixmer. J'ai prévenu la reine; elle attend; cependant, selon toute probabilité, elle fera quelques objections, mais vous la forcerez.

— Bien, monsieur, donnez vos ordres, et je les exécuterai.

— Tout à l'heure, continua Dixmer, je vais heurter à la porte, Gilbert va ouvrir; avec ce poignard, — Dixmer ouvrit son habit et montra, en le tirant à moitié du fourreau, un poignard à double tranchant; — avec ce poignard je le tuerai.

Geneviève frissonna malgré elle. Dixmer fit un signe de la main pour lui imposer l'attention.

— Au moment où je le frappe, continua-t-il, vous vous élancez dans la seconde chambre, dans celle où est la reine. Il n'y a pas de porte, vous le savez, seulement un paravent, et vous changez d'habits avec elle, tandis que je tue le second soldat. Alors je prends le bras de la reine, et je passe le guichet avec elle.

— Fort bien, dit froidement Geneviève.

— Vous comprenez? continua Dixmer; chaque soir on vous voit avec ce mantelet de taffetas noir qui cache ce visage. Mettez votre mantelet à Sa Majesté, et drapez-le comme vous avez l'habitude de le draper vous-même.

— Je le ferai ainsi que vous le dites, monsieur.

— Il me reste maintenant à vous pardonner et à vous remercier, madame, dit Dixmer.

Geneviève secoua la tête avec un froid sourire.

— Je n'ai pas besoin de votre pardon, ni de votre merci, monsieur, dit-elle en étendant la main; ce que je fais, ou plutôt ce que je vais faire, effacerait un crime, et je n'ai commis qu'une faiblesse; et encore cette faiblesse, rappelez-vous votre conduite, monsieur, vous m'avez presque forcée à la commettre. Je m'éloignais de lui, et vous me repoussiez dans ses bras; de sorte que vous êtes l'instigateur, le juge et le vengeur. C'est donc à moi de vous pardonner ma mort, et je vous la pardonne. C'est donc à moi de vous remercier, monsieur, de m'ôter la vie, puisque la vie m'eût été insupportable séparée de l'homme que j'aime uniquement, depuis cette heure surtout où vous avez brisé par votre féroce vengeance tous les liens qui m'attachaient à lui.

Dixmer s'enfonçait les ongles dans la poitrine; il voulut répondre, la voix lui manqua.

Il fit quelques pas dans le greffe.

— L'heure passerait, dit-il enfin ; toute seconde a son utilité. Allons, madame, êtes-vous prête ?

— Je vous l'ai dit, monsieur, répondit Geneviève avec le calme des martyrs, j'attends !

Dixmer rassembla tous ses papiers, alla voir si les portes étaient bien closes, si personne ne pouvait entrer dans le greffe, puis il voulut réitérer ses instructions à sa femme.

— Inutile, monsieur, dit Geneviève, je sais parfaitement ce que j'ai à faire.

— Alors, adieu !

Et Dixmer lui tendit la main, comme si, à ce moment suprême, toute récrimination devait s'effacer devant la grandeur de la situation et la sublimité du sacrifice.

Geneviève, en frémissant, toucha du bout des doigts la main de son mari.

— Placez-vous près de moi, madame, dit Dixmer, et, aussitôt que j'aurai frappé Gilbert, passez.

— Je suis prête.

Alors, Dixmer serra dans sa main droite son large poignard, et de la gauche il heurta à la porte.

CHAPITRE XLIV.

LES PRÉPARATIFS DU CHEVALIER DE MAISON-ROUGE.

Pendant que la scène décrite dans le chapitre précédent se passait à la porte du greffe donnant dans la prison de la reine, ou plutôt dans la première chambre occupée par les deux gendarmes, d'autres préparatifs se faisaient au côté opposé ; c'est-à-dire dans la Cour des femmes.

Un homme apparaissait tout à coup comme une statue de pierre qui se serait détachée de la muraille. Cet homme était suivi de deux chiens, et tout en fredonnant le Ça ira, chanson fort à la mode à cette époque, il avait, d'un coup du trousseau de clefs qu'il tenait à la main, râclé les cinq barreaux qui fermaient la fenêtre de la reine.

La reine avait tressailli d'abord ; mais, reconnaissant la chose pour un signal, elle avait aussitôt ouvert doucement sa fenêtre et s'était mise à la besogne d'une main plus expérimentée qu'on n'aurait pu le croire, car plus d'une fois dans l'atelier de serrurerie où son royal époux s'amusait autrefois à passer une partie de ses journées, elle avait de ses doigts délicats touché des instruments pareils à celui sur lequel, à cette heure, reposaient toutes ses chances de salut.

Dès que l'homme au trousseau de clefs entendit la fenêtre de la reine s'ouvrir, il alla frapper à celle des gendarmes.

— Ah ! ah ! dit Gilbert en regardant à travers les carreaux, c'est le citoyen Mardoche.

— Lui-même, répondit le guichetier. Eh bien ! mais, il paraît que nous faisons bonne garde ?

— Comme d'habitude, citoyen porte-clefs. Il me semble que vous ne nous trouvez pas souvent en défaut ?

— Ah ! dit Mardoche, c'est que cette nuit la vigilance est plus nécessaire que jamais.

— Bah ! dit Duchesne, qui s'était approché.

— Certainement.

— Qu'y a-t-il donc ?

— Ouvrez la fenêtre et je vous conterai cela.

— Ouvre, dit Duchesne.

Gilbert ouvrit et échangea une poignée de main avec le porte-clefs, qui s'était déjà fait l'ami des deux gendarmes.

— Qu'y a-t-il donc, citoyen Mardoche ? répéta Gilbert.

— Il y a que la séance de la Convention a été un peu chaude. L'avez-vous lue ?

— Non. Que s'est-il donc passé ?

— Ah ! il s'est passé d'abord que le citoyen Hébert a découvert une chose.

— Laquelle ?

— C'est que les conspirateurs que l'on croyait morts sont vivants et très-vivants.

— Ah ! oui, dit Gilbert : Delessart et Thierry ; j'ai entendu parler de cela ; ils sont en Angleterre, les gueux !

— Et le chevalier de Maison-Rouge ? dit le porte-clefs en haussant la voix de manière à ce que la reine l'entendît.

— Comment, il est en Angleterre aussi, celui-là ?

— Qu'y a t-il donc, citoyen Mardoche? — PAGE 175.

— Pas du tout, il est en France, continua Mardoche en soutenant sa voix au même diapason.

— Il y est donc revenu?

— Il ne l'a pas quittée.

— En voilà un qui a du front! dit Duchesne.

— C'est comme cela qu'il est.

— Eh bien! on va tâcher de l'arrêter.

— Certainement qu'on va tâcher de l'arrêter; mais ce n'est pas chose facile, à ce qu'il paraît aussi.

En ce moment, comme la lime de la reine grinçait si fortement sur les barreaux que le porte-clefs craignait qu'on ne l'entendît, malgré les efforts qu'il faisait pour la couvrir, il appuya le talon sur la patte d'un de ses chiens, qui poussa un hurlement de douleur.

— Ah! pauvre bête! dit Gilbert.

— Bah! dit le porte-clefs, il n'avait qu'à mettre des sabots. Veux-tu te taire, Girondin! veux-tu te taire!

— Il s'appelle Girondin, ton chien, citoyen Mardoche?

— Oui, c'est un nom que je lui ai donné comme cela

Deux ombres se colletant dans le guichet. — Page 178.

— Et tu disais donc, reprit Duchesne, qui, prisonnier lui-même, prenait aux nouvelles tout l'intérêt qu'y prennent les prisonniers : tu disais donc ?
— Ah ! c'est vrai, je disais qu'alors le citoyen Hébert, en voilà un patriote ! je disais que le citoyen Hébert avait fait la motion de ramener l'Autrichienne au Temple.
— Et pourquoi cela ?
— Dame ! parce qu'il prétend qu'on ne l'a tirée du Temple que pour la soustraire à l'inspection immédiate de la commune de Paris.
— Oh ! et puis un peu aux tentatives de ce damné Maison-Rouge, dit Gilbert ; il me semble que le souterrain existe.
— C'est aussi ce que lui a répondu le citoyen Saintez ; mais Hébert a dit que, du moment où l'on était prévenu, il n'y avait plus de danger ; qu'on pouvait au Temple garder Marie-Antoinette avec la moitié des précautions qu'il faut pour la garder ici, et de fait, c'est que le Temple est une maison autrement ferme que la Conciergerie.
— Ma foi, dit Gilbert, moi, je voudrais qu'on la reconduisît au Temple.
— Je comprends, cela t'ennuie de la garder.

— Non, cela m'attriste.

Maison-Rouge toussa fortement, la lime faisait d'autant plus de bruit qu'elle mordait plus profondément le barreau de fer.

— Et qu'a-t-on décidé? demanda Duchesne quand la quinte du porte-clefs fut passée.

— Il a été décidé qu'elle resterait ici, mais que son procès lui serait fait immédiatement.

— Ah! pauvre femme! dit Gilbert.

Duchesne, dont l'oreille était plus fine sans doute que celle de son collègue, ou l'attention moins fortement captivée par le récit de Mardoche, se baissa pour écouter du côté du compartiment de gauche.

Le porte-clefs vit le mouvement.

— De sorte que tu comprends, citoyen Duchesne, dit-il vivement, les tentatives des conspirateurs vont devenir d'autant plus désespérées qu'ils sauront avoir moins de temps devant eux pour les exécuter. On va doubler les gardes des prisons, attendu que cela vous regarde, citoyen gendarme, attendu qu'il n'est question de rien moins que d'une irruption à force armée dans la Conciergerie; les conspirateurs tueraient tout, jusqu'à ce qu'ils pénétrassent jusqu'à la reine, jusqu'à la veuve Capet, veux-je dire.

— Ah bah! comment entreraient-ils, tes conspirateurs?

— Déguisés en patriotes, ils feraient semblant de recommencer un 2 septembre, les gredins! et puis, une fois les portes ouvertes, bonsoir.

Il se fit un instant de silence occasionné par la stupeur des gendarmes.

Le porte-clefs entendit avec une joie mêlée de terreur la lime qui continuait de grincer. Neuf heures sonnèrent.

En même temps on frappa à la porte du greffe, mais les deux gendarmes, préoccupés, ne répondirent point.

— Eh bien! nous veillerons, nous veillerons, dit Gilbert.

— Et s'il le faut, nous mourrons à notre poste en vrais républicains, ajouta Duchesne.

— Elle doit avoir bientôt achevé, se dit à lui-même le porte-clefs en essuyant son front mouillé de sueur.

— Et vous, de votre côté, dit Gilbert, vous veillez, je présume; car on ne vous épargnerait pas plus que nous, si un événement comme celui que vous nous annoncez arrivait.

— Je crois bien, dit le porte-clefs, je passe les nuits à faire des rondes; aussi je suis sur les dents; vous autres, au moins, vous vous relayez, et vous pouvez dormir de deux nuits l'une.

En ce moment on frappa une seconde fois à la porte du greffe. Mardoche tressaillit; tout événement, si minime qu'il fût, pouvait empêcher de réussir son projet.

— Qu'est-ce donc? demanda-t-il comme malgré lui.

— Rien, rien, dit Gilbert; c'est le greffier du ministère de la guerre qui s'en va et qui me prévient.

— Ah! fort bien, dit le porte-clefs.

Mais le greffier s'obstinait à frapper.

— Bon! bon! cria Gilbert sans quitter sa fenêtre. Bonsoir!... adieu!...

— Il me semble qu'il te parle, dit Duchesne en se retournant du côté de la porte. Réponds-lui donc...

On entendit alors la voix du greffier.

— Viens donc, citoyen gendarme, disait-il, je voudrais te parler un instant.

Cette voix, tout empreinte qu'elle paraissait être d'un sentiment d'émotion qui lui ôtait son accent habituel, fit dresser l'oreille au porte-clefs, qui crut la reconnaître.

— Que veux-tu donc, citoyen Durand? demanda Gilbert.

— Je veux te dire un mot.

— Eh bien! tu me le diras demain.

— Non, ce soir; il faut que je te parle ce soir, reprit la même voix.

— Oh! murmura le porte-clefs, que va-t-il donc se passer? c'est la voix de Dixmer.

Sinistre et vibrante, cette voix semblait emprunter quelque chose de funèbre à l'écho lointain du sombre corridor.

Duchesne se retourna.

— Allons, dit Gilbert, puisqu'il le veut absolument, j'y vais.

Et il se dirigea vers la porte.

Le porte-clefs profita de ce moment, pendant lequel l'attention des deux gendarmes était absorbée par une circonstance imprévue. Il courut à la fenêtre de la reine.

— Est-ce fait? dit-il.

— Je suis plus qu'à moitié, répondit la reine.

— Oh! mon Dieu! mon Dieu! murmura-t-il; hâtez-vous! hâtez-vous!

— Eh bien! citoyen Mardoche, dit Duchesne, qu'es-tu donc devenu?

— Me voilà! s'écria le porte-clefs en revenant vivement à la fenêtre du premier compartiment.

Au moment même, et comme il allait reprendre sa place, un cri terrible retentit dans la prison, puis une imprécation, puis le bruit d'un sabre qui jaillit du fourreau de métal.

— Ah! scélérat! ah! brigand! cria Gilbert.

Et le bruit d'une lutte se fit entendre dans le corridor.

En même temps la porte s'ouvrit, découvrant aux yeux du guichetier deux ombres se colletant dans le guichet, et donnant passage à une femme, qui, repoussant Duchesne, s'élança dans le compartiment de la reine.

Duchesne, sans s'inquiéter de cette femme, courait au secours de son camarade.

Le guichetier bondit vers l'autre fenêtre ; il vit la femme aux genoux de la reine ; elle priait, elle suppliait la prisonnière de changer d'habits avec elle.

Il se pencha avec des yeux flamboyants, cherchant à reconnaître cette femme qu'il craignait d'avoir déjà trop bien reconnue. Tout à coup il poussa un cri douloureux.

— Geneviève ! Geneviève ! s'écria-t-il.

La reine avait laissé tomber la lime et semblait anéantie. C'était encore une tentative avortée.

Le guichetier saisit des deux mains, et secoua d'un effort suprême le barreau de fer entamé par la lime.

Mais la morsure de l'acier n'était pas assez profonde, le barreau résista.

Pendant ce temps, Dixmer était parvenu à refouler Gilbert dans la prison, et il allait y entrer avec lui, quand Duchesne, pesant sur la porte, parvint à la repousser.

Mais il ne put la fermer. Dixmer, désespéré, avait passé son bras entre la porte et la muraille.

Au bout de ce bras était le poignard, qui, émoussé par la boucle de cuivre du ceinturon, avait glissé le long de la poitrine du gendarme, ouvrant son habit et déchirant les chairs.

Les deux hommes s'encourageaient à réunir toutes leurs forces, et en même temps ils appelaient à l'aide.

Dixmer sentit que son bras allait se briser ; il appuya son épaule contre la porte, donna une violente secousse, et parvint à retirer son bras meurtri.

La porte se referma avec bruit ; Duchesne poussa les verrous, tandis que Gilbert donnait un tour à la clef.

Un pas résonna rapide dans le corridor, puis tout fut fini. Les deux gendarmes se regardèrent et cherchèrent autour d'eux.

Ils entendirent le bruit que faisait le faux guichetier en essayant de briser le barreau.

Gilbert se précipita dans la prison de la reine, il trouva Geneviève à ses genoux et la suppliant de changer de costume avec elle.

Duchesne saisit sa carabine et courut à la fenêtre il vit un homme pendu aux barreaux qu'il secouait avec rage et qu'il essayait vainement d'escalader.

Il le mit en joue.

Le jeune homme vit le canon de la carabine se baisser vers lui.

— Oh ! oui, dit-il, tue-moi ; tue !

Et, sublime de désespoir, il élargit sa poitrine pour défier la balle.

— Chevalier, s'écria la reine, chevalier, je vous en supplie ; vivez, vivez !

A la voix de Marie-Antoinette, Maison-Rouge tomba à genoux

Le coup partit : mais ce mouvement le sauva, la balle passa au-dessus de sa tête.

Geneviève crut son ami tué et tomba sans connaissance sur le carreau.

Lorsque la fumée fut dissipée, il n'y avait plus personne dans la Cour des femmes.

Dix minutes après, trente soldats, conduits par deux commissaires, fouillaient la Conciergerie dans ses plus inaccessibles retraites.

On ne trouva personne : le greffier avait passé calme et souriant devant le fauteuil du père Richard.

Quant au guichetier, il était sorti en criant : Alarme, alarme ! le factionnaire avait voulu croiser la baïonnette contre lui, mais ses chiens avait sauté au cou du factionnaire.

Il n'y eut que Geneviève qui fut arrêtée, interrogée, emprisonnée.

CHAPITRE LXV.

LES RECHERCHES

Nous ne pouvons laisser plus longtemps dans l'oubli un des personnages principaux de cette histoire, celui qui, pendant que s'accomplissaient les événements accumulés dans le précédent chapitre, a souffert le plus de tous, et dont les souffrances méritaient le plus d'éveiller la sympathie de nos lecteurs.

Il faisait grand soleil dans la rue de la Monnaie, et les commères devisaient sur les portes aussi joyeusement que si depuis dix mois un nuage de sang ne semblait pas s'être arrêté sur la ville, lorsque Maurice revint avec le cabriolet qu'il avait promis d'amener.

Il laissa la bride du cheval aux mains d'un décrotteur du parvis Saint-Eustache, et monta, le cœur rempli de joie, les marches de son escalier.

C'est un sentiment vivifiant que l'amour : il sait animer des cœurs morts à toute sensation, il peuple les déserts, il suscite aux yeux le fantôme de l'objet aimé, il fait que la voix qui chante dans l'âme de l'amant lui montre la création tout entière éclairée par le jour lumineux de l'espérance et du bonheur, et, comme en même temps que c'est un sentiment expansif, c'est encore un sentiment égoïste, il aveugle celui qui aime pour tout ce qui n'est pas l'objet aimé.

Maurice ne vit pas ces femmes, Maurice n'entendit pas leurs commentaires ; il ne voyait que Geneviève faisant les préparatifs d'un départ qui allait enfin leur donner un bonheur durable ; il n'entendait que Geneviève chantonnant distraitement sa petite chanson habituelle, et cette petite chanson bourdonnait si gracieusement à son oreille, qu'il eût juré entendre les différentes modulations de sa voix mêlées au bruit d'une serrure que l'on ferme.

Sur le palier, Maurice s'arrêta ; la porte était entr'ouverte : l'habitude était qu'elle fût constamment fermée, et cette circonstance étonna Maurice. Il regarda tout autour de lui pour voir s'il n'apercevait pas Geneviève dans le corridor. Geneviève n'y était pas. Il entra, traversa l'antichambre, la salle à manger, le salon ; il visita la chambre à coucher. Antichambre, salle à manger, salon, chambre à coucher, étaient solitaires. Il appela, personne ne répondit.

L'officieux était sorti, comme on sait ; Maurice pensa qu'en son absence Geneviève avait eu besoin de quelque corde pour ficeler ses malles, ou de quelque provision de voyage pour garnir la voiture, et qu'elle était descendue pour acheter ces objets. L'imprudence lui parut forte ; mais, quoique l'inquiétude commençât à le gagner, il ne se douta encore de rien.

Maurice attendit donc en se promenant de long en large, et en se penchant de temps en temps hors de la fenêtre, par l'entre-bâillement de laquelle passaient des bouffées d'air chargées de pluie.

Bientôt Maurice crut entendre un pas dans l'escalier ; il écouta ; ce n'était pas celui de Geneviève ; il ne courut pas moins jusqu'au palier, se pencha sur la rampe et reconnut l'officieux, qui montait les degrés avec l'insouciance habituelle aux domestiques.

— Scévola ! s'écria-t-il.

L'officieux leva la tête.

— Ah ! c'est vous, citoyen !

— Oui, c'est moi ; mais où est donc la citoyenne ?

— La citoyenne ? demanda Scévola étonné en montant toujours.

— Sans doute. L'as-tu vue en bas ?

— Non.

— Alors redescends. Demande au concierge et informe-toi chez les voisins.

— A l'instant même.

Scévola redescendit.

— Plus vite, donc, plus vite ! cria Maurice ; ne vois-tu pas que je suis sur des charbons ardents ?

Maurice attendit cinq ou six minutes sur l'escalier ; puis, ne voyant point Scévola reparaître, il entra dans l'appartement, et se pencha de nouveau hors de la fenêtre.

Il vit Scévola entrer dans deux ou trois boutiques et en sortir sans avoir rien appris de nouveau.

Impatienté, il l'appela.

L'officieux leva la tête et vit à la fenêtre son maître impatient

Maurice lui fit signe de remonter.

— C'est impossible qu'elle soit sortie, se dit Maurice. Et il appela de nouveau : Geneviève ! Geneviève !

Il vit Scévola entrer dans deux ou trois boutiques. — Page 180.

Tout était mort. La chambre solitaire semblait même n'avoir plus d'écho.

Scévola reparut.

— Eh bien ! demanda Maurice.

— Eh bien ! le concierge est le seul qui l'ait vue.

— Le concierge l'a vue ?

— Oui, mais les voisins n'en ont pas entendu parler.

— Le concierge l'a vue, dis-tu ? Comment cela ?

— Il l'a vue sortir.

— Elle est donc sortie ?

— Il paraît.

— Seule ? Il est impossible que Geneviève soit sortie seule.

— Elle n'était pas seule, citoyen, elle était avec un homme.

— Comment ! avec un homme ?

— A ce que dit le citoyen concierge, du moins.

— Va le chercher, il faut que je sache quel est cet homme.

Scévola fit deux pas vers la porte, puis se retournant :

— Attendez donc, dit-il en paraissant réfléchir.

— Quoi ! que veux-tu ? parle, tu me fais mourir.

— C'est peut-être avec l'homme qui a couru après moi.

— Un homme a couru après toi?

— Oui.

— Pourquoi faire?

— Pour me demander la clef de votre part.

— Quelle clef, malheureux? mais parle donc, parle donc!

— La clef de l'appartement.

— Tu as donné la clef de l'appartement à un étranger? s'écria Maurice en saisissant des deux mains l'officieux au collet.

— Mais ce n'était pas à un étranger, monsieur, puisque c'était à un de vos amis.

— Ah! oui, à un de mes amis; bon, c'est Lorin, sans doute, c'est cela, elle sera sortie avec Lorin.

Et Maurice, souriant dans sa pâleur, passa son mouchoir sur son front mouillé de sueur.

— Non, non, non, monsieur, ce n'est pas lui, dit Scévola; pardieu! je connais bien M. Lorin, peut-être.

— Mais qui est-ce donc, alors?

— Vous savez bien, citoyen, c'est cet homme, celui qui est venu un jour...

— Quel jour?

— Le jour où vous étiez si triste, qui vous a emmené et qu'ensuite vous êtes revenu si gai...

Scévola avait remarqué toutes ces choses.

Maurice le regarda d'un air effaré, un frisson courut par tous ses membres, puis après un long silence:

— Dixmer? s'écria-t-il.

— Ma foi, oui, je crois que c'est cela, citoyen, dit l'officieux.

Maurice chancela et alla tomber à reculons sur un fauteuil.

Ses yeux se voilèrent.

— Oh! mon Dieu! murmura-t-il.

Puis, en se rouvrant, ses yeux se portèrent sur le bouquet de violettes oublié, ou plutôt laissé par Geneviève.

Il se précipita dessus, le prit, le baisa; puis, remarquant l'endroit où il était déposé :

— Plus de doute, dit-il; ces violettes... c'est son dernier adieu!

Alors Maurice se retourna; et seulement alors il remarqua que la malle était à moitié pleine, que le reste du linge était à terre ou dans l'armoire entr'-ouverte.

Sans doute le linge qui était à terre était tombé des mains de Geneviève à l'apparition de Dixmer.

De ce moment il s'expliqua tout. La scène surgit vivante et terrible à ses yeux, entre ces quatre murs témoins naguère de tant de bonheur.

Jusque-là Maurice était resté abattu, écrasé. Le réveil fut affreux, la colère du jeune homme effrayante.

Il se leva, ferma la fenêtre restée entr'ouverte, prit sur le haut de son secrétaire deux pistolets tout chargés pour le voyage, en examina l'amorce, et, voyant que l'amorce était en bon état, il mit les pistolets dans sa poche.

Puis il glissa dans sa bourse deux rouleaux de louis, que malgré son patriotisme il avait jugé prudent de garder au fond d'un tiroir, et prenant à la main son sabre dans le fourreau :

— Scévola, dit-il, tu m'es attaché, je crois; tu as servi mon père et moi depuis quinze ans.

— Oui, citoyen, reprit l'officieux saisi d'effroi à l'aspect de cette pâleur marbrée et de ce tremblement nerveux que jamais il n'avait remarqué dans son maître, qui passait à bon droit pour le plus intrépide et le plus vigoureux des hommes; oui, que m'ordonnez-vous?

— Écoute! si cette dame qui demeurait ici..

Il s'interrompit; sa voix tremblait si fort en prononçant ces mots, qu'il ne put continuer.

— Si elle revient, reprit-il au bout d'un instant, reçois-la, ferme la porte derrière elle, prends cette carabine, place-toi sur l'escalier, et, sur ta tête, sur ta vie, sur ton âme, ne laisse entrer personne; si l'on veut forcer la porte, défends-la; frappe! tue! tue! et ne crains rien, Scévola, je prends tout sur moi.

L'accent du jeune homme, sa véhémente confiance, électrisèrent Scévola.

— Non-seulement je tuerai, dit-il, mais encore je me ferai tuer pour la citoyenne Geneviève.

— Merci. Maintenant, écoute. Cet appartement m'est odieux, et je ne veux pas remonter ici que je ne l'aie retrouvée. Si elle a pu s'échapper, si elle est revenue, place sur la fenêtre le grand vase du Japon avec les reines-marguerites qu'elle aimait tant. Voilà pour le jour. La nuit, mets une lanterne. Chaque fois que je passerai au bout de la rue je serai informé : tant que je ne verrai ni lanterne ni vase, je continuerai mes recherches.

— Oh! monsieur, soyez prudent! soyez prudent! s'écria Scévola.

Maurice ne répondit même pas; il s'élança hors de la chambre, descendit l'escalier comme s'il eût eu des ailes, et courut chez Lorin.

Il serait difficile d'exprimer la stupéfaction, la colère, la rage, du digne poëte lorsqu'il apprit cette nouvelle; autant vaudrait recommencer les touchantes élégies que devait inspirer Oreste à Pylade.

— Ainsi tu ne sais où elle est? ne cessait-il de répéter.

— Perdue, disparue! hurlait Maurice dans un paroxysme de désespoir; il l'a tuée, Lorin, il l'a tuée!

— Eh! non, mon cher ami; non, mon bon Maurice, il ne l'a pas tuée, non, ce n'est pas après tant de jours de réflexion qu'on assassine une femme comme Geneviève; non, s'il l'avait tuée, il l'eût tuée sur la place, et il eût, en signe de sa vengeance, laissé le corps chez toi. Non, vois tu, il s'est enfui avec elle, trop heureux d'avoir retrouvé son trésor.

— Tu ne le connais pas, Lorin, tu ne le connais pas, disait Maurice; cet homme avait quelque chose de funeste dans le regard.

— Mais non, tu te trompes; il m'a toujours fait l'effet d'un brave homme, à moi. Il l'a prise pour la sacrifier. Il se fera arrêter avec elle : on les tuera ensemble. Ah! voilà où est le danger, disait Lorin.

Et ces paroles redoublaient le délire de Maurice.

— Je la retrouverai! je la retrouverai, ou je mourrai! s'écriait-il.

— Oh! quant à cela, il est certain que nous la retrouverons, dit Lorin; seulement, calme-toi. Voyons, Maurice, mon bon Maurice, crois-moi, on cherche mal quand on ne réfléchit pas ; on réfléchit mal quand on s'agite comme tu fais.

— Adieu, Lorin, adieu!

— Que fais-tu donc?

— Je m'en vais.

— Tu me quittes? pourquoi cela?

— Parce que cela ne regarde que moi seul ; parce que moi seul dois risquer ma vie pour sauver celle de Geneviève.

— Tu veux mourir?

— J'affronterai tout : je veux aller trouver le président du comité de surveillance; je veux parler à Hébert, à Danton, à Robespierre; j'avouerai tout, mais il faut qu'on me la rende!

— C'est bien, dit Lorin.

Et, sans ajouter un mot, il se leva, ajusta son ceinturon, se coiffa du chapeau d'uniforme, et, comme avait fait Maurice, il prit deux pistolets chargés qu'il mit dans ses poches.

— Partons! ajouta-t-il simplement.

— Mais tu te compromets! s'écria Maurice.

— Eh bien! après?

Il faut, mon cher, quand la pièce est finie,
S'en retourner en bonne compagnie.

— Où allons-nous chercher d'abord? dit Maurice.

— Cherchons d'abord dans l'ancien quartier, tu sais? vieille rue Saint-Jacques; puis guettons le Maison-Rouge; où il sera, sera sans doute Dixmer; puis rapprochons-nous des maisons de la Vieille-Corderie. Tu sais que l'on parle de transférer Antoinette au Temple? Crois-moi, des hommes comme ceux-là ne perdront qu'au dernier moment l'espoir de la sauver.

— Oui, répéta Maurice, en effet, tu as raison... Maison-Rouge, crois-tu donc qu'il soit à Paris?

— Dixmer y est bien.

— C'est vrai, c'est vrai, ils se seront réunis, dit Maurice, à qui de vagues lueurs venaient de rendre un peu de raison. Viens.

Alors, et à partir de ce moment, les deux amis se mirent à chercher; mais ce fut en vain. Paris est grand, et son ombre est épaisse. Jamais gouffre n'a su recéler plus obscurément le secret que le crime ou le malheur lui confie.

Cent fois Lorin et Maurice passèrent sur la place de Grève, cent fois ils effleurèrent la petite maison dans laquelle vivait Geneviève, surveillée sans relâche par Dixmer, comme les prêtres d'autrefois surveillaient la victime destinée au sacrifice.

De son côté, se voyant destinée à périr, Geneviève, comme toutes les âmes généreuses, accepta le sacrifice et voulut mourir sans bruit; d'ailleurs, elle redoutait moins encore pour Dixmer que pour la cause de la reine une publicité que Maurice n'eût pas manqué de donner à sa vengeance.

Elle garda donc un silence aussi profond que si la mort eût déjà fermé sa bouche.

Cependant, sans en rien dire à Lorin, Maurice avait été supplier les membres du terrible Comité de salut public; et Lorin, sans en parler à Maurice, s'était, de son côté, dévoué aux mêmes démarches.

Aussi, le même jour, une croix rouge fut tracée par Fouquier-Tinville à côté de leurs noms, et le mot SUSPECTS les réunit dans une sanglante accolade.

Une foule curieuse envahissait dès le matin les tribunes de la salle.

CHAPITRE XLVI.

LE JUGEMENT

e vingt-troisième jour du mois de vendémiaire de l'an II de la République française une et indivisible, correspondant au 14 octobre 1793, vieux style, comme on disait alors, une foule curieuse envahissait dès le matin les tribunes de la salle où se tenaient les séances révolutionnaires. Les couloirs du palais, les avenues de la Conciergerie, débordaient de spectateurs avides et impatients, qui se transmettaient les uns aux autres les bruits et les passions, comme les flots se transmettent leurs mugissements et leur écume.

Malgré la curiosité avec laquelle chaque spectateur s'agitait, et peut-être même à cause de cette curiosité, chaque flot de cette mer, agité, pressé en-

Enfin, il arriva derrière le vigoureux jeune homme. Page 186

tre deux barrières, la barrière extérieure qui le poussait, la barrière intérieure qui le repoussait, gardait dans ce flux et ce reflux la même place à peu près qu'il avait prise. Mais aussi les mieux placés avaient compris qu'il fallait qu'ils se fissent pardonner leur bonheur; et ils tendaient à ce but en racontant à leurs voisins, moins bien placés qu'eux, lesquels transmettaient aux autres les paroles primitives, ce qu'ils voyaient et ce qu'ils entendaient.

Mais, près de la porte du tribunal, un groupe d'hommes entassés se disputaient rudement dix lignes d'espace en largeur ou en hauteur; car dix lignes en largeur, c'était assez pour voir entre deux épaules un coin de la salle et la figure des juges; car dix lignes en hauteur, c'était assez pour voir par-dessus une tête toute la salle, et la figure de l'accusée.

Malheureusement ce passage d'un couloir à la salle, ce défilé si étroit, un homme l'occupait presque entièrement avec ses larges épaules et ses bras disposés en arcs-boutants, qui étayaient toute la foule vacillante et prête à crouler dans la salle, si le rempart de chair était venu à lui manquer.

Cet homme inébranlable au seuil du tribunal était

jeune et beau, et, à chaque secousse plus vive que lui imprimait la foule, il secouait comme une crinière son épaisse chevelure, sous laquelle brillait un regard sombre et résolu. Puis, lorsque du regard et du mouvement il avait repoussé la foule, dont il arrêtait, môle vivant, les opiniâtres attaques, il retombait dans son attentive immobilité.

Cent fois cependant la masse compacte avait essayé de le renverser, car il était de haute taille, et derrière lui toute perspective devenait impossible ; mais, comme nous l'avons dit, un rocher n'eût pas été plus inébranlable que lui.

Cependant de l'autre extrémité de cette mer humaine, au milieu de la foule pressée, un autre homme s'était frayé un passage avec une persévérance qui tenait de la férocité : rien ne l'avait arrêté dans son infatigable progression, ni les coups de ceux qu'il laissait derrière lui, ni les imprécations de ceux qu'il étouffait en passant, ni les plaintes des femmes, car il y avait beaucoup de femmes dans cette foule.

Aux coups il répondait par des coups, aux imprécations par un regard devant lequel reculaient les plus braves, aux plaintes par une impassibilité qui ressemblait à du dédain.

Enfin, il arriva derrière le vigoureux jeune homme qui fermait pour ainsi dire l'entrée de la salle. Et au milieu de l'attente générale, car chacun voulait voir comment la chose se passerait entre ces deux rudes antagonistes, et au milieu, disons-nous, de l'attente générale, il essaya de sa méthode qui consistait à introduire entre deux spectateurs ses coudes comme des coins et à fendre avec son corps les corps les plus soudés les uns aux autres.

C'était pourtant, celui-là, un jeune homme de petite taille, dont le visage pâle et les membres grêles annonçaient une constitution aussi chétive que ses yeux ardents renfermaient de volonté.

Mais à peine son coude eût-il effleuré les flancs du jeune homme placé devant lui, que celui-ci, étonné de l'agression, se retourna vivement et du même mouvement leva un poing qui menaçait, en s'abaissant, d'écraser le téméraire.

Les deux antagonistes se trouvèrent alors face à face, et un petit cri leur échappa en même temps.

Ils venaient de se reconnaître.

— Ah ! citoyen Maurice, dit le frêle jeune homme avec un accent d'inexprimable douleur, laissez-moi passer : laissez-moi voir ; je vous en supplie ! vous me tuerez après !

Maurice, car c'était effectivement lui, se sentit pénétré d'attendrissement et d'admiration pour cet éternel dévouement, pour cette indestructible volonté.

— Vous ! murmura-t-il ; vous ici, imprudent !

— Oui, moi ici ! mais je suis épuisé... Oh! mon Dieu ! elle parle ! laissez-moi la voir ! laissez-moi l'écouter !

Maurice s'effaça, et le jeune homme passa devant lui. Alors, comme Maurice était à la tête de la foule, rien ne gêna plus la vue de celui qui avait souffert tant de coups et de rebuffades pour arriver là.

Toute cette scène et les murmures qu'elle occasionna éveillèrent la curiosité des juges.

L'accusée aussi regarda de ce côté ; alors, au premier rang, elle aperçut et reconnut le chevalier.

Quelque chose comme un frisson agita un moment la reine assise dans le fauteuil de fer.

L'interrogatoire, dirigé par le président Harmand, interprété par Fouquier-Tinville, et discuté par Chauveau-Lagarde, défenseur de la reine, dura tant que le permirent les forces des juges et de l'accusée.

Pendant tout ce temps Maurice resta immobile à sa place, tandis que plusieurs fois déjà les spectateurs s'étaient renouvelés dans la salle et dans les corridors.

Le chevalier avait trouvé un appui contre une colonne, et il était là non moins pâle que le stuc contre lequel il se tenait adossé.

Au jour avait succédé la nuit opaque : quelques bougies allumées sur les tables des jurés, quelques lampes qui fumaient aux parois de la salle, éclairaient d'un sinistre et rouge reflet le noble visage de cette femme, qui avait paru si belle aux splendides lumières des fêtes de Versailles.

Elle était là seule, répondant quelques brèves et dédaigneuses paroles aux interrogatoires du président, et se penchant parfois à l'oreille de son défenseur pour lui parler bas.

Son front blanc et poli n'avait rien perdu de sa fierté ordinaire : elle portait la robe à raies noires que depuis la mort du roi elle n'avait pas voulu quitter.

Les juges quittèrent la salle pour aller aux opinions ; la séance était finie.

— Me suis-je donc montrée trop dédaigneuse, monsieur ? demanda-t-elle à Chauveau-Lagarde.

— Ah ! madame, répondit celui-ci, vous serez toujours bien quand vous serez vous-même.

— Vois donc qu'elle est fière ! s'écria une femme dans l'auditoire, comme si une voix du peuple répondait à la question que la malheureuse reine venait de faire à son avocat.

La reine tourna la tête vers cette femme.

— Eh bien ! oui, répéta la femme, je dis que tu es fière, Antoinette, et que c'est ta fierté qui t'a perdue.

La reine rougit.

Le chevalier se tourna vers la femme qui avait prononcé ces paroles, et répliqua doucement :

— Elle était reine.

Maurice lui saisit le poignet.

— Allons, lui dit-il tout bas, ayez le courage de ne pas vous perdre.

— Oh ! monsieur Maurice, répliqua le chevalier.

vous êtes un homme, et vous savez que vous parlez à un homme. Oh! dites, dites-moi, est-ce que vous croyez qu'ils puissent la condamner?

— Je ne le crois pas, dit Maurice, j'en suis sûr.

— Oh! une femme! s'écria Maison-Rouge avec un sanglot.

— Non, une reine, répliqua Maurice. C'est vous-même qui venez de le dire.

Le chevalier saisit à son tour le poignet de Maurice, et, avec une force dont on aurait pu le croire incapable, il le força de se pencher à son oreille.

Il était trois heures et demie du matin. De grands vides se laissaient voir parmi les spectateurs. Quelques lumières s'éteignaient çà et là, jetant des parties de la salle dans l'obscurité.

Une des parties les plus obscures était celle où se trouvaient le chevalier et Maurice, écoutant ce qu'il allait lui dire.

— Pourquoi donc êtes-vous ici, et qu'y venez-vous faire, demanda le chevalier, vous, monsieur, qui n'avez pas un cœur de tigre?

— Hélas! dit Maurice, j'y suis pour savoir ce qu'est devenue une malheureuse femme.

— Oui, oui, dit Maison-Rouge, celle que son mari a poussée dans le cachot de la reine, n'est-ce pas? celle qui a été surprise à mes yeux?

— Geneviève?

— Oui, Geneviève.

— Ainsi Geneviève est prisonnière, sacrifiée par son mari, tuée par Dixmer. Oh! je comprends tout, je comprends tout, maintenant. Chevalier, racontez-moi ce qui s'est passé, dites-moi où elle est, dites-moi où je puis la retrouver. Chevalier, cette femme, c'est ma vie, entendez-vous?

— Eh bien! je l'ai vue; j'étais là quand elle a été arrêtée. Moi aussi je venais pour faire évader la reine; mais nos deux projets, que nous n'avions pu nous communiquer, se sont nui au lieu de se servir.

— Et vous ne l'avez pas sauvée, au moins, elle, votre sœur, Geneviève?

— Le pouvais-je? une grille de fer me séparait d'elle. Ah! si vous eussiez été là, si vous eussiez pu réunir vos forces aux miennes, le barreau maudit eût cédé, et nous les eussions sauvées toutes deux.

— Geneviève! Geneviève! murmura Maurice.

Puis regardant Maison-Rouge avec une expression indéfinissable de rage :

— Et Dixmer, qu'est-il devenu? demanda-t-il.

— Je ne sais. Il s'est sauvé de son côté et moi du mien.

— Oh! dit Maurice, les dents serrées, si je le rejoins jamais...

— Oui, je comprends. Mais rien n'est désespéré encore pour Geneviève, dit Maison-Rouge, tandis qu'ici, tandis que pour la reine... Oh! tenez, Maurice, vous êtes un homme de cœur, un homme puissant; vous avez des amis... Oh! je vous en prie comme on prie Dieu... Maurice, aidez-moi à sauver la reine!

— Y pensez-vous?

— Maurice, Geneviève vous en supplie par ma voix.

— Oh! ne prononcez pas ce nom, monsieur. Qui sait si, comme Dixmer, vous n'avez pas sacrifié la pauvre femme?

— Monsieur, répondit le chevalier avec fierté, je sais, quand je m'attache à une cause, ne sacrifier que moi seul.

En ce moment la porte des délibérations se rouvrit, Maurice allait répondre.

— Silence, monsieur! dit le chevalier, silence! voici les juges qui rentrent.

Et Maurice sentit trembler la main que Maison-Rouge, pâle et chancelant, venait de poser sur son bras.

— Oh! murmura le chevalier; oh! le cœur me manque.

— Du courage et contenez-vous, ou vous êtes perdu, dit Maurice.

Le tribunal rentrait, en effet, et la nouvelle de sa rentrée se répandit dans les corridors et les galeries.

La foule se rua de nouveau dans la salle, et les lumières parurent se ranimer d'elles-mêmes pour ce moment décisif et solennel.

On venait de ramener la reine; elle se tenait droite, immobile, hautaine, les yeux fixes et les lèvres serrées.

On lui lut l'arrêt qui la condamnait à la peine de mort.

Elle écouta sans pâlir, sans sourciller, sans qu'un muscle de son visage indiquât l'apparence de l'émotion.

Puis elle se retourna vers le chevalier, lui adressa un long et éloquent regard, comme pour remercier cet homme qu'elle n'avait jamais vu que comme la statue vivante du dévouement; et, s'appuyant sur le bras de l'officier de gendarmerie qui commandait la force armée, elle sortit calme et digne du tribunal.

Maurice poussa un long soupir.

— Dieu merci! dit-il, rien dans sa déclaration n'a compromis Geneviève, et il y a encore de l'espoir.

— Dieu merci! murmura de son côté le chevalier de Maison-Rouge; tout est fini et la lutte est terminée. Je n'avais pas la force d'aller plus loin.

— Du courage, monsieur! dit tout bas Maurice.

— J'en aurai, monsieur, répondit le chevalier.

Et tous deux, après s'être serré la main, s'éloignèrent par deux issues différentes.

La reine fut reconduite à la Conciergerie : quatre heures sonnaient à la grande horloge comme elle y rentrait.

Au débouché du pont Neuf, Maurice fut arrêté par les deux bras de Lorin.

— Halte-là, dit-il, on ne passe pas!

— Pourquoi cela?
— Où vas-tu, d'abord?
— Je vais chez moi. Justement, je puis rentrer maintenant, je sais ce qu'elle est devenue.
— Tant mieux; mais tu ne rentreras pas.
— La raison?
— La raison, la voici : il y a deux heures les gendarmes sont venus pour t'arrêter.
— Ah! s'écria Maurice. Eh bien! raison de plus.
— Es-tu fou? et Geneviève.
— C'est vrai. Et où allons-nous?
— Chez moi, pardieu!
— Mais je te perds.
— Raison de plus; allons, arrive!
Et il l'entraîna

CHAPITRE XLVII.

PRÊTRE ET BOURREAU.

En sortant du tribunal, la reine avait été ramenée à la Conciergerie.

Arrivée dans sa chambre, elle avait pris des ciseaux, avait coupé ses longs et beaux cheveux, devenus plus beaux de l'absence de la poudre, abolie depuis un an; elle les avait enfermés dans un papier, puis elle avait écrit sur le papier : *A partager entre mon fils et ma fille.*

Alors elle s'était assise, ou plutôt elle était tombée sur une chaise, et, brisée de fatigue, l'interrogatoire avait duré dix-huit heures, elle s'était endormie.

A sept heures, le bruit du paravent que l'on dérangeait la réveilla en sursaut ; elle se retourna et vit un homme qui lui était complètement inconnu.

— Que me veut-on? demanda-t-elle.

L'homme s'approcha d'elle, et la saluant aussi poliment que si elle n'eût pas été reine :

— Je m'appelle Sanson, dit-il.

La reine frissonna légèrement et se leva. Ce nom seul en disait plus qu'un long discours.

— Vous venez de bien bonne heure, monsieur, dit-elle, ne pourriez-vous pas retarder un peu?

— Non, madame, répliqua Sanson, j'ai ordre de venir.

Ces paroles dites, il fit encore un pas vers la reine.

Tout dans cet homme, et dans ce moment, était expressif et terrible

— Ah! je comprends, fit la prisonnière, vous voulez me couper les cheveux?

— C'est nécessaire, madame, répondit l'exécuteur.

— Je le savais, monsieur, dit la reine, et j'ai voulu vous épargner cette peine. Mes cheveux sont là, sur cette table.

Sanson suivit la direction de la main de la reine.

— Seulement, continua-t-elle, je voudrais qu'ils fussent remis ce soir à mes enfants.

— Madame, dit Sanson, ce soir ne me regarde pas.

— Cependant, j'avais cru...

— Je n'ai à moi, reprit l'exécuteur, que la dépouille des... personnes... leurs habits, leurs bijoux, et encore lorsqu'elles me les donnent formellement; autrement tout cela va à la Salpêtrière, et appartient aux pauvres des hôpitaux : un arrêté du Comité de salut public a réglé les choses ainsi.

— Mais enfin, monsieur, demanda en insistant Marie-Antoinette, puis-je compter que mes cheveux seront remis à mes enfants?

Sanson resta muet.

— Je me charge de l'essayer, dit Gilbert.

La prisonnière jeta au gendarme un regard d'ineffable reconnaissance.

— Maintenant, dit Sanson, je venais pour vous couper les cheveux; mais, puisque cette besogne est faite, je puis, si vous le désirez, vous laisser un instant seule.

— Je vous en prie, monsieur, dit la reine, car j'ai besoin de me recueillir et de prier.

Sanson s'inclina et sortit.

Alors la reine se trouva seule, car Gilbert n'avait fait que passer la tête pour prononcer les paroles que nous avons dites.

Tandis que la condamnée s'agenouillait sur une chaise plus basse que les autres et qui lui servait de prie-Dieu, une scène non moins terrible que celle que nous venons de raconter se passait dans le presbytère de la petite église Saint-Landry dans la Cité.

Quand tout à coup on heurta violemment à la porte du presbytère.

Le curé de cette paroisse venait de se lever, sa vieille gouvernante dressait son modeste déjeuner, quand tout à coup on heurta violemment à la porte du presbytère.

Même chez un prêtre de nos jours, une visite imprévue annonce toujours un événement : il s'agit d'un baptême, d'un mariage *in extremis*, ou d'une confession suprême; mais à cette époque la visite d'un étranger pouvait annoncer quelque chose de plus grave encore. A cette époque, en effet, le prêtre n'était plus le mandataire de Dieu, et il devait **rendre ses comptes** aux hommes.

Cependant l'abbé Girard était du nombre de ceux qui devaient le moins craindre, car il avait prêté serment à la Constitution : en lui la conscience et la probité avaient parlé plus haut que l'amour-propre et l'esprit religieux. Sans doute l'abbé Girard admettait la possibilité d'un progrès dans le gouvernement et regrettait tant d'abus commis au nom du pouvoir divin ; il avait, tout en gardant son Dieu, accepté la fraternité du régime républicain.

— Allez voir, dame Jacinthe, dit-il; allez voir qui vient heurter à notre porte de si bon matin, et, si ce n'était point par hasard un service bien pressé qu'on vient me demander, dites que j'ai été mandé ce matin à la Conciergerie, et que je suis forcé de m'y rendre dans un instant.

Dame Jacinthe s'appelait autrefois dame Madeleine ; mais elle avait accepté un nom de fleur en échange de son nom, comme l'abbé Girard avait accepté le titre de citoyen en place de celui de curé.

Sur l'invitation de son maître, dame Jacinthe se hâta de descendre par les degrés du petit jardin sur lequel ouvrait la porte d'entrée : elle tira les verrous, et un jeune homme fort pâle, fort agité, mais d'une douce et honnête physionomie, se présenta.

— Monsieur l'abbé Girard? dit-il.

Jacinthe examina les habits en désordre, la barbe longue et le tremblement nerveux du nouveau venu : tout cela lui sembla de fort mauvais augure.

— Citoyen, dit-elle, il n'y a point ici de monsieur ni d'abbé.

— Pardon, madame, reprit le jeune homme; je veux dire le desservant de Saint-Landry.

Jacinthe, malgré son patriotisme, fut frappée de ce mot madame, qu'on n'eût point adressé à une impératrice ; cependant elle répondit :

— On ne peut le voir, citoyen, il dit son bréviaire.

— En ce cas, j'attendrai, répliqua le jeune homme.

— Mais, reprit dame Jacinthe, à qui cette persistance redonnait les mauvaises idées qu'elle avait ressenties tout d'abord, vous attendrez inutilement, citoyen, car il est appelé à la Conciergerie et va partir à l'instant même.

Le jeune homme pâlit affreusement, ou plutôt de pâle qu'il était devint livide.

— C'est donc vrai ! murmura-t-il.

Puis, tout haut :

— Voilà justement, madame, dit-il, le sujet qui m'amène près du citoyen Girard.

Et, malgré la vieille, tout en parlant il était entré, avait doucement, il est vrai, mais avec fermeté, poussé les verrous de la porte, et, malgré les instances et même les menaces de dame Jacinthe, il était entré dans la maison et avait pénétré jusqu'à la chambre de l'abbé.

Celui-ci, en l'apercevant, poussa une exclamation de surprise.

— Pardon, monsieur le curé, dit aussitôt le jeune homme, j'ai à vous entretenir d'une chose très-grave ; permettez que nous soyons seuls.

Le vieux prêtre savait par expérience comment s'expriment les grandes douleurs. Il lut une passion tout entière sur la figure bouleversée du jeune homme, une émotion suprême dans sa voix fiévreuse.

— Laissez-nous, dame Jacinthe, dit-il.

Le jeune homme suivit des yeux avec impatience la gouvernante qui, habituée à participer aux secrets de son maître, hésitait à se retirer ; puis, lorsque enfin elle eut refermé la porte :

— Monsieur le curé, dit l'inconnu, vous allez me demander tout d'abord qui je suis. Je vais vous le dire : Je suis un homme proscrit ; je suis un homme condamné à mort, qui ne vis qu'à force d'audace ; je suis le chevalier de Maison-Rouge.

L'abbé fit un soubresaut d'effroi sur son grand fauteuil.

— Oh ! ne craignez rien, reprit le chevalier ; nul ne m'a vu entrer ici, et ceux mêmes qui m'auraient vu ne me reconnaîtraient pas ; j'ai beaucoup changé depuis deux mois.

— Mais enfin, que voulez-vous, citoyen? demanda le curé.

— Vous allez ce matin à la Conciergerie, n'est-ce pas?

— Oui, j'y suis mandé par le concierge.

— Savez-vous pourquoi?

— Pour quelque malade, pour quelque moribond, pour quelque condamné, peut-être.

— Vous l'avez dit : oui, une personne condamnée vous attend.

Le vieux prêtre regarda le chevalier avec étonnement.

— Mais savez-vous quelle est cette personne? reprit Maison-Rouge.

— Non... je ne sais.

— Eh bien ! cette personne, c'est la reine !

L'abbé poussa un cri de douleur.

— La reine ! Oh ! mon Dieu !

— Oui, monsieur, la reine ! Je me suis informé pour savoir quel était le prêtre qu'on devait lui donner. J'ai appris que c'était vous, et j'accours.

— Que voulez-vous de moi? demanda le prêtre, effrayé de l'accent fébrile du chevalier.

— Je veux... je ne veux pas, monsieur. Je viens vous implorer, vous prier, vous supplier.

— De quoi donc?

— De me faire entrer avec vous près de Sa Majesté.

— Oh ! mais vous êtes fou ! s'écria l'abbé, mais vous me perdez, mais vous vous perdez vous-même !

— Ne craignez rien.

— La pauvre femme est condamnée, et c'en est fait d'elle.

— Je le sais, ce n'est pas pour tenter de la sauver que je veux la voir, c'est... mais, écoutez-moi, mon père ! vous ne m'écoutez pas !

— Je ne vous écoute pas, parce que vous me demandez une chose impossible ; je ne vous écoute pas, parce que vous agissez comme un homme en démence, dit le vieillard ; je ne vous écoute pas, parce que vous m'épouvantez...

— Mon père, rassurez-vous, dit le jeune homme en essayant de se calmer lui-même ; mon père, croyez-moi, j'ai toute ma raison. La reine est perdue, je le sais ; mais que je puisse me prosterner à ses genoux, une seconde seulement, et cela me sauvera la vie ; si je ne la vois pas, je me tue, et, comme vous serez la cause de mon désespoir, vous aurez tué à la fois le corps et l'âme.

— Mon fils, mon fils, dit le prêtre, vous me demandez le sacrifice de ma vie, songez-y ; tout vieux que je suis, mon existence est encore nécessaire à bien des malheureux ; tout vieux que je suis, aller moi-même au-devant la mort, c'est commettre un suicide.

— Ne me refusez pas, mon père, répliqua le chevalier ; écoutez, il vous faut un desservant, un acolyte, prenez-moi, emmenez-moi avec vous.

Le prêtre essaya de rappeler sa fermeté, qui commençait à fléchir.

— Non, dit-il, non, ce serait manquer à mes devoirs ; j'ai juré la Constitution, je l'ai jurée du fond du cœur, en mon âme et conscience. La pauvre femme condamnée est une reine coupable ; j'accepterais de mourir si ma mort pouvait être utile à mon prochain, mais je ne veux pas manquer à mon devoir.

— Mais, s'écria le chevalier, quand je vous dis, quand je vous répète, quand je vous jure que je ne veux pas sauver la reine ; tenez, sur cet Évangile, tenez, sur ce crucifix, je jure que je ne vais pas à la Conciergerie pour l'empêcher de mourir.

— Alors, que voulez-vous donc ? demanda le vieillard, ému par cet accent du désespoir que l'on n'imite point.

— Écoutez, dit le chevalier, dont l'âme semblait venir chercher un passage sur ses lèvres, elle fut ma bienfaitrice ; elle a pour moi quelque attachement ; me voir à sa dernière heure sera, j'en suis sûr, une consolation pour elle.

— C'est tout ce que vous voulez ? demanda le prêtre, ébranlé par cet accent irrésistible.

— Absolument tout.

— Vous ne tramez aucun complot pour essayer de délivrer la condamnée ?

— Aucun. Je suis chrétien, mon père, et, s'il y a dans mon cœur une ombre de mensonge, si j'espère qu'elle vivra, si j'y travaille en quoi que ce soit, que Dieu me punisse par une damnation éternelle.

— Non ! non ! je ne puis vous rien promettre, dit le curé, à l'esprit de qui revenaient les dangers si grands et si nombreux d'une semblable imprudence.

— Écoutez, mon père, dit le chevalier avec l'accent d'une profonde douleur, je vous ai parlé en fils soumis : je ne vous ai entretenu que de sentiments chrétiens et charitables ; pas une amère parole, pas une menace n'est sortie de ma bouche, et cependant ma tête fermente, cependant la fièvre brûle mon sang, cependant le désespoir me ronge le cœur, cependant je suis armé ; voyez, j'ai un poignard.

Et le jeune homme tira de sa poitrine une lame brillante et fine qui jeta un reflet livide sur sa main tremblante.

Le curé s'éloigna vivement.

— Ne craignez rien, dit le chevalier avec un triste sourire ; d'autres, vous sachant si fidèle observateur de votre parole, eussent arraché un serment à votre frayeur. Non, je vous ai supplié et je vous supplie encore, les mains jointes, le front sur le carreau, faites que je la voie un seul moment ; et tenez, voici pour votre garantie.

Et il tira de sa poche un billet qu'il présenta à Girard ; l'abbé le déplia et lut ces mots :

« Moi, René, chevalier de Maison-Rouge, déclare, sur Dieu et mon honneur, que j'ai, par menace de mort, contraint le digne curé de Saint-Landry à m'emmener à la Conciergerie malgré ses refus et ses vives répugnances. En foi de quoi, j'ai signé,

« Maison-Rouge. »

— C'est bien, dit le prêtre ; mais jurez-moi encore que vous ne ferez pas d'imprudence ; ce n'est point assez que ma vie soit sauve, je réponds aussi de la vôtre.

— Oh ! ne songeons pas à cela, dit le chevalier ; vous consentez ?

— Il le faut bien ; puisque vous le voulez absolument. Vous m'attendrez en bas, et, lorsqu'elle passera dans le greffe, alors vous la verrez...

Le chevalier saisit la main du vieillard et la baisa avec autant de respect et d'ardeur qu'il eût baisé le crucifix.

— Oh ! murmura le chevalier, elle mourra du moins comme une reine, et la main du bourreau ne la touchera point !

Il suivit l'abbé.

CHAPITRE XLVIII.

LA CHARRETTE.

ussitôt après qu'il eut obtenu cette permission du curé de Saint-Landry, Maison-Rouge s'élança dans un cabinet entr'ouvert qu'il avait reconnu pour le cabinet de toilette de l'abbé. Là, en un tour de main, sa barbe et ses moustaches tombèrent sous le rasoir, et ce fut alors seulement que lui-même put voir sa pâleur : elle était effrayante.

Il rentra calme en apparence ; il semblait d'ailleurs avoir complétement oublié que, malgré la chute de sa barbe et de ses moustaches, il pouvait être reconnu à la Conciergerie.

Il suivit l'abbé, que pendant sa retraite d'un instant deux factionnaires étaient venus chercher, et, avec cette audace qui éloigne tout soupçon, avec

Et il se rangea de côté, donnant des ordres à son aide.

ce gonflement de la fièvre qui défigure, il entra par la grille donnant, à cette époque, dans la cour du Palais.

Il était, comme l'abbé Girard, vêtu d'un habit noir, les habits sacerdotaux étaient abolis.

Dans le greffe, ils trouvèrent plus de cinquante personnes soit employés à la prison, soit députés, soit commissaires, se préparant à voir passer la reine, soit en mandataires, soit en curieux.

Son cœur battit si violemment, quand il se trouva en face du guichet, qu'il n'entendit plus les pourparlers de l'abbé avec les gendarmes et le concierge.

Seulement un homme, qui tenait à la main des ciseaux et un morceau d'étoffe fraîchement coupée, heurta Maison-Rouge sur le seuil.

Maison-Rouge se retourna et reconnut l'exécuteur.

— Que veux-tu, citoyen? demanda Sanson.

Le chevalier essaya de réprimer le frisson qui, malgré lui, courait dans ses veines.

— Moi! dit-il, tu le vois bien, citoyen Sanson, j'accompagne le curé de Saint Landry

— Ah! bien! répliqua l'exécuteur.

Et il se rangea de côté, donnant des ordres à son aide. Pendant ce temps, Maison-Rouge pénétra dans l'intérieur du greffe, puis du greffe il passa dans le compartiment où se tenaient les deux gendarmes.

Ces braves gens étaient consternés; aussi digne et fière qu'elle avait été avec les autres, aussi bonne et douce avait-elle été avec eux : ils semblaient plutôt ses serviteurs que ses gardiens.

Mais, d'où il était, le chevalier ne pouvait apercevoir la reine : le paravent était fermé.

Le paravent s'était ouvert pour donner passage au curé, mais il s'était refermé derrière lui.

Lorsque le chevalier entra, la conversation était déjà engagée.

— Monsieur, disait la reine de sa voix stridente et fière, puisque vous avez fait serment à la République, au nom de qui on me met à mort, je ne saurais avoir confiance en vous. Nous n'adorons plus le même Dieu !

— Madame, répondit Girard, fort ému de cette dédaigneuse profession de foi, une chrétienne qui va mourir doit mourir sans haine dans le cœur, et elle ne doit pas repousser son Dieu, sous quelque forme qu'il se présente à elle.

Maison-Rouge fit un pas pour entr'ouvrir le paravent, espérant que lorsqu'elle l'apercevrait, que lorsqu'elle saurait la cause qui l'amenait, elle changerait d'avis à l'endroit du curé ; mais les deux gendarmes firent un mouvement.

— Mais, dit Maison-Rouge, puisque je suis l'acolyte du curé.

— Puisqu'elle refuse le curé, répondit Duchesne, elle n'a pas besoin de son acolyte.

— Mais elle acceptera peut-être, dit le chevalier en haussant la voix, il est impossible qu'elle n'accepte pas.

Mais Marie-Antoinette était trop entièrement au sentiment qui l'agitait pour entendre et reconnaître la voix du chevalier.

— Allez, monsieur, continua-t-elle, s'adressant toujours à Girard, allez, et laissez-moi : puisque nous vivons à cette heure en France sous un régime de liberté, je réclame celle de mourir à ma fantaisie.

Girard essaya de résister.

— Laissez-moi, monsieur, dit-elle, je vous dis de me laisser.

Girard essaya d'ajouter un mot.

— Je le veux ! dit la reine avec un geste de Marie-Thérèse.

Girard sortit.

Maison-Rouge essaya de plonger son regard dans l'intervalle du paravent, mais la prisonnière tournait le dos.

L'aide de l'exécuteur croisa le curé; il entrait tenant des cordes à la main.

Les deux gendarmes repoussèrent le chevalier jusqu'à la porte, avant qu'ébloui, désespéré, étourdi, il eût pu articuler un cri ou faire un mouvement pour accomplir son dessein.

Il se retrouva donc avec Girard dans le corridor du guichet. Du corridor, on les refoula jusqu'au greffe, où la nouvelle du refus de la reine s'était déjà répandue, et où la fierté autrichienne de Marie-Antoinette était pour quelques-uns le texte de grossières invectives, et pour d'autres un sujet de secrète admiration.

— Allez, dit Richard à l'abbé, retournez chez vous, puisqu'elle vous chasse, et qu'elle meure comme elle voudra.

— Tiens, dit la femme Richard, elle a raison, et je ferais comme elle.

— Et vous auriez tort, citoyenne, dit l'abbé.

— Tais-toi, femme, murmura le concierge en faisant les gros yeux, est-ce que cela te regarde ? allez, l'abbé, allez.

— Non, répéta Girard, non, je l'accompagnerai malgré elle ; un mot, ne fût-ce qu'un mot, si elle l'entend, lui rappellera ses devoirs ; d'ailleurs, la Commune m'a donné mission... et je dois obéir à la Commune.

— Soit, mais renvoie ton sacristain, alors, dit brutalement l'adjudant-major commandant la force armée.

C'était un ancien acteur de la Comédie-Française nommé Grammont.

Les yeux du chevalier lancèrent un double éclair, et il plongea machinalement sa main dans sa poitrine.

Girard savait que sous son gilet il y avait un poignard. Il l'arrêta d'un regard suppliant.

— Épargnez ma vie, dit-il tout bas, vous voyez que tout est perdu pour vous, ne nous perdez pas avec elle, je lui parlerai de vous en route, je vous le jure ; je lui dirai ce que vous avez risqué pour la voir une dernière fois.

Ces mots calmèrent l'effervescence du jeune homme ; d'ailleurs, la réaction ordinaire s'opérait, toute son organisation subissait un affaissement étrange. Cet homme, d'une volonté héroïque, d'une puissance merveilleuse, était arrivé au bout de sa force et de sa volonté ; il flottait irrésolu, ou plutôt fatigué, vaincu, dans une espèce de somnolence qu'on eût prise pour l'avant-courrière de la mort.

— Oui, dit-il, ce devait être ainsi : la croix pour Jésus, l'échafaud pour elle ; les dieux et les rois boivent jusqu'à la lie le calice que leur présentent les hommes.

Il résulta de cette pensée toute résignée, tout inerte, que le jeune homme se laissa repousser, sans autre défense qu'une espèce de gémissement involontaire, jusqu'à la porte extérieure, et sans faire plus de résistance que n'en faisait Ophélia, dévouée à la mort, lorsqu'elle se voyait emportée par les flots.

Au pied des grilles et aux portes de la Conciergerie, se pressait une de ces foules effrayantes comme nul ne peut se les figurer sans les avoir vues au moins une fois.

L'impatience dominait toutes les passions, et toutes les passions parlaient haut leur langage, qui, en se confondant, formait une rumeur immense et prolongée, comme si tout le bruit et toute la population de Paris s'étaient concentrés dans le quartier du Palais-de-Justice.

Au devant de cette foule, campait une armée tout entière, avec des canons destinés à protéger la fête et à la rendre sûre à ceux qui venaient en jouir.

On eût en vain essayé de percer ce rempart profond, grossi peu à peu, depuis que la condamnation était connue hors de Paris, par les patriotes des faubourgs.

Maison-Rouge, repoussé hors de la Conciergerie, se trouva naturellement au premier rang des soldats.

Les soldats lui demandèrent qui il était.

Il répondit qu'il était le vicaire de l'abbé Girard; mais que, assermenté comme son curé, il avait, comme son curé, été refusé par la reine.

Les soldats le repoussèrent à leur tour jusqu'au premier rang des spectateurs.

Là, force lui fut de répéter ce qu'il avait dit aux soldats.

Alors, ce cri s'éleva :

— Il la quitte... Il l'a vue... Qu'a-t-elle dit?... Que fait-elle?... Est-elle fière toujours?... Est-elle abattue?... Pleure-t-elle?..

Le chevalier répondit à toutes ces questions d'une voix à la fois faible, douce et affable, comme si cette voix était la dernière manifestation de la vie suspendue à ses lèvres.

Sa réponse était la vérité pure et simple; seulement cette vérité était un éloge de la fermeté d'Antoinette, et ce qu'il dit avec la simplicité et la foi d'un évangéliste, jeta le trouble et le remords dans plus d'un cœur.

Lorsqu'il parla du petit dauphin et de Madame Royale, de cette reine sans trône, de cette épouse sans époux, de cette mère sans enfants, de cette femme enfin seule et abandonnée, sans un ami au milieu des bourreaux, plus d'un front, çà et là, se voila de tristesse, plus d'une larme apparut, furtive et brûlante, en des yeux naguère animés de haine.

Onze heures sonnèrent à l'horloge du palais; toute rumeur cessa à l'instant même. Cent mille personnes comptaient l'heure qui sonnait et à laquelle répondaient les battements de leur cœur.

Puis la vibration de la dernière heure éteinte dans l'espace, il se fit un grand bruit derrière les portes, en même temps qu'une charrette venant du côté du quai aux Fleurs fendait la foule du peuple, puis les gardes, et venait se placer au bas des degrés.

Bientôt la reine apparut au haut de l'immense perron. Toutes les passions se concentrèrent dans les yeux; les respirations demeurèrent haletantes et suspendues.

Ses cheveux étaient coupés courts; la plupart avaient blanchi pendant sa captivité, et cette nuance argentée rendait plus délicate encore la pâleur nacrée qui faisait presque céleste, en ce moment suprême, la beauté de la fille des Césars.

Elle était vêtue d'une robe blanche, et ses mains étaient liées derrière son dos.

Lorsqu'elle se montra en haut des marches, ayant à sa droite l'abbé Girard, qui l'accompagnait malgré elle, et à sa gauche l'exécuteur, tous deux vêtus de noir, ce fut dans toute cette foule un murmure que Dieu seul, que Dieu seul qui lit au fond des cœurs, put comprendre et résumer dans une vérité.

Un homme alors passa entre l'exécuteur et Marie-Antoinette.

C'était Grammont. Il passait ainsi pour lui montrer l'ignoble charrette.

La reine recula malgré elle d'un pas.

— Montez, dit Grammont.

Tout le monde entendit ce mot, car l'émotion tenait tout murmure suspendu aux lèvres des spectateurs.

Alors on vit le sang monter aux joues de la reine et gagner la racine de ses cheveux, puis presque aussitôt son visage redevint d'une pâleur mortelle.

Ses lèvres blêmissantes s'entr'ouvrirent.

— Pourquoi une charrette à moi, dit-elle, quand le roi a été à l'échafaud dans sa voiture?

L'abbé Girard lui dit alors tout bas quelques mots. Sans doute il combattait chez la condamnée ce dernier cri de l'orgueil royal.

La reine se tut et chancela.

Sanson avança les deux bras pour la soutenir; mais elle se redressa avant même qu'il ne l'eût touchée.

Elle descendit les escaliers, tandis que l'aide affermissait un marchepied de bois derrière la charrette.

La reine y monta, l'abbé monta derrière elle.

Sanson les fit asseoir tous deux.

Lorsque la charrette commença à s'ébranler, il se fit un grand mouvement dans le peuple. Mais en même temps, comme les soldats ignoraient dans quelle intention était accompli le mouvement, ils réunirent tous leurs efforts pour repousser la foule; il se fit en conséquence un grand espace vide entre la charrette et les premiers rangs.

Dans cet espace retentit un hurlement lugubre.

La reine tressaillit et se leva tout debout, regardant autour d'elle.

Elle vit alors son chien, perdu depuis deux mois, son chien, qui n'avait pu pénétrer avec elle dans la Conciergerie, qui, malgré les cris, les coups, les bourrades, s'élançait vers la charrette; mais presque aussitôt le pauvre Black, exténué, maigre, brisé, disparut sous les pieds des chevaux.

La reine le suivit des yeux; elle ne pouvait parler, car sa voix était couverte par le bruit; elle ne pouvait le montrer du doigt, car ses mains étaient liées; d'ailleurs, eût-elle pu le montrer, eût-on pu l'entendre, elle l'eût sans doute demandé inutilement.

Mais, après l'avoir perdu un instant des yeux, elle le revit.

Il était au bras d'un pâle jeune homme qui dominait la foule, debout sur un canon, et qui, grandi par une exaltation indicible, la saluait en lui montrant le ciel.

Marie-Antoinette aussi regarda le ciel et sourit doucement.

Le chevalier de Maison-Rouge poussa un gémissement, comme si ce sourire lui avait fait une blessure au cœur, et, comme la charrette tournait vers le pont au Change, il retomba dans la foule et disparut.

CHAPITRE XLIX.

L'ÉCHAFAUD.

ur la place de la Révolution, adossés à un réverbère, deux hommes attendaient.

Ce qu'ils attendaient avec la foule, dont une partie s'était portée à la place du Palais, dont une autre partie s'était portée à la place de la Révolution, dont le reste s'était répandu, tumultueuse et pressée, sur tout le chemin qui séparait ces deux places, c'est que la reine arrivât jusqu'à l'instrument du supplice, qui, usé par la pluie et le soleil, usé par la main du bourreau, usé, chose horrible! par le contact des victimes, dominait avec une fierté sinistre toutes ces têtes subjacentes, comme une reine domine son peuple.

Ces deux hommes, aux bras entrelacés, aux lèvres pâles, aux sourcils froncés, parlant bas et par saccades, c'étaient Lorin et Maurice.

Perdus parmi les spectateurs, et cependant de manière à faire envie à tous, ils continuaient à voix

Adossés à un réverbère, deux hommes attendaient. — Page 198.

basse une conversation qui n'était pas la moins intéressante de toutes ces conversations qui serpentaient dans les groupes, qui, pareils à une chaîne électrique, s'agitaient, mer vivante, depuis le pont au Change jusqu'au pont de la Révolution.

L'idée que nous avons exprimée à propos de l'échafaud dominant toutes les têtes les avait frappés tous deux.

— Vois, disait Maurice, comme le monstre hideux lève ses bras rouges ; ne dirait-on pas qu'il nous appelle et qu'il sourit par son guichet comme par une bouche effroyable !

— Ah ! ma foi, dit Lorin, je ne suis pas, je l'avoue, de cette école de poésie qui voit tout en rouge. Je le vois en rose, moi, et, au pied de cette hideuse machine, je chanterais et j'espérerais encore. *Dum spiro spero.*

— Tu espères quand on tue les femmes !

— Ah ! Maurice, dit Lorin, fils de la Révolution, ne renie pas ta mère. Ah ! Maurice, demeure un bon et loyal patriote. Maurice, celle qui va mourir, ce n'est pas une femme comme toutes les autres femmes ; celle qui va mourir, c'est le mauvais génie de la France

— Oh! ce n'est pas elle que je regrette, ce n'est pas elle que je pleure! s'écria Maurice.

— Oui, je comprends, c'est Geneviève.

— Ah! dit Maurice, vois-tu, il y a une pensée qui me rend fou : c'est que Geneviève est aux mains de ces pourvoyeurs de guillotine qu'on appelle Hébert et Fouquier-Tinville; aux mains des hommes qui ont envoyé ici la pauvre Héloïse et qui y envoient la fière Marie-Antoinette.

— Eh bien! dit Lorin, voilà justement ce qui fait que j'espère, moi; quand la colère du peuple aura fait ce large repas de deux tyrans, elle sera rassasiée, pour quelque temps du moins, comme le boa, qui met trois mois à digérer ce qu'il dévore. Alors elle n'engloutira plus personne, et, comme disent les prophètes du faubourg, alors les plus petits morceaux lui feront peur.

— Lorin, Lorin, dit Maurice, moi je suis plus positif que toi, et je te le dis tout bas, prêt à te le répéter tout haut : Lorin, je hais la reine nouvelle, celle qui me paraît destinée à succéder à l'Autrichienne qu'elle va détruire. C'est une triste reine que celle dont la pourpre est faite d'un sang quotidien, et qui a Sanson pour premier ministre.

— Bah! nous lui échapperons.

— Je n'en crois rien, dit Maurice en secouant la tête; tu vois que, pour n'être pas arrêtés chez nous, nous n'avons d'autre ressource que de demeurer dans la rue.

— Bah! nous pouvons quitter Paris, rien ne nous en empêche. Ne nous plaignons donc pas. Mon oncle nous attend à Saint-Omer; argent, passe-port, rien ne nous manque. Et ce n'est pas un gendarme qui nous arrêterait; qu'en penses-tu? Nous restons parce que nous le voulons bien.

— Non, ce que tu dis là n'est pas juste, excellent ami, cœur dévoué que tu es. Tu restes parce que je veux rester.

— Et tu veux rester pour retrouver Geneviève. Eh bien! quoi de plus simple, de plus juste et de plus naturel? Tu penses qu'elle est en prison, c'est plus que probable. Tu veux veiller sur elle, et pour cela il ne faut pas quitter Paris.

Maurice poussa un soupir, il était évident que sa pensée divergeait.

— Te rappelles-tu la mort de Louis XVI? dit-il. Je me vois encore pâle d'émotion et d'orgueil. J'étais un des chefs de cette foule dans les plis de laquelle je me cache aujourd'hui. J'étais plus grand au pied de cet échafaud que ne l'avait jamais été le roi qui montait dessus. Quel changement, Lorin! et lorsqu'on pense que neuf mois ont suffi pour amener cette terrible réaction!

— Neuf mois d'amour, Maurice!... Amour tu perdis Troie!

Maurice soupira; sa pensée vagabonde prenait une autre route et envisageait un autre horizon.

— Ce pauvre Maison-Rouge, murmura-t-il, voilà un triste jour pour lui!

— Hélas! dit Lorin, ce que je vois de plus triste dans les révolutions, Maurice, veux-tu que je te le dise?

— Oui.

— C'est que l'on a souvent pour ennemis des gens qu'on voudrait avoir pour amis, et pour amis des gens...

— J'ai bien peine à croire une chose, interrompit Maurice.

— Laquelle?

— C'est qu'il n'inventera pas quelque projet, fût-il insensé, pour sauver la reine.

— Un homme plus fort que cent mille!

— Je te dis, fût-il insensé; moi je sais que pour sauver Geneviève...

Lorin fronça le sourcil.

— Je te le redis, Maurice, reprit-il, tu t'égares; non, même s'il fallait que tu sauvasses Geneviève, tu ne deviendrais pas mauvais citoyen. Mais assez là-dessus, Maurice, on nous écoute. Tiens, voici les têtes qui ondulent; tiens, voici le valet du citoyen Sanson qui se lève de dessus son panier, et qui regarde au loin. L'Autrichienne arrive.

En effet, comme pour accompagner cette ondulation qu'avait remarquée Lorin, un frémissement prolongé et croissant envahissait la foule. C'était comme une de ces rafales qui commencent par siffler et qui finissent par mugir.

Maurice, élevant encore sa grande taille à l'aide des poteaux du réverbère, regarda vers la rue Saint-Honoré.

— Oui, dit-il en frissonnant, la voilà!

En effet, on commençait à voir apparaître une machine presque aussi hideuse que la guillotine : c'était la charrette.

A droite et à gauche reluisaient les armes de l'escorte, et devant elle Grammont répondait avec les flamboiements de son sabre aux cris poussés par quelques fanatiques. Mais, à mesure que la charrette s'avançait, ces cris s'éteignaient subitement sous le regard froid et sombre de la condamnée.

Jamais physionomie n'imposa plus énergiquement le respect; jamais Marie-Antoinette n'avait été plus grande et plus reine. Elle poussa l'orgueil de son courage jusqu'à imprimer aux assistants des idées de terreur.

Indifférente aux exhortations de l'abbé Girard, qui l'avait accompagnée malgré elle, son front n'oscillait ni à droite ni à gauche; la pensée vivante au fond de son cerveau semblait immuable comme son regard; le mouvement saccadé de la charrette sur le pavé inégal, faisait, par sa violence même, ressortir la rigidité de son maintien; on eût dit une de ces statues de marbre qui cheminent sur un chariot; seulement la statue royale avait l'œil lumineux, et ses cheveux s'agitaient au vent.

Un silence pareil à celui du désert s'abattit soudain sur les trois cent mille spectateurs de cette scène, que le ciel voyait pour la première fois à la clarté de son soleil.

Bientôt, de l'endroit où se tenaient Maurice et Lorin, on entendit crier l'essieu de la charrette et souffler les chevaux des gardes.

La charrette s'arrêta au pied de l'échafaud.

La reine, qui, sans doute, ne songeait pas à ce moment, se réveilla et comprit : elle étendit son regard hautain sur la foule, et le même jeune homme pâle qu'elle avait vu debout sur un canon lui apparut de nouveau debout sur une borne

De cette borne, il lui envoya le même salut respectueux qu'il lui avait déjà adressé au moment où elle sortait de la Conciergerie; puis aussitôt il sauta au bas de la borne.

Plusieurs personnes le virent, et, comme il était vêtu de noir, de là le bruit qui se répandit qu'un prêtre avait attendu Marie-Antoinette afin de lui envoyer l'absolution au moment où elle monterait sur l'échafaud.

Au reste, personne n'inquiéta le chevalier. Il y a dans les moments suprêmes un suprême respect pour certaines choses.

La reine descendit avec précaution les trois degrés du marchepied; elle était soutenue par Sanson, qui, jusqu'au dernier moment, tout en accomplissant la tâche à laquelle il semblait lui-même condamné, lui témoigna les plus grands égards.

Pendant qu'elle marchait vers les degrés de l'échafaud, quelques chevaux se cabrèrent, quelques gardes à pied, quelques soldats, semblèrent osciller et perdre l'équilibre; puis on vit comme une ombre se glisser sous l'échafaud, mais le calme se rétablit presque à l'instant même, personne ne voulait quitter sa place dans ce moment solennel, personne ne voulait perdre le moindre détail du grand drame qui allait s'accomplir; tous les yeux se reportèrent vers la condamnée.

La reine était déjà sur la plate-forme de l'échafaud. Le prêtre lui parlait toujours; un aide la poussait doucement par derrière; un autre dénouait le fichu qui couvrait ses épaules.

Marie-Antoinette sentit cette main infâme qui effleurait son cou, elle fit un brusque mouvement et marcha sur le pied de Sanson, qui, sans qu'elle le vît, était occupé à l'attacher à la planche fatale.

Sanson retira son pied.

— Excusez-moi, monsieur, dit la reine, je ne l'ai point fait exprès

Ce furent les dernières paroles que prononça la fille des Césars, la reine de France, la veuve de Louis XVI.

Le quart après midi sonna à l'horloge des Tuileries; en même temps que lui Marie-Antoinette tombait dans l'éternité.

Un cri terrible, un cri qui résumait toutes les patiences : joie, épouvante, deuil, espoir, triomphe, expiation, couvrit comme un ouragan un autre cri faible et lamentable qui, au même moment, retentissait sous l'échafaud.

Les gendarmes l'entendirent pourtant, si faible qu'il fût; ils firent quelques pas en avant; la foule, moins serrée, s'épandit comme un fleuve dont on élargit la digue, renversa la haie, dispersa les gardes, et vint comme une marée battre les pieds de l'échafaud, qui en fut ébranlé.

Chacun voulait voir de près les restes de la royauté, que l'on croyait à tout jamais détruite en France.

Mais les gendarmes cherchaient autre chose, ils cherchaient cette ombre qui avait dépassé leurs lignes, et qui s'était glissée sous l'échafaud.

Deux d'entre eux revinrent, amenant par le collet un jeune homme dont la main pressait sur son cœur un mouchoir teint de sang.

Il était suivi par un petit chien épagneul qui hurlait lamentablement.

— A mort l'aristocrate! à mort le ci-devant! crièrent quelques hommes du peuple en désignant le jeune homme; il a trempé son mouchoir dans le sang de l'Autrichienne : à mort!

— Grand Dieu! dit Maurice à Lorin, le reconnais-tu? le reconnais-tu?

— A mort le royaliste! répétèrent les forcenés; ôtez-lui ce mouchoir dont il veut se faire une relique : arrachez, arrachez!

Un sourire orgueilleux erra sur les lèvres du jeune homme, il arracha sa chemise, découvrit sa poitrine, et laissa tomber son mouchoir.

— Messieurs, dit-il, ce sang n'est pas celui de la reine, mais bien le mien; laissez-moi mourir tranquillement.

Et une blessure profonde et ruisselante apparut béante sous la mamelle gauche.

La foule jeta un cri et recula.

Alors le jeune homme s'affaissa lentement, et tomba sur ses genoux en regardant l'échafaud comme un martyr regarde l'autel

— Maison-Rouge! murmura Lorin à l'oreille de Maurice.

— Adieu! murmura le jeune homme en baissant la tête avec un divin sourire; adieu, ou plutôt au revoir!

Et il expira au milieu des gardes stupéfaits.

— Il y a encore cela à faire, Lorin, dit Maurice, avant de devenir mauvais citoyen.

Le petit chien tournait autour du cadavre, effaré et hurlant

— Tiens, c'est Black, dit un homme qui tenait un gros bâton à la main; tiens, c'est Black; viens ici, mon petit vieux.

Et il expira.. — Page 109.

Le chien s'avança vers celui qui l'appelait ; mais à peine fut-il à sa portée, que l'homme leva son bâton et lui écrasa la tête en éclatant de rire.

— Oh! le misérable! s'écria Maurice.
— Silence! murmura Lorin en l'arrêtant, silence, ou nous sommes perdus... c'est Simon!

— Vous m'arrêtez? dit-il. — Page 202.

CHAPITRE L.

LA VISITE DOMICILIAIRE.

orin et Maurice étaient revenus chez le premier d'entre eux. Maurice, pour ne pas compromettre son ami trop ouvertement, avait adopté l'habitude de sortir le matin et de ne rentrer que le soir.

Mêlé aux événements, assistant au transfert des prisonniers à la Conciergerie, il épiait chaque jour le passage de Geneviève, n'ayant pu savoir en quelle maison elle avait été renfermée.

Car, depuis sa visite à Fouquier-Tinville, Lorin lui avait fait comprendre que la première démarche ostensible le perdrait, qu'alors il serait sacrifié sans avoir pu porter secours à Geneviève, et Maurice, qui se fût fait incarcérer sur-le-champ dans l'espoir d'être réuni à sa maîtresse, devint prudent par la crainte d'être à jamais séparé d'elle. Il allait donc chaque matin des Carmes à Port-Libre, des Madelonnettes à Saint-Lazare, de la Force au Luxembourg, et stationnait devant les prisons au sortir des charrettes qui menaient les accusés au tribunal révolutionnaire. Son coup d'œil jeté sur les victimes, il courait à une autre prison.

Mais il s'aperçut bientôt que l'activité de dix hommes ne suffirait pas à surveiller ainsi les trente-trois prisons que Paris possédait à cette époque, et il se contenta d'aller au tribunal même attendre la comparution de Geneviève.

C'était déjà un commencement de désespoir. En effet, quelles ressources restaient à un condamné après l'arrêt? Quelquefois le tribunal, qui commençait les séances à dix heures, avait condamné vingt ou trente personnes à quatre heures; le premier condamné jouissait de six heures de vie, mais le dernier, frappé de sentence à quatre heures moins un quart, tombait à quatre heures et demie sous la hache.

Se résigner à subir une pareille chance pour Geneviève, c'était donc se lasser de combattre le destin.

Oh! s'il eût été prévenu d'avance de l'incarcération de Geneviève... comme Maurice se fût joué de cette justice humaine tant aveuglée à cette époque! comme il eût facilement et promptement arraché Geneviève de la prison! Jamais évasions ne furent plus commodes; on pourrait dire que jamais elles ne furent plus rares. Toute cette noblesse, une fois mise en prison, s'y installait comme en un château, et prenait ses aises pour mourir. Fuir, c'était se soustraire aux conséquences du duel : les femmes elles-mêmes rougissaient d'une liberté acquise à ce prix.

Mais Maurice ne se fût pas montré si scrupuleux. Tuer des chiens, corrompre un porte-clefs, quoi de plus simple? Geneviève n'était pas un de ces noms tellement splendides qu'il attirât l'attention du monde... Elle ne se déshonorait pas en fuyant, et d'ailleurs... quand elle se fût déshonorée!

Oh! comme il se représentait avec amertume ces jardins de Port-Libre si faciles à escalader; ces chambres des Madelonnettes si commodes à percer pour gagner la rue, et les murs si bas du Luxembourg, et les corridors sombres des Carmes dans lesquels un homme résolu pouvait pénétrer si aisément en débouchant une fenêtre!

Mais Geneviève était-elle dans l'une de ces prisons?

Alors, dévoré par le doute et brisé par l'anxiété, Maurice accablait Dixmer d'imprécations ; il le menaçait, il savourait sa haine pour cet homme, dont la lâche vengeance se cachait sous un semblant de dévouement à la cause royale.

— Je le trouverai aussi, pensait Maurice, car, s'il veut sauver la malheureuse femme, il se montrera; s'il veut la perdre, il lui insultera. Je le retrouverai, l'infâme, et ce jour-là malheur à lui!

Le matin du jour où se passent les faits que nous allons raconter, Maurice était sorti pour aller s'installer à sa place au tribunal révolutionnaire. Lorin dormait.

Il fut réveillé par un grand bruit que faisaient à la porte des voix de femmes et des crosses de fusil.

Il jeta autour de lui ce coup d'œil effaré de l'homme surpris qui voudrait se convaincre que rien de compromettant ne reste en vue.

Quatre sectionnaires, deux gendarmes et un commissaire entrèrent chez lui au même instant.

Cette visite était tellement significative, que Lorin se hâta de s'habiller.

— Vous m'arrêtez? dit-il.
— Oui, citoyen Lorin.
— Pourquoi cela?
— Parce que tu es suspect.
— Ah! c'est juste.

Le commissaire griffonna quelques mots au bas du procès-verbal d'arrestation.

— Où est ton ami? dit-il ensuite.
— Quel ami?
— Le citoyen Maurice Lindey.
— Chez lui probablement, dit Lorin.
— Non pas, il loge ici.
— Lui, allons donc! Mais cherchez, et si vous le trouvez...
— Voici la dénonciation, dit le commissaire, elle est explicite.

Il offrit à Lorin un papier d'une hideuse écriture et d'une ortographe énigmatique. Il était dit dans cette dénonciation que l'on voyait sortir chaque matin de chez le citoyen Lorin le citoyen Lindey, suspect, décrété d'arrestation.

La dénonciation était signée Simon...

— Ah çà! mais ce savetier perdra ses pratiques, dit Lorin, s'il exerce ses deux états à la fois. Quoi! mouchard et ressemeleur de bottes! C'est un César que ce monsieur Simon...

Et il éclata de rire.

— Le citoyen Maurice! dit alors le commissaire; où est le citoyen Maurice? Nous te sommons de le livrer!

— Quand je vous dis qu'il n'est pas ici!

Le commissaire passa dans la chambre voisine, puis monta dans une petite soupente où logeait l'officieux de Lorin. Enfin, il ouvrit une chambre basse. Nul trace de Maurice.

Mais, sur la table de la salle à manger, une lettre récemment écrite attira l'attention du commissaire. Elle était de Maurice, qui l'avait déposée là en partant le matin sans réveiller son ami, bien qu'ils couchassent ensemble.

« Je vais au tribunal, disait Maurice ; déjeune sans moi, je ne rentrerai que ce soir. »

— Citoyens, dit Lorin, quelque hâte que j'aie

vous obéir, vous comprenez que je ne puis vous suivre en chemise... Permettez que mon officieux m'habille.

— Aristocrate! dit une voix, il faut qu'on l'aide pour passer ses culottes...

— Oh! mon Dieu oui! dit Lorin, je suis comme le citoyen Dagobert, moi. Vous remarquerez que je n'ai pas dit roi.

— Allons! fais, dit le commissaire; mais dépêche-toi.

L'officieux descendit de sa soupente et vint aider son maître à s'habiller

Le but de Lorin n'était pas précisément d'avoir un valet de chambre, c'était que rien de ce qui se passait n'échappât à l'officieux, afin que l'officieux redît ce qui s'était passé à Maurice.

— Maintenant, messieurs; pardon, citoyens; maintenant, citoyens, je suis prêt, et je vous suis. Mais laissez-moi, je vous prie, emporter le dernier volume des *Lettres à Émilie* de M. Demoustier, qui vient de paraître, et que je n'ai pas encore lu; cela charmera les ennuis de la captivité.

— Ta captivité, dit tout à coup Simon, devenu municipal à son tour, et entrant suivi de quatre sectionnaires... elle ne sera pas longue, tu figures dans le procès de la femme qui a voulu faire évader l'Autrichienne. On la juge aujourd'hui... on te jugera demain, quand tu auras témoigné

— Cordonnier, dit Lorin avec gravité, vous cousez vos semelles trop vite.

— Oui, mais quel joli coup de tranchet! répliqua Simon, avec un hideux sourire; tu verras, tu verras, mon beau grenadier.

Lorin haussa les épaules.

— Eh bien! partons-nous? dit-il; je vous attends.

Et comme chacun se retournait pour descendre l'escalier, Lorin lança au municipal Simon un si vigoureux coup de pied, qu'il le fit rouler en hurlant tout le long du degré luisant et roide

Les sectionnaires ne purent s'empêcher de rire. Lorin mit ses mains dans ses poches.

— Dans l'exercice de mes fonctions! dit Simon livide de colère.

— Pardieu! répondit Lorin, est-ce que nous n'y sommes pas tous dans l'exercice de nos fonctions?

On le fit monter en fiacre, et le commissaire le mena au Palais de Justice.

CHAPITRE LI.

LORIN.

Si pour la seconde fois le lecteur veut nous suivre au tribunal révolutionnaire, nous retrouverons Maurice à la même place où nous l'avons déjà vu, seulement nous le retrouverons plus pâle et plus agité.

Au moment où nous rouvrons la scène sur ce lugubre théâtre où nous entraînent les événements bien plus que notre prédilection, les jurés sont aux opinions, car une cause vient d'être entendue : deux accusés qui ont déjà, par une de ces insolentes précautions avec lesquelles on raillait les juges à cette époque, fait leur toilette pour l'échafaud, s'entretiennent avec leurs défenseurs, dont les paroles vagues ressemblent à celles d'un médecin qui désespère de son malade.

Le peuple des tribunes était ce jour-là d'une féroce humeur, de cette humeur qui excite la sévérité des jurés : placés sous la surveillance immédiate des tricoteuses et des faubouriens, les jurés se tiennent mieux, comme l'acteur qui redouble d'énergie devant un public mal disposé.

Aussi, depuis dix heures du matin, cinq prévenus ont-ils déjà été changés en autant de condamnés par ces mêmes jurés rendus intraitables.

Les deux qui se trouvaient alors sur le banc des accusés attendaient donc en ce moment le oui ou le non qui devait, ou les rendre à la vie, ou les jeter à la mort.

Le peuple des assistants, rendu féroce par l'habitude de cette tragédie quotidienne devenue son spectacle favori; le peuple des assistants, disons-nous, les préparait par des interjections à ce moment redoutable.

— Tiens, tiens, tiens! regarde donc le grand! disait une tricoteuse qui, n'ayant pas de bonnet, portait à son chignon une cocarde tricolore large comme la main ; tiens, qu'il est pâle ; on dirait qu'il est déjà mort !

Le condamné regarda la femme qui l'apostrophait avec un sourire de mépris.

— Que dis-tu donc? reprit la voisine, le voilà qui rit.

— Oui, du bout des dents.

Un faubourien regarda sa montre.

— Quelle heure est-il? lui demanda son compagnon.

— Une heure moins dix minutes; voilà trois quarts d'heure que ça dure.

— Juste comme à Domfront, ville de malheur : arrivé à midi, pendu à une heure.

— Et le petit, et le petit! cria un autre assistant; regarde-le donc, sera-t-il laid quand il éternuera dans le sac !

— Bah ! c'est trop tôt fait, tu n'auras pas le temps de t'en apercevoir.

— Tiens, on redemandera sa tête à M. Sanson; on a le droit de la voir.

— Regarde donc comme il a un bel habit bleu ty-ran, c'est un peu agréable pour les pauvres quand on raccourcit les gens bien vêtus.

En effet, comme l'avait dit l'exécuteur à la reine, les pauvres héritaient des dépouilles de chaque victime, ces dépouilles étant portées à la Salpêtrière aussitôt après l'exécution pour être distribuées aux indigents: c'est là qu'avaient été envoyés les habits de la reine suppliciée.

Maurice écoutait tourbillonner ces paroles sans y prendre garde; son esprit en ce moment était préoccupé de quelque puissante pensée qui l'isolait depuis quelques jours, son cœur ne battait plus qu'à certains moments et par secousses ; de temps en temps la crainte ou l'espérance semblait suspendre la marche de sa vie, et ces oscillations perpétuelles avaient comme brisé la sensibilité dans son cœur, pour y substituer l'atonie.

Les jurés rentrèrent en séance, et, comme on s'y attendait, le président prononça la condamnation des deux prévenus.

On les emmena, ils sortirent d'un pas ferme ; tout le monde mourait bien à cette époque.

La voix de l'huissier retentit lugubre et sinistre

— Le citoyen accusateur public contre la citoyenne Geneviève Dixmer.

Maurice frissonna de tout son corps, et une sueur moite perla par tout son visage.

La petite porte par laquelle entraient les accusés s'ouvrit, et Geneviève parut.

Elle était vêtue de blanc ; ses cheveux étaient arrangés avec une charmante coquetterie, car elle les avait étagés et bouclés avec art, au lieu de les couper, ainsi que faisaient beaucoup de femmes.

Sans doute, jusqu'au dernier moment la pauvre Geneviève voulait paraître belle à celui qui pouvait la voir.

Maurice vit Geneviève, et il sentit que toutes les forces qu'il avait rassemblées pour cette occasion lui manquaient à la fois; cependant il s'attendait à ce coup, puisque depuis douze jours il n'avait manqué aucune séance, et que trois fois déjà le nom de Geneviève sortant de la bouche de l'accusateur public avait frappé son oreille; mais certains désespoirs sont si vastes et si profonds, que nul n'en peut sonder l'abîme.

Tous ceux qui virent apparaître cette femme, si belle, si naïve, si pâle, poussèrent un cri : les uns de fureur; il y avait, à cette époque, des gens qui haïssaient toute supériorité, supériorité de beauté comme supériorité d'argent, de génie ou de naissance; les autres d'admiration; quelques-uns de pitié.

Geneviève reconnut sans doute un cri dans tous ces cris, une voix parmi toutes ces voix; car elle se retourna du côté de Maurice, tandis que le président feuilletait le dossier de l'accusée, tout en la regardant de temps en temps en dessous.

Du premier coup d'œil elle vit Maurice, tout enseveli qu'il était sous les bords de son large chapeau; alors elle se retourna entièrement avec un doux sourire et avec un geste plus doux encore; elle appuya ses deux mains roses et tremblantes sur ses lèvres, et y déposant toute son âme avec son souffle, elle donna des ailes à ce baiser perdu, qu'un seul dans cette foule avait le droit de prendre pour lui.

Un murmure d'intérêt parcourut toute la salle. Geneviève, interpellée, se retourna vers ses juges, mais elle s'arrêta au milieu de ce mouvement, et ses yeux dilatés se fixèrent avec une indicible expression de terreur vers un point de la salle.

Maurice se haussa vainement sur la pointe des pieds, il ne vit rien, ou plutôt quelque chose de plus important rappela son attention sur la scène, c'est-à-dire sur le tribunal

Fouquier-Tinville avait commencé la lecture de l'acte d'accusation.

Cet acte portait que Geneviève Dixmer était femme d'un conspirateur acharné, que l'on suspectait d'avoir aidé l'ex-chevalier de Maison-Rouge dans les tentatives successives qu'il avait faites pour sauver la reine.

D'ailleurs elle avait été surprise aux genoux de la reine, la suppliant de changer d'habits avec elle, et s'offrant de mourir à sa place. Ce fanatisme stupide, disait l'acte d'accusation, méritera sans doute les éloges des contre-révolutionnaires; mais aujourd'hui, ajoutait-il, tout citoyen français ne doit sa vie qu'à la nation, et c'est trahir doublement que de la sacrifier aux ennemis de la France.

Geneviève, interrogée si elle reconnaissait avoir été, comme l'avaient dit les gendarmes Duchesne et Gilbert, surprise aux genoux de la reine, la suppliant de changer de vêtements avec elle, répondit simplement

— Oui!

— Alors, dit le président, racontez-nous votre plan et vos espérances.

Geneviève sourit.

— Une femme peut concevoir des espérances, dit-elle; mais une femme ne peut faire un plan dans le genre de celui dont je suis victime.

— Comment vous trouviez-vous là, alors?

— Parce que je ne m'appartenais pas, et qu'on me poussait.

— Qui vous poussait? demanda l'accusateur public.

— Des gens qui m'avaient menacé de mort si je n'obéissais pas.

Et le regard irrité de la jeune femme alla se fixer de nouveau sur ce point de la salle invisible à Maurice.

— Mais, pour échapper à cette mort dont on vous menaçait, vous affrontiez la mort qui devait résulter pour vous d'une condamnation?

— Lorsque j'ai cédé, le couteau était sur ma poitrine, tandis que le fer de la guillotine était encore loin de ma tête. Je me suis courbée sous la violence présente.

— Pourquoi n'appeliez-vous pas à l'aide? tout bon citoyen vous eût défendue.

— Hélas! monsieur, répondit Geneviève avec un accent à la fois si triste et si tendre, que le cœur de Maurice se gonfla comme s'il allait éclater; hélas! je n'avais plus personne près de moi.

L'attendrissement succédait à l'intérêt, comme l'intérêt avait succédé à la curiosité. Beaucoup de têtes se baissèrent, les unes cachant leurs larmes, les autres les laissant couler librement.

Maurice, alors, aperçut vers sa gauche une tête restée ferme, un visage demeuré inflexible.

C'était Dixmer, debout, sombre, implacable, et qui ne perdait de vue ni Geneviève, ni le tribunal.

Le sang afflua aux tempes du jeune homme; la colère monta de son cœur à son front, emplissant tout son être de désirs immodérés de vengeance. Il lança à Dixmer un regard chargé d'une haine si électrique, si puissante, que celui-ci, comme attiré par le fluide brûlant, tourna la tête vers son ennemi.

Leurs deux regards se croisèrent comme deux flammes.

— Dites-nous les noms de vos instigateurs, demanda le président.

— Il n'y en a qu'un seul, monsieur.

— Lequel?

— Mon mari.

— Savez-vous où il est?
— Oui.
— Indiquez sa retraite.
— Il a pu être infâme, mais je ne serai pas lâche; ce n'est point à moi de dénoncer sa retraite, c'est à vous de la découvrir.

Maurice regarda Dixmer.

Dixmer ne fit pas un mouvement.

Une idée traversa la tête du jeune homme : c'était de le dénoncer en se dénonçant soi-même; mais il la comprima.

— Non, dit-il, ce n'est pas ainsi qu'il doit mourir.

— Ainsi, vous refusez de guider nos recherches? dit le président.

— Je crois, monsieur, que je ne puis le faire, répondit Geneviève, sans me rendre aussi méprisable aux yeux des autres qu'il l'est aux miens.

— Y a-t-il des témoins? demanda le président.

— Il y en a un, répondit l'huissier.

— Appelez le témoin.

— Maximilien-Jean Lorin! glapit l'huissier.

— Lorin! s'écria Maurice. Oh! mon Dieu! qu'est-il donc arrivé?

Cette scène se passait le jour même de l'arrestation de Lorin, et Maurice ignorait cette arrestation.

— Lorin! murmura Geneviève en regardant autour d'elle avec une douloureuse inquiétude.

— Pourquoi le témoin ne répond-il pas à l'appel? demanda le président.

— Citoyen président, dit Fouquier-Tinville, sur une dénonciation récente le témoin a été arrêté à son domicile; on va l'amener à l'instant.

Maurice tressaillit.

— Il y avait un autre témoin plus important, continua Fouquier; mais celui-là on n'a pas pu le trouver encore.

Dixmer se retourna en souriant vers Maurice : peut-être la même idée qui avait passé dans la tête de l'amant passait-elle à son tour dans la tête du mari.

Geneviève pâlit et s'affaissa sur elle-même en poussant un gémissement.

En ce moment Lorin entra suivi de deux gendarmes.

Après lui, et par la même porte, apparut Simon, qui vint s'asseoir dans le prétoire en habitué de la localité.

— Vos nom et prénoms? demanda le président.

— Maximilien-Jean Lorin.

— Votre état?

— Homme libre.

— Tu ne le seras pas longtemps, dit Simon en lui montrant le poing.

— Êtes-vous parent de la prévenue?

— Non, mais j'ai l'honneur d'être de ses amis.

— Saviez-vous qu'elle conspirât l'enlèvement de la reine?

— Comment voulez-vous que je susse cela?

— Elle pouvait vous l'avoir confié.

— A moi, membre de la section des Thermopyles?... Allons donc!

— On vous a vu cependant quelquefois avec elle.

— On a dû m'y voir souvent même.

— Vous la connaissiez pour une aristocrate?

— Je la connaissais pour la femme d'un maître tanneur.

— Son mari n'exerçait pas en réalité l'état sous lequel il se cachait?

— Ah! cela je l'ignore; son mari n'est pas de mes amis.

— Parlez-nous de ce mari.

— Oh! très-volontiers! C'est un vilain homme...

— Monsieur Lorin, dit Geneviève; par pitié!..

Lorin continua impassiblement.

— Qui a sacrifié la pauvre femme que vous avez devant les yeux pour satisfaire, non pas même à ses opinions politiques, mais à ses haines personnelles; pouah! je le mets presque aussi bas que Simon.

Dixmer devint livide : Simon voulut parler, mais d'un geste le président lui imposa silence.

— Vous paraissez connaître parfaitement toute cette histoire, citoyen Lorin, dit Fouquier, contez-nous-la.

— Pardon, citoyen Fouquier, dit Lorin en se levant, j'ai dit tout ce que j'en savais.

Il salua et se rassit.

— Citoyen Lorin, continua l'accusateur, il est de ton devoir d'éclairer le tribunal.

— Qu'il s'éclaire avec ce que je viens de dire. Quant à cette pauvre femme, je le répète, elle n'a fait qu'obéir à la violence. Eh! tenez, regardez-la seulement, est-elle taillée en conspiratrice? On l'a forcée de faire ce qu'elle a fait, voilà tout.

— Tu le crois?

— J'en suis sûr.

— Au nom de la loi, dit Fouquier, je requiers que le témoin Lorin soit traduit devant le tribunal comme prévenu de complicité avec cette femme.

Maurice poussa un gémissement.

Geneviève cacha son visage dans ses deux mains.

Simon s'écria dans un transport de joie :

— Citoyen accusateur, tu viens de sauver la patrie!

Quant à Lorin, sans rien répondre, il enjamba la balustrade, pour venir s'asseoir près de Geneviève, lui prit la main, et la baisant respectueusement :

— Bonjour, citoyenne, dit-il avec un flegme qui électrisa l'assemblée. Comment vous portez-vous?

Et il s'assit au banc des accusés.

CHAPITRE LII.

SUITE DU PRÉCÉDENT.

Toute cette scène avait passé comme une vision fantasmagorique devant Maurice, appuyé sur la poignée de son sabre, qui ne le quittait pas; il voyait tomber un à un ses amis dans le gouffre qui ne rend pas ses victimes, et cette image mortelle était pour lui si frappante, qu'il se demandait pourquoi lui, le compagnon de ces infortunés, se cramponnait encore au bord du précipice, et ne se laissait point aller au vertige qui l'entraînait avec eux.

En enjambant la balustrade, Lorin avait vu la figure sombre et railleuse de Dixmer.

Lorsqu'il se fut placé près d'elle, comme nous l'avons dit, Geneviève se pencha à son oreille.

— Oh ! mon Dieu ! dit-elle, savez-vous que Maurice est là ?

— Où donc ?

— Ne regardez pas tout de suite ; votre regard pourrait le perdre.

— Soyez tranquille.

— Derrière nous, près de la porte. Quelle douleur pour lui si nous sommes condamnés !

Lorin regarda la jeune femme avec une tendre compassion.

— Nous le serons, dit-il, je vous conjure de ne pas en douter. La déception serait trop cruelle si vous aviez l'imprudence d'espérer.

— Oh ! mon Dieu ! dit Geneviève. Pauvre ami qui restera seul sur la terre !

Lorin se retourna alors vers Maurice, et Geneviève, n'y pouvant résister, jeta de son côté un regard rapide sur le jeune homme.

Maurice avait les yeux fixés sur eux, et il appuyait une main sur son cœur.

— Il y a un moyen de vous sauver, dit Lorin.

— Sûr ! demanda Geneviève, dont les yeux étincelèrent de joie.

— Oh ! de celui-là, j'en réponds.

— Si vous me sauviez, Lorin, comme je vous bénirais !

— Mais ce moyen... reprit le jeune homme.

Geneviève lut son hésitation dans ses yeux.

— Vous l'avez donc vu, vous aussi ? dit-elle.

— Oui, je l'ai vu. Voulez-vous être sauvée ? qu'il descende à son tour dans le fauteuil de fer, et vous l'êtes.

Dixmer devina sans doute à l'expression du regard de Lorin quelles étaient les paroles qu'il prononçait, car il pâlit d'abord ; mais bientôt il reprit son calme sombre et son sourire infernal.

— C'est impossible, dit Geneviève ; je ne pourrais plus le haïr.

— Dites qu'il connaît votre générosité, et qu'il vous brave.

— Sans doute, car il est sûr de lui, de moi, de nous tous.

— Geneviève, Geneviève, je suis moins parfait que vous ; laissez-moi l'entraîner, et qu'il périsse.

— Non, Lorin, je vous en conjure, rien de commun avec cet homme, pas même la mort ; il me semble que je serais infidèle à Maurice si je mourais avec Dixmer.

— Mais vous ne mourrez pas, vous.

— Le moyen de vivre quand il sera mort ?

— Ah ! dit Lorin, que Maurice a raison de vous aimer ! Vous êtes un ange, et la patrie des anges est au ciel. Pauvre cher Maurice !

Cependant Simon, qui ne pouvait entendre ce que disaient les deux accusés, dévorait du regard leur physionomie à défaut de leurs paroles.

— Citoyen gendarme, dit-il, empêche donc les conspirateurs de continuer leurs complots contre la République jusque dans le tribunal révolutionnaire.

— Bon, répondit le gendarme, tu sais bien, citoyen Simon, qu'on ne conspire plus ici, ou que, si l'on y conspire, ce n'est point pour longtemps. Ils causent, les citoyens, et, puisque la loi ne défend pas de causer dans la charrette, pourquoi défendrait-elle de causer au tribunal ?

Ce gendarme, c'était Gilbert, qui, ayant reconnu la prisonnière faite par lui dans le cachot de la reine, témoignait avec sa probité ordinaire l'intérêt qu'il ne pouvait s'empêcher d'accorder au courage et au dévouement.

Le président avait consulté ses assesseurs ; sur l'invitation de Fouquier-Tinville, il commença les questions :

— Accusé Lorin, demanda-t-il, de quelle nature étaient vos relations avec la citoyenne Dixmer ?

— Citoyen Lorin, dit Fouquier-Tinville, ta rime est mauvaise.

— De quelle nature, citoyen président?
— Oui.

— L'amitié la plus pure unissait nos deux cœurs.
Elle m'aimait en frère et je l'aimais en sœur.

— Citoyen Lorin, dit Fouquier-Tinville, ta rime est mauvaise.
— Comment cela? demanda Lorin.
— Sans doute, il y a un *s* de trop.
— Coupe, citoyen accusateur, coupe, c'est ton état.

Le visage impassible de Fouquier-Tinville pâlit légèrement à cette terrible plaisanterie.
— Et de quel œil, demanda le président, le citoyen Dixmer voyait-il la liaison d'un homme, qui se prétendait républicain, avec sa femme?
— Oh! quant à cela je ne puis vous le dire, déclarant n'avoir jamais connu le citoyen Dixmer et en être parfaitement satisfait.
— Mais, reprit Fouquier-Tinville, tu ne dis pas que ton ami, le citoyen Maurice Lindey, était entre toi et l'accusée le nœud de cette amitié si pure?
— Si je ne le dis pas, répondit Lorin, c'est qu'il

Maurice toucha l'épaule de Dixmer. — Page 210.

me semble que c'est mal de le dire, et je trouve même que vous auriez dû prendre exemple sur moi.

— Les citoyens jurés, dit Fouquier-Tinville, apprécieront cette singulière alliance de deux républicains avec une aristocrate, et dans le moment même où cette aristocrate est convaincue du plus noir complot qu'on ait tramé contre la nation.

— Comment aurais-je su ce complot dont tu parles, citoyen accusateur? demanda Lorin, révolté plutôt qu'effrayé de la brutalité de l'argument.

— Vous connaissiez cette femme, vous étiez son ami, elle vous appelait son frère, vous l'appeliez votre sœur, et vous ne connaissiez pas ses démarches? Est-il donc possible, comme vous l'avez dit vous-même, dit le président, qu'elle ait perpétré seule l'action qui lui est imputée?

— Elle ne l'a pas perpétrée seule, reprit Lorin en se servant des mots techniques employés par le président, puisqu'elle vous a dit, puisque je vous ai dit et puisque je vous répète que son mari l'y poussait.

— Alors comment ne connaissais-tu pas le mari, dit Fouquier-Tinville, puisque le mari était uni avec la femme?

Lorin n'avait qu'à raconter la première disparition de Dixmer; Lorin n'avait qu'à dire les amours de Geneviève et de Maurice; Lorin n'avait enfin qu'à faire connaître la façon dont le mari avait enlevé et caché sa femme dans une retraite impénétrable, pour se disculper de toute connivence en dissipant toute obscurité.

Mais, pour cela, il fallait trahir le secret de ses deux amis, pour cela il fallait faire rougir Geneviève devant cinq cents personnes. Lorin secoua la tête comme pour se dire non à lui-même.

— Eh bien! demanda le président, que répondrez-vous au citoyen accusateur?

— Que sa logique est écrasante, dit Lorin, et qu'il m'a convaincu d'une chose dont je ne me doutais même pas.

— Laquelle?

— C'est que je suis, à ce qu'il paraît, un des plus affreux conspirateurs qu'on ait encore vus.

Cette déclaration souleva une hilarité universelle. Les jurés eux-mêmes n'y purent tenir, tant ce jeune homme avait prononcé ces paroles avec l'intonation qui leur convenait.

Fouquier sentit toute la raillerie; et comme, dans son infatigable persévérance, il en était arrivé à connaître tous les secrets des accusés aussi bien que les accusés eux-mêmes, il ne put se défendre envers Lorin d'un sentiment d'admiration compatissante.

— Voyons, dit-il, citoyen Lorin, parle, défends-toi. Le tribunal t'écoutera, car il connaît ton passé, et ton passé est celui d'un brave républicain.

Simon voulut parler; le président lui fit signe de se taire.

— Parle, citoyen Lorin, dit-il, nous t'écoutons.

Lorin secoua de nouveau la tête.

— Ce silence est un aveu, reprit le président.

— Non pas, dit Lorin, ce silence est du silence, voilà tout.

— Encore une fois, dit Fouquier-Tinville, veux-tu parler?

Lorin se retourna vers l'auditoire, pour interroger des yeux Maurice sur ce qu'il avait à faire.

Maurice ne fit point signe à Lorin de parler, et Lorin se tut.

C'était se condamner soi-même.

Ce qui suivit fut d'une exécution rapide.

Fouquier résuma son accusation; le président résuma les débats; les jurés allèrent aux voix et rapportèrent un verdict de culpabilité contre Lorin et Geneviève.

Le président les condamna tous les deux à la peine de mort.

Deux heures sonnaient à la grande horloge du Palais.

Le président mit juste autant de temps pour prononcer la condamnation que l'horloge à sonner.

Maurice écouta ces deux bruits confondus l'un dans l'autre. Quand la double vibration de la voix et du timbre fut éteinte, ses forces étaient épuisées.

Les gendarmes emmenèrent Geneviève et Lorin, qui lui avait offert son bras.

Tous deux saluèrent Maurice d'une façon bien différente : Lorin souriait; Geneviève, pâle et défaillante, lui envoya un dernier baiser sur ses doigts trempés de larmes.

Elle avait conservé l'espoir de vivre jusqu'au dernier moment, et elle pleurait non pas sa vie, mais son amour, qui allait s'éteindre avec sa vie.

Maurice, à moitié fou, ne répondit point à cet adieu de ses amis; il se releva pâle, égaré, du banc sur lequel il s'était affaissé. Ses amis avaient disparu.

Il sentit qu'une seule chose vivait encore en lui : c'était la haine qui lui mordait le cœur.

Il jeta un dernier regard autour de lui et reconnut Dixmer, qui s'en allait avec d'autres spectateurs, et qui se baissait pour passer sous la porte cintrée du couloir.

Avec la rapidité du ressort qui se détend, Maurice bondit de banquettes en banquettes et parvint à la même porte.

Dixmer l'avait déjà franchie : il descendait dans l'obscurité du corridor.

Maurice descendit derrière lui.

Au moment où Dixmer toucha du pied les dalles de la grande salle, Maurice toucha l'épaule de Dixmer de la main.

CHAPITRE LIII.

LE DUEL.

 cette époque, c'était toujours une chose grave que de se sentir toucher à l'épaule.

Dixmer se retourna et reconnut Maurice.

— Ah! bonjour, citoyen républicain, fit Dixmer sans témoigner d'autre émotion qu'un tressaillement imperceptible qu'il réprima aussitôt.

— Bonjour, citoyen lâche! répondit Maurice; vous m'attendiez, n'est-ce pas?

— C'est-à-dire que je ne vous attendais plus, au contraire, répondit Dixmer.

— Pourquoi cela?

— Parce que je vous attendais plus tôt.

— J'arrive encore trop tôt pour toi, assassin, ajouta Maurice avec une voix ou plutôt avec un murmure effrayant, car il était le grondement de l'orage amassé dans son cœur, comme son regard en était l'éclair.

— Vous me jetez du feu par les yeux, citoyen, reprit Dixmer. On va nous reconnaître et nous suivre.

— Oui, et tu crains d'être arrêté, n'est-ce pas? tu crains d'être conduit à cet échafaud où tu envoies les autres! Qu'on nous arrête, tant mieux, car il me semble qu'il manque aujourd'hui un coupable à la justice nationale.

— Comme il manque un nom sur la liste des gens d'honneur, n'est-ce pas? depuis que le vôtre en a disparu.

— C'est bien! nous reparlerons de tout cela, je l'espère; mais, en attendant, vous vous êtes vengé, et misérablement vengé, sur une femme. Pourquoi, puisque vous m'attendiez quelque part, ne m'attendiez-vous pas chez moi le jour où vous m'avez volé Geneviève?

— Je croyais que le premier voleur, c'était vous.

— Allons, pas d'esprit, monsieur, je ne vous en ai jamais connu; pas de mots, je vous sais plus fort sur l'action que sur la parole, témoin le jour où vous avez voulu m'assassiner: ce jour-là le naturel parlait.

— Et je me suis fait plus d'une fois le reproche de ne l'avoir point écouté, répondit tranquillement Dixmer.

— Eh bien! dit Maurice en frappant sur son sabre, je vous offre une revanche.

— Demain, si vous voulez, pas aujourd'hui.

— Pourquoi demain?

— Ou ce soir.

— Pourquoi pas tout de suite?

— Parce que j'ai affaire jusqu'à cinq heures.

— Encore quelque hideux projet, dit Maurice, encore quelque guet-apens!

— Ah çà! monsieur Maurice, reprit Dixmer, vous êtes bien peu reconnaissant, en vérité. Comment! pendant six mois je vous ai laissé filer le parfait amour avec ma femme; pendant six mois j'ai respecté vos rendez-vous, laissé passer vos sourires. Jamais homme, convenez-en, n'a été si peu tigre que moi.

— C'est-à-dire que tu croyais que je pouvais t'être utile, et que tu me ménageais.

— Sans doute! répondit avec calme Dixmer, qui se dominait autant que s'emportait Maurice. Sans doute! tandis que vous trahissiez votre République et que vous me la vendiez pour un regard de ma femme; pendant que vous vous déshonoriez, vous par votre trahison, elle par son amour adultère, j'étais, moi, le sage et le héros. J'attendais et je triomphais.

— Horreur! dit Maurice.

— Oui, n'est-ce pas? vous appréciez votre conduite, monsieur! Elle est horrible! elle est infâme!

— Vous vous trompez, monsieur, la conduite que j'appelle horrible et infâme c'est celle de l'homme à qui l'honneur d'une femme avait été confié, qui avait juré de garder cet honneur pur et intact, et qui, au lieu de tenir son serment, a fait de sa beauté l'amorce honteuse où il a pris le faible cœur. Vous aviez, avant toute chose, pour devoir sacré, de protéger cette femme, monsieur, et, au lieu de la protéger, vous l'avez vendue.

— Ce que j'avais à faire, monsieur, répondit Dixmer, je vais vous le dire; j'avais à sauver mon ami, qui soutenait avec moi une cause sacrée. De même que j'ai sacrifié mes biens à cette cause, je lui ai sacrifié mon honneur. Quant à moi, je me suis complétement oublié, complétement effacé. Je n'ai songé à moi qu'en dernier lieu. Maintenant, plus d'ami : mon ami est mort poignardé; maintenant, plus de reine : ma reine est morte sur l'échafaud; maintenant, eh bien! maintenant, je songe à ma vengeance.

— Dites à votre assassinat.

— On n'assassine pas une adultère en la frappant : on la punit.

— Cet adultère, vous le lui avez imposé, donc il était légitime.

— Vous croyez? fit Dixmer avec un sombre sourire. Demandez à ses remords si elle croit avoir agi légitimement?

— Celui qui punit frappe au jour; toi, tu ne punis pas, puisqu'en frappant tu fuis, puisqu'en jetant sa tête à la guillotine, tu te caches.

— Moi, je fuis! moi, je me cache! et où vois-tu cela, pauvre cervelle que tu es? demanda Dixmer, est-ce se cacher que d'assister à sa condamnation? est-ce fuir que d'aller jusque dans la salle des Morts lui jeter mon dernier adieu?

— Tu vas la revoir! s'écria Maurice, tu vas lui dire adieu!

— Allons, répondit Dixmer en haussant les épaules, décidément tu n'es pas expert en vengeance, citoyen Maurice. Ainsi, à ma place, tu serais satisfait en abandonnant les événements à leur seule force, les circonstances à leur seul entraînement; ainsi, par exemple, la femme adultère ayant mérité la mort, du moment où je la punis de mort, je suis quitte envers elle, ou plutôt elle est quitte envers moi? Non, citoyen Maurice, j'ai trouvé mieux que cela, moi : j'ai trouvé un moyen de rendre à cette femme tout le mal qu'elle m'a fait. Elle t'aime, et elle va mourir loin de toi; elle me déteste, et elle va me revoir. Tiens, ajouta-t-il en tirant un portefeuille de sa poche; vois-tu ce portefeuille? il renferme une carte signée du greffier du Palais. Avec cette carte, je puis pénétrer près des condamnés; eh bien! je pénétrerai près de Geneviève et je l'appellerai adultère; je verrai tomber ses cheveux sous la main du bourreau, et, tandis que ses cheveux tomberont, elle entendra ma voix qui répétera : Adultère! Je l'accompagnerai jusqu'à la charrette, et, quand elle posera le pied sur l'échafaud, le dernier mot qu'elle entendra sera le mot : Adultère!

— Prends garde! elle n'aura pas la force de supporter tant de lâchetés, et elle te dénoncera

— Non! dit Dixmer, elle me hait trop pour cela; si elle avait dû me dénoncer, elle m'eût dénoncé quand ton ami lui en donnait le conseil tout bas; puisqu'elle ne m'a pas dénoncé pour sauver sa vie, elle ne me dénoncera point pour mourir avec moi; car elle sait bien que, si elle me dénonçait, je ferais retarder son supplice d'un jour; elle sait bien que si elle me dénonçait, j'irais avec elle, non-seulement jusqu'au bas des degrés du Palais, mais encore jusqu'à l'échafaud; car elle sait bien qu'au lieu de l'abandonner au pied de l'escabeau je monterais avec elle dans la charrette; car elle sait bien que tout le long du chemin je lui répéterais ce mot terrible : Adultère! que sur l'échafaud je le lui répéterais toujours, et qu'au moment où elle tomberait dans l'éternité l'accusation y tomberait avec elle.

Dixmer était effrayant de colère et de haine; sa main avait saisi la main de Maurice et la secouait avec une force inconnue au jeune homme, sur lequel un effet contraire s'opérait. A mesure que s'exaltait Dixmer, Maurice se calmait.

— Écoute, dit le jeune homme, à cette vengeance il manque une chose.

— Laquelle?

— C'est que tu puisses lui dire, en sortant du tribunal, j'ai rencontré ton amant et je l'ai tué.

— Au contraire, j'aime mieux lui dire que tu vis, et que tout le reste de ta vie tu souffriras du spectacle de sa mort.

— Tu me tueras cependant, dit Maurice; ou, ajouta-t-il en regardant autour de lui et en se voyant à peu près maître de la position, c'est moi qui te tuerai.

Et, pâle d'émotion, exalté par la colère, sentant sa force doublée de la contrainte qu'il s'était imposée pour entendre Dixmer dérouler jusqu'au bout son terrible projet, il le saisit à la gorge et l'attira à lui tout en marchant à reculons vers un escalier qui conduisait à la berge de la rivière.

Au contact de cette main, Dixmer à son tour sentit la haine monter en lui comme une lave.

— C'est bien, dit-il, tu n'as pas besoin de me traîner de force, j'irai.

— Viens donc, tu es armé

— Je te suis.

— Non, précède-moi; mais, je t'en préviens, au moindre signe, au moindre geste, je te fends la tête d'un coup de sabre.

— Oh! tu sais bien que je n'ai pas peur, dit Dixmer avec ce sourire que la pâleur de ses lèvres rendait si effrayant.

— Peur de mon sabre, non, murmura Maurice, mais peur de perdre ta vengeance. Et cependant, ajouta-t-il, maintenant que nous voilà face à face, tu peux lui dire adieu.

En effet, ils étaient arrivés au bord de l'eau, et, si le regard pouvait encore les suivre où ils étaient, nul ne pouvait arriver assez à temps pour empêcher le duel d'avoir lieu.

D'ailleurs, une égale colère dévorait les deux hommes

Tout en parlant ainsi, ils étaient descendus par le petit escalier qui donne sur la place du Palais, et ils avaient gagné le quai à peu près désert; car, comme les condamnations continuaient, attendu qu'il était deux heures à peine, la foule encombrait encore le prétoire, les corridors et les cours, et Dixmer paraissait avoir aussi soif du sang de Maurice que Maurice avait soif du sang de Dixmer.

Ils s'enfoncèrent alors sous une de ces voûtes qui conduisent des cachots de la Conciergerie à la rivière, égouts infects aujourd'hui, et qui jadis, sanglants, charrièrent plus d'une fois les cadavres loin des oubliettes.

Maurice se plaça entre l'eau et Dixmer.

— Je crois, décidément, que c'est moi qui te tuerai, Maurice, dit Dixmer; tu trembles trop.

— Et moi, Dixmer, dit Maurice en mettant le sabre à la main, et en lui fermant avec soin toute retraite, je crois, au contraire, que c'est moi qui te tuerai, et qui, après t'avoir tué, prendrai dans ton portefeuille le laissez-passer du greffier du Palais. Oh! tu as beau boutonner ton habit, va; mon sabre l'ouvrira, je t'en réponds, fût-il d'airain comme les cuirasses antiques

— Ce papier, hurla Dixmer, tu le prendras?

— Oui, dit Maurice, c'est moi qui m'en servirai de ce papier; c'est moi qui, avec ce papier, entrerai près de Geneviève, c'est moi qui m'assiérai près d'elle sur la charrette, c'est moi qui murmurerai à son oreille tant qu'elle vivra : *Je t'aime*; et, quand tombera sa tête : *Je t'aimais*.

Dixmer fit un mouvement de la main gauche pour saisir le papier de sa main droite, et le lancer avec le portefeuille dans la rivière. Mais, rapide comme la foudre, tranchant comme une hache, le sabre de Maurice s'abattit sur cette main et la sépara presque entièrement du poignet.

Le blessé jeta un cri, tout en secouant sa main mutilée, et tomba en garde.

Alors commença sous cette voûte perdue et ténébreuse un combat terrible; les deux hommes, renfermés dans un espace si étroit, que les coups pour ainsi dire ne pouvaient s'écarter de la ligne du corps, glissaient sur la dalle humide et se retenaient difficilement aux parois de l'égout; les attaques se multipliaient en raison de l'impatience des combattants.

Dixmer sentait son sang couler et comprenait que ses forces allaient s'en aller avec son sang, il chargea Maurice avec une telle violence, que celui-ci fut obligé de faire un pas en arrière. En rompant, son pied gauche glissa et la pointe du sabre de son ennemi entama sa poitrine. Mais, par un mouvement rapide comme la pensée, tout agenouillé qu'il était, il releva la lame avec sa main gauche, et tendit la pointe à Dixmer, qui, lancé par sa colère, lancé par son mouvement sur un sol incliné, vint tomber sur son sabre et s'enferra lui-même.

On entendit une imprécation terrible : puis les deux corps roulèrent jusque hors de la voûte.

Un seul se releva : c'était Maurice, Maurice couvert de sang, mais du sang de son ennemi.

Il retira son sabre à lui, et, à mesure qu'il le retirait, il semblait avec la lame aspirer le reste de vie qui agitait encore d'un frissonnement nerveux les membres de Dixmer.

Puis, lorsqu'il se fut bien assuré qu'il était mort, il se pencha sur le cadavre, ouvrit l'habit du mort, prit le portefeuille et s'éloigna rapidement.

En jetant les yeux sur lui, il vit qu'il ne ferait pas quatre pas dans la rue sans être arrêté : il était couvert de sang.

Il s'approcha du bord de l'eau, se pencha vers le fleuve et y lava ses mains et son habit.

Puis, il remonta rapidement l'escalier en jetant un dernier regard vers la voûte.

Un filet rouge et fumant en sortait et s'avançait ruisselant vers la rivière.

Arrivé près du Palais, il ouvrit le portefeuille et y trouva le laissez-passer signé du greffier du Palais.

— Merci, Dieu juste! murmura-t-il.

Et il monta rapidement les degrés qui conduisaient à la salle des Morts.

Trois heures sonnaient.

CHAPITRE LIV.

LA SALLE DES MORTS.

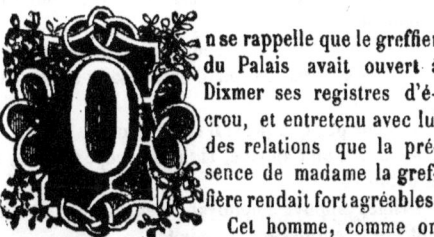

On se rappelle que le greffier du Palais avait ouvert à Dixmer ses registres d'écrou, et entretenu avec lui des relations que la présence de madame la greffière rendait fort agréables.

Cet homme, comme on le pense bien, entra dans des terreurs effroyables lorsque vint la révélation du complot de Dixmer.

Il ne s'agissait, en effet, pour lui, de rien moins que de paraître complice de son faux collègue, et d'être condamné à mort avec Geneviève.

Fouquier-Tinville l'avait appelé devant lui.

On comprend quel mal s'était donné le pauvre homme pour établir son innocence aux yeux de l'accusateur public; il y avait réussi, grâce aux aveux de Geneviève, qui établissaient son ignorance des projets de son mari. Il y avait réussi, grâce à la fuite de Dixmer; il y avait réussi surtout grâce à l'intérêt de Fouquier-Tinville, qui voulait conserver son administration pure de toute tache.

— Citoyen, avait dit le greffier en se jetant à ses genoux, pardonne-moi, je me suis laissé tromper.

— Citoyen, avait répondu l'accusateur public, un employé de la nation qui se laisse tromper dans des temps comme ceux-ci mérite d'être guillotiné.

— Mais on peut être bête, citoyen, reprit le greffier, qui mourait d'envie d'appeler Fouquier-Tinville monseigneur.

— Bête ou non, reprit le rigide accusateur, nul ne doit se laisser endormir dans son amour pour la république. Les oies du Capitole aussi étaient des bêtes, et cependant elles se sont réveillées pour sauver Rome.

Le greffier n'avait rien à répliquer à un pareil argument; il poussa un gémissement et attendit.

— Je te pardonne, dit Fouquier. Je te défendrai même, car je ne veux pas qu'un de mes employés soit même soupçonné; mais souviens-toi qu'au moindre mot qui reviendra à mes oreilles, au moindre souvenir de cette affaire, tu y passeras.

Il n'est pas besoin de dire avec quel empressement et quelle sollicitude le greffier s'en alla trouver les journaux, toujours empressés de dire ce qu'ils savent, et quelquefois ce qu'ils ne savent pas, dussent-ils faire tomber la tête de dix hommes.

Il chercha partout Dixmer pour lui recommander le silence, mais Dixmer avait tout naturellement changé de domicile, et il ne put le retrouver.

Geneviève fut amenée sur le fauteuil des accusés, mais elle avait déjà déclaré, dans l'instruction, que ni elle ni son mari n'avaient aucun complice.

Aussi, comme il remercia des yeux la pauvre femme quand il la vit passer devant lui pour se rendre au tribunal!

Seulement, comme elle venait de passer, et qu'il était rentré un instant dans le greffe pour y prendre un dossier que réclamait le citoyen Fouquier-Tinville, il vit tout à coup apparaître Dixmer, qui s'avança vers lui d'un pas calme et tranquille.

Cette vision le pétrifia.

— Oh! fit-il, comme s'il eût aperçu un spectre.

— Est-ce que tu ne me reconnais pas? demanda le nouvel arrivant.

— Si fait. Tu es le citoyen Durand, ou plutôt le citoyen Dixmer.

— C'est cela.

— Mais tu es mort, citoyen?

— Pas encore, comme tu vois.

— Je veux dire qu'on va t'arrêter.

— Qui veux-tu qui m'arrête? personne ne me connaît.

— Mais je te connais moi, et je n'ai qu'un mot à dire pour te faire guillotiner.

— Et moi je n'ai qu'à en dire deux pour qu'on te guillotine avec moi.

— C'est abominable, ce que tu dis là!

— Non, c'est logique.

— Mais de quoi s'agit-il? Voyons, parle! dépêche-toi, car moins longtemps nous causerons ensemble, moins nous courrons de danger l'un et l'autre.

— Voici. Ma femme va être condamnée, n'est-ce pas?

— J'en ai grand'peur! pauvre femme!

— Eh bien! je désire la voir une dernière fois pour lui dire adieu!

— Où cela?

— Dans la salle des Morts!

— Tu oseras entrer là?

— Pourquoi pas?

— Oh! fit le greffier comme un homme à qui cette seule pensée fait venir la chair de poule.

— Il doit y avoir un moyen? continua Dixmer.

— D'entrer dans la salle des Morts? oui, sans doute.

— Lequel?

— C'est de se procurer une carte.

— Et où se procure-t-on ces cartes?

Le greffier pâlit affreusement, et balbutia :

— Ces cartes, où on se les procure, vous demandez?

— Je demande où on se les procure, répondit Dixmer; la qu stion est claire, je pense.

— On se les procure... ici.

— Ah! vraiment! et qui les signe d'habitude?

— Le greffier.

— Mais le greffier, c'est toi!

— Sans doute, c'est moi.

— Tiens, comme cela tombe! reprit Dixmer en s'asseyant; tu vas me signer une carte.

Le greffier fit un bond.

— Tu me demandes ma tête, citoyen, dit-il.

— Eh non! je te demande une carte, voilà tout.

— Je vais te faire arrêter, malheureux! dit le greffier, rappelant toute son énergie.

— Fais, dit Dixmer; mais à l'instant même je te dénonce comme mon complice, et, au lieu de me laisser aller tout seul dans la fameuse salle, tu m'y accompagneras

Le greffier pâlit

— Ah! scélérat! dit-il!

— Il n'y a pas de scélérat là-dedans, reprit Dixmer; j'ai besoin de parler à ma femme, et je te demande une carte pour arriver jusqu'à elle.

— Voyons, est-ce donc si nécessaire que tu lui parles?

— Il paraît, puisque je risque ma tête pour y parvenir.

La raison parut plausible au greffier. Dixmer vit qu'il était ébranlé.

— Allons, dit-il, rassure-toi, on n'en saura rien. Que diable! il doit se présenter parfois des cas pareils à celui où je me trouve.

— C'est rare. Il n'y a pas grande concurrence.

— Eh bien! voyons, arrangeons cela autrement.

— Si c'est possible, je ne demande pas mieux.

— C'est on ne peut plus possible. Entre par la porte des condamnés : par cette porte-là il ne faut pas de carte; et puis, quand tu auras parlé à ta femme, tu m'appelleras et je te ferai sortir.

— Pas mal! fit Dixmer, malheureusement il y a une histoire qui court la ville

— Laquelle?

— L'histoire d'un pauvre bossu qui s'est trompé de porte, et qui, croyant entrer aux archives, est entré dans la salle dont nous parlons. Seulement, comme il y était entré par la porte des condamnés, au lieu d'y entrer par la grande porte; comme il n'avait pas de carte pour faire reconnaître son identité, une fois entré on n'a pas voulu le laisser sortir. On lui a soutenu que, puisqu'il était entré par la porte des autres condamnés, il était condamné comme les autres. Il a eu beau protester, jurer, appeler, personne ne l'a cru, personne n'est venu à son aide, personne ne l'a fait sortir. De sorte que, malgré ses protestations, ses serments, ses cris, l'exécuteur lui a d'abord coupé ses cheveux, et ensuite le cou. L'anecdote est-elle vraie, citoyen greffier? tu dois le savoir mieux que personne.

— Hélas! oui, elle est vraie! dit le greffier tout tremblant.

— Eh bien! tu vois donc qu'avec de pareils antécédents je serais un fou d'entrer sans carte dans un pareil coupe-gorge.

— Mais puisque je serai là, je te dis!

— Et si l'on t'appelle, si tu es occupé ailleurs, si tu oublies?

Dixmer appuya impitoyablement sur le dernier mot : Si tu oublies que je suis là?

— Mais puisque je te promets...

— Non, d'ailleurs, cela te compromettrait; on te verrait me parler; et puis, enfin, cela ne me convient pas. Ainsi j'aime mieux une carte.

— Impossible.

— Alors, cher ami, je parlerai, et nous irons faire un tour ensemble à la place de la Révolution.

Le greffier, ivre, étourdi, à demi mort, signa un laissez-passer pour un *citoyen*.

Dixmer se jeta dessus et sortit précipitamment pour aller prendre, dans le prétoire, la place où nous l'avons vu.

On sait le reste.

De ce moment le greffier, pour éviter toute accusation de connivence, alla s'asseoir près de Fouquier-Tinville, laissant la direction de son greffe à son premier commis.

A trois heures dix minutes, Maurice, muni de la carte, traversa une haie de guichetiers et de gendarmes, et arriva sans encombre à la porte fatale.

Quand nous disons fatale, nous exagérons, car il y avait deux portes. La grande porte, par laquelle entraient et sortaient les porteurs de carte; et la porte des condamnés, par laquelle entraient ceux qui ne devaient sortir que pour marcher à l'échafaud.

La pièce dans laquelle venait de pénétrer Maurice était séparée en deux compartiments.

Dans l'un de ces compartiments siégeaient les employés chargés d'enregistrer les noms des arrivants; dans l'autre, meublée seulement de quelques bancs de bois, on déposait à la fois ceux qui venaient d'être arrêtés et ceux qui venaient d'être condamnés, ce qui était à peu près la même chose.

La salle était sombre, éclairée seulement par les vitres d'une cloison prise sur le greffe.

Une femme, vêtue de blanc et à demi évanouie, gisait dans un coin, adossée au mur.

Un homme était debout devant elle, les bras croisés, secouant de temps en temps la tête et hésitant

Autour de ces deux personnages on voyait remuer confusément les condamnés.

à lui parler, de peur de lui rendre le sentiment qu'elle paraissait avoir perdu.

Autour de ces deux personnages on voyait remuer confusément les condamnés, qui sanglotaient ou chantaient des hymnes patriotiques.

D'autres se promenaient à grands pas, comme pour fuir hors de la pensée qui les dévorait.

C'était bien l'antichambre de la mort, et l'ameublement le rendait digne de ce nom.

On voyait des bières, remplies de paille, s'entr'-ouvrir comme pour appeler les vivants : c'étaient des lits de repos, des tombeaux provisoires.

Une grande armoire s'élevait dans la paroi opposée au vitrage.

Un prisonnier l'ouvrit par curiosité et recula d'horreur.

Cette armoire renfermait les habits sanglants des suppliciés de la veille, et de longues tresses de cheveux pendaient çà et là ; c'étaient les pourboire du bourreau qui les vendait aux parents lorsque l'autorité ne lui enjoignait pas de brûler ces chères reliques.

Maurice, palpitant, hors de lui, eut à peine ouvert la porte, qu'il vit tout le tableau d'un coup d'œil.

— Tu es donc condamné aussi? dit-il à Maurice.

Il fit trois pas dans la salle et vint tomber aux pieds de Geneviève.

La pauvre femme poussa un cri que Maurice étouffa sur ses lèvres.

Lorin serrait, en pleurant, son ami dans ses bras; c'étaient les premières larmes qu'il eût versées.

Chose étrange, tous ces malheureux assemblés, qui devaient mourir ensemble, regardaient à peine le touchant tableau que leur offraient ces malheureux, leurs semblables.

Chacun avait trop de ses propres émotions pour prendre une part des émotions des autres.

Les trois amis demeurèrent un moment unis dans une étreinte muette, ardente et presque joyeuse.

Lorin se détacha le premier du groupe douloureux.

— Tu es donc condamné aussi? dit-il à Maurice.
— Oui, répondit celui-ci.
— Oh! bonheur! murmura Geneviève.

La joie des gens qui n'ont qu'une heure à vivre ne peut pas même durer autant que leur vie.

Maurice, après avoir contemplé Geneviève avec cet amour ardent et profond qu'il avait dans le cœur, après l'avoir remerciée de cette parole à la fois si égoïste et si tendre qui venait de lui échapper, se tourna vers Lorin.

— Maintenant, dit-il tout en enfermant dans sa main les deux mains de Geneviève, causons.

— Ah! oui, causons, répondit Lorin; mais s'il nous en reste le temps, c'est bien juste. Que veux-tu me dire, voyons?

— Tu as été arrêté à cause de moi, condamné à cause d'elle, n'ayant rien commis contre les lois; comme Geneviève et moi nous payons notre dette, il ne convient pas qu'on te fasse payer en même temps que nous.

— Je ne comprends pas

— Lorin, tu es libre

— Libre, moi? tu es fou! dit Lorin.

— Non, je ne suis pas fou; je te répète que tu es libre; tiens, voici un laissez-passer. On te demandera qui tu es; tu es employé au greffe des Carmes; tu es venu parler au citoyen greffier du Palais; tu lui as, par curiosité, demandé un laissez-passer pour voir les condamnés; tu les as vus, tu es satisfait et tu t'en vas.

— C'est une plaisanterie, n'est-ce pas?

— Non pas, mon cher ami, voici la carte, profite de l'avantage. Tu n'es pas amoureux, toi; tu n'as pas besoin de mourir pour passer quelques minutes de plus avec la bien-aimée de ton cœur, et ne pas perdre une seconde de son éternité.

— Eh bien! Maurice, dit Lorin, si l'on peut sortir d'ici, ce que je n'eusse jamais cru, je te jure, pourquoi ne fais-tu pas sauver madame d'abord? quant à toi, nous aviserons.

— Impossible, dit Maurice avec un affreux serrement de cœur: tiens, tu vois, il y a sur la carte un citoyen, et non une citoyenne; et d'ailleurs, Geneviève ne voudrait pas sortir en me laissant ici, vivre en sachant que je vais mourir.

— Eh bien! mais si elle ne le veut pas, pourquoi le voudrais-je, moi? tu crois donc que j'ai moins de courage qu'une femme?

— Non, mon ami, je sais, au contraire, que tu es le plus brave des hommes, mais rien au monde ne saurait excuser ton entêtement en pareil cas. Allons, Lorin, profite du moment et donne-nous cette joie suprême de te savoir libre et heureux.

— Heureux! s'écria Lorin, est-ce que tu plaisantes? heureux sans vous! Eh! que diable veux-tu que je fasse en ce monde sans vous, à Paris, hors de mes habitudes, ne plus vous voir, ne plus vous ennuyer de mes bouts-rimés, ah! pardieu non!

— Lorin, mon ami!

— Justement; c'est parce que je suis ton ami que j'insiste: avec la perspective de vous retrouver tous deux, si j'étais prisonnier comme je le suis, je renverserais des murailles; mais, pour me sauver d'ici tout seul, pour m'en aller par les rues le front courbé avec quelque chose comme un remords qui criera incessamment à mon oreille: Maurice! Geneviève!

pour passer dans certains quartiers et devant certaines maisons où j'ai vu vos personnes et où je ne verrai plus que vos ombres, pour en arriver enfin à exécrer ce cher Paris que j'aimais tant, ah! ma foi, non, et je trouve qu'on a eu raison de proscrire les rois, ne fût-ce qu'à cause du roi Dagobert.

— Et en quoi le roi Dagobert a-t-il rapport à ce qui se passe entre nous?

— En quoi? Cet affreux tyran ne disait-il pas au grand Eloi: « Il n'est si bonne compagnie qu'il ne faille quitter. » Eh bien! moi, je suis un républicain! et je dis: Rien ne doit nous faire quitter la bonne compagnie, même la guillotine; je me sens bien ici, et j'y reste.

— Pauvre ami! pauvre ami! dit Maurice.

Geneviève ne disait rien, mais elle le regardait avec des yeux baignés de larmes.

— Tu regrettes la vie, toi! dit Lorin.

— Oui, à cause d'elle!

— Et moi je ne la regrette à cause de rien; pas même à cause de la déesse Raison, laquelle, j'ai oublié de te faire part de cette circonstance, a eu dernièrement les torts les plus graves envers moi, ce qui ne lui donnera pas même la peine de se consoler comme l'autre Arthémise, l'ancienne; je m'en irai donc très-calme et très-facétieux, j'amuserai tous ces gredins qui courent après la charrette; je dirai un joli quatrain à M. Sanson, et bonsoir la compagnie... c'est-à-dire... attends donc.

Lorin s'interrompit.

— Ah! si fait, dit-il, si fait, je veux sortir; je savais bien que je n'aimais personne, mais j'oubliais que je haïssais quelqu'un; ta montre, Maurice, ta montre!

— Trois heures et demie.

— J'ai le temps, mordieu! j'ai le temps!

— Certainement, s'écria Maurice; il reste neuf accusés aujourd'hui, cela ne finira pas avant cinq heures; nous avons donc près de deux heures devant nous.

— C'est tout ce qu'il me faut; donne-moi ta carte et prête-moi vingt sous.

— Oh! mon Dieu! qu'allez-vous faire? murmura Geneviève.

Maurice lui serra la main; l'important pour lui, c'était que Lorin s rtît.

— J'ai mon idée, dit Lorin.

Maurice tira sa bourse de sa poche et la mit dans la main de son ami.

— Maintenant la carte, pour l'amour de Dieu. Je veux dire pour l'amour de l'Être éternel.

Maurice lui remit la carte.

Lorin baisa la main de Geneviève, et, profitant du moment où l'on amenait dans le greffe une fournée de condamnés, il enjamba les bancs de bois et se présenta à la grande porte.

— Eh! dit un gendarme, en voilà un qui se sauve, il me semble.

Lorin se redressa et présenta sa carte
— Tiens, dit-il, citoyen gendarme, apprends à mieux connaître les gens.

Le gendarme reconnut la signature du greffier, mais il appartenait à cette catégorie de fonctionnaires qui manquent généralement de confiance, et comme, juste en ce moment, le greffier descendait du tribunal avec un frisson qui ne l'avait point quitté depuis qu'il avait si imprudemment hasardé sa signature :

— Citoyen greffier, dit-il, voici un papier à l'aide duquel un particulier veut sortir de la salle des Morts; est-il bon, le papier?

Le greffier blêmit de frayeur, et, convaincu, s'il regardait, qu'il allait apercevoir la terrible figure de Dixmer, il se hâta de répondre en s'emparant de la carte.

— Oui, oui, c'est bien ma signature.

— Alors, dit Lorin, si c'est ta signature, rends-le-moi.

— Non pas, dit le greffier en le déchirant en mille morceaux, non pas! ces sortes de cartes ne peuvent servir qu'une fois

Lorin resta un moment irrésolu.

— Ah! tant pis, dit-il, mais avant tout il faut que je le tue.

Et il s'élança hors du greffe.

Maurice avait suivi Lorin avec une émotion facile à comprendre; dès que Lorin eut disparu :

—. Il est sauvé, dit-il à Geneviève avec une exaltation qui ressemblait à de la joie; on a déchiré sa carte, il ne pourra plus rentrer; puis, d'ailleurs, pût-il rentrer, la séance du tribunal va finir : à cinq heures il reviendra, nous serons morts.

Geneviève poussa un soupir et frissonna.

— Oh! presse-moi dans tes bras, dit-elle, et ne nous quittons plus. Pourquoi n'est-il pas possible, mon Dieu! qu'un même coup nous frappe, pour que nous exhalions ensemble notre dernier soupir!

Alors ils se retirèrent au plus profond de la salle obscure, Geneviève s'assit tout près de Maurice et lui passa ses deux bras autour du cou; ainsi enlacés, respirant le même souffle, éteignant d'avance en eux-mêmes le bruit et la pensée, ils s'engourdirent, à force d'amour, aux approches de la mort.

Une demi-heure se passa.

CHAPITRE LV.

POURQUOI LORIN ÉTAIT SORTI

Tout à coup un grand bruit se fit entendre : les gendarmes débouchèrent de la porte basse, derrière eux venaient Sanson et ses aides, qui portaient des paquets de cordes.

— Oh! mon ami, mon ami! dit Geneviève, voilà le moment fatal, je me sens défaillir.

— Et vous avez tort, dit la voix éclatante de Lorin :

> Vous avez tort, en vérité,
> Car la mort c'est la liberté!

— Lorin ! s'écria Maurice au désespoir.

— Ils ne sont pas bons, n'est-ce pas? je suis de ton avis; depuis hier je n'en fais que de pitoyables.

— Ah! il s'agit bien de cela. Tu es revenu, malheureux ! tu es revenu...

— C'étaient nos conventions, je pense? Écoute, car, aussi bien, ce que j'ai à dire t'intéresse ainsi que madame.

— Mon Dieu! mon Dieu!

— Laisse-moi donc parler, ou je n'aurai pas le temps de te conter la chose. Je voulais sortir pour acheter un couteau rue de la Barillerie.

— Que voulais-tu faire d'un couteau?

— J'en voulais tuer ce bon M. Dixmer.

Geneviève frissonna.

— Ah! fit Maurice, je comprends.

— Je l'ai acheté. Voilà ce que je me disais, et tu vas comprendre combien ton ami a l'esprit logique. Je commence à croire que j'aurais dû me faire mathématicien au lieu de me faire poëte. Malheureusement il est trop tard maintenant. Voilà donc ce que je me disais ; suis mon raisonnement : M. Dixmer a compromis sa femme; M. Dixmer est venu la voir juger; M. Dixmer ne se privera pas du plaisir de la voir passer en charrette, surtout nous l'accompagnant. Je vais donc le trouver au premier rang des spectateurs : je me glisserai près de lui; je lui dirai : Bonjour, monsieur Dixmer, et je lui planterai mon couteau dans le flanc.

— Lorin ! s'écria Geneviève.

— Rassurez-vous, chère amie, la Providence y avait mis bon ordre. Imaginez-vous que les spectateurs, au lieu de se tenir en face du Palais, comme c'est leur habitude, avaient fait demi-tour à droite et bordaient le quai. Tiens, me dis-je, c'est sans doute un chien qui se noie; pourquoi Dixmer ne serait-il pas là? Un chien qui se noie, ça fait toujours passer le temps. Je m'approche du parapet, et je vois tout le long de la berge un tas de gens qui levaient les bras en l'air et qui se baissaient pour regarder quelque chose à terre, en poussant des : hélas! à faire déborder la Seine. Je m'approche... ce quelque chose... devine qui c'était...

— C'était Dixmer, dit Maurice d'une voix sombre.

— Oui. Comment peux-tu deviner cela? Oui, Dixmer, cher ami, Dixmer, qui s'était ouvert le ventre tout seul; le malheureux s'est tué en expiation sans doute.

— Ah! dit Maurice avec un sombre sourire, c'est ce que tu as pensé?

Geneviève laissa tomber sa tête entre ses mains, elle était trop faible pour supporter tant d'émotions successives.

— Oui, j'ai pensé cela, attendu qu'on a retrouvé près de lui son sabre ensanglanté ; à moins que toutefois... il n'ait rencontré quelqu'un...

Maurice, sans rien dire, et profitant du moment où Geneviève, accablée, ne pouvait le voir, ouvrit son habit et montra à Lorin son gilet et sa chemise ensanglantés.

— Ah! c'est autre chose, dit Lorin.

Et il tendit la main à Maurice.

— Maintenant, dit-il en se penchant à l'oreille de Maurice, comme on ne m'a pas fouillé, attendu que je suis rentré en disant que j'étais de la suite de M. Sanson, j'ai toujours le couteau, si la guillotine te répugne.

Maurice s'empara de l'arme avec un mouvement de joie.

— Non, dit-il, elle souffrirait trop.

Et il rendit le couteau à Lorin.

— Tu as bien raison, dit celui-ci, vive la machine

L'un d'eux le prit....

de M. Guillotin! Qu'est-ce que la machine de M. Guillotin? Une chiquenaude sur le cou, comme l'a dit Danton. Qu'est-ce qu'une chiquenaude?

Et il jeta le couteau au milieu du groupe des condamnés.

L'un d'eux le prit, se l'enfonça dans la poitrine, et tomba mort sur le coup.

Au même moment Geneviève fit un mouvement et poussa un cri. Sanson venait de lui poser la main sur l'épaule

CHAPITRE LVI.

VIVE SIMON!

Au cri poussé par Geneviève, Maurice comprit que la lutte allait commencer.

L'amour peut exalter l'âme jusqu'à l'héroïsme; l'amour peut, contre l'instinct naturel, pousser une créature humaine à désirer la mort; mais il n'éteint pas en elle l'appréhension de la douleur. Il était évident que Geneviève acceptait plus patiemment et plus généreusement la mort depuis que Maurice mourait avec elle; mais la résignation n'exclut pas la souffrance : et sortir de ce monde, c'est non-seulement tomber dans cet abîme qu'on appelle l'inconnu, mais c'est souffrir en tombant.

Maurice embrassa d'un regard toute la scène présente, et d'une pensée toute celle qui allait suivre.

Au milieu de la salle, un cadavre de la poitrine duquel un gendarme, en se précipitant, avait arraché le couteau, de peur qu'il ne servît à d'autres.

Autour de lui, des hommes muets de désespoir et faisant à peine attention à lui, écrivant au crayon sur un portefeuille des mots sans suite, ou se serrant la main les uns aux autres : ceux-ci répétant sans relâche, et comme font les insensés, un nom chéri, ou mouillant de larmes un portrait, une bague, une tresse de cheveux; ceux-là vomissant de furieuses imprécations contre la tyrannie, mot banal toujours maudit par tout le monde tour à tour, et quelquefois même par les tyrans.

Au milieu de toutes ces infortunes, Sanson, appesanti moins encore par ses cinquante-quatre ans que par la gravité de son lugubre office; Sanson, aussi doux, aussi consolateur que sa terrible mission lui permettait de l'être, donnait à celui-ci un conseil, à celui-là un triste encouragement, et trouvait des paroles chrétiennes à répondre au désespoir comme à la bravade.

— Citoyenne, dit-il à Geneviève, il faudra ôter le fichu et relever ou couper les cheveux, s'il vous plaît.

Geneviève devint tremblante.

— Allons, mon amie, dit doucement Lorin, du courage!

— Puis-je relevé moi-même les cheveux de madame? demanda Maurice.

— Oh! oui, s'écria Geneviève, lui! je vous en supplie, monsieur Sanson.

— Faites, dit le vieillard en détournant la tête.

Maurice dénoua sa cravate tiède de la chaleur de son cou, Geneviève la baisa, et, se mettant à genoux devant le jeune homme, lui présenta cette tête charmante, plus belle dans sa douleur qu'elle n'avait jamais été dans sa joie.

Quand Maurice eut fini la funèbre opération, ses mains étaient si tremblantes, il y avait tant de douleur dans l'expression de son visage, que Geneviève s'écria :

— Oh! j'ai du courage, Maurice.

Sanson se retourna.

— N'est-ce pas, monsieur, que j'ai du courage? dit-elle.

— Certainement, citoyenne, répondit l'exécuteur d'une voix émue, et un vrai courage!

Pendant ce temps, le premier aide avait parcouru le bordereau envoyé par Fouquier-Tinville.

— Quatorze, dit-il.

Sanson compta les condamnés.

— Quinze, y compris le mort, dit-il, comment cela se fait-il?

Lorin et Geneviève comptèrent après lui, mus par une même pensée.

— Vous dites qu'il n'y a que quatorze condamnés et que nous sommes quinze? dit-elle.

— Oui; il faut que le citoyen Fouquier-Tinville se soit trompé.

— Oh! tu mentais, dit Geneviève à Maurice, tu n'étais point condamné.

— Pourquoi attendre à demain, quand c'est aujourd'hui que tu meurs? répondit Maurice.

— Ami, dit-elle en souriant, tu me rassures : je vois maintenant qu'il est facile de mourir.

— Lorin, dit Maurice, Lorin, une dernière fois... nul ne peut te reconnaître ici... dis que tu es venu me dire adieu... dis que tu as été enfermé par erreur... appelle le gendarme qui t'a vu sortir. Je serai le vrai condamné, moi qui dois mourir; mais toi, nous t'en supplions, ami, fais-nous la joie de vivre pour garder notre mémoire; il est temps encore, Lorin, nous t'en supplions!

Geneviève joignit ses deux mains en signe de prière.

Lorin prit les deux mains de la jeune femme et les baisa.

— J'ai dit non, et c'est non! dit Lorin d'une voix ferme; ne m'en parlez plus, ou, en vérité, je croirai que je vous gêne.

— Quatorze, répéta Sanson, et ils sont quinze; puis, élevant la voix :

— Voyons, dit-il, y a-t-il quelqu'un qui réclame? y a-t-il quelqu'un qui puisse prouver qu'il se trouve ici par erreur?

Peut-être quelques bouches s'ouvrirent-elles à cette demande, mais elles se refermèrent sans prononcer une parole; ceux qui eussent menti avaient honte de mentir; celui qui n'eût pas menti ne voulait point parler.

Il se fit un silence de plusieurs minutes, pendant lequel les aides continuaient leur lugubre office.

— Citoyens, nous sommes prêts... dit alors la voix sourde et solennelle du vieux Sanson.

Quelques sanglots et quelques gémissements répondirent à cette voix.

— Eh bien! dit Lorin, soit!

Mourons pour la patrie,
C'est le sort le plus beau!...

Oui, quand on meurt pour la patrie; mais décidément je commence à croire que nous ne mourons pas pour elle, nous mourons pour le plaisir de ceux qui nous regardent mourir. Ma foi, Maurice, je suis de ton avis, je commence aussi à me dégoûter de la République.

— L'appel! dit un commissaire à la porte.

Plusieurs gendarmes entrèrent dans la salle et en fermèrent ainsi les issues, se plaçant entre la vie et les condamnés, comme pour empêcher ceux-ci d'y revenir.

On fit l'appel.

Maurice, qui avait vu juger le condamné qui s'était tué avec le couteau de Lorin, répondit quand on prononça son nom. Il se trouva alors qu'il n'y avait que le mort de trop.

On le porta hors de la salle. Si son identité eût été constatée, si on l'eût reconnu pour condamné, tout mort qu'il était, on l'eût guillotiné avec les autres.

Les survivants furent poussés vers la sortie.

A mesure que l'un d'eux passait devant le guichet, on lui liait les mains derrière le dos.

Pas une parole ne s'échangea pendant dix minutes entre ces malheureux.

Les bourreaux seuls parlaient et agissaient.

Maurice, Geneviève et Lorin, qui ne pouvaient plus se tenir, se pressaient les uns contre les autres pour n'être point séparés. Puis les condamnés furent poussés de la Conciergerie dans la cour.

Là le spectacle devint effrayant.

Plusieurs faiblirent à la vue des charrettes; les guichetiers les aidèrent à monter.

On entendait derrière les portes, encore fermées, les voix confuses de la foule, et l'on devinait à ses rumeurs qu'elle était nombreuse.

Geneviève monta sur la charrette avec assez de force, d'ailleurs Maurice la soutenait du coude. Maurice s'élança rapidement derrière elle.

Lorin ne se pressa pas. Il choisit sa place, et s'assit à la gauche de Maurice.

Les portes s'ouvrirent; aux premiers rangs était Simon.

Les deux amis le reconnurent, lui-même les vit.

Il monta sur la borne près de laquelle les charrettes devaient passer, il y en avait trois.

La première charrette s'ébranla, c'était celle où se trouvaient les trois amis.

— Eh! bonjour, beau grenadier, dit Simon à Lorin ; tu vas essayer de mon tranchet, que je pense.

— Oui, dit Lorin, et je tâcherai de ne pas trop l'ébrécher pour qu'il puisse à ton tour te tailler le cuir.

Les deux autres charrettes s'ébranlèrent, suivant la première.

Une effroyable tempête de cris, de bravos, de gémissements, de malédictions, fit explosion à l'entour des condamnés.

— Du courage, Geneviève, du courage! murmurait Maurice.

— Oh! répondit la jeune femme, je ne regrette pas la vie, puisque je meurs avec toi. Je regrette de n'avoir pas les mains libres pour te serrer au moins dans mes bras avant de mourir.

— Lorin, dit Maurice, Lorin, fouille dans la poche de mon gilet, tu y trouveras un canif.

— Oh! mordieu! dit Lorin, comme le canif me va; j'étais humilié d'aller à la mort garrotté comme un veau.

Maurice abaissa sa poche à la hauteur des mains de son ami, Lorin y prit le canif, puis, à eux deux, ils l'ouvrirent ; alors Maurice le prit entre ses dents, et coupa les cordes qui liaient les mains de Lorin.

Lorin, débarrassé de ses cordes, rendit le même service à Maurice.

— Dépêche-toi, disait le jeune homme, voilà Geneviève qui s'évanouit.

En effet, pour accomplir cette opération, Maurice s'était détourné un instant de la pauvre femme, et, comme si toute sa force venait de lui, elle avait fermé les yeux et laissé tomber sa tête sur sa poitrine.

— Geneviève, dit Maurice, Geneviève, rouvre les yeux, mon amie ; nous n'avons plus que quelques minutes à nous voir en ce monde.

— Ces cordes me blessent, murmura la jeune femme.

Maurice la délia.

Aussitôt elle rouvrit les yeux et se leva, en proie à une exaltation qui la fit éblouissante de beauté.

Elle entoura d'un bras le cou de Maurice, saisit

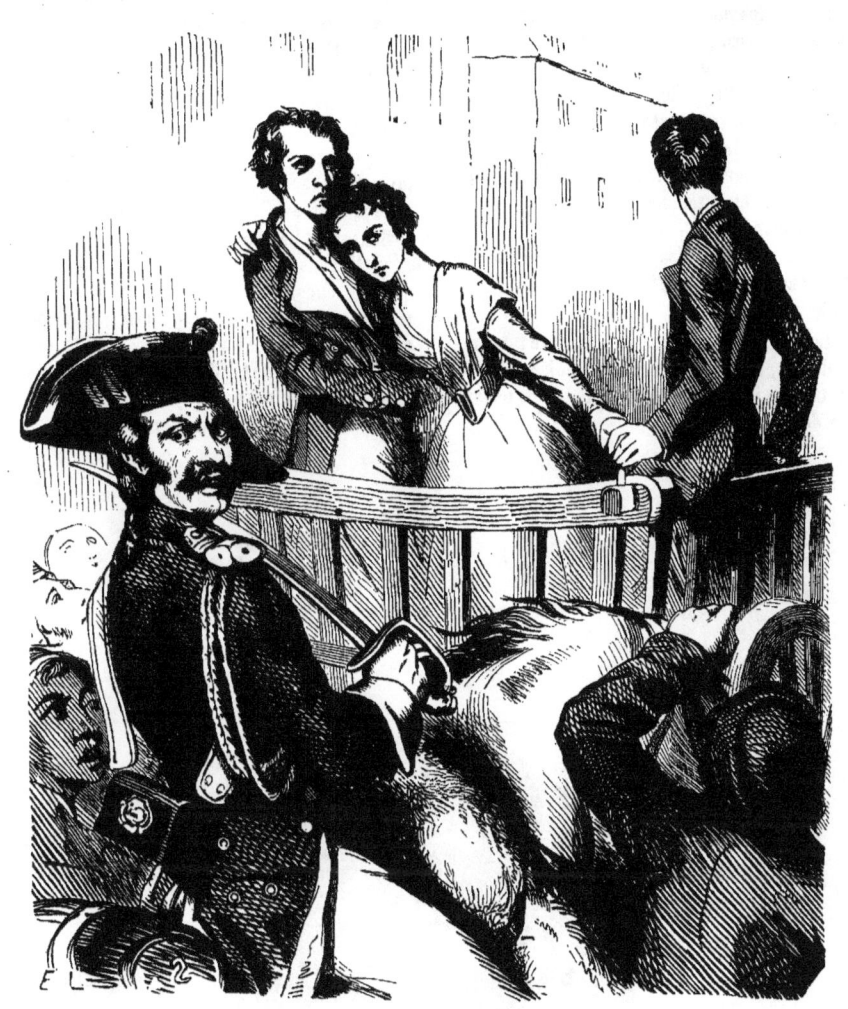

Et tous trois, debout sur la charrette.

de l'autre main celle de Lorin, et tous trois, debout sur la charrette, ayant à leurs pieds les deux autres victimes ensevelies dans la stupeur d'une mort anticipée, ils lancèrent au ciel, qui leur permettait de s'appuyer librement l'un sur l'autre, un geste et un regard reconnaissants.

Le peuple, qui les insultait quand ils étaient assis, se tut quand il les vit debout.

On aperçut l'échafaud.

Maurice et Lorin le virent; Geneviève ne le vit pas: elle ne regardait que son amant.

La charrette s'arrêta.

— Je t'aime, dit Maurice à Geneviève, je t'aime!

— La femme d'abord, la femme la première! crièrent mille voix.

— Merci, peuple! dit Maurice; qui donc disait que tu étais cruel?

Il prit Geneviève dans ses bras, et, les lèvres collées sur ses lèvres, il la porta dans les bras de Sanson.

— Courage! criait Lorin, courage!

— J'en ai, répondit Geneviève, j'en ai!

— Je t'aime! murmurait Maurice, je t'aime!

Ce n'étaient plus des victimes que l'on égorgeait,

c'étaient des amis qui se faisaient fête de la mort.

— Adieu! cria Geneviève à Lorin

— Au revoir! répondit celui-ci.

Geneviève disparut sous la fatale bascule

— A toi! dit Lorin.

— A toi! fit Maurice

— Écoute! elle t'appelle.

En effet, Geneviève poussa son dernier cri.

— Viens! dit-elle.

Une grande rumeur se fit dans la foule. La belle et gracieuse tête était tombée.

Maurice s'élança.

— C'est trop juste, disait Lorin, suivons la logique. M'entends-tu, Maurice?

— Oui.

— Elle t'aimait, on la tue la première; tu n'es pas condamné, tu meurs le second; moi, je n'ai rien fait, et, comme je suis le plus criminel des trois, je passe le dernier

Et voilà comment tout s'explique
Avec l'aide de la logique.

Ma foi, citoyen Sanson, je t'avais promis un quatrain, mais tu te contenteras d'un distique.

— Je t'aimais! murmura Maurice lié à la planche fatale et souriant à la tête de son amie; je t'aim...

Le fer trancha la moitié du mot.

— A moi! s'écria Lorin en bondissant sur l'échafaud, et vite! car, en vérité, j'y perds la tête. Citoyen Sanson, je t'ai fait banqueroute de deux vers, mais je t'offre en place un calembour.

Sanson le lia à son tour.

— Voyons, dit Lorin, c'est la mode de crier vive quelque chose quand on meurt. Autrefois on criait vive le roi! mais il n'y a plus de roi. Depuis on a crié vive la liberté! mais il n'y a plus de liberté. Ma foi, vive Simon! qui nous réunit tous trois.

Et la tête du généreux jeune homme tomba près de celles de Maurice et de Geneviève!

FIN

TABLE DES MATIÈRES

Chapitre		Pages
I.	Les enrôlés volontaires.	1
II.	L'inconnue.	5
III.	La rue des Fossés-Saint-Victor.	9
IV.	Mœurs du temps.	12
V.	Quel homme c'était que le citoyen Maurice Lindey.	16
VI.	Le Temple.	19
VII.	Serment de joueur.	23
VIII.	Geneviève.	
IX.	Le Souper.	31
X.	Le Savetier Simon.	36
XI.	Le Billet.	42
XII.	Amour.	46
XIII.	Le 31 mai.	59
XIV.	Dévouement.	62
XV.	La déesse Raison.	66
XVI.	L'Enfant prodigue.	69
XVII.	Les Mineurs.	72
XVIII.	Nuages.	76
XIX.	La demande.	79
XX.	La Bouquetière.	84
XXI.	L'Œillet rouge.	87
XXII.	Simon le Censeur.	91
XXIII.	La déesse Raison.	94
XXIV.	La Mère et la Fille.	97
XXV.	Le Billet.	101
XXVI.	Black.	106
XXVII.	Le Muscadin.	111
XXVIII.	Le Chevalier de Maison-Rouge.	116

Chapitre		Pages
XXIX.	La Patrouille.	119
XXX.	Œillet et Souterrain.	123
XXXI.	Perquisition.	126
XXXII.	La foi jurée.	130
XXXIII.	Le lendemain.	136
XXXIV.	La Conciergerie.	139
XXXV.	La salle des Pas-Perdus.	143
XXXVI.	Le citoyen Théodore.	148
XXXVII.	Le citoyen Gracchus.	152
XXXVIII.	L'Enfant royal.	155
XXXIX.	Le bouquet de Violettes.	159
XL.	Le Cabaret du Puits-de-Noé.	163
XLI.	Le Greffier du Ministère de la guerre.	166
XLII.	Les deux Billets.	170
XLIII.	Les préparatifs de Dixmer.	172
XLIV.	Les préparatifs du chevalier de Maison-Rouge.	175
XLV.	Les Recherches.	180
XLVI.	Le Jugement.	184
XLVII.	Prêtre et Bourreau.	188
XLVIII.	La Charrette.	192
XLIX.	L'Échafaud.	196
L.	La Visite domiciliaire.	201
LI.	Lorin.	204
LII.	Suite du précédent.	207
LIII.	Le Duel.	211
LIV.	La Salle des Morts.	214
LV.	Pourquoi Lorin était sorti.	220
LVI.	Vive Simon!	222

www.ingramcontent.com/pod-product-compliance
Lightning Source LLC
Chambersburg PA
CBHW051909160426
43198CB00012B/1812